TERCEIRO SETOR E TRIBUTAÇÃO

11

Coordenador

JOSÉ EDUARDO SABO PAES

TERCEIRO SETOR E TRIBUTAÇÃO

11

Coordenadora adjunta

JULIANA APARECIDA MAGALHÃES

ELEVAÇÃO

Produção editorial: *Equipe Elevação*
Revisão: *Equipe Elevação* • Impressão: *Mundial Gráfica*
Capa: *Diego Ciusz* • Projeto gráfico: *Helen Winkler*

Depósito legal na Biblioteca Nacional conforme
Decreto nº 1.825, de 20 de dezembro de 1907.

Dados Internacionais de Catalogação na Publicação (CIP)
(Câmara Brasileira do Livro, SP, Brasil)

P123t Paes, José Eduardo Sabo
Terceiro setor e tributação 11 / José Eduardo Sabo Paes, coordenador ; Juliana Aparecida Magalhães, coordenadora adjunta. -- São Paulo : Elevação, 2023 – (Série Terceiro Setor e Tributação ; v. 11) 496 p. ; 14 x 21 cm

Vários autores.
Bibliografia.
ISBN 978-65-85860-01-7

1. Terceiro Setor. 2. Compliance. 3. Tributação. 4. Direito Tributário. 5. Recursos Públicos. I. Paes, José Eduardo Sabo. II. Magalhães, Juliana Aparecida. III. Título.

CDD-341.3

Índices para catálogo sistemático:

1. Direito : Direito Tributário 341.3

Rua Doraci, 2-A, sala 103 — Bom Retiro
São Paulo/SP — Brasil — CEP 01134-050
Tel.: (11) 5505-2579

COORDENADOR
José Eduardo Sabo Paes

COORDENADORA ADJUNTA
Juliana Aparecida Magalhães

AUTORES
Ana Carolina Barros Pinheiro Carrenho
Alexandre Reis de Carvalho
Cristiane Araújo de Faria
Edmar Jorge de Almeida
Edmundo Pereira Correia
Fabrício Jonathas Alves da Silva
Gleisse Ribeiro Alves
Glória Teixeira
Hugo Gutemberg
Hadassah Laís S. Santana
Joabson da Silva Porto
José Eduardo Sabo Paes
José Hable
José Humberto Pereira Munis Filho
José Thadeu Mascarenhas Menck
Júlio Edstron Secundino Santos
Mayara Andrioli Campos
Onízia de Miranda Aguiar Pignataro
Patrícia Caldas Meneses P. Ferreira
Rudson Domingos Bueno
Sebastião Faustino de Paula
Túlio Belchior Mano da Silveira
Vanderlei José Vianna
Wiliam Alves Biserra

PREFÁCIO

Hoje, mais do que nunca, faz-se necessário termos consciência do papel e do destino que nos é reservado enquanto cidadãos e sociedade brasileira. Os problemas sociais existem. Os avanços também. Talvez, até os problemas da humanidade sejam maiores e, portanto, mais desafiadores, tornando a vida mais complexa e requerendo maiores capacitações de todos para superá-los.

Creio, inclusive, que devemos, e sem medir esforços, sensibilizar as pessoas para que tenham esta consciência da necessidade de uma convivência harmoniosa em sociedade.

Até porque a pandemia da Covid-19, notadamente nos anos de 2020, 2021 e 2022, precipitou uma profunda reformulação na forma de atuação das instituições públicas e das instituições privadas que, direta ou indiretamente, lidaram com o enfrentamento de uma das maiores crises sanitárias vivenciadas pela humanidade.

Assim destaco, *ab initio*, que no ano de 2022, motivado pelos colegas e por amigos, demos uma nova conformação jurídica e acadêmica ao Núcleo de Estudos e Pesquisas Avançadas no Terceiro Setor (NEPATS), para dotá-lo de personalidade jurídica própria, reunindo pesquisadores, mestres e doutores de diversas instituições acadêmicas. O que nos deixou muito feliz, pois assim podemos, de forma ampla, cumprir com nossa missão maior de disseminar o conhecimento no campo da sociedade civil, do Estado e do próprio Terceiro Setor, sempre por meio de obras impressas e virtuais, livros e revistas, seminários, encontros e o tradicional portal nepats.com.br.

De igual modo, continuamos contribuindo com a tradicional *Revista de Estudos e Pesquisas Avançadas do Terceiro Setor* (REPATS), nascida e desenvolvida na Universidade Católica de Brasília (UCB), no Programa de Pós-Graduação *Stricto Sensu* em Direito e no Mestrado, nos quais se fazem presentes, de forma contínua e permanente, estudos no âmbito de linhas de pesquisa que abordam o Terceiro Setor e o Estado, é claro, procurando disseminar a importância da atuação da sociedade no âmbito do Estado, em diversas instituições acadêmicas, entre as quais destaco a Faculdade Anasps (FA) e a Faculdade Brasília (FBr), ambas sediadas no Distrito Federal e com destacada atuação nacional.

Assim, para nós do NEPATS, estes últimos anos foram muito gratificantes com os desafios sendo superados com fé, superação e persistência. O que nos deixaram muito felizes para agora, no ano de 2023, apresentar à comunidade acadêmica estudos e trabalhos que enfocam, além das modernas tendências do Direito com a participação da sociedade nas políticas do Estado nos campos sociais e tributários e no conjunto das próprias organizações privadas na promoção e na execução de políticas públicas.

Nesta obra que ora apresento, inserem-se professores, pesquisadores e alunos, todos entusiastas da ideia de que o importante é contribuir ativamente para a disseminação do estudo, com a pesquisa, e a integração da academia com a sociedade civil, buscando, até mesmo, transformar a realidade.

Ademais, a já tradicional obra *Terceiro Setor e Tributação*, agora em seu 11º volume, é editada pela renomada Editora Elevação, que, com a Legião da Boa Vontade (LBV) e a Fundação José de Paiva Netto (FJPN), tradicionais e respeitadas instituições, atua na promoção e na valorização da cultura e da Educação, sendo estas portadoras de marcantes características de participar ativamente das ações da sociedade civil e da academia.

A presente edição que se descortina ao público é obra coletiva e contou mais uma vez com importante contribuição na sua sistematização da advogada, professora e mestre Juliana Aparecida Magalhães, coordenadora adjunta do trabalho, a quem sinceramente agradeço as muitas horas de dedicação à tarefa.

A obra apresenta-se em quatro partes:

A primeira tem como eixo a temática "Terceiro Setor" e compõe-se de cinco capítulos, em que enfatiza o neoliberalismo, políticas públicas aliadas à Ciência e à Tecnologia, a participação do Ministério Público nas tutelas coletivas, a certificação das entidades do Terceiro Setor, o direito fundamental à infraestrutura, e a governança em Saúde.

A segunda aborda a temática "Tributação" e compõe-se de seis capítulos, os quais dão ênfase aos aspectos relevantes da certificação das entidades filantrópicas, do preparo recursal, e das contribuições sobre folha de pagamento, bem como da imunidade das instituições de ensino, da imunidade tributária e dos reflexos da Emenda Constitucional 116/2022 e do processo administrativo fiscal.

A terceira e a quarta parte da obra inauguram uma nova fase do NEPATS, com a apresentação, na terceira parte, de aspectos práticos vinculados ao Terceiro Setor, com o estudo do Regulamento de Compras e Licitações e da Responsabilidade Social do Curso de Direito nas comunidades locais, e, na quarta e última parte, com a análise de obras literárias no âmbito do Direito Comparado.

Abre a primeira parte da obra artigo de autoria da professora e mestre em Direito Patrícia Caldas Menezes Pires Ferreira que aborda o Terceiro Setor e sua relação com o neoliberalismo, observando como via de consequência a despolitização da questão social. A autora realiza uma análise inicial do surgimento dos entes do Terceiro Setor no Brasil sob a influência do associativismo e da Igreja Católica para, ao final, com muita propriedade, tratar da questão social. Inclusive, Patrícia Caldas, de forma original, informa o leitor sobre o tema abandono afetivo e suas possíveis consequências.

O segundo artigo, da lavra do advogado e economista José Thadeu Mascarenhas Menck, analisa com proficiência o marco legal do incentivo à pesquisa em Ciência, Tecnologia e inovação no Brasil; bem como a integração entre a academia e o setor produtivo e a participação do Terceiro Setor em pesquisa e desenvolvimento. Tem como premissa que as políticas públicas de incentivo à Ciência e à Tecnologia estão aquém das necessidades da sociedade. O autor demonstra comparativa e cientificamente que a participação do Terceiro Setor é pequena, pois os incentivos para pesquisa excluem a grande maioria das empresas nacionais, assim como há limites legais de gastos em pesquisa por entidades filantrópicas. José Thadeu assim chama a atenção de todos para a necessidade de atualização das leis sobre pesquisa, para que o país possa recuperar o seu atraso científico e tecnológico.

O terceiro artigo é subscrito pelo doutorando em Direito Constitucional e procurador de Justiça Militar Alexandre Reis de Carvalho, pelo mestre em Direito e subprocurador-geral de Justiça Militar Edmar Jorge de Almeida, pelo mestre em Direito e integrante do corpo técnico do Ministério Público Federal Joabson da Silva Porto e por mim. Neste trabalho, os autores fazem importante e atual incursão histórica às principais características, princípios institucionais, finalidades, função social e relevância do Ministério Público brasileiro na construção do Estado Democrático de Direito, destacando os limites e as possibilidades da sua atuação resolutiva, preventiva e orientadora. A seguir, Reis, Edmar e Joabson analisam os alcances e a importância da interação direta dos ramos e órgãos ministeriais com a crescente atividade organizada da sociedade denominada Terceiro Setor para o fortalecimento do Estado Democrático de Direito. Por fim, apresentam as várias características e atividades desenvolvidas pelos diversos segmentos do Terceiro Setor no cenário pós-moderno brasileiro; de forma original, expõem estudo de três casos concretos de atuação resolutiva do Ministério Público com organizações não governamentais, que resultaram na maior proximidade e interlocução com a sociedade na construção participativa (e negociada) de soluções democráticas, para o fortalecimento da cidadania e a realização do interesse público.

O quarto artigo, da lavra do doutor em Direito e hoje secretário de Estado da Fazenda do Tocantins, Júlio Edstron Secundino Santos, e do mestrando José Humberto Pereira Munis Filho, apresenta importantes reflexões a respeito dos desafios na estruturação de parcerias privadas e concessões que atendam à sociedade e fomentem a cidadania. Com conhecimento e capacidade, os autores, em boa hora, sublinham a concretização das políticas públicas sociais que exigem, por parte dos gestores e atores públicos, a transversalidade, eficiência na gestão/execução orçamentária e inovação constante. Para isso, o conhecimento do arranjo legal de alternativas, boas práticas e metodologias que calhem àquela exigência é desafio precípuo, sob pena de atrasos e prejuízos que comprometam as políticas públicas em geral.

Encerrando a primeira parte da obra, temos o significativo trabalho de Gleisse Ribeiro Alves, que, na condição de doutora em Direito pela Université Lorraine, da França, e professora do Centro Universitário de Brasília (CEUB), apresenta reflexões da maior importância no âmbito da implementação de políticas públicas capazes de promover serviços públicos de saúde a todos. Gleisse Alves, em um primeiro momento, descreve o sistema de saúde brasileiro ao prover o Direito fundamental à saúde; em um segundo momento, discorre sobre a crise sistêmica da Covid-19, sua complexidade e como o sistema de saúde brasileiro vive em estado de "tensão" e de "urgência", para o qual a alternativa viável foi a implementação de um caminho alternativo para o enfrentamento da pandemia, aproveitando as experiências tanto nacionais quanto internacionais, com o auxílio do Terceiro Setor, processo, inclusive, de implementação de uma maior coordenação e autonomia dos entes subnacionais, também em busca da diminuição das ações de judicialização que tanto assolam o sistema orçamentário brasileiro.

A segunda parte da obra trata da "Tributação" e apresenta, logo no início, análise das principais controvérsias jurídicas trazidas pela recente Lei Complementar nº 187, de 16 de dezembro de 2021, que fixou requisitos para o usufruto da imunidade das contribuições sociais pelas entidades filantrópicas beneficentes com a Certificação de Entidades de Assistência Social (CEBAS). O trabalho de autoria de Vanderlei Vianna, mestre em Direito e advogado assistente da Divisão Sul-Americana da Igreja Adventista do Sétimo Dia, acompanhado deste professor que vos fala tem como metodologia a análise histórica, legislativa, jurisprudencial e doutrinária das razões que levaram o Constituinte de 1988 a fortalecer o protagonismo das entidades do Terceiro Setor na atuação complementar para a concretização dos direitos sociais. No artigo, Vanderlei Vianna, sabiamente, conclui que a nova legislação, a despeito de cumprir requisito de regulamentação por lei complementar, continua apresentando os mesmos dilemas da legislação revogada, gerando insegurança jurídica, o que poderá ser objeto de questionamento sobre outras inconstitucionalidades apresentadas no novo instrumento legislativo.

Nessa linha de análise das características de uma "entidade beneficente" e "entidade filantrópica", o mestre Edmundo Pereira Correia apresenta original e significativo estudo sobre as possibilidades das entidades do Terceiro Setor fazerem jus ao benefício do depósito recursal diferenciado. Profundo conhecedor da Justiça do Trabalho, Edmundo Correia colabora decisivamente para que possam as entidades do Terceiro Setor, nos termos da reforma trabalhista apresentada pela Lei nº 13.467/2017, serem beneficiárias da Justiça Gratuita no que tange ao recolhimento das custas processuais, o que, certamente, tem especial significado para estes entes que tanto colaboram para o desenvolvimento da sociedade.

O segundo artigo desta parte, de autoria do doutor em Direito e advogado da União Sebastião Faustino de Paula e da doutora em Direito pela Universidade de Oxford, da Inglaterra, e professora da Faculdade de Direito da Universidade de Porto Glória Teixeira, discorre sobre tema de grande importância para o financiamento do Regime Geral da Previdência. Os autores, com maestria, tratam sobre a natureza jurídica da contribuição social substitutiva à folha de pagamento das empresas. E é aqui justamente que o tema se aplica às entidades do Terceiro Setor, pois, além de empresa tradicionalmente definida pelo Direito Empresarial, o Direito Previdenciário define empresa como sendo a firma individual ou sociedade que assume o risco da atividade econômica urbana ou rural, com fins lucrativos ou não, bem como, entre outras, as cooperativas, as associações e as entidades de qualquer natureza ou finalidade, portanto, organizações do Terceiro Setor.

Na tributação, o tema imunidade é sempre cativante, principalmente quando se discute a imunidade de impostos das instituições de Educação sem fins lucrativos e sua correlação com o direito fundamental à Educação. E Cristiane Araújo Faria e Rudson Domingos Bueno, ambos auditores fiscais da Receita do Distrito Federal e mestres em Direito pela Universidade Católica de Brasília (UCB), brindam os leitores com precisa análise do tema sob a vertente da igualdade material, uma vez que o fundamento da exoneração fiscal consiste no importante papel que essas pessoas jurídicas desempenham ao fornecer à sociedade, ao lado do Estado, um serviço de Educação inclusivo e de qualidade, visando ao pleno desenvolvimento da pessoa, preparando-o para o exercício da cidadania e qualificando-o para o mercado de trabalho. Ademais, Cristiane Araújo e Rudson Bueno pontuam com acerto a necessidade da fiel observância dos requisitos constitucionais e legais, inclusive os do art. 14 do Código Tributário Nacional, e de que as administrações tributárias analisem se as contrapartidas materiais para a fruição desta imunidade constitucional estão indo ao encontro da prestação de uma Educação inclusiva de qualidade e gratuita exigida pela CF/88 do Poder Público.

Dando seguimento ao tema imunidade, as autoras Onízia de Miranda Aguiar Pignataro, professora e mestre em Direito Tributário pela Universidade Católica de Brasília (UCB), Mayara Andrioli Campos, advogada, e Hadassah Laís S. Santana, professora e pós-doutora em Direito Tributário, discorrem sobre a recente Emenda Constitucional nº 166/2022, que acrescentou o §1º-A ao artigo 156 da Constituição Federal, o qual prevê a não incidência do Imposto sobre Propriedade Predial e Territorial Urbana (IPTU) sobre templos de qualquer culto, ainda que tais instituições religiosas sejam apenas locatárias do bem imóvel. As autoras, com a diligência que lhes é peculiar, apresentam estudo específico que muito merece ser lido a respeito da posição do locatário com relação à legitimidade da atividade para reaver o IPTU por meio de uma ação de repetição de indébito tributário.

Encerra essa parte do livro o artigo do já conhecido e respeitado autor de outras publicações, o professor e mestre José Hable. Desta vez, traz ele o tema "Terceiro Setor e Processo Administrativo Fiscal (PAF)". Com maestria, o autor esclarece que, como o PAF envolve o julgamento de processos sujeitos tanto à jurisdição contenciosa quanto à voluntária, podem ocorrer situações em que um mesmo contribuinte tenha processos tramitando nas duas jurisdições a um só tempo, dando ensejo à criação dos denominados "processo principal" e "processo decorrente". O que, segundo Hable, pode trazer situações de suspensão do benefício fiscal que interfira em uma ou outra jurisdição, provocando eventual suspensão do benefício já existente.

Traz, agora, o volume 11 da nossa coleção duas novas partes: a Parte III, com dois artigos com viés prático para o Terceiro Setor, e a Parte IV, com a análise de obra literária estrangeira, que muito tem a contribuir para o estudo do Terceiro Setor.

No que tange à Parte III, despontam dois artigos. O primeiro, de autoria do advogado, mestre e agora doutorando em Direito Túlio Belchior Mano da Silveira, aborda, com minudência, a importância da elaboração de um regulamento de compras e licitações para as entidades do Terceiro Setor, visando garantir transparência, eficiência e legalidade em seus processos de aquisição de bens e serviços, e apresenta as leis e normas que regem as compras e licitações no Terceiro Setor, com destaque para a Lei nº 13.019/2014. Destaco que o professor Túlio Silveira, de forma didática, apresenta o passo a passo para a elaboração do regulamento de compras e licitações, contemplando temas como definição das normas e procedimentos, especificação dos tipos de licitação, definição dos critérios de seleção dos fornecedores, estabelecimento dos prazos e responsabilidades.

O segundo artigo, de autoria do professor e doutor em Literatura Wiliam Alves Biserra, do especialista e gestor Hugo Gutemberg e do professor e mestre em Direito Fabrício Jonathas Alves da Silva, apresenta uma visão atual da Extensão Universitária como quesito obrigatório nos cursos de ensino superior por força da Resolução 7/2018. De acordo com os autores, englobando a extensão, as entidades sociais de Terceiro Setor surgem como agentes estruturais de promoção de cidadania e responsabilidade social que, em conjunto com as IES, tem o condão de levar à comunidade local o acesso a direitos e serviços públicos. Certo disso, a Faculdade Brasília e o Curso de Direito apresentaram o seu projeto de extensão *Responsabilidade Socioambiental*, que conta com a participação de três entidades sociais de Terceiro Setor com consolidada atividade na Comunidade de Santa Maria, no Distrito Federal. O excelente projeto conta com resultados promissores e de contínua atuação, sendo um cenário perfeito para o exercício de direitos, responsabilidade social e experiência acadêmica, que, inclusive, pode e deve ser replicado em outras instituições de ensino brasileiras.

Por fim, a presente edição, como dito anteriormente, traz uma quarta parte contendo a recensão da obra *Direito Fiscal do Terceiro Setor*, do professor doutor Filipe de Vasconcelos Fernandes, realizada pela advogada e doutoranda em Direito da União Europeia pela Universidade de Lisboa Ana Carolina Barros Pinheiro Carrenho, o que certamente será de grande valia para compreender o Terceiro Setor com os parâmetros e fundamentos muito bem apresentados pelo doutrinador português.

Assim, este livro, *Terceiro Setor e Tributação*, agora em seu décimo primeiro volume, composto pela coletânea de excelentes artigos realizados pelos pesquisadores do NEPATS, vem, pelo seu conteúdo, justamente se harmonizar com os desafios sempre presentes em nossa sociedade, que busca, a cada dia, ser mais justa e que só o será, em sua plenitude, com a contribuição de todos, por meio de um comportamento ético, transparente, responsável e solidário.

Por tudo, concluo ser fundamental estarmos todos nós, cidadãos, sensíveis às transformações da sociedade, para sermos, com dignidade e ética, capazes de manter permanente compromisso com um mundo mais justo, em que a paz e o respeito mútuo sejam a tônica e o corolário de nossas relações pessoais, sociais, profissionais e acadêmicas.

Tenham todos uma excelente leitura!

Professor Eduardo Sabo

AUTORES

ALEXANDRE REIS DE CARVALHO

Doutorando em Direito Constitucional pelo Instituto Brasileiro de Ensino, Desenvolvimento e Pesquisa (IDP). Mestre em Direito pela Universidade Católica de Brasília (UCB), com concentração na área criminal (Direito, Justiça, Instituições e Desenvolvimento), em 2020. Promotor de Justiça Militar em Curitiba. *E-mail*: alexandre.reis@mpm.mp.br

ANA CAROLINA BARROS PINHEIRO CARRENHO

Advogada. Sócia do escritório Pinheiro Carrenho Advocacia, especializado em Terceiro Setor. Doutoranda em Direito da União Europeia pela Universidade de Lisboa. Mestra em Direito, Justiça e Desenvolvimento pelo Instituto Brasileiro de Ensino, Desenvolvimento e Pesquisa (IDP). Membro do Núcleo de Estudos e Pesquisas Avançadas do Terceiro Setor (NEPATS). Conselheira da Associação Brasileira de Captadores de Recursos (ABCR), da Rede Filantropia, entre outros conselhos de organizações da sociedade civil. *E-mail*: anacarolina@pinheirocarrenho.com.br

CRISTIANE ARAÚJO DE FARIA

Auditora fiscal da Receita do Distrito Federal. Mestra em Direito pela Universidade Católica de Brasília (UCB). Pós-graduada em

Finanças Empresariais pela Fundação Getulio Vargas (FGV) e em Gestão Tributária pela Faculdade Fortium. Graduada em Direito pelo Centro Universitário de Brasília (UniCEUB). Graduação em Administração – Habilitação em Comércio Exterior pelo Centro Universitário Una e em Ciências Econômicas pela Universidade Federal de Minas Gerais (UFMG). *E-mail*: cafcristiane@yahoo.com

EDMAR JORGE DE ALMEIDA

Mestre em Direito pela Universidade Católica de Brasília (UCB). Especialista em Direito Internacional dos Conflitos Armados pela Fundação Universidade de Brasília. Diplomado em Altos Estudos de Política e Estratégia pela Escola Superior de Guerra. Subprocurador-geral de Justiça Militar. *E-mail*: edmarjorge47@gmail.com

EDMUNDO PEREIRA CORREIA

Pós-graduado em Direito Constitucional pelo Instituto Brasileiro de Ensino, Desenvolvimento e Pesquisa (IDP). Mestre em Direito Internacional, Econômico e Tributário pela Universidade Católica de Brasília (UCB). Servidor do Tribunal Superior do Trabalho. *E-mail*: edmundo.correia@yahoo.com

FABRÍCIO JONATHAS ALVES DA SILVA

Mestre em Direito pela Universidade Católica de Brasília (UCB). Atuação na área de Educação, Coordenação e Assessoria Acadêmica com ênfase em Educação Universitária. Atuação em pesquisa acadêmica na área de Tributação do Terceiro Setor, Planejamento e Contabilidade Tributária. *E-mail*: fjonathas@gmail.com

GLEISSE RIBEIRO ALVES

Doutora em Direito pela Université Lorraine, na França. Especialista em Direito Europeu e Direito da Organização Mundial do Comércio (OMC). Professora do Centro Universitário de Brasília

(UniCEUB). Membro do Núcleo de Estudos e Pesquisas Avançadas no Terceiro Setor (NEPATS). Professora visitante da Université Lorraine. Membro do Grupo de Pesquisa REGIMEN (Réseau d'Étude sur la Globalisation et la Gouvernance Internationale et les Mutations de l'État et des Nations, Université Catholique de Louvain). *E-mail*: gleisse@yahoo.com

GLÓRIA TEIXEIRA

Professora associada da Faculdade de Direito da Universidade do Porto, em Portugal. Coordena vários cursos, entre os quais o de Coordenadora da pós-graduação em Direito Fiscal, entre outros cursos. Autora de vários livros nacionais e estrangeiros. *E-mail*: gloria@direito.up.pt

HADASSAH LAÍS S. SANTANA

Professora do mestrado em Políticas Públicas e Governo da Fundação Getulio Vargas (FGV). Pós-doutora em Direito Tributário. Pesquisadora do Núcleo de Estudos e Pesquisas Avançadas no Terceiro Setor (NEPATS). Coordenadora do grupo de Pesquisas Tributação 4.0. Vice-presidente da Comissão de Reforma Tributária da Ordem dos Advogados do Brasil no Distrito Federal (OAB-DF). *E-mail*: hadassah.santana@gmail.com

HUGO GUTEMBERG

Graduado em Gestão Pública pela Universidade para o Desenvolvimento do Estado e da Região do Pantanal (UNIDERP). Especialização (MBA) em Gestão de Projetos e Especialização em Cidades Inteligentes (*Smart Cities*). Graduando em Direito pela Faculdade Brasília (FBr). *E-mail*: hugogutemberg@gmail.com

JOABSON DA SILVA PORTO

Mestre em Direito pela Universidade Católica de Brasília (UCB).

Assessor jurídico em gabinete de procurador da República, no Ministério Público Federal na Paraíba. *E-mail*: joabsonporto@gmail.com

JOSÉ HABLE

Mestre em Direito Internacional Econômico pela Universidade Católica de Brasília (UCB). Pós-graduado em Direito Tributário pelo Instituto de Cooperação e Assistência Técnica da Associação de Ensino Unificado do Distrito Federal (ICAT/AEUDF). Graduado em Direito pelo Centro Universitário de Brasília (UniCEU) e em Administração de Empresas (FAE/PR) e em Agronomia pela Universidade Federal do Paraná (UFPR). Professor de pós-graduação e de graduação de Direito. Auditor fiscal do Distrito Federal. Assessor especial da Assessoria Jurídico-Legislativa da Secretaria de Fazenda do Distrito Federal (SEF/DF). Ex-conselheiro e presidente do Tribunal Administrativo de Recursos Fiscais (TARF/DF). *E-mail*: johable@gmail.com

JOSÉ EDUARDO SABO PAES

Pós-doutor em Democracia e Direitos Humanos pelo Ius Gentium Conimbrigae/Centro de Direitos Humanos (IGC) da Faculdade de Coimbra. Doutor em Direito Constitucional pela Universidad Complutense de Madrid (reconhecido pela UFPE). Mestre em Direito Comparado pela Universidad Complutense de Madrid. Procurador de Justiça do Ministério Público do Distrito Federal e Territórios. *E-mail*: sabo@mpdft.mp.br

JOSÉ HUMBERTO PEREIRA MUNIS FILHO

Procurador do Estado do Tocantins. Mestre em Processo e Hermenêutica pela Universidade Católica de Pernambuco. Especialista em Direito Tributário. Graduado em Direito pela Universidade Federal da Paraíba. Professor de módulos de processo civil em curso de pós-graduação. Foi professor substituto das disciplinas de direito processual civil na UFPB. Membro da Associação Norte-Nordeste de Professores de Processo (ANNEP) e da Associação Brasileira de Direito Processual (ABDPro). Atualmente atua como Assessor Especial do Procurador-Geral do Estado do Tocantins e é designado a acompanhar o Programa de Parcerias e Investimentos do Tocantins (PPI/TO), além da reestruturação da Agência Tocantinense de Regulação, Controle e Fiscalização (ATR). Tem interesse nas áreas de processo civil, infraestrutura, regulação e análise econômica do direito.

JOSÉ THADEU MASCARENHAS MENCK

Advogado e Economista pela Universidade de Brasília (UnB). Especialista em Direito e Política Tributária e em Gestão Financeira pela Fundação Getulio Vargas (FGV). Sócio do Escritório de Advocacia José Menck & Mascarenhas Advogados Associados. Presidente do Instituto José Menck de Pesquisa Ambiental. Atua no Terceiro Setor há mais de 25 anos. *E-mail*: josethadeu@josemenck.adv.br

JULIANA APARECIDA MAGALHÃES

Mestra em Direito pela Universidade Católica de Brasília (UCB). Especialista em Direito Processual Civil pelo Centro Universitário de Patos de Minas (UNIPAM). Especialista em Administração Pública pela UNIPAM. Pós-graduanda em Direito e Processo Previdenciário pela Escola Aberta de Direito (EADIR). Advogada. Professora Universitária. Membro do Núcleo de Estudos e Pesquisas Avançadas no Terceiro Setor (NEPATS). *E-mail*: advjulianamag@gmail.com

JÚLIO EDSTRON SECUNDINO SANTOS

Advogado. Mestre em Direito pela Universidade Católica de Brasília (UCB). Professor e coordenador do Curso de Direito do

UNITOP. Professor da Faculdade Brasília (FBr). Pesquisador do Centro Universitário de Brasília. Ex-assessor especial no Tribunal de Contas do Estado do Tocantins. Membro do Núcleo de Estudos e Pesquisas Avançadas no Terceiro Setor (NEPATS). Membro dos grupos de pesquisa "Políticas Públicas" e "Juspositivismo, Jusmoralismo e Justiça Política", ambos do UniCEUB. Editor-executivo da *Revista de Estudos e Pesquisas Avançadas do Terceiro Setor* (REPATS). *E-mail*: edstron@yahoo.com.br

MAYARA ANDRIOLI CAMPOS

Advogada. Pós-graduanda em Direito Médico e da Saúde pela UniAmérica. Consultora Técnica da Secretaria de Atenção Primária à Saúde do Ministério da Saúde. *E-mail*: mayaraandrioli.adv@gmail.com

ONÍZIA DE MIRANDA AGUIAR PIGNATARO

Mestra em Direito Tributário, Internacional e Econômico pela Universidade Católica de Brasília (UCB). Conselheira da Ordem dos Advogados do Brasil no Distrito Federal (OAB-DF). Advogada Sócia do Escritório SLB Advogados. Membro da Comissão de Assuntos Tributários da OAB-DF. Professora de Direito Tributário e Processo Judicial Tributário do Instituto Brasileiro de Ensino, Desenvolvimento e Pesquisa (IDP). Professora da UPIS de pós-graduação em Direito Tributário e de graduação do curso de Direito na União Pioneira de Integração Social (UPIS). Professora da Escola Superior de Advocacia (ESA-OABDF). Professora do Centro Universitário de Brasília (UniCEUB). Pesquisadora do Núcleo de Estudos e Pesquisas Avançadas no Terceiro Setor (NEPATS). Autora de diversos livros e artigos científicos. *E-mail*: onizia@gmail.com

PATRÍCIA CALDAS MENESES PIRES FERREIRA

Mestra em Direito pela Universidade Católica de Brasília

(UCB). Especialista em Direito pela Escola Superior de Advocacia do Piauí (ESA-PIAUÍ). Advogada. Pesquisadora e professora efetiva da Universidade Estadual do Piauí (UESPI). *E-mail*: professorapatriciacaldas@gmail.com

SEBASTIÃO FAUSTINO DE PAULA

Doutor em Direito pela Universidade do Porto, em Portugal. Mestre em Direito Tributário pela Universidade Católica de Brasília (UCB). Procurador Federal/AG. Foi diretor de Benefícios e Relacionamento com o Cidadão do INSS e procurador-geral da Procuradoria Federal Especializada junto ao INSS. Professor da faculdade da Associação Nacional dos Servidores da Previdência Social (ANASPS). *E-mail*: sebastiaovgf@gmail.com

RUDSON DOMINGOS BUENO

Auditor fiscal da Receita do Distrito Federal. Mestre em Direito pela Universidade Católica de Brasília (UCB). Pós-graduado em Política e Administração Tributária pela Fundação Getulio Vargas (FGV/Brasília). Pós-graduado em Engenharia Econômica pelo Instituto de Cooperação e Assistência Técnica da Associação de Ensino Unificado do Distrito Federal (ICAT/AEUDF). Pós-graduado em Finanças Públicas pela University of Bath no Reino Unido. Graduado em Economia pela AEUDF. Graduado em Filosofia pela Faculdade de Teologia (FATEO). Ex-conselheiro do Tribunal Administrativo de Recursos Fiscais (TARF/DF). *E-mail*: buenorudson@gmail.com

TÚLIO BELCHIOR MANO DA SILVEIRA

Doutorando em Direito pela Faculdade Autônoma de Direito (FADISP). Mestre em Direito pela Universidade Católica de Brasília (UCB). Pesquisador do Direito. Advogado. Professor e Escritor.

Membro do Núcleo de Estudos e Pesquisas Avançadas no Terceiro Setor (NEPATS). *E-mail*: contato@tuliosilveira.com.br

VANDERLEI JOSÉ VIANNA

Mestre em Direito pela Universidade Católica de Brasília (UCB). Advogado assistente da Divisão Sul-Americana da Igreja Adventista do Sétimo Dia, em Brasília. Graduado em Direito pelo Centro Universitário de Rio Preto (UNIRP). Pós-graduado em Teologia e Estudos Adventistas pelo Centro Universitário Adventista de São Paulo (UNASP). Ex-conselheiro do Conselho Nacional de Assistência Social. Membro do Comitê Jurídico do Fórum Nacional de Entidades Filantrópicas (FONIF). Membro do Núcleo de Estudos e Pesquisas Avançadas no Terceiro Setor (NEPATS). *E-mail*: vanderlei.vianna@adventistas.org

WILIAM ALVES BISERRA

Professor do Departamento de Literatura da Universidade de Brasília (UnB). Doutor em Literatura pela UnB. Doutor em Psicologia Clínica pela UnB. Orientador de mestrado e doutorado. Psicanalista. Pós-doutor pela Universidade Goethe de Frankfurt. *E-mails*: wiliamalves@unb.br / wiliamalvesbiserra@gmail.com

SUMÁRIO

Parte I

TERCEIRO SETOR

Neoliberalismo, políticas públicas aliadas à Ciência e à Tecnologia, participação do Ministério Público nas tutelas coletivas, certificação das entidades do Terceiro Setor, direito fundamental à infraestrutura e governança em Saúde.

Parte II

TRIBUTAÇÃO

Certificação das entidades filantrópicas, preparo recursal, contribuições sobre folha de pagamento. Imunidade das instituições de ensino, imunidade tributária e os reflexos da Emenda Constitucional nº 116/2022 e processo administrativo fiscal.

Parte III

ASPECTOS PRÁTICOS VINCULADOS AO TERCEIRO SETOR

Regulamento de licitações e responsabilidade social

Parte IV

ANÁLISE DE OBRAS LITERÁRIAS DE DIREITO COMPARADO

- PARTE I -

TERCEIRO SETOR

TERCEIRO SETOR, NEOLIBERALISMO E A DESPOLITIZAÇÃO DA QUESTÃO SOCIAL

PATRÍCIA CALDAS MENESES PIRES FERREIRA
Mestra em Direito pela Universidade Católica de Brasília (UCB). Especialista em Direito pela Escola Superior de Advocacia do Piauí (ESA-PIAUÍ). Advogada. Pesquisadora. Professora efetiva da Universidade Estadual do Piauí (UESPI). *E-mail*: professorapatriciacaldas@gmail.com

SUMÁRIO

Introdução – 1. Breve panorama sobre a origem do Terceiro Setor e relações com o associativismo – 2. A influência da igreja católica nas origens do Terceiro Setor – 3. O contexto de surgimento do Terceiro Setor no Brasil – 4. O Terceiro Setor e a despolitização da questão social – Considerações finais – Referências.

PALAVRAS-CHAVE
Terceiro Setor; neoliberalismo; questão social; despolitização.

INTRODUÇÃO

O processo de formação e consolidação das organizações não governamentais (ONGs) presentes no cenário nacional ocorreu a partir das décadas de 60 e 70, período marcado por restrições político-partidárias impostas pelos governos militares. Registre-se que o avanço das ONGs se concentrou sobretudo nas décadas de 80 e 90 (século XX), período em que mais cresceram e se tornaram visíveis desempenhando papel relevante enquanto catalisadoras dos movimentos e aspirações sociais e políticas da população brasileira.

É possível concluir que atualmente se vive uma relação de aprofundamento das relações entre mercado, Estado e sociedade civil e observa-se que nessa relação tripartite a sociedade civil ocupa cada vez mais espaço na esfera pública, crescendo em relevância e importância o papel do Terceiro Setor como alternativa para se alcançar o bem-estar social.

Buscar-se-á neste artigo observar a relação entre o Terceiro Setor e o neoliberalismo, visando principalmente verificar se a política econômica neoliberal de alguma forma influenciou no crescimento e na legitimação do Terceiro Setor, gerando, por via de consequência, a despolitização da questão social.

Inicialmente, será realizado um passeio pela origem do Terceiro Setor, observando sua relação com o associativismo e a importância da igreja no contexto de surgimento. Em seguida, será abordada brevemente a origem do Terceiro Setor no Brasil, pois conhecer a história e a memória dos institutos é ponto essencial para observar as influências socioeconômicas nesse processo. Para concluir, será observada a atuação do neoliberalismo no desenvolvimento dos entes do Terceiro Setor e na despolitização da questão social.

A presente pesquisa utilizou como método o estudo teórico, realizando-se pesquisa qualitativa. Os focos principais da abordagem são o processo e seu significado, ou seja, realizou-se uma análise dedutiva sobre a relação fenomenológica entre o neoliberalismo e o Terceiro Setor, bem como os efeitos decorrentes dessa relação fenomenológica.

O presente artigo possui o escopo de proporcionar maior familiaridade com o problema, objetivando torná-lo explícito. Além disso, possui caráter explicativo, tendo em vista que procura identificar os fatores que determinaram ou contribuíram para os fenômenos estudados.

Realizou-se pesquisa bibliográfica, que foi elaborada e construída a partir de material publicado e constituída principalmente por livros, artigos de periódicos e material disponibilizado na internet.

O tema possui relevância acadêmica, vez que diversas universidades públicas e privadas em todo o Brasil possuem disciplinas e linhas de pesquisa voltadas para o estudo do neoliberalismo e do Direito. Sua relevância também é social levando-se em consideração as inúmeras atividades realizadas em nosso país pelos entes do Terceiro Setor.

1. BREVE PANORAMA SOBRE A ORIGEM DO TERCEIRO SETOR E RELAÇÕES COM O ASSOCIATIVISMO

O estudo e a compreensão das origens do Terceiro Setor não podem ser realizados sem uma análise prévia do fenômeno do associativismo e da solidariedade social. Por esse motivo, a obra *A democracia na América*, de Alexis de Tocqueville, é vista como um dos primeiros estudos sobre o tema. Nela, o autor francês demonstra a sua impressão com a propensão do povo norte-americano para a associação cívica, propensão esta que seria o fator fundamental para a manutenção e a consolidação da democracia americana.

Para Tocqueville, a existência de uma sociedade civil ativa é algo fundamental para a consolidação da democracia, pois a liberdade de associação se tornou uma garantia necessária contra a tirania da maioria[1].

Importante ressaltar os estudos realizados por Salamon[2], segundo o qual o Terceiro Setor consiste em conjunto de instituições que incorporaram valores como solidariedade e iniciativa individual em prol do bem público.

De acordo com o autor citado[3], algumas crises mundiais foram importantes para a diminuição do papel do Estado, proporcionando mudanças sociais revolucionárias e o crescimento de ações de caráter associativo, sendo possível ressaltar a crise do Estado do bem-estar social (Welfare States), que implicou no remanejamento dos mecanismos de bem-estar social que, nos anos 60 e 70, subsistiam com o apoio estatal. Além disso, os países do terceiro mundo, nos anos 80, vivenciaram uma crise relacionada ao desenvolvimento econômico e à dívida externa, o que praticamente impossibilitou que o Estado continuasse a financiar as atividades de desenvolvimento.

A degradação ambiental evidenciou a ausência de políticas estatais mundiais adequadas para enfrentar os problemas ambientais que se descortinavam e fez crescer no mundo o sentimento de que ações solidárias de caráter global fossem envidadas e indispensáveis para a preservação da Natureza, em prol de presentes e futuras gerações.

A crise do socialismo e dos partidos socialistas, principalmente após a queda do Muro de Berlim demonstrou o esgotamento daquela forma de planejamento estatal para a gestão da economia.

O crescimento das ações associativistas no mundo pôde contar também com a revolução das comunicações ocorrida a partir

1 Tocqueville, Alexis de, 1805-1859. *A democracia na América: leis e costumes de certas leis e certos costumes políticos que foram naturalmente sugeridos aos americanos por seu estado social demorcrático*; tradução Eduardo Brandão; prefácio, bibliografia e cronologia François Furet. – 2 ed. – São Paulo: Martins Fontes, 2005. – (Paideia) Título original: *De La democratie en Amerique.*

2 SALAMON, Lester. *The rise of nonprofit setor.* Foreign Affairs. V. 73 N. 4, 1994, pp. 109-22.

3 SALAMON, 1994.

dos anos 70 e 80, com a disseminação do uso de computadores, satélites, fax e internet, expandindo as possibilidades de comunicação entre as pessoas e facilitando ainda mais a difusão do conhecimento e a troca de informações entre as pessoas.

Apesar de muitos autores considerarem os Estados Unidos da América o país em que o Terceiro Setor mais se desenvolveu, o seu aparecimento histórico não é linear e, conforme enfatiza Salamon, as tradições de caridade e altruísmo existem no mundo todo, não sendo, portanto, uma invenção americana.

Dias ressalta que nos Estados Unidos o desenvolvimento do Terceiro Setor ocorreu de forma não linear e progrediu do nível individual e familiar para o comunitário e depois para uma maciça intervenção do Estado (1930 a 1980), para finalmente voltar a solicitar uma resolução pela comunidade, a partir da administração de Reagan[4].

Fernandes[5] destaca a relação do Terceiro Setor com a atividade associativa, os movimentos sociais e a sociedade civil. Ressalta que a atividade associativa ganha impulso nos anos 70 e acelera dos 80 para cá. Isso é notório para alguns movimentos como o de mulheres, de indígenas, de minorias étnicas, de ecologia, de consumidores. Uma nova forma institucional ganha corpo no período e introduz um estranho neologismo reconhecido hoje nas mais diversas línguas nacionais – Organizações Não Governamentais, as ONGs.

O movimento associativo atual escapa ao padrão do passado europeu em mais de um sentido. Não se conforma às medidas da fronteira nacional – é internacionalizante, por um lado, mas também se enraíza[6].

---

4 DIAS, Maria Tereza Fonseca. *Terceiro Setor e Estado: legitimidade e regulação: por um marco jurídico.* Belo Horizonte: Fórum, 2008.

5 FERNANDES, Rubens C. *Privado Porém Público: O Terceiro Setor na América Latina.* 2 ed. Rio de Janeiro: Relume – Dumaré, 1994.

6 FERNANDES, 1994.

Na América Latina, os movimentos associativos modernos submetem-se à lógica integradora das grandes instituições nacionais. Dissidências Religiosas nos séculos XVI e XVII gestaram igrejas que vieram a recobrir nações e/ou minorias inteiras. Aos conflitos, seguiu-se uma resolução de natureza territorial, sacralizada na fórmula *eius régio, cujus religio.* Assim, pertencimento religioso e identidade nacional vieram a quase se confundir. Isso demonstra a influência da religiosidade e principalmente da Igreja na formação dos movimentos associativos do mundo[7].

2. A INFLUÊNCIA DA IGREJA CATÓLICA NAS ORIGENS DO TERCEIRO SETOR

Antes de se chegar a tratar da relação entre o Terceiro Setor e o neoliberalismo, é importante compreender o contexto de surgimento do mesmo. Sobre esse aspecto, Albuquerque[8] enfatiza:

> As organizações sociais que hoje compõem o terceiro setor não são uma criação dos séculos XX e XXI. Na Europa, na América do Norte e mesmo na América Latina, os movimentos associativos tiveram origem nos séculos XVI e XVII, inicialmente com caráter religioso ou político. As dissidências religiosas ocorridas na Europa propiciaram que o trabalho organizado socialmente estivesse intimamente relacionado com o trabalho religioso. Nesse período inicial, as organizações sociais também foram influenciadas pelos sistemas de governo e pelas políticas nacionais vigentes.

O citado autor[9] revela ainda que essa relação entre Igreja e associativismo perdurou pelos séculos seguintes, ou seja, apesar de variar, não desapareceu:

7 SALAMON, 1994.

8 ALBUQUERQUE, Antônio Carlos Carneiro de. *Terceiro Setor: história e gestão de organizações. São Paulo*: Summus, 2006. pp. 29-30.

9 ALBUQUERQUE, 2006, p. 21.

> Essa situação variou pouco durante os séculos seguintes, mas a partir dos anos 1800 surgem as associações patronais e os sindicatos de trabalhadores (estes últimos criando posteriormente partidos políticos que defendessem seus interesses no âmbito da política pública do Estado). A relação da sociedade civil e do setor privado com o Estado e com o governo intensificou-se e diversificou-se. Durante esse período, os movimentos associativos adotaram uma forma particular de atuação, em que a Igreja e o Estado determinavam os limites, os horizontes e as atividades da sociedade civil organizada. Assim, por seus vínculos com o Estado e a Igreja, as associações acabaram por adquirir características presentes nessas duas instituições: participação massiva e politizada e uma hierarquia centralizadora e controladora.

A influência da Igreja nas origens do Terceiro Setor pode ser confirmada quando se observa, no Brasil, por exemplo, a participação das entidades sem fins lucrativos, como as Santas Casas, que datam da segunda metade do século XVI, e das irmandades e das "ordens terceiras", que prestavam atendimentos específicos. Merece destaque o papel fundamental da Igreja Católica, que, com o apoio do Estado, era a responsável pela maior parte das entidades que prestavam algum tipo de assistência às comunidades mais necessitadas, que ficavam às margens das políticas sociais básicas de saúde e educação. A atuação das Igrejas, concomitantemente com o Estado, durou todo o período colonial, até o início do século XIX, segundo o relatório GESET (2001)[10].

Falar em Terceiro Setor é pôr em destaque o trabalho comunitário, é lembrar da comunidade e de reuniões, inserindo nesse contexto a Igreja e a Teoria da Libertação, que emergiu e ganhou corpo na época da Ditadura Militar no Brasil e em toda a América Latina. Vale ressaltar a relevância dos Centros Eclesiais de Base (CEBs) para o aprimoramento da vida em comunidade e para o

10 AS/GESET RELATO SETORIAL N° 03. Área de Desenvolvimento Social. Disponível em: http://docplayer.com.br/255561-Terceiro-setor-e-desenvolvimento-social-relato-setorial-no--3-as-geset.html.

despertar da participação da sociedade nas questões de relevância local[11].

Segundo Menescal[12], "provindo da denominação em inglês Non-Governmental Organizations (NGO), a terminologia ONG possui origem nas Nações Unidas, onde foi utilizada pela primeira vez" como referência a organizações supranacionais e internacionais. "Na resolução 288 (X), de 1950, do Conselho Econômico e Social, ONG foi definida no âmbito das Nações Unidas como sendo uma organização internacional a qual não foi estabelecida por acordos governamentais."

Essa definição, que buscava diferençar as ONGs das instituições decorrentes de acordos entre governos nacionais, como a própria ONU e suas agências especializadas, tornou-se insuficiente para caracterizar as organizações que passaram a atuar exclusivamente nos contextos nacionais, tanto nos chamados "países em desenvolvimento" quanto naqueles ditos "industrializados"[13].

No que diz respeito às ONGs no contexto da evolução e surgimento do Terceiro Setor, registros históricos destacam a criação da Cruz Vermelha como primeira organização da sociedade civil originalmente reconhecida internacionalmente como essencial na luta pela paz e justiça mundial[14].

Oportuno enfatizar que a Cruz Vermelha iniciou suas atividades por meio de uma pequena organização fundada na Suíça, em Genebra, no ano de 1863 com o objetivo de ajudar soldados feridos nas guerras, e foi a partir de então que as ONGs passaram a ser reconhecidas como essenciais na luta pela igualdade, dignidade e justiça sociais e floresceram no mundo inteiro.

11 FERNANDES, 1994.

12 MENESCAL, Andréa Koury. *História e Gênese das Organizações Não Governamentais.* Estação Liberdade, São Paulo, 1996.

13 CAMPOS, José Roberto Bassul. *Organizações Não Governamentais nas áreas ambiental, indígena e mineral.* BIBLIOTECA DO SENADO FEDERAL. Informações extraídas do *site* https://www2.senado.leg.br/bdsf/bitstream/handle/id/141/45.pdf?sequence=4. Acesso em: 2 abr. 2017.

14 CRUZ VERMELHA BRASILEIRA. Origens. Disponível em < http://www.cruzvermelha.org.br/pb/movimento-internacional/origens/#axzz4tBHWijhF> Acesso em: 20 jan. 2017.

Mais de 50 ONGs Internacionais surgiram dessa época até o fim da primeira guerra mundial[15]. A existência delas foi ostensivamente desprezada pelas Conferências de Haia de 1899 e 1907 e apenas informalmente considerada pela Liga das Nações. O reconhecimento internacional veio, de forma indireta, com a Carta das Nações Unidas em 1945[16].

Na década de 70, as ONGs associavam-se aos movimentos sociais com ênfase na formação política, com centros organizados de assessoria, cujas palavras de ordem que nortearam suas atividades eram "educação popular", "autonomia", "auto-organização", "independência" e "direitos humanos". A partir da década de 1990, as ONGs submetem-se a uma outra lógica e passam a priorizar trabalhos em parceria com o Estado ou empresas, passam a se proclamar como cidadãs e enfatizam o fato de atuarem sem fins lucrativos. Transformam-se em organizações com um perfil de filantropia empresarial e passam a manter relações com o Banco Mundial e com agências financiadoras ligadas ao grande capital, a exemplo das Fundações Ford, Rockfeller, Kellogg, MacArthur, entre outras.

Em suma, observa-se o crescimento das ONGs no mundo na medida em que os movimentos sociais e a sociedade civil começam a perder sua força mobilizadora, com carga contestadora das atuações e ineficiência do Estado, e, portanto, voltam-se para uma postura integradora com a realização de parcerias com o poder público.

É possível observar também a relação entre o crescimento das ONGs e o fenômeno da globalização, como uma forma encon-

15 LEMOS, Cleide de Oliveira. *As ONGS e o Sistema Mundial de Proteção dos Direitos Humanos.* Rev. Fund. Esc. Super. Minist. Público Dist. Fed. Territ., Brasília, Ano, V. 17, pp. 63 – 97, jan./jun. 2001. p. 63.

16 As organizações não governamentais (ONGs) sempre desempenharam um papel importante na ONU. Diz o Artigo 71º da Carta das Nações Unidas que "o Conselho Econômico e Social poderá entrar em entendimentos para consultar organizações não governamentais que se ocupem de assuntos no âmbito da sua própria competência. Tais entendimentos poderão ser feitos com organizações internacionais e, quando for o caso, com organizações nacionais, depois de efetuadas consultas com o membro das Nações Unidas interessado no caso".

trada pela sociedade de adaptar-se ao novo modelo de abertura de fronteiras.

3. O CONTEXTO DE SURGIMENTO DO TERCEIRO SETOR NO BRASIL

É possível afirmar que o Terceiro Setor possui origens na participação das entidades sem fins lucrativos no Brasil, que datam da segunda metade do século XIX. Cita-se como exemplo de caridade e filantropia as Santas Casas, ainda na segunda metade do século XVI, trazendo uma forte tradição cristã. Ressalte-se que a Igreja Católica, com o apoio do Estado, era responsável pela maior parte das entidades que prestavam algum tipo de assistência às comunidades mais necessitadas, que ficavam às margens das políticas sociais básicas de saúde e educação. A atuação das Igrejas, concomitantemente com o Estado, durou todo o período colonial, até o início do século XIX[17].

Sobre essas entidades caritativas de influência cristã, observa-se que "desde o século XVI existem no Brasil instituições de assistência a pessoas carentes, orientadas por fins filantrópicos, influenciadas pelo modelo português das Casas de Misericórdia, baseadas em ações caritativas e cristãs"[18].

Já no século XX, surgem outras religiões, que, juntamente com a Igreja Católica, passam a atuar no campo da caridade com fins filantrópicos associadas ao Estado. Mas, no período republicano, a relação Igreja e Estado mudou, uma vez que antes esses dois objetivavam o atendimento e a assistência das questões sociais. Nessa nova fase, passam a atuar outras religiões, utilizando-se das

17 COELHO, Luiz Fernando. *Fundações Públicas*. Rio de Janeiro: Forense, 1978. p. 9.
18 COELHO, Simone de Castro Tavares. *Terceiro Setor, um estudo comparado entre Brasil e Estados Unidos*, Editora SENAC SÃO PAULO, 2002.

mesmas práticas da Igreja Católica, beneficiando-se também de parcerias com fins filantrópicos junto ao Estado[19].

Além da introdução de novas instituições atuando em setores que até então contavam apenas com a presença de atores tradicionais, um outro fator que colaborou para a mudança de relacionamento entre a Igreja e o Estado foi a modernização natural da própria sociedade, fruto da industrialização e urbanização da época, fazendo com que aumentasse a complexidade dos problemas sociais. Dentro desse contexto, começam a aparecer na década de 30 várias entidades da sociedade civil, a maioria atrelada ao Estado.

No período do Estado Novo, com o implemento da Ditadura Militar, percebe-se a continuidade do processo de criação das organizações de finalidade pública; cresce, assim, o número de entidades atuando no Terceiro Setor, contudo tais entidades já não estão tão atreladas e influenciadas pela Igreja e pelo Estado, passando a assumir uma outra identidade, tornam-se entidades não governamentais, sem fins lucrativos e de finalidade pública[20].

É relevante enfatizar a importância do trabalho comunitário para a formação e a evolução do Terceiro Setor no período da Ditadura Militar. Fernandes[21] destaca que "trabalho comunitário" é uma expressão das mais correntes entre aqueles que circulam pelo Terceiro Setor. Denota a concretude de uma atividade localizada, de dimensões razoavelmente pequenas, em que o relacionamento é personalizado.

Possível verificar o crescimento das atividades comunitárias nos anos de Ditadura Militar, tendo em vista a repressão aos movimentos sociais e da participação civil no Estado e ainda tendo em vista a ausência de diálogo entre sociedade civil e Estado. A cres-

19 GERÊNCIA DE ESTUDOS SETORIAIS (GESET). Terceiro Setor e o Desenvolvimento Social. Disponível em: http://www.bndes.gov.br/.

20 DIAS, Maria Tereza Fonseca. *Terceiro setor e Estado: legitimidade e regulação: por um marco jurídico.* Belo Horizonte: Fórum, 2008.

21 FERNANDES, Rubens C. *Privado Porém Público: O Terceiro Setor na América Latina.* 2 ed. Rio de Janeiro: Relume – Dumaré, 1994.

cente atividade comunitária vivenciada no período de exceção do Brasil possuiu influências das teorias pedagógicas de Paulo Freire e Ivan Illich, que pregaram uma "educação popular" e adotaram em maior e menor grau uma cultura pertencente às esquerdas marxistas.

Foi com a Teoria da Libertação que ocorreu o grande impulso no movimento do ativismo social durante a década de 1970 na América Latina. A escolha por essa "teologia da libertação" foi oficialmente manifestada pelos bispos durante reunião na Colômbia em 1968. A intensidade desse movimento sofreu variantes nos diversos países latinos, havendo casos em que chegou a atingir âmbito nacional, como é o exemplo do Brasil.

A atuação das organizações nesse período de autoritarismo brasileiro mostrou-se desarticulada e bastante descentralizada: em vez de centrais de comando, formam-se redes de relacionamento em que a autonomia e a iniciativa local são condições indispensáveis. Trata-se de uma estratégia de atuação em rede e que pode ser vista até mesmo nos dias atuais, sendo ainda utilizada pelas organizações do Terceiro Setor na América Latina e em outras partes do mundo.

Nas décadas de 70 e 80, começa a se acentuar uma sociedade cada vez mais hierarquizada e desigual, e com isso movimentos sociais começam a ganhar corpo, opondo-se especialmente às práticas autoritárias do regime militar desse período, bem como reivindicando direitos sociais.

Ressalta-se que a Constituição de 1988, num amplo processo de mobilização social, promoveu avanços positivos quanto aos direitos relacionados a cidadania política e descentralização na promoção de políticas sociais. Adicionado a isso, ocorreram muitas pressões dos movimentos populares, por meio dos chamados "lobbies populares" no congresso, com a finalidade de aprovar emendas. É inegável que a Nova Constituição representou um avanço em relação à política social no Brasil[22].

Constata-se nas últimas décadas um crescimento quantitativo e qualitativo do Terceiro Setor como um todo, em especial das ONGs (Organizações Não Governamentais). Com a consolidação democrática, por intermédio das pluralidades partidárias, formação de sindicatos e fortalecimentos de movimentos sociais urbanos e rurais, abre-se espaço para uma atuação mais efetiva das ONGs[23].

Em virtude da atuação ineficiente do Estado, em especial na área social, o Terceiro Setor vem crescendo e se expandindo em várias áreas, objetivando atender à demanda por serviços sociais requisitados por uma quantidade expressiva da população menos favorecida, em vários sentidos, atuando onde o Estado e os agentes econômicos não têm interesses ou não são capazes de provê-la. Assim é possível afirmar que isso ocorre em virtude da concretização de práticas advindas da política neoliberal, do capitalismo global, provocando instabilidade econômica, política e social, principalmente nos países do terceiro mundo.

Esse setor tem como premissa básica a equidade e a justiça social com as instituições democráticas. A campanha *Ação Contra a Fome, a Miséria e pela Vida* foi um marco pela sua abrangência e poder de mobilização, dirigida pelo sociólogo Herbert de Sousa, o Betinho, citado por[24], que coloca nos seguintes termos: "Vamos

22 TEIXEIRA, Ana Claudia C. *Identidades em Construção: As Organizações Não-Governamentais no Processo Brasileiro de Democratização*. Campinas, 2000. 166 f. Dissertação (Mestrado em Filosofia e Ciências Humanas) – Departamento de Ciência Política do Instituto de Filosofia e Ciências Humanas, Universidade de Campinas, p. 31.

23 Entre 2006 e 2010, observou-se um crescimento de 8,8% das fundações privadas e associações sem fins lucrativos no Brasil, expansão significativamente menor do que a observada no período de 2002 a 2005 (22,6%), e de 15,9% no pessoal assalariado, com aumento real de 6,2% nos salários médios mensais. Em números absolutos, o maior crescimento foi o das entidades religiosas, o que significou a criação de 11,2 mil entidades ou quase a metade (47,8%) do total das 23,4 mil criadas no período. Dados extraídos do *site* <http://www.abong.org.br/informes.php?id=5920&it=5935> . Acesso em: 26 out. 2017.

24 BAVA, Silvio C. *O Terceiro Setor e os Desafios do Estado de São Paulo para o Século XXI*. *In:* Cadernos Abong. ONGs Identidades e Desafios Atuais. São Paulo: Autores Associados, 2000. pp. 41-86.

sonhar, pensar e praticar a democracia, cada um fazendo a sua parte, tomando iniciativa, pondo a sua própria capacidade a serviço de todos e, com isso, exercendo o direito e o dever de cidadania".

Até mesmo o Segundo Setor, que funciona com uma lógica diferente, na qual visa o lucro, a partir da década de 90, encabeça e dirige recursos para programas e projetos sociais, especialmente através de suas fundações e institutos, sendo assim mais uma opção de recursos para a área do Terceiro Setor.

Tendo em vista que tanto o Estado quanto o mercado não conseguem responder aos desafios do desenvolvimento com igualdade, torna-se nítida que "a participação dos cidadãos é essencial para consolidar a democracia e uma sociedade civil dinâmica é o melhor instrumento de que dispomos para reverter o quadro de pobreza, violência e exclusão social que ameaça os fundamentos de nossa vida em comum"[25].

Em função do crescimento do Terceiro Setor na década de 90, houve a premente necessidade de leis adequadas, tamanha a sua importância e expansão na nossa sociedade. Observa-se também uma dificuldade em se compreender a natureza jurídica desse instituto e quais os tipos de atividades filantrópicas e não lucrativas exercidas pelos particulares estaria abrangida por essa terminologia denominada por muitos de "guarda-chuva".

4. O TERCEIRO SETOR E A DESPOLITIZAÇÃO DA QUESTÃO SOCIAL

A compreensão acerca do avanço do Terceiro Setor no Brasil, assim como no mundo, requer a imprescindível percepção sobre os impactos do neoliberalismo na modificação do papel do Estado e na emergência do Terceiro Setor, que, por sua vez, surgiu de modo a contribuir com o processo de "des-responsabilização" estatal e

25 FERNANDEZ, 1994, p. 12.

esvaziamento da dimensão da conquista de direitos das políticas sociais[26].

Ao se analisar o projeto neoliberal, é possível compreender o "Terceiro Setor" como um instrumento que possibilita a atuação da sociedade em áreas tidas como sociais, face a ausência ou ineficiência do Estado, contudo é imprescindível perceber como esse setor pode ser concebido como instrumento de funcionalidade em meio às transformações do capital.

O termo instrumentalização relacionado ao Terceiro Setor é tido por Montano[27] como "meio para alcançar as finalidades desejadas" e significa "ser instrumento (ou ser instrumentalizado) para tal propósito". Sendo assim, a instrumentalidade seria a ponte entre as metas, os objetivos e os fins sobre as concepções e condições existentes, bem como as relações e processos sociais já postos.

As observações de Montano[28] desconstroem a imagem romantizada e idealizada por estudiosos como Rubem Fernandes e Ruth Cardoso e traz à tona o papel do Terceiro Setor dentro de uma lógica de reestruturação do capital. Deixa claro a importância da função ideológica do mesmo na implementação de políticas públicas neoliberais e sua sintonia com o processo de reestruturação do capital pós-70.

Na obra *Terceiro Setor e questão social*, Montano[29] revela o que na sua concepção está por trás daquilo que ele chama de publicização, qual seja:

> [...] por um lado, a diminuição dos custos da atividade social – não pela maior eficiência destas entidades, mas pela verdadeira precarização, focalização e localização destes serviços, pela perda

26 MONTANO, Carlos. *Das "lógicas do Estado" às "lógicas da sociedade civil": Estado e Terceiro Setor em questão. Revista Serviço Social e debate* – Espaço Público, Cidadania e Terceiro Setor. N. 59, ano XX, março, 1999. p. 72.

27 MONTANO, Carlos. *Terceiro Setor e questão social: crítica ao padrão emergente de intervenção social.* São Paulo: Cortez, 2002, p. 5.

28 MONTANO, 2002.

29 MONTANO, 2002, pp. 47-48.

> das suas dimensões de universalidade, de não-contratualidade e de direito do cidadão – desonerando o capital. (...) É neste terreno que se inserem as 'organizações sociais', o 'voluntariado', enfim, o 'terceiro setor', como fenômeno promovido pelos (e/ou funcional aos planos dos) governos neoliberais, orientados para América Latina no Consenso de Washington.

Barbosa[30], ao escrever sobre os significados do Terceiro Setor, observa muito bem um viés analítico desse instituto, relacionando-o ao processo de reestruturação produtiva e avanço da globalização, trazendo à lume uma abordagem crítica sobre o tema.

> [...] à análise da emergência o Terceiro Setor e seu fortalecimento pode dar-se pela compreensão do processo de globalização econômica e ascensão da teoria neoliberal, os quais primam pelo fortalecimento do caráter subjetivo do mercado e a progressiva retirada do Estado dos espaços públicos.

Chama a atenção para a alteração do papel político do Estado e da emergência do Terceiro Setor diante da ascensão do neoliberalismo:

> [...] a essência do Terceiro Setor encontra-se indiretamente vinculada à lógica do capital, do lucro privado e do próprio poder estatal. Longe de cumprir verdadeiramente o papel de construtor de laços de solidariedade local, afirmando seu caráter alternativo diante da ineficiência do Estado no desenvolvimento de políticas sociais, o Terceiro Setor torna-se prisioneiro do pensamento neoliberal, uma vez que traz para si a responsabilidade para com a questão social[31].

30 BARBOSA, Lia Pinheiro. *Significados do Terceiro Setor: de uma nova prática política à despolitização da questão social.* SOCIEDADE E CULTURA, V.9, N.1, JAN/JUN, 2006, pp. 173-186.

31 BARBOSA, 2006, p. 173.

O neoliberalismo e o avanço da globalização proporcionaram uma visão distorcida do significado político do Estado, da sociedade civil e do mercado. Isso conduz à ideia de que o Terceiro Setor se encontra diretamente vinculado à lógica do capital, do lucro privado e do próprio poder estatal, fato que gerou um afastamento da responsabilidade do Estado e o fomento da responsabilidade social.

A atual participação da sociedade civil na esfera de decisão do Estado quanto à implementação de políticas públicas aptas a atender às reais necessidades sociais, seja por meio de manifestações e movimentos realizados por coletivos ou grupos integrantes de movimentos sociais, seja por meio de entes do Terceiro Setor, é fato notório e crescente.

No centro desse debate, é possível observar que um dos objetivos do projeto neoliberal é justamente despolitizar os conflitos sociais e silenciar as lutas contra as reformas estatais em modelos de parceria com o Estado. Em recente artigo publicado na X Jornada Internacional de Políticas Públicas, Aylana Silva e Elgonzales Almeida observam que

> A busca por dissipar conflitos e mediá-los, trazendo-os para mais perto da esfera estatal, gerou uma relação entre Estado e sociedade de forma instrumentalizada, convertida em meio para sufocar possíveis lutas sociais, em decorrência das condições de classes, dirigidas contra as idealizações defendidas pelo projeto neoliberal – reforma do Estado, reestruturação produtiva e globalização[32].

É relevante ponderar que as parcerias realizadas ao longo da evolução do voluntariado e da filantropia são pontuais e geralmen-

32 SILVA, Aylana Cristina Rabelo. ALMEIDA, Elgonzales Magalhães. *Questão social, neoliberalismo e o terceiro setor: reflexões teóricas para a crítica na contemporaneidade*. X Jornada Internacional de Políticas Públicas. http://www.joinpp.ufma.br/jornadas/joinpp2021/images/trabalhos/trabalho_submissaoId_1258_1258612ea5d8a5339.pdf. Acesso em: 20 out. 2022.

te são medidas de caráter emergencial. Dessa forma, não há espaço para constituição de direitos e garantias aos cidadãos. Ressalte-se também que esse modelo de parceria instaurado pelo crescimento do Terceiro Setor tende a fortalecer a cultura ideológica do possibilismo, cuja intenção é desmerecer o ideário socialista, atribuindo a este os problemas da "questão social", realizando-se um "trabalho ideológico de fragilização dos vínculos entre instituições democráticas e sociedade, e nessa mesma medida, transferirem a sua confiança para aquelas entidades que compõem a sociedade civil".

Observa-se um tripé nesse processo que fomenta o projeto neoliberal e que dá força ao chamado Terceiro Setor. Montano[33] esclarece que esse processo de re-filantropização e re-mercantilização da "questão social" está consolidado em "três modalidades de serviços de qualidades diferentes – o privado/mercantil, de boa qualidade; o estatal/'gratuito', precário; e o filantrópico/voluntário, geralmente também de qualidade duvidosa".

O fato é que o Terceiro Setor, não obstante possibilite a participação, o engajamento e a responsabilidade social, termina por ser instrumento para o afastamento estatal de questões sociais relevantes como, por exemplo, de políticas públicas de assistência social, consolidando, assim, a estratégia neoliberal e do capital de redução do papel do Estado, provocando por via de consequência a despolitização da questão social.

CONSIDERAÇÕES FINAIS

É inegável que o avanço do neoliberalismo, do capital e da globalização econômica trouxe dificuldades para que o Estado pudesse cumprir o seu verdadeiro papel de consagrador do bem-estar social, nascendo a partir daí um sentimento coletivo de completa ausência de confiança na capacidade estatal de, por si só, gerar

33 MONTANO, 2002, p. 4.

melhorias na qualidade de vida da coletividade, mostrando-se ineficiente para atender à demanda social crescente.

Nesse contexto, cresce o consenso social e político sobre a necessidade de redução dos encargos do Estado e a devolução da atividade à iniciativa privada, bem como a ampliação do processo democrático por meio do aprofundamento da participação dos cidadãos e das pessoas jurídicas sem fins lucrativos na condição de parceiros e efetivos colaboradores com a Administração Pública.

As políticas neoliberais, a globalização e as crises econômicas fizeram crescer significativamente o papel da sociedade civil em setores nos quais o Estado se apresentou ineficiente ou totalmente ausente. Sendo assim, observa-se a participação popular não apenas no processo político, como também nas decisões do governo e no controle da administração pública, trazendo à lume uma nova perspectiva de democracia e novas formas de autonomia, de ser, agir e fazer.

Diante do que já foi expendido, é possível inferir que, em meio às estratégias neoliberais de redução do papel do Estado, está a luta pela instrumentalização da sociedade civil, de modo a transformá-la em instituições sem fins lucrativos, caridosas e que viabilizam o bem-estar social.

Quanto mais o projeto ideológico de responsabilidade social cresce e fomenta a ampla participação da sociedade civil por meio de entes do Terceiro Setor, mais notória a desresponsabilização do Estado quanto ao seu papel fundamental de consagrar o bem-estar social, legitimando, assim, a despolitização da "questão social".

REFERÊNCIAS

ALBUQUERQUE, Antônio Carlos Carneiro de. *Terceiro Setor: história e gestão de organizações*. São Paulo: Summus, 2006. pp. 29-30.

BAVA, Silvio C. *O Terceiro Setor e os Desafios do Estado de São Paulo para o Século XXI. In:* Cadernos Abong. ONGs Identidades e Desafios Atuais. São Paulo: Autores Associados, 2000. pp. 41-86.

BARBOSA, Lia Pinheiro. *Significados do Terceiro Setor: de uma nova prática política à despolitização da questão social.* SOCIEDADE E CULTURA, V. 9, N. 1, jan./jun., 2006, pp. 173-186.

CAMPOS, José Roberto Bassul. *Organizações Não Governamentais nas áreas ambiental, indígena e mineral.* BIBLIOTECA DO SENADO FEDERAL. Informações extraídas do *site* https://www2.senado.leg.br/bdsf/bitstream/handle/id/141/45.pdf?sequence=4. Acesso em: 2 abr. 2017.

CRUZ VERMELHA BRASILEIRA. Origens. Disponível em <http://www.cruzvermelha.org.br/pb/movimento-internacional/origens/#axzz4tBHWi-jhF> Acesso em: 20 jan. 2017.

COELHO, Luiz Fernando. *Fundações Públicas.* Rio de Janeiro: Forense, 1978. p. 9.

COELHO, Simone de Castro Tavares. *Terceiro Setor, um estudo comparado entre Brasil e Estados Unidos.* Editora SENAC SÃO PAULO, 2002.

DIAS, Maria Tereza Fonseca. *Terceiro Setor e Estado: legitimidade e regulação: por um marco jurídico.* Belo Horizonte: Fórum, 2008.

FERNANDES, Rubens C. *Privado Porém Público: O Terceiro Setor na América Latina.* 2 ed. Rio de Janeiro: Relume – Dumaré, 1994.

GERÊNCIA DE ESTUDOS SETORIAIS (GESET). *Terceiro Setor e o Desenvolvimento Social.* Disponível em: http://www.bndes.gov.br/.

LEMOS, Cleide de Oliveira. *As ONGS e o Sistema Mundial de Proteção dos Direitos Humanos.* Rev. Fund. Esc. Super. Minist. Público Dist. Fed. Territ., Brasília, Ano, V. 17, pp. 63-97, jan./jun. 2001. pp. 63.

MENESCAL, Andréa Koury. *História e Gênese das Organizações Não Governamentais.* Estação Liberdade, São Paulo, 1996.

MONTANO, Carlos. *Das "lógicas do Estado" às "lógicas da sociedade civil": Estado e Terceiro Setor em questão. Revista Serviço Social e debate* – Espaço Público, Cidadania e Terceiro Setor. N.59, ano XX, março, 1999. p. 72.

MONTANO, Carlos. *Terceiro Setor e questão social: crítica ao padrão emergente de intervenção social.* São Paulo: Cortez, 2002.

MONTANO, Carlos. *Estado, Classe e movimento social.* Carlos Montano, Maria Lúcia Duriguetto. 3 ed. São Paulo: Cortez, 2011. Biblioteca Básica de serviço social; v.5.

SALAMON, Lester e outros. Global Civil Society. *Dimensions of the nonprofit sector*. Baltimore: Johns Hopkins Center for Civil Society Studies. 1997.

SALAMON, Lester. *Estratégias para o fortalecimento do terceiro setor. In:* IOSCHPE, Evelyn Berg. 3º setor: desenvolvimento social sustentado. 3 ed. São Paulo: Paz e Terra: Grupo de Institutos, Fundações e Empresas (GIFE), 2005. p. 109.

SALAMON, Lester. *The rise of nonprofit setor*. Foreign Affairs. V. 73, N. 4, 1994, pp. 109-22.

SILVA, Aylana Cristina Rabelo. ALMEIDA, Elgonzales Magalhães. *Questão social, neoliberalismo e o terceiro setor: reflexões teóricas para a crítica na contemporaneidade*. X Jornada Internacional de Políticas Públicas. http://www.joinpp.ufma.br/jornadas/joinpp2021/images/trabalhos/trabalho_submissaoId_1258_1258612ea5d8a5339.pdf. Acesso em: 20 out. 2022.

TEIXEIRA, Ana Claudia C. *Identidades em Construção: As Organizações Não Governamentais no Processo Brasileiro de Democratização*. Campinas, 2000. 166 f. Dissertação (Mestrado em Filosofia e Ciências Humanas) – Departamento de Ciência Política do Instituto de Filosofia e Ciências Humanas, Universidade de Campinas.

TOCQUEVILLE, Alexis de, 1805-1859. *A democracia na América: leis e costumes de certas leis e certos costumes políticos que foram naturalmente sugeridos aos americanos por seu estado social democrático*. Alexis de Tocqueville; tradução Eduardo Brandão; prefácio, bibliografia e cronologia François Furet. – 2 ed. – São Paulo: Martins Fontes, 2005. – (Paideia). Título original: *De La democratie en Amerique*.

COM AS POLÍTICAS PÚBLICAS CERTAS, O TERCEIRO SETOR PODE ALAVANCAR A PESQUISA EM CIÊNCIA, TECNOLOGIA E INOVAÇÃO NO BRASIL[1]

JOSÉ THADEU MASCARENHAS MENCK
Advogado e economista pela Universidade de Brasília (UnB). Especialista em Direito e Política Tributária e em Gestão Financeira pela Fundação Getulio Vargas (FGV). Sócio do Escritório de Advocacia José Menck & Mascarenhas Advogados Associados. Presidente do Instituto José Menck de Pesquisa Ambiental. Atua no Terceiro Setor há mais de 25 anos. *E-mail*: josethadeu@josemenck.adv.br.

1 Nossos agradecimentos à sra. Karina Vidal, engenheira, que colaborou com este artigo, fazendo comentários relevantes sobre o assunto e indicando a localização das planilhas divulgadas na Internet pelo MCTI que corroboraram com as premissas de nossa pesquisa, e ao colega dr. Fillipe Dall'Ora, que disponibilizou o seu tempo para revisar o texto, apontando os pontos que necessitavam de esclarecimentos.

SUMÁRIO

PALAVRAS-CHAVE

Pesquisa em Ciência, tecnologia e inovação no Brasil; marco legal; participação do Terceiro Setor; investimentos pelas empresas; comparação com outros países; reforma legal necessária.

INTRODUÇÃO

Novas normas legais para estimular a pesquisa científica, tecnológica e inovação foram editadas no Brasil nas últimas décadas. O incentivo fiscal é passo acertado do Estado brasileiro na busca da independência tecnológica do país, objetivo este que está longe de ser alcançado, como se observou na crise sanitária da Covid-19, quando ficou patente a dependência tecnológica externa do Brasil para a produção de insumos da área da saúde, entre os quais as vacinas.

Em que pese o recente Marco Legal para a Inovação aprovada pelo Congresso, neste trabalho partimos da premissa de que as políticas públicas para o incentivo à ciência e tecnologia estão aquém das necessidades da sociedade brasileira.

A legislação em vigor para a pesquisa e inovação é o primeiro objeto de análise deste trabalho, em seguida são comparados os dados sobre investimento no Brasil com os de países desenvolvidos e feitas as conclusões.

1. O NOVO MARCO LEGAL DA CIÊNCIA, TECNOLOGIA E INOVAÇÃO

1.1. A EMENDA CONSTITUCIONAL PARA A PESQUISA

A legislação atual tem como base a Emenda Constitucional nº 85, que foi originada pela PEC (Projeto de Emenda Constitucional) nº 290/2013, de autoria da então Comissão Especial da Câmara dos Deputados, que apreciou o Projeto de Lei nº 2.177 (transformado na Lei Ordinária 13.243/2016). Os autores e coautores[2] desta PEC, reconheceram a necessidade de impulso da pesquisa nacional e da criação de soluções tecnológicas para o enfrentamento não só dos desafios econômicos, mas também os sociais[3].

A comparação entre os dados de investimentos em pesquisa realizados por outros países com os números do Brasil evidencia a proporcionalidade entre investimento em pesquisa científica e inovação com a qualidade de vida das populações daqueles Estados.

Neste país, o setor privado (empresarial e Terceiro Setor) tem sido responsável por quase a metade dos investimentos em pesquisa e desenvolvimento[4]. Entretanto, tanto estes investimentos como os que têm sido aplicados pelo Estado ainda refletem valores baixos quando comparados com o que é investido na área pelos países desenvolvidos[5].

2 Cerca de 200 deputados federais assinaram a PEC nº 290/2013.

3 BRASIL. PROPOSTA DE EMENDA À CONSTITUIÇÃO Nº 290, DE 2013. Diário da Câmara dos Deputados, de 8 de agosto de 2013, quinta-feira, folha 32964.

4 Segundo levantamento do Ministério da Ciência, Tecnologia e Inovação, em 2020 as Empresas participaram com 43,2% dos recursos aplicados em pesquisa e desenvolvimento (P&D) e o Governo respondeu com 53,8% dos investimentos da área. Os setores de ensino superior, instituições privadas sem fins lucrativos e estrangeiras participaram com 3% das aplicações em pesquisas. A participação das empresas no total investido em pesquisas nos anos 2000 a 2020 teve o seu ápice em 2005, quando representou 50,4% do investido em pesquisa no país. A menor participação do setor empresarial ocorreu em 2013, quando representou 40,3% do volume aplicado em pesquisa.

5 Cálculo com os dados disponíveis no MCTI sobre investimentos em pesquisa e desenvolvimento (*Vide* Nota 26) e o PIB brasileiro de R$ 7,4 trilhões. (IBGE – Disponível em: https://agenciabrasil.ebc.com.br/economia/noticia/2021-03/pib-de-2020-fecha-com-queda-de-41-revela-pesquisa-do-ibge. Acessado em 10 mar. 2023)

Segundo dados do Ministério da Ciência, Tecnologia e Inovação (MCTI), em 2019 o Brasil investiu cerca de 89,5 bilhões de reais no setor. Esse valor correspondeu a 1,21% do PIB. Naquele mesmo ano, a Alemanha e os Estados Unidos investiram mais de 3% do PIB[6]. Cabe destacar que a intensidade em P&D no grupo das economias da Organização para a Cooperação e o Desenvolvimento Econômico subiu de 2,52% em 2019 para 2,7% em 2020[7].

O baixo volume de investimento em pesquisa e desenvolvimento no Brasil tem diversas razões, entre as quais o fato de que a legislação em vigor não é eficiente para incentivar o desenvolvimento em ciência, tecnologia e inovação, como será demonstrado.

Justamente para quebrar as barreiras entre o setor empresarial e a ciência, foi apresentada a Proposta de Emenda Constitucional (PEC) nº 290/2013, que resultou na Emenda Constitucional nº 85. O legislador reconheceu a relevância da interação entre a academia e o setor produtivo ao renomear o Capítulo IV – Da Ciência, Tecnologia e Inovação, do Título VIII – Da Ordem Social, da Carta Constitucional, introduzindo o termo "inovação", além de modificar a redação do *caput* do artigo 218 incluindo este mesmo vocábulo. Os autores e coautores da PEC, na Justificativa, esclareceram a necessidade daquela aproximação, nos seguintes termos[8]:

> Como efeito da demanda por inovação, perde sentido a separação antes vislumbrada entre ciência básica e pesquisa tecnológica, pois diversas linhas de pesquisa "pura" têm potencial para desdobrar-se em novas soluções para o setor produtivo. Tal constatação motiva a mudança de redação do § 1º do art. 218, retirando do texto atual a expressão "básica" e inserindo a expressão "tecnologia".

6 NIGRE, Fernanda De; SQUEFF, Flávia. *Investimentos em P&D do Governo Norte-Americano: Evolução e Principais Características.* Disponível em: https://repositorio.ipea.gov.br/bitstream/11058/3317/1/Radar_36_Investimentos.pdf. Acessado em 10 mar. 2023.

7 OCDE. *Main Science and Technology Indicators.* MSTI/OCDE MSTI/OECD. Disponível em: https://www.oecd.org/sti/msti.htm. Acessado em 07/03/2023.

8 BRASIL, Proposta de Emenda a Constituição Nº 290/2013, *ibid.*

A alteração de postura do Governo sobre ciência e setor produtivo se constata com a inserção do termo "inovação" na denominação do então Ministério da Ciência, Tecnologia, pela Medida Provisória nº 726/2011, convertida na Lei nº 13.341/2016.

A indústria tem foco na Ciência Aplicada, enquanto a Academia, na Ciência Básica. Aproximar essas duas áreas da pesquisa se tornou o correto olhar do Estado para a pesquisa. A redação do *caput* do art. 218 da Carta Magna pela Emenda Constitucional nº 85 passou a ter a seguinte redação:

> Art. 218. O Estado promoverá e incentivará o desenvolvimento científico, a pesquisa, a capacitação científica e tecnológica e a inovação.

Ao incluir o termo "inovação" nos parágrafos 1º e 3º do citado artigo 218, a Emenda Constitucional nº 85 consolidou os laços entre ciência básica e pesquisa tecnológica. Mais do que romper a dicotomia entre a academia e o setor produtivo, a Emenda fortaleceu o papel do Estado como articulador entre os diversos organismos de pesquisas públicos e privados, ao incluir o § 6º no artigo 218 da Carta, com claro objetivo de possibilitar maior eficácia para o sistema de ciência[9], tecnologia e inovação:

> § 6º O Estado, na execução das atividades previstas no *caput*, estimulará a articulação entre entes, tanto públicos quanto privados, nas diversas esferas de governo.

A participação do Estado no estímulo ao desenvolvimento da tecnologia de ponta pela Emenda nº 85 não foi limitada à construção de uma ponte entre ciência e setor produtivo, houve expressa

9 Assim consta na justificativa da PEC 290 sobre a inclusão do § 6º no art. 218 da CF/88: Deseja-se, também, dotar de maior eficácia o sistema de ciência, tecnologia e inovação, desburocratizando procedimentos e viabilizando novas formas de trabalho. Com tal objetivo em foco, propõe-se a inclusão de um § 6º ao art. 218. Em vista da cautela com que tais procedimentos devem ser adotados, remete-se à lei seu detalhamento.

inclusão do papel de estimulador do fortalecimento da inovação nas empresas, com a inclusão do parágrafo único no artigo 219 da Constituição, nos seguintes termos:

> Parágrafo único. O Estado estimulará a formação e o fortalecimento da inovação nas empresas, bem como nos demais entes, públicos ou privados, a constituição e a manutenção de parques e polos tecnológicos e de demais ambientes promotores da inovação, a atuação dos inventores independentes e a criação, absorção, difusão e transferência de tecnologia.

A efetiva aplicação deste parágrafo único do art. 219 da Carta Magna traz como desafio a manutenção dos parques e polos tecnológicos, evitando que se tornem apenas empreendimentos imobiliários. Para tanto, é necessário que as empresas que hoje não têm acesso aos incentivos fiscais sejam estimuladas a investir em pesquisas.

Após a publicação da Emenda Constitucional nº 85, a questão que se colocou foi a construção, ou adequação, das ferramentas legais para que o Estado brasileiro possa cumprir as suas funções de fomentador da pesquisa e do desenvolvimento. A estrada traçada foi a edição de legislação que atualizou o arcabouço legal até então vigente.

1.2 A CONSTRUÇÃO DO MARCO LEGAL DA PESQUISA CIENTÍFICA E TECNOLÓGICA

A Câmara dos Deputados aprovou, no final de 2014, a Redação Final do Projeto de Lei nº 2.177-B/2011[10], que alterou a Lei da Inovação. O Projeto de Lei foi encaminhado para a apreciação do

10 A redação final do PL 2.177/2011 foi a do Substitutivo apresentada pelo Relator de Plenário, Deputado Sibá Machado (PT-AC), que alterou o projeto de lei original, de autoria do Deputado Bruno Araújo (PSDB/PE), que previa a instituição de um Código de Ciência e Tecnologia. O Substitutivo alterou a legislação então vigente, a Lei nº 10.973/2004, denominada como Lei da Inovação.

Senado[11]. O trâmite nesta Casa foi rápido, e o Projeto foi aprovado com apenas emendas de redação, o que permitiu que o fosse encaminhado à sanção presidencial já em dezembro do ano de 2015. Foi sancionado e publicado como Lei nº 13.243/2016.

Entre as medidas para o incentivo à pesquisa e desenvolvimento para o setor produtivo, na nova redação dada pela Lei nº 13.243/2016 ao art. 1º da Lei nº 10.973/2004 (Lei da Inovação), consta o estímulo à atividade de inovação nas Instituições Científicas, Tecnológicas e de Inovação (ICTs), conforme se transcreve:

> Art. 1º Esta Lei estabelece medidas de incentivo à inovação e à pesquisa científica e tecnológica no ambiente produtivo, com vistas à capacitação tecnológica, ao alcance da autonomia tecnológica e ao desenvolvimento do sistema produtivo nacional e regional do país, nos termos dos arts. 23, 24, 167, 200, 213, 218, 219 e 219-A da Constituição Federal. (Redação pela Lei nº 13.243, de 2016)
> Parágrafo único. As medidas às quais se refere o *caput* deverão observar os seguintes princípios: (Incluído pela Lei nº 13.243, de 2016)
> (...)
> VI – estímulo à atividade de inovação nas Instituições Científica, Tecnológica e de Inovação (ICTs) e nas empresas, inclusive para a atração, a constituição e a instalação de centros de pesquisa, desenvolvimento e inovação e de parques e polos tecnológicos no país; (Incluído pela Lei nº 13.243, de 2016)
> (...)

A Lei nº 13.243/2016 incluiu as entidades privadas sem fins lucrativos no conceito de Instituição Científica e Tecnológica (ICT), na redação do inciso V do art. 2º da Lei da Inovação. Na redação anterior, apenas eram classificados como ICTs órgãos ou

11 No Senado o Projeto de Lei recebeu o nº PLC 77/2015 e teve como relator o Senador Cristovam Buarque (PDT-DF).

entidades da Administração Pública. Também no texto atual foi incluído o termo "inovação":

> V – Instituição Científica, Tecnológica e **de Inovação** (ICT): órgão ou entidade da administração pública direta ou indireta **ou pessoa jurídica de direito privado sem fins lucrativos legalmente constituída sob as leis brasileiras**, com sede e foro no país, que inclua em sua missão institucional ou em seu objetivo social ou estatutário a pesquisa básica ou aplicada de caráter científico ou tecnológico ou o desenvolvimento de novos produtos, serviços ou processos; (Redação pela Lei nº 13.243, de 2016) (*Vide* Decreto nº 9.841, de 2019)

Com a nova redação do artigo 9º da Lei nº 10.973/2004, para os casos de parceria entre as ICTs e instituições públicas e privadas para a realização de atividades conjuntas, as bolsas concedidas aos pesquisadores (militar, empregado da ICT pública e alunos de cursos técnicos, de graduação ou de pós-graduação) envolvidos na execução das atividades de pesquisa se caracterizam como doação, não configurando vínculo empregatício, contraprestação de serviços nem vantagem ao doador[12].

Cabe observar que na legislação anterior apenas se caracterizavam como doação, isentas de imposto de renda e sem integrar a base de cálculo da contribuição previdenciária do doador e do donatário, as bolsas de estudo e de pesquisa quando não

12 O *caput* do art. 9º da Lei 10.973/2004, e o seu § 4º passaram a ter a seguinte redação:

Art. 9º É facultado à ICT celebrar acordos de parceria com instituições públicas e privadas para realização de atividades conjuntas de pesquisa científica e tecnológica e de desenvolvimento de tecnologia, produto, serviço ou processo. (Redação pela Lei nº 13.243, de 2016)

(...)

§ 4º A bolsa concedida nos termos deste artigo caracteriza-se como doação, não configura vínculo empregatício, não caracteriza contraprestação de serviços nem vantagem para o doador, para efeitos do disposto no art. 26 da Lei nº 9.250, de 26 de dezembro de 1995, e não integra a base de cálculo da contribuição previdenciária, aplicando-se o disposto neste parágrafo a fato pretérito, como previsto no inciso I do art. 106 da Lei nº 5.172, de 25 de outubro de 1966. (Incluído pela Lei nº 13.243, de 2016)

representassem vantagem para o doador e que nem representassem contraprestação de serviços, como consta no art. 26 da Lei nº 9.250/1995[13].

1.3 OS INCENTIVOS FISCAIS E O SETOR PRODUTIVO

A Lei nº 8.010/1990 prevê a isenção dos impostos de importação e sobre produtos industrializados e do adicional ao frete para renovação da marinha mercante sobre máquinas, equipamentos, aparelhos e instrumentos, suas partes e peças de reposição, acessórios, matérias-primas e produtos intermediários destinados à pesquisa científica e tecnológica, tanto para as Instituições Científicas, Tecnológicas e de Inovação (ICT), como para qualquer entidade sem fins lucrativos para pesquisa científica e tecnológica, de inovação ou de ensino, desde que credenciados pelo CNPq, conforme o *caput* e § 2º do art. 1º:

> Art. 1º São isentas dos impostos de importação e sobre produtos industrializados e do adicional ao frete para renovação da marinha mercante as importações de máquinas, equipamentos, aparelhos e instrumentos, bem como suas partes e peças de reposição, acessórios, matérias-primas e produtos intermediários, destinados à pesquisa científica e tecnológica.
> (...)
> § 2º O disposto neste artigo aplica-se somente às importações realizadas pelo Conselho Nacional de Desenvolvimento Científico e Tecnológico – CNPq, por cientistas, por pesquisadores, por Instituição Científica, Tecnológica e de Inovação – ICT e por entidades sem fins lucrativos ativos no fomento, na coordenação ou na execução de programas de pesquisa científica e

13 A Lei nº 9.250/1995 alterou a legislação do imposto de renda das pessoas físicas. Em seu art. 26 regulamentou a isenção das bolsas de estudo e de pesquisas recebidas como doação, nos seguintes termos:

Art. 26. Ficam isentas do imposto de renda as bolsas de estudo e de pesquisa caracterizadas como doação, quando recebidas exclusivamente para proceder a estudos ou pesquisas e desde que os resultados dessas atividades não representem vantagem para o doador, nem importem contraprestação de serviços.

> tecnológica, de inovação ou de ensino e devidamente credenciados pelo CNPq.

A Lei nº 11.196/2005 dispõe, entre outros assuntos, o incentivo fiscal para investimentos em pesquisa científica e tecnológica e de inovação tecnológica a ser executada por Instituição Científica, Tecnológica e de Inovação.

O art. 19-A, da citada Lei, autoriza empresas a excluírem do lucro líquido as despesas havidas em projetos de pesquisa científica executados por ICTs ou entidades sem fins lucrativos:

> Art. 19-A. A pessoa jurídica poderá excluir do lucro líquido, para efeito de apuração do lucro real e da base de cálculo da Contribuição Social sobre o Lucro Líquido (CSLL), os dispêndios efetivados em projeto de pesquisa científica e tecnológica e de inovação tecnológica a ser executado por Instituição Científica e Tecnológica (ICT), a que se refere o inciso V do *caput* do art. 2º da Lei nº 10.973, de 2 de dezembro de 2004, ou por entidades científicas e tecnológicas privadas, sem fins lucrativos, conforme regulamento. (Redação dada pela Lei nº 12.546, de 2011)

A ICT de direito privado se caracteriza por incluir, entre suas finalidades estatutárias, a pesquisa científica, tecnológica e de inovação, de forma que é possível que Instituto de Ensino, entidade de saúde possam também se caracterizar como ICTs[14].

A grande maioria de pessoas jurídicas sem fins lucrativos das áreas de educação e saúde tem entre seus objetivos a pesquisa científica. De fato, cerca de 85% (oitenta e cinco por cento) dos atos constitutivos de associações e fundações das áreas de educação e saúde analisados por nós já consta a pesquisa como uma de suas finalidades[15].

14 Inciso V do *caput* do art. 2º da Lei nº 10.973/2004.

15 Em análise dos atos constitutivos de 70 associações da área de educação e saúde, realizada pelo autor, 60 tinham entre seus objetivos a pesquisa.

2. O ALCANCE LIMITADO DOS INCENTIVOS À PESQUISA E DESENVOLVIMENTO

Para a exclusão do lucro líquido dos dispêndios realizados por empresas em projetos de pesquisa, o incentivo fiscal previsto nos parágrafos do citado art. 19-A contém um requisito que impede que a maior parte das empresas brasileiras tenha o benefício, pois alcança unicamente as empresas sujeitas ao regime de tributação pelo lucro real, como se transcreve do § 2º do art. 19-A da Lei nº 11.196/2005:

> § 2º O disposto no *caput* deste artigo somente se aplica às pessoas jurídicas sujeitas ao regime de tributação com base no lucro real. (Incluído pela Lei nº 11.487, de 2007)

O requisito de concessão do incentivo fiscal apenas às empresas regidas pelo regime tributário de lucro real reduz, de forma drástica, o potencial de recursos para a pesquisa em ciência, tecnologia e inovação que poderia ser realizada pelas Instituições Científicas, Tecnológicas e de Inovação (ICTs).

Ainda que as empresas optantes pelo regime de tributação de lucro real tenham sido responsáveis por 79,02% da arrecadação de tributos federais (IRPJ, CSLL, PIS/COFINS, IPI e INSS) e 76,32% da receita bruta total, estas corporações representam apenas 3,02% do total de empresas do país, conforme os dados de 2013. Naquele ano, dos contribuintes pessoas jurídicas, 151.005 estavam sob o regime tributário do lucro real, enquanto 1.039.429 eram optantes pelo lucro presumido, e 3.526.564 adotavam o SIMPLES. Dessa forma apenas um pequeno grupo de empresas brasileiras tem incentivo para investir em ciência, tecnologia e desenvolvimento, o que, com a baixa capacidade do Estado Brasileiro de aplicar em pesquisa, leva o Brasil à distante posição no *ranking* dos países investidores em pesquisa[16].

16 NECT – SOLUÇÕES e PESQUISA EM CONTABILIDADE TRIBUTÁRIA, *Sistema Tri-*

2.1. O TERCEIRO SETOR É OPÇÃO PARA ALAVANCAR A PESQUISA

Segundo dados do MCTI, em 2020 o Brasil aplicou em P&D R$ 87.126,4 bilhões, o que representa cerca de 1,2% do PIB[17]. Desse valor, o setor produtivo brasileiro investiu em pesquisa cerca de R$ 37.675,10 bilhões, ou seja, 43,24% do total de recursos aplicados em pesquisa em ciência, tecnologia e desenvolvimento naquele ano[18].

Observa-se que, entre os investimentos em ciência e tecnologia do setor produtivo, se encontram os realizados pelas empresas estatais, o que demonstra que os dispêndios privados em ciência e tecnologia no Brasil são ainda menores.

A participação do setor empresarial privado no total das pesquisas realizadas no Brasil ser menor do que a do setor estatal não é uma característica comum a dos países mais ricos. Nestes, além de ser investido maior percentual do PIB em pesquisa de ciência, tecnologia e inovação, a atuação das empresas é efetivamente superior à estatal, conforme levantamento de dados realizados pelo MCTI dos anos entre 2000 e 2020[19].

---

butário Brasileiro, Estatística e Estudo. Disponível em: https://necct.org/estatisticas-e-estudos. Acesso em: 27 fev. 2023.

17 BRASIL, Recursos Aplicados – Indicadores Consolidados – *2.1.1 Brasil: Dispêndio nacional em ciência e tecnologia (C&T)(1), valores correntes, por atividade, 2000-2020.* Publicado em 02/06/2022, atualizado em 19/12/2022. Disponível em: https://www.gov.br/mcti/pt-br/acompanhe-o-mcti/indicadores/paginas/recursos-aplicados/indicadores-consolidados-1/recursos-aplicados-indicadores-consolidados. Acesso em: 27 fev. 2023.

18 BRASIL, Recursos Aplicados – Setor Empresarial – *2.5.1 Brasil: Dispêndios empresariais em ciência e tecnologia (C&T)(1), por atividade, 2000-2020.* Publicado em 02/06/2022, atualizado em 27/12/2022. Disponível em: https://www.gov.br/mcti/pt-br/acompanhe-o-mcti/indicadores/paginas/recursos-aplicados/setor-empresarial/2-5-1-brasil-dispendios-empresariais-em-ciencia-e-tecnologia-c-t-1-por-atividade-2000-2020. Acesso em: 27 fev. 2023.

19 BRASIL, Indicadores Nacionais de Ciência, Tecnologia e Inovação – Comparações Internacionais – Recursos Aplicados – *8.1.5 Distribuição percentual dos dispêndios nacionais em pesquisa e desenvolvimento (P&D), segundo fator de financiamento, países selecionados, 2000-2020.* Publicado em 03/06/2022, atualizado em 04/01/2023. Disponível em: https://www.gov.br/mcti/pt-br/acompanhe-o-mcti/indicadores/paginas/comparacoes-internacionais/recursos-aplicados/8-1-5-distribuicao-percentual-dos-dispendios-nacionais-em-pesquisa-e-desenvolvimento-p-d-segundo-setor-de-financiamento-paises-selecionados-2000-2020. Acesso em: 3 mar. 2023.

Na Alemanha, em 2020, as empresas foram responsáveis por mais de 60% dos investimentos na área, enquanto o Governo participou com cerca de 30%. Na China, as empresas responderam naquele mesmo ano com cerca de 77% dos recursos aplicados, enquanto o Governo, com quase 20%. As empresas da Coréia e do Japão participaram com mais de 70% dos investimentos em ciência, tecnologia e inovação, enquanto os Governos daqueles dois países responderam com cerca de 22% e 15% respectivamente. Nos Estados Unidos, a participação do setor produtivo no total investido em 2020 foi cerca de 66%.

Já as empresas espanholas, inglesas, italianas e francesas tiveram, entre os anos de 2000 e 2020, modelos semelhantes, de menor participação no total dos investimentos em ciência, tecnologia e inovação nos seus países. O setor produtivo daqueles países investiu cerca de 50%, 54%, 57% respectivamente de todo o orçamento para a área.

Esses últimos países têm uma característica em comum com os Estados Unidos, Canadá e Portugal: todos possuem uma relevante participação das instituições privadas sem fins lucrativos, ou seja, do Terceiro Setor, nos investimentos em ciência, tecnologia e inovação.

No Brasil, as instituições privadas e institutos de ensino superior representam menos de 3% dos investimentos em pesquisa de ciência e tecnologia; no Canadá essas entidades participam com quase 24% de todos os investimentos na área. Na Espanha, nos Estados Unidos, na França e na Itália, o Terceiro Setor representa, na média, 13% dos investimentos em pesquisa.

Destaca-se que o Terceiro Setor em Portugal, na África do Sul e em Israel participa dos investimentos totais em pesquisas de ciência e tecnologia com percentuais ainda maiores, aproximadamente 11%, 17% e 52%, respectivamente[20].

20 Idem.

Não obstante a regulamentação no Brasil sobre o tema ser recente, a legislação precisa avançar ainda mais, para que seja possível promover um avanço em ciência, tecnologia e inovação para aproximar o país dos pares internacionais.

3. OS INCENTIVOS À PESQUISA DEVEM INCLUIR QUALQUER EMPRESA

3.1. EMPRESAS DE LUCRO PRESUMIDO TAMBÉM DEVEM RECEBER INCENTIVOS À PESQUISA

Há na Lei do Bem, Lei nº 11.196/2005, duas formas de incentivo para microempresas e empresas de pequeno porte voltadas a pesquisa em ciência e tecnologia.

A primeira, prevista no *caput* do art. 18 daquela norma legal, é a dedução como despesas operacionais dos recursos destinados à execução de pesquisa tecnológica e de desenvolvimento de inovação tecnológica de interesse da pessoa jurídica pagadora[21].

O segundo incentivo é não constituir como receitas das microempresas e empresas de pequeno porte as importâncias recebidas de terceiros destinadas à execução de pesquisa tecnológica e de desenvolvimento de inovação tecnológica, conforme consta no § 2º do citado artigo[22]. Esse segundo benefício também alcança os inventores independentes.

21 Art. 18. Poderão ser deduzidas como despesas operacionais, na forma do inciso I do *caput* do art. 17 desta Lei e de seu § 6º, as importâncias transferidas a microempresas e empresas de pequeno porte de que trata a Lei nº 9.841, de 5 de outubro de 1999, destinadas à execução de pesquisa tecnológica e de desenvolvimento de inovação tecnológica de interesse e por conta e ordem da pessoa jurídica que promoveu a transferência, ainda que a pessoa jurídica recebedora dessas importâncias venha a ter participação no resultado econômico do produto resultante.

22 Art. 18. (...)

(...)

§ 2º Não constituem receita das microempresas e empresas de pequeno porte, nem rendimento do inventor independente, as importâncias recebidas na forma do *caput* deste artigo, desde que utilizadas integralmente na realização da pesquisa ou desenvolvimento de inovação tecnológica.

Como já comentado, o art. 19-A da Lei do Bem autoriza excluir do lucro líquido, para efeito de apuração do lucro real e da base de cálculo da Contribuição Social sobre o Lucro Líquido (CSLL), as despesas realizadas em projetos de pesquisa científica e tecnológica executada por ICTs, inclusive quando se tratar de entidade privada sem fins lucrativos.

Destaca-se que, nesse caso, o inciso I do § 1º do art. 19-A dá à empresa investidora a opção de excluir para a apuração do lucro real e da base de cálculo da CSLL entre a metade e duas vezes e meia o valor das despesas efetuadas.

Essa mesma linha de incentivos fiscais deve ser autorizada para as empresas que optarem pelos regimes de lucro presumido e Simples Nacional, excluindo das receitas que compõem a base de cálculo para os tributos federais as despesas aplicadas em projetos de pesquisa em ciência, tecnologia e inovação realizadas pelas ICTs, ou por entidades privadas de pesquisa sem fins lucrativos[23].

O modelo atual atende apenas às grandes empresas e às multinacionais estrangeiras que atuam no país. É um modelo inadequado porque exclui milhões de empresas que somente poderão permanecer no mercado se encontrarem diferenciais de seus produtos e serviços.

A inclusão das empresas menores no rol das que podem ser incentivadas a aplicar em pesquisa de ciência, tecnologia e inovação, além de aumentar a taxa de sobrevivência dessas empresas, poderá, em longo prazo, atingir patamares de arrecadação tributária mais elevados, uma vez que haverá maior número de pessoas jurídicas ativas com produtos com valores agregados maiores.

23 Art. 19-A (...)

(...)

§ 8º Somente poderão receber recursos na forma do *caput* deste artigo projetos apresentados pela ICT previamente aprovados por comitê permanente de acompanhamento de ações de pesquisa científica e tecnológica e de inovação tecnológica, constituído por representantes do Ministério da Ciência e Tecnologia, do Ministério do Desenvolvimento, Indústria e Comércio Exterior e do Ministério da Educação, na forma do regulamento.

A preocupação dos empresários de micro e pequeno porte em inovar para melhor atender aos seus clientes foi retratada por pesquisa realizada pelo SEBRAE, que constatou que "quase 90% das empresas costumam (ou costumavam), com frequência, aperfeiçoar serviços e produtos e atualizar-se em relação às novas tecnologias do setor"[24].

3.2. AS ICTS E O DESENVOLVIMENTO DAS EMPRESAS MENORES

As empresas optantes pelo lucro presumido ou pelo SIMPLES, embora tenham necessidade de buscar tecnologia e inovação, em geral não têm a estrutura em termos de equipamentos e de pessoal para pesquisas. A solução é a integração destas com as ICTs, públicas ou de direito privado, que podem prestar serviços de P&D para as empresas.

A alteração legislativa para o Marco Legal da pesquisa, em que pese ser fundamental para a consolidação da pesquisa aplicada em todo o setor produtivo brasileiro, ainda será insuficiente para superar todos os gargalos legais existentes no país, pois ainda há questões na legislação da filantropia que reduzem a capacidade de atuação das entidades que atuam na assistência social e mantêm, ou podem manter, atividades de ciência, tecnologia e inovação.

Grande parte da pesquisa, que é realizada pelo Terceiro Setor nos países mais desenvolvidos, ocorre nos institutos de ensino superior. Como exemplo, destaca-se as instituições de ensino superior estadunidenses, que no ano fiscal de 2021 investiram cerca de R$ 456 bilhões[25], ou seja, mais de cinco vezes o que foi investido no Brasil.

---

24 SEBRAE, *Pesquisa Sobrevivência das Empresas – Relatório Final. 2020* – Pesquisa realizada pela META – Pesquisa de Opinião. Disponível em: https://drive.google.com/file/d/1w8geGHr_gZpmEoV9iov4kcPSuvbZshTT/view. Acesso em: 27 fev. 2023.

25 NIETZEL, Michael T. *As 25 universidades dos EUA que mais investem em pesquisa.* Forbes. Publicado em 17/12/2022. Disponível em: https://forbes.com.br/forbes-money/2022/12/as--25-universidades-dos-eua-que-mais-investem-em-pesquisa/#:~:text=Universidade. Acesso em: 19 fev. 2023.

Dentre as universidades estadunidenses que participaram dos investimentos em pesquisa, 24 aplicaram, naquele exercício de 2021, valores superiores a US$ 1 bilhão. "Como tem feito por vários anos, a Universidade Johns Hopkins encabeçou a lista de instituições acadêmicas, com US$ 3,18 bilhões (R$ 18 bilhões) destinados à P&D"[26].

O que é investido naqueles *campi* estadunidenses em muito supera os investimentos nos *campi* nacionais, como era de se esperar. Segundo dados divulgados pelo MCTI, em 2013, as pesquisas neste país nas áreas da Saúde, Engenharia (englobando desenvolvimento tecnológico industrial, energia e infraestrutura) e Agricultura receberam investimentos nos valores de R$ 1.760,00 milhões, R$ 4.132,10 milhões e R$ 3.187,4 milhões respectivamente[27]. Em moeda norte-americana, equivaleram naquele ano, a US$ 746,711 milhões, US$ 1.753,118 milhões e US$ 1.352,312 milhões[28].

Para diminuir essa distância de investimentos em pesquisa em solo pátrio em relação ao que é aplicado pelas universidades estrangeiras, principalmente pelas estadunidenses, também é necessário retirar todos os obstáculos legais que dificultam os dispêndios pelas instituições do Terceiro Setor em ciência, tecnologia e inovação.

26 Idem.

27 BRASIL, Indicadores Nacionais de Ciência, Tecnologia e Inovação – Recursos Aplicados – *2.1.6 Brasil: Dispêndios públicos em pesquisa e desenvolvimento (P&D), por objetivo socioeconômico, 2000-2013.* Publicado em 02/06/2022, atualizado em 01/03/2023. Disponível em: https://www.gov.br/mcti/pt-br/acompanhe-o-mcti/indicadores/paginas/recursos-aplicados/indicadores-consolidados/2-1-6-brasil-dispendios-publicos-em-pesquisa-e-desenvolvimento-p-d-por-objetivo-socioeconomico. Acesso em: 3 fev. 2023.

28 Valor do câmbio do dólar no último pregão do ano de 2013: US$ 1,00 = R$ 2,3570 (Silva Rosa, *Dólar fecha 2013 com valorização de 15,37% frente ao real,* Valor Econômico – Finanças, São Paulo, 30/12/2013, encontrado na Internet no endereço eletrônico https://valor.globo.com/financas/noticia/2013/12/30/dolar-fecha-2013-com-valorizacao-de-1537-frente-ao-real.ghtml, encontrado no dia 02/03/2023, às 10h39.

3.3. AS NORMAS LEGAIS QUE LIMITAM OS INVESTIMENTOS EM PESQUISA PELAS FILANTRÓPICAS

A grande maioria das instituições de ensino e de saúde tem, nos seus objetivos estatutários, a pesquisa. A maior parte dessas entidades sem fins lucrativos são organizações filantrópicas e são submetidas à regulamentação específica para serem certificadas como entidades beneficentes de assistência social.

A Lei Complementar nº 187/2001 preconiza, em seu art. 31, a obrigatoriedade de destinarem a maior parte de seus custos ou despesas a programas ou projetos no âmbito da assistência social ou a atividades de prestação de serviços nas áreas de educação e saúde, como se transcreve a seguir:

> Art. 31. Constituem requisitos para a certificação de entidade de assistência social:
> (...)
> V – comprovar, cumulativamente, que, no ano anterior ao requerimento:
> a) destinou a maior parte de seus custos e despesas a serviços, a programas ou a projetos no âmbito da assistência social e a atividades certificáveis nas áreas de educação, de saúde ou em ambas, caso a entidade também atue nessas áreas;
> b) (...)

Não há justificativa lógica para impor às filantrópicas direcionamento de seus gastos[29]. Entretanto, é fundamental que seja buscada uma solução para que não se limite às ICTs, mantidas por entidades filantrópicas de natureza assistencial, as possibilidades de aplicação em pesquisa em ciência, tecnologia e inovação.

O caminho a ser adotado pode ser inspirado na própria Lei do Bem, que nos §§ 2º e 3º do seu art. 18 prevê que as importâncias transferidas a microempresas e empresas de pequeno porte e a in-

29 O debate sobre a constitucionalidade da alínea "b", do inciso V do art. 31, não faz parte do escopo deste artigo.

ventores independentes, destinadas à execução de pesquisa tecnológica, por pessoa jurídica, além de poderem ser deduzidas como despesas operacionais, não constituem receita daquelas empresas, conforme se transcreve em seguida:

> § 2º Não constituem receita das microempresas e empresas de pequeno porte, nem rendimento do inventor independente, as importâncias recebidas na forma do *caput* deste artigo, desde que utilizadas integralmente na realização da pesquisa ou desenvolvimento de inovação tecnológica.
> § 3º Na hipótese do § 2º deste artigo, para as microempresas e empresas de pequeno porte de que trata o *caput* deste artigo que apuram o imposto de renda com base no lucro real, os dispêndios efetuados com a execução de pesquisa tecnológica e desenvolvimento de inovação tecnológica não serão dedutíveis na apuração do lucro real e da base de cálculo da CSLL.

Dessa forma, o conceito de recursos recebidos de terceiros para aplicação em pesquisa científica, tecnológica e de inovação não serem considerados como receita ou despesa própria do instituto de pesquisa já existe. Cabe aplicá-lo na Lei de Filantropia, excetuando da norma prevista na alínea "a", do inciso V do art. 31 da Lei Complementar nº 187/2021 os custos e despesas destinados a P&D, nos termos da Lei da Inovação (Lei nº 10.973/2004).

CONSIDERAÇÕES FINAIS

É necessário avançar na legislação para alcançar os objetivos da PEC nº 85 e das Leis do Bem e da Inovação Tecnológica. Esse avanço passa pela inclusão de todo o universo empresarial e dos Institutos de Pesquisa, incluindo as filantrópicas, nos incentivos fiscais para a pesquisa em ciência, tecnologia e inovação, o que, por consequência, poderá gerar maior arrecadação para o Estado.

Uma das explicações sobre o desenvolvimento tecnológico e econômico estadunidense é a cultura da inovação, demonstrada pelo volume de investimentos realizados em pesquisa e desenvolvimento pelo setor produtivo dos EUA, que, entre os anos 2000 e 2020, variou entre 57,1% (2010) e 69,2% (2000) dos investimentos totais. A participação do Terceiro Setor em pesquisa naquele país cresceu de 4,7% (em 2000) a 13,7% (em 2020) dos investimentos totais.

Entre as opções políticas para a consolidação da pesquisa no Brasil está o estímulo do compartilhamento de laboratórios já instalados, uma vez que o custo de implantação e manutenção de infraestrutura é inviável para a maioria das empresas nacionais.

Outra relevante política que necessita ser adotada pelo Estado brasileiro é garantir ao Programa de Recursos Humanos em Áreas Estratégicas (PRHAE) recursos relevantes para a inserção de pesquisadores em empresas inovadoras e em fase de desenvolvimento (conhecidas como *startups*). Em 2021, o CNPq e o MCTI abriram chamada para este incentivo com uma previsão de recursos limitados a R$ 43,1 milhões[30]. Sem dúvida, são valores importantes, mas não suficientes para elevar o Brasil a patamares semelhantes ao dos países mais desenvolvidos.

Por outro lado, o Fundo Nacional de Desenvolvimento Científico e Tecnológico (FNDCT), criado em 1969, que tem como objetivo financiar a inovação e o desenvolvimento científico e tecnológico, não tem tido capacidade financeira para ampliar o vo-

30 BRASIL. CNPq e MCTI lançam nova chamada RHAE – Está previsto um investimento de R$ 43,1 milhões para a inserção de pesquisadores em empresas inovadoras e *startups*. Publicado em 14/09/2021. Atualizado em 29/09/2021. Disponível em: https://www.gov.br/cnpq/pt-br/assuntos/noticias/cnpq-em-acao/cnpq-e-mcti-lancam-nova-chamada-rhae. Acesso em: 7 mar. 2023.

lume de pesquisas no país (o patrimônio líquido em 2021 foi R$ 24,9 bilhões[31], o equivalente a US$ 4,457 bilhões[32]).

É necessário que os incentivos fiscais alcancem toda e qualquer empresa interessada em inovar por meio da pesquisa em ciência, tecnologia e inovação, assim como consolidar as ICTs privadas sem fins lucrativos como parceiras do setor produtivo para a busca do desenvolvimento social e econômico deste país.

REFERÊNCIAS

BRASIL. PROPOSTA DE EMENDA À CONSTITUIÇÃO Nº 290, DE 2013. Diário da Câmara dos Deputados, de 8 de agosto de 2013, quinta-feira, folha 32964.

BRASIL, Recursos Aplicados – Indicadores Consolidados – *2.1.1 Brasil: Dispêndio nacional em ciência e tecnologia (C&T)(1), valores correntes, por atividade, 2000-2020.* Publicado em 02/06/2022, atualizado em 19/12/2022. Disponível em: https://www.gov.br/mcti/pt-br/acompanhe-o-mcti/indicadores/paginas/recursos-aplicados/indicadores-consolidados-1/recursos-aplicados-indicadores-consolidados. Acesso em: 27 fev. 2023.

________, Recursos Aplicados – Setor Empresarial – *2.5.1 Brasil: Dispêndios empresariais em ciência e tecnologia (C&T)(1), por atividade, 2000-2020.* Publicado em 02/06/2022, atualizado em 27/12/2022. Disponível em: https://www.gov.br/mcti/pt-br/acompanhe-o-mcti/indicadores/paginas/recursos-aplicados/setor-empresarial/2-5-1-brasil-dispendios-empresariais-em-ciencia-e-tecnologia-c-t-1-por-atividade-2000-2020. Acesso em: 27 fev. 2023.

________, Indicadores Nacionais de Ciência, Tecnologia e Inovação – Comparações Internacionais – Recursos Aplicados – *8.1.5 Distribuição percentual dos dispêndios nacionais em pesquisa e desenvolvimento (P&D), segundo fator de financiamento, países selecionados, 2000-2020.* Publicado em 03/06/2022,

31 BRASIL. Demonstrações Contábeis 2021 – Fundo Nacional de Desenvolvimento Científico e Tecnológico – FNDCT. Disponível em: http://www.finep.gov.br/images/a-finep/FNDCT/2022/14_07_2022_Notas_Explicativas_-_Orgao_24901_-_2021.pdf. Acesso em: 7 mar. 2023.

32 Calculado com câmbio de US$ 1,00 por R$ 5,60 em dezembro de 2021 – G1. Dólar cai abaixo de R$ 5,60 no último pregão de 2021, mas termina o ano com alta de 4,47%. Publicado em 30/12/2021. Disponível em: http://www.finep.gov.br/images/a-finep/FNDCT/2022/14_07_2022_Notas_Explicativas_-_Orgao_24901_-_2021.pdf. Acesso em: 7 mar. 2023.

atualizado em 04/01/2023. Disponível em: https://www.gov.br/mcti/pt-br/acompanhe-o-mcti/indicadores/paginas/comparacoes-internacionais/recursos-aplicados/8-1-5-distribuicao-percentual-dos-dispendios-nacionais-em-pesquisa-e-desenvolvimento-p-d-segundo-setor-de-financiamento-paises-selecionados-2000-2020. Acesso em: 3 mar. 2023.

NECT – SOLUÇÕES e PESQUISA EM CONTABILIDADE TRIBUTÁRIA, *Sistema Tributário Brasileiro, Estatística e Estudo*. Encontrado na Internet no endereço do sítio eletrônico: Disponível em: https://necct.org/estatisticas-e-estudos. Acesso em: 27 fev. 2023.

NIETZEL, Michael T. *As 25 universidades dos EUA que mais investem em pesquisa.* Forbes. Publicado em 17/12/2022. Disponível em: https://forbes.com.br/forbes-money/2022/12/as-25-universidades-dos-eua-que-mais-investem-em-pesquisa/#:~:text=Universidade. Acesso em: 19 fev. 2023.

NIGRE, Fernanda De; SQUEFF, Flávia. *Investimentos em P&D do Governo Norte-Americano: Evolução e Principais Características.* Disponível em: *https://repositorio.ipea.gov.br/bitstream/11058/3317/1/Radar_36_Investimentos.pdf.* Acesso em: 10 mar. 2023.

OCDE. *Main Science and Technology Indicators.* MSTI/OCDE MSTI/OECD. Disponível em: https://www.oecd.org/sti/msti.htm. Acesso em: 7 mar. 2023.

SEBRAE, *Pesquisa Sobrevivência das Empresas – Relatório Final. 2020* – Pesquisa realizada pela META – Pesquisa de Opinião. Disponível em: https://drive.google.com/file/d/1w8geGHr_gZpmEoV9iov4kcPSuvbZshTT/view. Acesso em: 27 fev. 2023.

SENADONOTÍCIAS. *Aplicação de fundos setoriais em ciência e tecnologia no país é ineficiente, dizem debatedores.* Publicado em 26/04/2016. Disponível em: https://www12.senado.leg.br/noticias/materias/2016/04/26/audiencia-conclui-que-aplicacao-de-fundos-setoriais-em-ciencia-e-tecnologia-no-pais-nao-e-eficiente. Acesso em: 7 mar. 2023.

SILVA, Alexandre R., *A Ineficiência do Investimento em Pesquisa no Brasil. JOTA – Educação.* Disponível em: https://www.jota.info/opiniao-e-analise/artigos/muito-alem-do-dinheiro-a-ineficiencia-do-investimento-em-pesquisa-no-brasil-29102022. Acesso em: 19 fev. 2023.

WORLD INTELLECTUAL PROPERTY ORGANIZATION – WIPO. *Global Innovation Index 2022 – What is the future of innovation-driven growth?* Disponível em: https://www.wipo.int/global_innovation_index/en/2022/?gclid=CjwKCAiA3pugBhAwEiwAWFzwdaljkRwz9XTTrOGOL1gwFpzCcFqNTHsbWMbxEr0xGF0b. Acesso em: 7 mar. 2023.

MINISTÉRIO PÚBLICO RESOLUTIVO E O TRATAMENTO ADEQUADO NA TUTELA COLETIVA DO TERCEIRO SETOR

Interfaces relevantes para o desenvolvimento do Estado Democrático de Direito

ALEXANDRE REIS DE CARVALHO

Doutorando em Direito Constitucional pelo Instituto Brasileiro de Ensino, Desenvolvimento e Pesquisa (IDP). Mestre em Direito pela Universidade Católica de Brasília (UCB) com concentração na área criminal (Direito, Justiça, Instituições e Desenvolvimento), em 2020. Promotor de Justiça Militar em Curitiba. *E-mail*: alexandre.reis@mpm.mp.br

EDMAR JORGE DE ALMEIDA

Mestre em Direito pela Universidade Católica de Brasília (UCB). Especialista em Direito Internacional dos Conflitos Armados pela Fundação Universidade de Brasília. Diplomado em Altos Estudos de

Política e Estratégia pela Escola Superior de Guerra. Subprocurador-Geral de Justiça Militar. *E-mail*: edmarjorge47@gmail.com

JOABSON DA SILVA PORTO
Mestre em Direito pela Universidade Católica de Brasília (UCB). Assessor jurídico em gabinete de procurador da República, no Ministério Público Federal na Paraíba. *E-mail*: joabsonporto@gmail.com

JOSÉ EDUARDO SABO PAES
Pós-doutor em Democracia e Direitos Humanos pelo Ius Gentium Conimbrigae/Centro de Direitos Humanos (IGC) da Faculdade de Coimbra. Doutor em Direito Constitucional pela Universidad Complutense de Madrid (reconhecido pela UFPE). Mestre en Derecho Comparado pela Universidad Complutense de Madrid. Procurador de Justiça do Ministério Público do Distrito Federal e Territórios. *E-mail*: sabo@mpdft.mp.br

SUMÁRIO

PALAVRAS-CHAVE
Ministério Público; Terceiro Setor; atuação preventiva; fiscalização; instrumentos preventivos.

1. INTRODUÇÃO

Uma das incumbências institucionais do Ministério Público é a sua atuação na fiscalização das entidades do Terceiro Setor, que são compostas pelas pessoas jurídicas sem fins lucrativos e de interesse social, em especial no velamento das fundações de direito privado e fiscalização das Organizações da Sociedade Civil (OSC). O presente artigo parte da premissa de um Ministério Público resolutivo, entendido como um modelo mais eficiente de atuação, que prestigia os anseios legítimos da população, com práticas estruturantes, efetivas e proativas.

A tutela dos direitos sociais ganha prioridade a partir da solução negociada e extrajudicial dos litígios. O Ministério Público resolutivo é, portanto, o oposto do Ministério Público demandista. Sendo estes dois perfis de necessária e harmoniosa convivência, um é complemento do outro. Portanto, priorizam-se as soluções dos conflitos e litígios por meio de atuação resolutiva, extrajudicial e preventiva, sem minimizar o acionamento do Poder Judiciário, principalmente nas questões de alta complexidade ou conflituosidade.

O Terceiro Setor, assim como o Ministério Público resolutivo, surge como um desdobramento natural do amadurecimento democrático da sociedade brasileira. Voltadas à busca por resultados eficazes, essas entidades privadas de interesse público visam à eficiência na prestação de serviços públicos relevantes, sem que estejam necessariamente submetidas à burocracia estatal. Já o Ministério Público tem a incumbência de acompanhar e fiscalizar as prestações de contas (contábil e social-finalística) do Terceiro Setor, diante do predominante recebimento de privilégios fiscais, verbas públicas e doações de particulares, além da importância estratégica dessas entidades na promoção de mudanças sociais e efetivação da democracia brasileira atual.

É dentro dessa seara que o caro leitor é convidado a debruçar-se nas linhas a seguir, que se iniciam com uma incursão histórica acerca da teoria do Ministério Público, com breves considerações sobre a origem da instituição, as funções institucionais contemporâneas e a sua posição no Estado Democrático de Direito. Em seguida, conceitua-se o Terceiro Setor, e descreve-se as suas principais atividades e sua importância na promoção dos direitos sociais para, então, adentrar numa detalhada atuação preventiva e resolutiva do Ministério Público junto às Organizações da Sociedade Civil de interesse público, que podem e devem ser parceiros e colaboradores recíprocos na construção permanente da democracia e da cidadania.

2. TEORIA DO MINISTÉRIO PÚBLICO

Ao longo da história, ao Ministério Público, sobretudo o brasileiro, foram dispensados diferentes tratamentos a sua compreensão na sociedade atual, exigindo, assim, que façamos breves explicações sobre a sua origem e evolução do papel institucional.

Sob a égide da Constituição Federal de 1988 (CF/88), especificamente nos termos do art. 127, o Ministério Público é definido como instituição permanente, essencial à função jurisdicional do Estado, sendo de sua incumbência a defesa da ordem jurídica, do regime democrático e dos interesses sociais e individuais indisponíveis, possuindo como princípios institucionais a unidade, a indivisibilidade e a independência funcional.

Nesse sentido, percebe-se que o Ministério Público, após a CF/88, foi alçado ao *status* de guardião da lei, ou melhor dizendo, de fiscal da ordem jurídica, bem como de protetor dos serviços de relevância pública e dos direitos e garantias fundamentais assegurados no texto constitucional. Efetivamente, o art. 127, § 2º, da CF/88 também assegurou a independência funcional e a autonomia administrativa da instituição.

Pode-se dizer, portanto, que a CF/88 disciplinou de forma harmônica e orgânica o Ministério Público, descrevendo suas principais atribuições, o que demonstra a intenção do legislador constituinte de fortalecer a instituição, por meio da outorga de normas suficientes para garantir a sua atuação.

No mesmo sentido, José de Lima Ramos Pereira discorre que a Constituição Federal outorgou poderes ao Ministério Público, formatando-o com nova dinâmica, e tornando-o mais efetivo e com condições suficientes para garantir a sua atuação como instituição essencial à função jurisdicional do Estado[1].

2.1. ESCORÇO HISTÓRICO DO MINISTÉRIO PÚBLICO

Segundo Marcelo Pedro Goulart, na obra *Elementos para uma teoria geral do Ministério Público*, citada por José de Lima Ramos Pereira[2], existem duas correntes que definem a origem do Ministério Público: a *remota* e a *próxima*.

A corrente que sustenta a origem remota identifica no Egito e na antiguidade clássica as funções públicas que hoje cabem ao Ministério Público. Por exemplo, no Egito antigo, cerca de quatro mil anos atrás, existiam os procuradores do rei, com destaque para o *magiai* – funcionário real que tinha a incumbência de ser os ouvidos e os olhos do rei –, que atuava na seara criminal e civil. Na atuação penal, esse agente público formalizava as acusações e participava das instruções probatórias. Noutro prisma, na atuação civil, tutelava os incapazes da época, dentre os quais órfãos e viúvas. Por sua vez, na Grécia clássica, existiam os *temóstetas*, respon-

1 PEREIRA, José de Lima Ramos. *O Ministério Público Resolutivo e os Instrumentos Preventivos Disponíveis:* Efetividade de sua atuação no Terceiro Setor. *In:* Terceiro setor e tributação. Vol. 9. José Eduardo Sabo Paes (coord.). São Paulo: Elevação, 2016.

2 *Ibid.*, p. 2.

sáveis pela acusação. De seu turno, em Roma também havia quem exercia cargos públicos que podem ser considerados precursores da função do Ministério Público, pois, de maneira geral, exerciam funções na área fiscal ou de repressão ao crime, eram os *praefectus urbis*, *praesides*, *procuratores caesaris*, *prateor fiscalis*, *curiosi*, *irenarcha* e *stazionarii*.

Para Hugo Nigro Mazzilli, as raízes remotas do Ministério Público são controvertidas. Segundo este autor, na Idade Média também se procura encontrar algum traço histórico do Ministério Público, nos *saions* germânicos, ou nos *bailios* e *senescais*, encarregados de defender os senhores feudais em juízo, ou nos *missi dominici*, ou nos *gastaldi* do direito longo bardo, ou ainda no *Gemeiner Anklager* (literalmente "comum acusador") da Alemanha, encarregado de exercer a acusação, quando o particular permanecia inerte. No *vindex religionis* do direito canônico, também se busca um elo com as raízes do Ministério Público. Por sua vez, a doutrina italiana igualmente procura demonstrar sua origem peninsular: o *advocatus de parte pública* ou os *avogadori di comun della repubblica veneta* ou os *conservatori delle leggi di Firenze*[3].

A *corrente próxima*, em oposição à remota, não reconhece a possibilidade de ter existido na Antiguidade uma instituição que seja semelhante ao atual papel que desempenha o Ministério Público. Para os adeptos desta corrente, por exemplo, a Grécia clássica teria adotado uma política firmada na pólis e na democracia direta, o que seria incompatível com o surgimento de instituições similares ao Ministério Público.

Assim, segundo a corrente próxima, Hugo Nigro Mazzilli afirma que o mais usual, porém, é indicar-se a origem do Ministério Público na Ordenança de 25 de março de 1302, de Felipe IV, o Belo, rei da França, que impôs aos seus procuradores que, antes de tudo, prestassem o mesmo juramento dos juízes, vedando-lhes

3 MAZZILLI, Hugo Nigro. *Manual do Promotor de Justiça*. 2. ed., ampl. e atual. São Paulo: Saraiva, 1991, p. 1, *et seq*.

patrocinarem outro que não o rei. Entretanto, tem-se como certo que Felipe IV regulamentou o juramento e as obrigações dos procuradores do rei em termos que levam a crer que a instituição já preexistia. Menciona-se que a Revolução Francesa teria estruturado mais adequadamente o Ministério Público, enquanto instituição, ao conferir garantias a seus integrantes; contudo, foram os textos napoleônicos que instituíram o Ministério Público que a França veio a conhecer na atualidade[4].

A expressão Ministério Público também é encontrada em textos romanos clássicos, referindo-se a todos que, de qualquer forma, exerciam a função pública. Mazzilli, porém, afirma que no sentido de referir-se à instituição que ora nos ocupamos, segundo levantamento feito por Mario Vellani, a expressão *"ministère public"* passou a ser usada com frequência nos provimentos legislativos do século XVIII, ora designando as funções próprias daquele ofício público, ora referindo-se a um magistrado específico, incumbido do poder-dever de exercitá-lo, ora, enfim, dizendo respeito ao ofício. Em algumas cartas de 1730 e 1736 do chanceler francês, recolheu o jurista peninsular algumas frases em que a expressão é usada, sem que se possa supor sua novidade: "*... lorsque le besoin de ministère public...; ... ceux qui exercent le ministère public... en honorant le ministère des gens du roi...* ". A expressão passou, posteriormente, a frequentar assiduamente ordenanças e éditos (1765, 1777, 1788 etc.)[5].

Para Mazzilli, ainda citando Vellani, a expressão "Ministério Público" nasceu quase que inadvertidamente na prática, quando os procuradores e advogados do rei falavam de seu próprio mister ou "ministério". A este vocabulário se uniu, meio que por força natural, o adjetivo "público", para designar os interesses públicos que os procuradores e advogados do rei deveriam defender.

4 *Ibid.*, p. 3.
5 *Ibid.*, p. 4.

Comumente também é usada a expressão *"parquet"* como referência ao Ministério Público. Nessa senda, Mazzilli narra que o uso dessa expressão provém da tradição francesa, assim como as expressões *"magistratura de pé"* e *"les gens du roi"*. Os procuradores do rei (daí *les gens du roi*), antes de adquirirem a condição de magistrados e de terem assento ao lado dos juízes, tiveram inicialmente assento sobre o assoalho (*"parquet"*) da sala de audiências, em vez de terem assento sobre o estrado, lado a lado à "magistratura sentada". Conservaram, entretanto, a denominação de *"parquet"* ou de *"magistrature débout"* (cf. Francisque Goyet, Le Ministère Public en matière répressive et l'exercice de l'action publique, Paris, 1953, pp. 2 e 3)[6].

Nessa toada, José de Lima Ramos Pereira relata que a primeira referência explícita ao *cargo de promotor de Justiça* ocorreu com as Ordenações Manuelinas (1521), que lhe atribuíram a função de fiscalizar o cumprimento e a execução da lei. As Ordenações Filipinas (1603) estabeleceram, ao lado do promotor de Justiça da Casa da Suplicação (que também exercia a função de formular acusação criminal em face daqueles que seriam submetidos aos processos da Casa da Suplicação), o procurador dos feitos da Coroa, o procurador dos feitos da Fazenda e o solicitador da Justiça da Casa da Suplicação para o exercício de funções que seriam típicas do Ministério Público[7].

Todavia, Mazilli, ratificando que os primeiros traços de nosso Ministério Público provêm diretamente do velho direito lusitano, afirma que antes, nas Ordenações Afonsinas (1447), já se via tais traços, que foram desenvolvidos nas ordenações posteriores: No Tít. VIII das Ordenações Afonsinas, cuida-se "Do procurador dos nossos feitos"; no Tít. XIII, trata-se "Dos procuradores e dos que não podem fazer procuradores" (Liv. I). Nas Ordenações Manuelinas, o Liv. I tinha dois títulos de maior interesse: o XI, que cuidava

6 *Ibid.*, p. 47.
7 PEREIRA, *op. cit.*, p. 3.

"Do procurador dos nossos feitos", e o XII, que tratava do *"Promotor de justiça da Casa da Suplicação"*. Nas Ordenações Filipinas de 1603, há títulos que cuidam do procurador dos feitos da Coroa (XII), do procurador dos feitos da Fazenda (XIII), do promotor de justiça da Casa da Suplicação (XV), do promotor de justiça da Casa do Porto (XLIII), todos do Liv. I[8].

A Constituição Brasileira de 1934 foi a primeira a conceder tratamento constitucional ao Ministério Público. Inspirada no modelo de Estado Social disposto na Constituição de Weimar (1919), a primeira Constituição do governo Getúlio Vargas estabeleceu, em plano nacional, garantias e prerrogativas aos membros ministeriais, para que pudessem atuar com autonomia e independência na promoção de justiça. Contudo, como o Ministério Público foi situado e descrito como atividade de cooperação governamental, surgiram opiniões controversas na doutrina de que a instituição estaria inserida no Poder Executivo.

A Constituição seguinte, de 1937, outorgada por Getúlio Vargas, inaugurou um hiato autoritário, que durou de 1937 a 1945, instituindo o denominado "Estado Novo", que, contraditoriamente, revelou-se um momento político da história do Brasil em que a democracia não se fez presente. Por essa razão, em evidente retrocesso, a Constituição de 1937 não fez referência ao Ministério Público como instituição.

Posteriormente, a Constituição de 1946 resgatou a independência do Ministério Público enquanto instituição, consolidando o momento da volta da democracia ao Estado brasileiro.

Em seguida, o golpe militar de 1964 inaugurou um novo hiato autoritário (que durou de 1964 a 1985) no Estado brasileiro. Na Constituição de 1967, o Ministério Público esteve situado dentro do Poder Judiciário. Logo após, sob a égide da Constituição de 1969, o Ministério Público foi situado dentro do Poder Executivo.

8 MAZZILLI, *op. cit.*, p. 5.

Estando ausente, nessa época, a democracia no Estado brasileiro, o Ministério Público, por conseguinte, não era considerado como uma instituição autônoma e independente, característica que só veio a ser efetivamente reconhecida na vigência da Constituição Federal de 1988.

2.2. FUNÇÕES INSTITUCIONAIS DO MINISTÉRIO PÚBLICO CONTEMPORÂNEO

Conforme mencionado, a Carta Magna, no artigo 127, § 1º, referencia expressamente três princípios institucionais do Ministério Público, sendo estes os princípios da unidade, da indivisibilidade e da independência funcional. A doutrina menciona ainda o princípio implícito do promotor natural, decorrente, na visão de alguns, do próprio sistema constitucional acusatório, em contraposição ao sistema inquisitorial, não contemplado pela CF/88.

Segundo o princípio da unidade, a instituição Ministério Público é una (*"só existe um Ministério Público"*), e se encontra sob a responsabilidade de um único órgão. Uma visão mais contemporânea e constitucional desse princípio interpreta que a unidade existe em cada ramo, em cada categoria constitucionalmente prevista do Ministério Público. A principal característica da existência desse princípio da unidade é a de que, quando um membro do MP se manifesta, é a própria instituição que o faz. O membro do MP, portanto, não seria um representante da instituição, mas o próprio Ministério Público se manifestando.

Como consequência do princípio da unidade se extrai também o princípio da indivisibilidade, que significa a possibilidade de substituição dos membros do MP uns pelos outros na mesma relação processual, ou seja, sem qualquer interferência na *representação* do Ministério Público. Nas palavras de Mazzilli, a unidade é o conceito de que os promotores de um Estado integram um só órgão sob a direção de um só chefe; indivisibilidade significa que seus membros podem ser substituídos uns pelos outros, *"não arbitrariamente, porém, sob pena de grande desordem, mas segundo a forma estabelecida na lei"*[9].

No que tange ao princípio da independência funcional, este apregoa precipuamente a ausência de subordinação hierárquica no exercício das atribuições constitucionais dos membros do MP. Dessa forma, por exemplo, não existe subordinação hierárquica entre o Procurador-Geral e os demais integrantes da carreira, o chefe de cada ramo do Ministério Público é um chefe administrativo, não funcional, não havendo que se falar em vinculação ou hierarquia das atividades constitucionais dos membros do MP. A independência funcional é sobremaneira uma garantia ao cidadão, embora outorgada aos membros do MP, garante-se ao cidadão o direito fundamental de ser acusado por membros do MP independentemente da vinculação do contexto político ou ideológico.

É nesse contexto da independência funcional que se diz que o princípio implícito do promotor natural decorre do próprio sistema constitucional do Ministério Público, sendo este também uma garantia sobretudo do cidadão, que somente será acusado por membros do MP previamente estabelecidos. Efetivamente, o princípio do promotor natural inibe a ocorrência de designações arbitrárias, os chamados *"processos por encomenda"*, que poderiam ser criados para absorver ou condenar o cidadão. A obediência ao princípio do promotor natural impede, portanto, os promotores de exceção.

O art. 129 da CF/88 traz um rol não taxativo acerca das funções institucionais do Ministério Público, com destaque para: a) implementação do sistema processual penal acusatório, uma vez que compete privativamente ao MP promover a ação penal pública; b) o zelo pelo efetivo respeito aos Poderes Públicos e dos serviços de relevância pública aos direitos assegurados na Constituição, promovendo as medidas necessárias a sua garantia; c) a promoção

---

9 *Ibid.*, p. 48.

do inquérito civil e a ação civil pública, para proteção do patrimônio público e social, do meio ambiente e de outros interesses difusos e coletivos; d) a promoção da ação de inconstitucionalidade ou representação para fins de intervenção da União e dos Estados, nos casos constitucionalmente previstos; e) a defesa judicial dos direitos e interesses das populações indígenas; f) a expedição de notificações nos procedimentos administrativos de sua competência, requisitando informações e documentos para instruí-los, na forma da Lei Complementar respectiva; g) o exercício do controle externo da atividade policial, na forma da Lei Complementar do item anterior; h) a requisição de diligências investigatórias e a instauração do inquérito policial, indicando os fundamentos jurídicos de suas manifestações processuais; e i) o exercício de outras funções que lhes forem conferidas, desde que compatíveis com a sua finalidade, sendo-lhe vedada a representação judicial e a consultoria jurídica de entidades públicas.

2.3. POSIÇÃO DO MINISTÉRIO PÚBLICO NA ESTRUTURA DO ESTADO DEMOCRÁTICO DE DIREITO

O Estado Democrático de Direito exigiu que a Constituição Federal de 1988 disciplinasse de forma harmônica e orgânica a instituição do Ministério Público. Destarte, houve clara intenção do legislador constituinte em fortalecer o Ministério Público, por meio da outorga de normas suficientes para garantir a sua atuação. Assim, pode-se dizer que na Constituição atual, nos termos do art. 129, o Ministério Público recebeu um tratamento diferenciado do conferido por outras Constituições na história do Brasil, notadamente pela atribuição da incumbência de zelar pelo efetivo respeito dos Poderes Públicos e dos serviços de relevância pública aos direitos assegurados na Constituição, promovendo as medidas necessárias à sua garantia.

Para Emerson Garcia, a CF/88 diluiu vínculos outrora existentes entre o Ministério Público e o Poder Executivo, tendo vedado a sua representação judicial e assegurado a *autonomia administrativa e financeira* da instituição, garantiu a independência funcional de seus membros e conferiu garantias idênticas às outorgadas aos dos magistrados, do que resultou a sua posição de órgão verdadeiramente independente[10].

Segundo Edilson Vitorelli[11], a rigor a *autonomia dos membros* do Ministério Público é até maior que a dos juízes, quando considerada do ponto de vista interno. É que as decisões judiciais estão sempre sujeitas a recurso. No Brasil, ao contrário do que ocorre em outros países, não há uma única situação em que a decisão de 1º grau seja soberana. A possibilidade de correção nas instâncias superiores é ampla. No Ministério Público, pelo contrário, a única decisão de um membro de 1º grau que está sujeita à correção interna é o arquivamento do inquérito civil. Nos demais casos, sua *autonomia é total.*

A posição topográfica do Ministério Público na CF/88 indica que a instituição está inserida em um capítulo à margem dos Poderes do Estado, com eles coexistindo, porém não sendo por eles absorvido[12].

Destaca-se na tese doutoral do professor Sabo Paes[13], denominada o *Ministério Público na construção do Estado Democrático de Direito*, a lapidar construção imagética (posição topográfica e dinâmica) acerca da *natureza jurídico-política* das *funções do Ministério Público, in verbis*:

---

10 GARCIA, Emerson. *Ministério Público: organização, atribuições e regime jurídico.* 6. ed. São Paulo: Saraiva, 2017. *E-book.*

11 VITORELLI, Edilson. *Processo Civil Estrutural: teoria e prática.* Salvador: Juspodivm, 2020, p. 128.

12 GARCIA, *op. cit.*

13 SABO PAES, José Eduardo. *Ministério Público na construção do Estado Democrático de Direito.* Brasília: Brasília Jurídica, 2003, p. 266. A referida obra é, na sua essência, síntese da tese doutoral realizada na Universidad Complutense de Madri, Espanha, aprovada com nota máxima (sobresaliente) e voto de louvor unânime, no dia 22 nov. 2001.

> A natureza das funções do Ministério Público o situa *ao lado* dos *poderes* do Estado e *entre eles*. Fruto da separação de poderes, a instituição é a *correia de comunicação entre os poderes*, promovendo e possibilitando o *funcionamento* harmônico *das engrenagens* do poder como um todo. (destaques dos autores)

A existência do Ministério Público como cláusula pétrea também é defendida por Emerson Garcia, pois, segundo o autor, o fato de o Constituinte originário ter considerado o Ministério Público uma instituição permanente e essencial à função jurisdicional do Estado traz reflexos outros, limitando, igualmente, o próprio poder de reforma da Constituição. Com efeito, partindo-se da natureza da atividade desenvolvida pelo Ministério Público, toda ela voltada ao bem-estar da coletividade, protegendo-a, em especial, contra os próprios poderes constituídos, a sua existência pode ser considerada como ínsita no rol dos direitos e garantias individuais, sendo vedada a apresentação de qualquer proposta de emenda tendente a aboli-la (art. 60, § 4º, IV, da CF/88)[14].

Efetivamente, a vinculação do Ministério Público ao Estado de Direito está consagrada por força do art. 1º da Lei nº 8.625/1993, que repete a regra do art. 127, *caput*, da Constituição da República, imposto ao *parquet* o dever funcional de defender a ordem jurídica, o que requer a aferição de todos os atos praticados pelos órgãos do Estado, podendo ajuizar as medidas necessárias à inibição de abusos ou ilegalidades, sempre buscando mantê-los em coerência ao disposto com a ordem jurídica, ou seja, com o direito.

Na *defesa* do *Estado Democrático de Direito*, o Ministério Público, portanto, tem a obrigação de assegurar a concretização de todos os mecanismos destinados a proteger o indivíduo em suas relações com o Estado, assegurando a sua participação no destino deste. Como exemplo desta última obrigação, podem ser mencionados o dever de zelar pela observância dos direitos fundamentais

14 *Ibid.*

e pela lisura do processo eleitoral, além da tutela dos interesses difusos, coletivos e individuais homogêneos.

A CF/88 encartou o Ministério Público como instituição essencial à própria existência do Estado, assim não há que se falar em Estado Democrático de Direito sem a presença do Ministério Público enquanto guardião que assegura os valores de liberdade, da igualdade e da separação dos poderes e, ao fim e ao cabo, a própria dignidade da pessoa humana.

Foi nesse sentido que a Constituição Federal de 1988 atribuiu ao *parquet* a defesa da ordem jurídica e do regime democrático. Veja-se o art. 1º, *caput*, da CF/88, que dispõe que o Brasil é uma república federativa e se constitui em um Estado Democrático de Direito. Portanto, se ao Ministério Público compete, constitucionalmente, a defesa do regime democrático – nos termos do art. 127 da CF/88 –, resta a evidência de que a Carta Magna confere ao *parquet* a função de garantir que o Estado Democrático seja tutelado e impulsionado ao alcance do seu principal compromisso.

3. O TERCEIRO SETOR

O estudo do Terceiro Setor é multidisciplinar, abarcando as ciências da Economia, Sociologia, Política e Direito, haja vista que a sua construção fenomenológica se identifica com os inevitáveis momentos de crises e elevados desequilíbrios – vácuo social e laboral – verificados, a partir do período pós-revolução industrial (sociedade industrial e urbana), entre o *setor público*, denominado de *primeiro setor* (Estado, Administração Pública, a sociedade) e o *setor privado* (mercado, iniciativa particular e indivíduos), também conhecido como *segundo setor*.

Os professores Maurin Falcão e Rayanne Araújo[15], ao abordarem a importância estratégica do *Terceiro Setor* no Brasil como

15 FALCÃO, Maurin Almeida, e ARAÚJO, Rayanne Saturnino. *A Importância Estratégica do Ter-*

meio de *desenvolvimento social*, a partir do prisma da *economia social*, asseveram que:

> Se por um lado a *Revolução Industrial* contribuiu para o incremento do processo de urbanização e a criação de novos modos de produção, pelo outro foi responsável pelo surgimento de *mazelas sociais* na esteira do *desequilíbrio* entre o capital e o trabalho. Assim, a partir do socialismo utópico de Saint-Simon, da sociedade solidária de Durkheim, da igualdade de condições de Tocqueville e da luta de classes de Marx, a sociedade foi capaz de moldar a *questão social* dentro de *princípios humanísticos*, oferecendo um *contraponto à lógica* que impulsiona o mercado.

Nesse contexto, Justen Filho[16], ao lecionar que o Estado Democrático não absorve a sociedade civil e que, numa *democracia*, a sociedade permanece à margem do Estado, esclarece ainda que:

> A sociedade tornou-se muito mais complexa para que as suas necessidades sejam satisfeitas exclusivamente por parte do Estado. A *cidadania* impõe que os indivíduos e as empresas se organizem e atuem concretamente para minorar os problemas e combater as carências. A *dignidade humana* e a *solidariedade* são compromissos da Nação consigo mesma, e não um fardo a ser carregado apenas pelas instituições financeiras governamentais.

Portanto, ao lado dos dois setores clássicos e as suas insuficiências perante as demandas econômicas e sociopolíticas, surgiu e começou a se firmar outro segmento, atualmente conhecido como *Terceiro Setor*. Sabo Paes[17] apresenta a ideia de que estão abrangidos

---

ceiro Setor no Brasil como meio de Desenvolvimento Social: Uma Argumentação Teórica a partir do Prisma da Economia Social de Gide. Revista Jurídica Cesumar. jan./abr. 2017, v. 17, n. 1, p. 159. Disponível em DOI: http://dx.doi.org/10.17765/2176-9184.2017v17n1p153-179. Acesso em: 22 jan. 2021. Observação: Charles Gide (1847-1932) foi um economista e historiador francês do pensamento econômico social.

16 JUSTEN FILHO, Marçal. *Curso de Direito Administrativo*. 4. ed. São Paulo: Saraiva, 2009, p. 39.

17 SABO PAES, José Eduardo. *Fundações, Associações e Entidades de Interesse Social: aspectos jurídi-*

nesse Terceiro Setor: as organizações privadas com adjetivos públicos, ocupando, pelo menos em tese, uma posição intermediária que lhes permita prestar *serviços de interesse social* sem as limitações do Estado, nem sempre evitáveis, e as ambições do Mercado, muitas vezes egoísticas, inaceitáveis e socialmente danosas.

3.1. CONCEITO, ATIVIDADES E IMPORTÂNCIA DO TERCEIRO SETOR

Antes de procurar conceituar, cabe recordar que, junto ao Estado (Primeiro Setor) e ao Mercado (Segundo Setor), se identifica a existência de um Terceiro Setor, que é mobilizador de um grande volume de recursos humanos e materiais para impulsionar iniciativas voltadas para o *desenvolvimento social*, setor no qual se inserem as sociedades civis sem fins lucrativos, as associações civis e as fundações de direito privado, todas *entidades de interesse social.*

Acerca do Terceiro Setor, Boaventura de Souza Santos[18] leciona que:

> Terceiro sector é uma designação residual e vaga com que se pretende dar conta de um vastíssimo conjunto de organizações sociais que não são nem estatais nem mercantis, ou seja, organizações sociais que, por um lado, sendo privadas, não visam fins lucrativos, e, por outro lado, sendo animadas por objectivos sociais, públicos ou colectivos, não são estatais. Entre tais organizações podem mencionar-se cooperativas, associações mutualistas, associações não lucrativas, organizações não governamentais, organizações quase não governamentais, organizações de voluntariado, organizações comunitárias ou de base etc.

---

cos, administrativos, contábeis, trabalhistas e tributários. 10. ed. Rio de Janeiro: Forense, 2020, p. 78.

18 SANTOS, Boaventura de Souza. *Para uma reinvenção solidária e participativa do Estado. In* PEREIRA, Luiz Carlos Bresser; WILHEIM, Jorge; e SOLA, Lourdes (Orgs.). *Sociedade e Estado em transformação.* São Paulo: Editora UNESP, 2001, pp. 243-271. Disponível em: http://www.bresserpereira.org.br/Books/Sociedade-e-estado-em-transformacao/10-Para-uma-reinvencao-solidaria.pdf. *In:* Seminário Internacional A Sociedade e Reforma do Estado. São Paulo, mar./1998. Disponível em: https://www.ces.uc.pt/publicacoes/oficina/ficheiros/134.pdf/teorias_explicativas_da_violencia_contra_mulheres/boaventura.pdf?download=1. Acessos em: 21 jan. 2021.

Para referir-se ao Terceiro Setor, encontram-se, na literatura[19], algumas *expressões sinônimas* ou correspondentes, tais como: *(i)* organizações sem fins lucrativos, *(ii)* organizações voluntárias, *(iii)* setor independente, *(iv)* caridades, *(v)* organizações não governamentais, *(vi)* filantropia; e, ainda, *(vii) non profit sector*, *(viii) independent sector*, *(ix) voluntary sector*, *(x)* economia social (Europa continental) ou *(xi)* economia solidária (América Latina)[20]. Essas designações variam de país para país e as variações, longe de serem meramente terminológicas, refletem histórias e tradições diferentes, diferentes culturas e contextos políticos.

Além dessas variadas expressões, o Terceiro Setor apresenta uma grande abrangência e diversidade interna, segundo a *natureza e áreas de atuação das entidades* que o compõem, incluindo-se desde entidades beneficentes de assistência social, organizações não governamentais (ONGs), entidades representativas patronais e profissionais, associações de benefício mútuo até organizações de promoção e luta de interesses sociais, organizações religiosas e partidárias.

Embora ainda não haja no âmbito do ordenamento jurídico brasileiro uma definição exata em lei do que seja esse setor, Franco[21] atribui *cinco características* às organizações do *Terceiro*

19 CANABRAVA, Claudia Marques *et al. Sistema Único de Saúde e o terceiro setor: caracterização de entidades, não hospitalares, que possuem serviços em atenção básica de saúde em Belo Horizonte, Minas Gerais, Brasil.* Caderno Saúde Pública [*on-line*]. 2007, vol. 23, n. 1, pp. 115-126. Acesso em: 23 jan. 2021. Disponível em: http://www.scielo.br/scielo.php?script=sci_arttext&pid=S0102-311X2007000100013&lng=en&nrm=iso.

20 VIEIRA, Naldeir dos Santos; PARENTE, Cristina; BARBOSA, Allan Claudius Queiroz. *"Terceiro setor", "economia social" e "economia solidária": laboratório por excelência de inovação social.* Sociologia, Porto, n. temático 7, pp. 100-121, dez. 2017. Disponível em: http://www.scielo.mec.pt/scielo.php?script=sci_arttext&pid=S0872-34192017000200007&lng=pt&nrm=iso. Acesso em: 21 jan. 2021. Também disponível em: http://dx.doi.org/10.21747/08723419/soctem2017a4

21 FRANCO, Alberto. *A reforma do Estado e o terceiro setor: cinco perguntas preliminares, uma pergunta fundamental e uma nota. In:* Seminário Internacional Sociedade e a Reforma do Estado. Quarto Painel: "O papel do Terceiro Setor e da empresa privada na Reforma do Estado". Brasília, 03/03/1998. Este *discussion paper* está disponível em: https://governancaegestao.files.wordpress.com/2008/03/a-reforme-do-estado-e-o-terceiro-setor.pdf. Acesso em: 21 jan. 2021.

Setor: *(i)* estão fora da estrutura formal do Estado; *(ii)* não têm fins lucrativos; *(iii)* são constituídas por grupos de cidadãos na sociedade civil como pessoas de direito privado; *(iv)* são de adesão não-compulsória; e *(v)* produzem bens e serviços de uso (interesse) coletivo.

Note-se que, de acordo com a mencionada abordagem de Franco, que foi construída à época da Reforma Administrativa do Estado Brasileiro, se incluem no Terceiro Setor as organizações que, embora produzam bens ou serviços de *uso* ou *interesse coletivo*, não possuem fins especificamente público ou de bem comum.

Em alguns países, especialmente os anglo-saxões, os marcos legais proporcionam maior abrangência e divergência estrutural no Terceiro Setor, o qual pode ser classificado e dividido em organizações: *a) de interesse* (ou caráter) *público*, que são aquelas voltadas para a defesa de interesses mais amplos da sociedade e que trazem benefício para a sociedade como um todo; e *b) de ajuda mútua*, formadas e destinadas para defender interesses mais coletivos, mas de um círculo restrito, específico de pessoas, *v.g.*, associações de classe, associação de moradores de uma rua ou bairro etc.

Esclarece o professor Sabo Paes[22] que, no Brasil, uma das formas mais tradicionais de definir o *Terceiro Setor* tem sido apresentá-lo de acordo com a *finalidade* das *ações das entidades e instituições* que o compõem. Para tanto, o que caracteriza as *atividades* das organizações do Terceiro Setor – ou seja instituições de natureza "privada" e sem o objetivo do lucro – é a sua real dedicação à consecução de *objetivos sociais* ou *públicos*. Em consequência, os *campos estatal, privado e público não governamental*, que são distintos, por vezes se interpenetram e se sobrepõem no âmbito do *Terceiro Setor*, de modo *simbiótico*.

22 *Op. cit.*, p. 82/83. Acrescenta o autor que as instituições que compõem o Terceiro Setor emergem dos novos grupos sociais da sociedade civil e dos movimentos sociais, em que as relações são orientadas pelos laços de solidariedade entre os indivíduos, o espírito de voluntariado e consenso na busca do bem comum.

Prosseguindo, o mencionado autor aduz que a *importância* desse setor – no âmbito das sociedades e economias contemporâneas – se encontra na sua peculiar *capacidade de: i) mobilização* de recursos humanos e materiais para o *atendimento de importantes demandas sociais* que, frequentemente, o Estado não tem condições de atender; *ii) geração de empregos* (principalmente nas sociedades mais desenvolvidas, onde os investimentos sociais são bem maiores); e *iii) aspecto qualitativo*, caracterizado pelo *idealismo de suas atividades* – enquanto espaço e atividade voltada à *participação democrática*, exercício de *cidadania* e *responsabilidade social.*

Atualmente, há quatro formas (legais) de pessoas jurídicas capazes de atender ao mencionado perfil do Terceiro Setor: (i) *cooperativas* (*v.g.*, cooperativas que trabalham em projetos de economia solidária); (ii) *organizações religiosas* (que se dediquem a atividades ou a projetos de interesse público e de cunho social que sejam distintas das destinadas a fins exclusivamente religiosos; *v.g.*, realização gratuita de cursos de alfabetização funcional, contraturno escolar, técnico-profissionalizante de informática, cabeleireiro, barbeiro etc. para adultos – homens e mulheres – egressos do sistema penitenciário ou adolescentes em situação de vulnerabilidade etc.); (iii) *associações* (somente aquelas cuja *finalidade* não é atender aos interesses dos próprios associados, mas *reunir pessoas* interessadas em perseguir *objetivos* ou prestar *serviços* que são do *interesse geral da sociedade*; *v.g.*, as APAES, que prestam atendimento a pessoas com deficiência); e (iv) *fundações privadas* (são caracterizadas não pela reunião de pessoas, mas antes pela existência de um *patrimônio* comprometido com a realização de um *objetivo* de *cunho social*, expressamente *previsto em lei*: *v.g.*, educação, cultura, assistência social, saúde, dentre outros – art. 62 do Código Civil.

Para fins do presente estudo, merece destaque o *caráter instrumental* que as organizações e entidades do Terceiro Setor possuem para a interlocução e construção de uma *nova dinâmica participativa, democrática e social* na busca do bem comum e consecução do interesse público. Por isso, o Terceiro Setor é reconhecido e merecedor de *incentivos*, sendo o principal deles a possibilidade de receberem *contribuições*, de pessoas físicas ou jurídicas, dedutíveis no Imposto de Renda, além de benefícios fiscais e aportes do orçamento *público*.

3.2. O ESTADO DEMOCRÁTICO DE DIREITO E O TERCEIRO SETOR

A República Federativa do Brasil, formada pela união indissolúvel dos Estados e Municípios e do Distrito Federal, constitui-se em *Estado Democrático de Direito* e tem como *fundamentos* (art. 1º da CF/88): (i) a *soberania*; (ii) a *cidadania*; (iii) a *dignidade da pessoa humana*; (iv) os *valores sociais* do trabalho e da livre iniciativa; (v) o *pluralismo político*.

Constituem *objetivos fundamentais* (art. 3º da CF/88) da República Federativa do Brasil: *(i)* construir uma *sociedade livre*, *justa* e *solidária*; *(ii)* garantir o *desenvolvimento* nacional; *(iii)* erradicar a *pobreza* e a *marginalização* e reduzir as *desigualdades sociais* e regionais; *(iv) promover o bem de todos*, sem preconceitos de origem, raça, sexo, cor, idade e quaisquer outras formas de discriminação.

Para os professores Sabo Paes e Santos[23], o *Estado Democrático de Direito* é um modelo ainda em construção que necessita da *participação social* para se legitimar. Nesse sentido, a sociedade civil organizada assume um papel preponderante na apresentação de demandas que devem ser resolvidas pela ação estatal. Por isso, os referidos docentes afirmam que a elevação da *cidadania* a um fundamento constitucional é o reconhecimento de que as *manifestações da sociedade civil são imprescindíveis* para a realização do *Estado Democrático de Direito* (nas suas diversas vertentes: Estado

23 SABO PAES, José Eduardo; e SANTOS, Júlio Edstron Secundino. *A Democracia e o Terceiro Setor na Atualidade: Histórico e Reflexos Atuais. In: Revista Direito e Liberdade (RDL)* – ESMARN – v. 19, n. 1, pp. 131-157, jan./abr. 2017. Disponível em: http://ww2.esmarn.tjrn.jus.br/revistas/index.php/revista_direito_e_liberdade/article/view/999/718. Acesso em: 23 jan. 2021.

Social, Estado Providência e Estado Subsidiário) e dos próprios *direitos fundamentais*.

Resgatando os argumentos colacionados acerca da natureza jurídica, características e finalidades das entidades privadas de interesse social e fins públicos[24], cada vez mais atribui-se ao Terceiro Setor um *caráter estratégico* da maior importância no âmbito de qualquer sociedade que se preocupe com o *desenvolvimento social* (educação, saúde, moradia, transporte, trabalho, justiça, ordem econômica etc.) e a consolidação de *valores democráticos*, pluralistas, comprometidos com a *solidariedade humana* e o *sentido de comunidade*, haja vista que a sua atuação social também representa o *exercício pleno da cidadania*.

No Brasil, de ontem e de hoje, vê-se ainda um forte protagonismo do Estado no campo socioeconômico, apesar de importantes reformas administrativas já realizadas (especialmente a partir de 1997). Concomitantemente, identifica-se um histórico de variados graus de *ineficiências* para atender às dinâmicas demandas sociais e de políticas públicas, contidas nos *fundamentos* e *objetivos fundamentais* da República (art. 1º e 3º da CF/88). Tal cenário dinâmico e de *lacunas sociais* tem proporcionado espaço e oportunidade para o surgimento de *novos atores* e *iniciativas da sociedade civil* organizada, que vem se ampliando, intensificando e diversificando.

Embora ainda não haja um marco legal – propriamente dito – do Terceiro Setor, como um todo, no Brasil, a Lei nº 13.019/2014 estabeleceu o *regime jurídico* das *"parcerias" voluntárias*, envolvendo ou não transferências de recursos financeiros, entre a administração pública[25] e as recém-denominadas *Organizações da Sociedade*

24 A noção de interesse ou fins público, no atual (pós-moderno) ideal de democracia, deve ser compreendida como aquele interesse ou finalidade voltada para o bem-estar da coletividade. (Sabo Paes, *op. cit.*, p. 81)

25 Consideração Administração Pública para fins de celebração das parcerias voluntárias: a União, Estados, Distrito Federal, Municípios e respectivas autarquias, fundações, empresas públicas e sociedades de economia mista prestadoras de serviço público, e suas subsidiárias, alcançadas pelo disposto no art. 37, § 9º, da CF/88.

Civil (OSC)[26], em regime de mútua cooperação, para a consecução de finalidades de interesse público e recíproco.

Anteriores à referida *Lei das parcerias voluntárias e das OSC*, há normas que tratam de algumas modalidades próprias e específicas de "acordo de vontades" entre o Primeiro e o Terceiro Setor, *v.g.*, *Lei nº 9.637/1998*, "contrato de gestão" firmados com as entidades qualificadas como Organizações Sociais – OS), *Lei nº 9.790/1999* ("termo de parceria" firmado com as Organizações da Sociedade Civil de Interesse Público – OSCIP) e outras[27].

Revela-se *essencial*, no âmbito desses marcos regulatórios, a efetiva *prestação de contas* – perante a administração pública, a sociedade civil e os órgãos de fiscalização das contas públicas, políticas públicas e de atividades de interesse social –, que passa a ser de *responsabilidade compartilhada* entre os "parceiros", ou seja, tanto do órgão público como da entidade privada (ou entidade pública não governamental), além de órgãos de controle externo de estatura constitucional, *v.g.*, Ministério Público, Tribunais de Contas etc., consoante será detalhado no último item deste artigo.

26 Consideram-se organizações da sociedade civil (OSC), nos termos do art. 2º, inc. I, da Lei nº 13.019/2014: a) entidade privada sem fins lucrativos que não distribua entre os seus sócios ou associados, conselheiros, diretores, empregados, doadores ou terceiros eventuais resultados, sobras, excedentes operacionais, brutos ou líquidos, dividendos, isenções de qualquer natureza, participações ou parcelas do seu patrimônio, auferidos mediante o exercício de suas atividades, e que os aplique integralmente na consecução do respectivo objeto social, de forma imediata ou por meio da constituição de fundo patrimonial ou fundo de reserva. b) as sociedades cooperativas previstas na Lei nº 9.867/1999; as integradas por pessoas em situação de risco ou vulnerabilidade pessoal ou social; as alcançadas por programas e ações de combate à pobreza e de geração de trabalho e renda; as voltadas para fomento, educação e capacitação de trabalhadores rurais ou capacitação de agentes de assistência técnica e extensão rural; e as capacitadas para execução de atividades ou de projetos de interesse público e de cunho social. c) as organizações religiosas que se dediquem a atividades ou a projetos de interesse público e de cunho social distintos das destinadas a fins exclusivamente religiosos.

27 BRASIL. Câmara dos Deputados. *Legislação sobre o terceiro setor: dispositivos constitucionais, decretos-leis, leis, medidas provisórias e decretos federais sobre sociedade de utilidade pública e organização da sociedade civil de interesse público (Oscip).* Brasília: Câmara dos Deputados, Edições Câmara, 2016. Disponível em: http://bd.camara.leg.br/bd/bitstream/handle/bdcamara/30119/legislacao_terceiro_setor.pdf? sequence=1. Acesso em: 23 jan. 2021.

3.3. A FISCALIZAÇÃO E TRANSPARÊNCIA (NECESSÁRIA) NO TERCEIRO SETOR

A prestação de contas e a *fiscalização do Terceiro Setor* – no manejo dos recursos públicos ou das contribuições do setor privado e, ainda, na governança administrativa e finalística (alcance das metas e aferição dos resultados sociais e de interesse público alcançados) – é *atividade relevantíssima* para que as razões fundantes de solidariedade, das finalidades fático-jurídicas das parcerias e dos fomentos com o Terceiro Setor se justifiquem e efetivem, com eficiência e aperfeiçoamentos, sempre de forma transparente, acessível e participativa (interesse coletivo).

Segundo os professores Maurin Falcão e Rayanne Araújo[28], existe um *vácuo* na *regulamentação* da *fiscalização* das organizações que integram o Terceiro Setor no Brasil, que deve ser preenchido por métodos que ultrapassem meros relatórios contábeis e que possam, de fato, avaliar o *impacto social* e a *qualidade* dos *projetos executados*. Afinal, é na esfera legal que a *responsabilidade* desse setor social pode se manifestar com maior *visibilidade* e *confiabilidade*.

Ao abordar a importância estratégica do Terceiro Setor como meio de desenvolvimento social no Brasil, os referidos professores apontam que a transparência do Terceiro Setor é aspecto fundamental para que tais entidades alcancem efetivo *status* de credibilidade.

A mídia nacional ocupa-se de noticiar apenas os casos de corrupção envolvendo as organizações do Terceiro Setor e dá pouco ou nenhum espaço para os casos bem-sucedidos e de profundo impacto social. Essas representações imagéticas e divulgações midiáticas revelam um longo caminho a ser percorrido no sentido de se implantar métodos e ferramentas mais adequados para a tarefa de promover a transparência do Terceiro Setor.

28 FALCÃO, Maurin Almeida; e ARAÚJO, Rayanne Saturnino de. *Op. cit.*, p. 176. Disponível em: DOI: http://dx.doi.org/10.17765/2176-9184.2017v17n1p153-179. Acesso em: 22 jan. 2021.

Sem fiscalização (interna e externa) e transparência, as entidades de interesse social estarão sujeitas a se tornarem instrumentos de corrupção e barganha, fator que dificulta o fortalecimento e a consolidação do setor, além de desvalorizar o trabalho competente que é realizado pelas organizações isentas e engajadas.

Não é por outra razão que encontramos no art. 70[29] da CF/88 e, mais recentemente, em outras normas gerais ou específicas – Lei de Acesso a Informações (Lei nº 12.527/2011), Lei Anticorrupção (Lei nº 12.846/2013), Lei das OSC (art. 62 e 64 da Lei nº 13.019), o velamento das fundações pelo Ministério Público (art. 66 do Código Civil) etc., instrumentos para o planejamento e a execução de ações de controle interno, programas de *compliance*[30] e realização periódica de prestações de contas (balanço financeiro e balanço social-finalístico) pelas organizações do Terceiro Setor.

Nesse sentido, Sabo Paes[31] acrescenta que as entidades que compõem o Terceiro Setor têm por essência uma função de interesse social, e o seu maior patrimônio é justamente a forma de sua atuação *sui generis*, tanto interna (integridade, flexibilidade, percepção da realidade etc.) quanto externamente (representatividade, mobilização, transformações etc.). Da mesma forma que o lucro é o principal objetivo de uma empresa; o *superavit* (social) e o atendimento de seus beneficiários são o maior objetivo de uma entidade de interesse social.

29 Art. 70. A fiscalização contábil, financeira, orçamentária, operacional e patrimonial da União e das entidades da administração direta e indireta, quanto à legalidade, legitimidade, economicidade, aplicação das subvenções e renúncia de receitas, será exercida pelo Congresso Nacional, mediante controle externo, e pelo sistema de controle interno de cada Poder. Parágrafo único. Prestará contas qualquer pessoa física ou jurídica, pública ou privada, que utilize, arrecade, guarde, gerencie ou administre dinheiros, bens e valores públicos ou pelos quais a União responda, ou que, em nome desta, assuma obrigações de natureza pecuniária.

30 Acerca do tema: Comissão de Direito do Terceiro Setor da OAB-DF. Programa de Integridade em Organizações do Terceiro Setor: Manual de *Compliance*. Brasília: OAB-DF, dez./2018, 48 páginas. Disponível em: http://www.apf.org.br/fundacoes/index.php/noticias/todas-as-noticias/3739-acesso-ao-manual-de-compliance-no-terceiro-setor.html. Acesso em: 22 jan. 2021.

31 *Op. cit.*, p. 121.

Além das obrigações éticas, legais e finalísticas que as entidades do Terceiro Setor se comprometem a internalizar, autofiscalizar-se e prestar contas perante as partes envolvidas, a relevância dos serviços de interesse público que desempenham tem justificado a previsão de importantes mecanismos de controle externo, dentre os quais o acompanhamento e a fiscalização do Ministério Público.

4. A ATUAÇÃO PREVENTIVA E RESOLUTIVA DO MINISTÉRIO PÚBLICO NAS ENTIDADES DO TERCEIRO SETOR E NO VELAMENTO DAS FUNDAÇÕES

A atual ordem constitucional (art. 127 da CF/88) e infraconstitucional (LC nº 75/93 e Lei nº 9.625/93), como já dito, refere-se ao *Ministério Público* como instituição permanente, essencial à função jurisdicional do Estado, incumbindo-lhe a defesa da ordem jurídica, do regime democrático e dos interesses sociais e individuais indisponíveis.

Além dessa síntese conceitual, incumbe ao Ministério Público brasileiro a proteção e a defesa do patrimônio público, patrimônio social e de outros interesses difusos e coletivos (art. 129, inc. III, da CF/88) – os quais, de modo geral e em alguma medida, coincidem com o patrimônio material e/ou teleológica das organizações do Terceiro Setor.

Como já salientado, o Terceiro Setor congrega organizações e instituições sem fins lucrativos, que têm como missão principal contribuir para o desenvolvimento da sociedade, para concretização dos direitos fundamentais.

Segundo dados do Mapa das Organizações da Sociedade Civil (2019) e estudos do Instituto de Pesquisa Econômica Aplicada (IPEA) (2018), no Brasil, há aproximadamente 800 mil entidades de interesse público, que são referência e excelência nas áreas de Educação, Saúde e Assistência Social no Brasil[32].

32 IPEA – Instituto de Pesquisas Econômicas Aplicáveis (Pesquisa Econômica Aplicada. *In: Mapa das Organizações da Sociedade Civil. Pergunta 1.* Disponível em: https://mapaosc.ipea.gov.br/

Segundo dados do Fórum Nacional das Entidades Filantrópicas (FONIF), na área de Educação, elas atendem cerca de 2,5 milhões de alunos – sendo 2,4% de todos os alunos do país matriculados na Educação Básica e 15,1% de todos os alunos do país matriculados na Educação Superior; na área da Saúde, as instituições filantrópicas administram unidades de saúde ambulatorial e hospitalar, com produção significativa voltada para o Sistema Único de Saúde (SUS) e oferta de mais de 100 mil leitos para a população brasileira. Ademais, considerando apenas as internações, as instituições filantrópicas apresentam praticamente a metade (47%) do valor total das internações no SUS. Ainda de acordo com dados do Ministério da Saúde, 59% de todas as internações de alta complexidade no SUS são realizadas por hospitais filantrópicos[33].

Além desses relevantes dados de impacto nas diversas áreas de interesse social, a autonomia das entidades do Terceiro Setor em relação ao Estado afigura-se elemento estratégico e favorável à colaboração direta com os Órgãos de Estado (Ministério Público, Poder Judiciário e Tribunais de Contas) na *fiscalização dos governos e órgãos da administração pública*, na mobilização e influência na composição de *agendas políticas*, e no uso da sua representatividade, ferramental e capacidade de interlocução que o cidadão comum não dispõe, o que é muito enriquecedor para a consolidação da *democracia, desde utilizados de modo lícitos e éticos.*

Por isso, torna-se relevante neste estudo a compreensão de como o *parquet* pode contribuir, preventiva e repressivamente,

perguntas-frequentes.html e *Perfil das organizações da sociedade civil no Brasil.* LOPEZ, Felix Garcia (Org.). Brasília: Ipea, 2018, 176 p. Disponível em: https://www.ipea.gov.br/portal/images/stories/PDFs/livros/livros/180607_livro_perfil_das_organizacoes_da_ sociedade_civil_no_brasil.pdf. Acessos em: 25 jan. 2021.

33 LOPES, Adriana Cravo, PRADO, Fabiana Lemes Zamalloa. *O Ministério Público e terceiro setor: fiscalização das organizações da sociedade civil e velamento das fundações privadas: manual de atuação funcional do Ministério Público de Goiás.* Goiânia: MP-GO, 2020, 196 p. Disponível em: http://www.mpgo.mp.br/portal/arquivos/2020/11/24/16_10_08_784_Manual_de_Atuação_MP_e_Terceiro_Setor.pdf. Acesso em: 25 jan. 2021.

para o *aperfeiçoamento das atividades* desse segmento da sociedade civil organizada, que, como já foi abordado, torna-se cada vez mais essencial para a *construção da cidadania*, realização dos direitos fundamentais e o bem-estar da coletividade.

Ao indagar se existe alguma ordem de *prioridade* nessa *escolha* entre a atuação repressiva ou preventiva do Ministério Público, o professor José de Lima[34] responde que:

> Cabe ao órgão do Parquet antecipar-se aos problemas que ocorrem também no Terceiro Setor, não sendo apenas aquele membro que atue repressivamente, mas essa opção cabe apenas ao promotor natural que deverá decidir se remete a questão ao Judiciário ou se vale buscar uma solução administrativa, e isso dependerá de diversos aspectos, tais como a complexidade das matérias enfrentadas, a natureza dos ilícitos, o número de pessoas envolvidas, a dimensão do dano causado pela ilicitude.

4.1 RELAÇÃO DO MINISTÉRIO PÚBLICO COM O TERCEIRO SETOR: MARCOS TEÓRICOS E JUSTIFICATIVAS TELEOLÓGICAS

Há muito, o Estado reconhece publicamente a relevância, utilidade pública, finalidade humanitária, entre outras adjetivações congêneres, das entidades de interesse social, concedendo-lhes, em consequência, benefícios, concessões especiais, isenções tributárias, fomentos e até dotações orçamentárias e outras subvenções, auxílios e contribuições.

Nesse sentido, destacam-se a Lei nº 1.493/1951, os artigos 1º e 3º, *caput*, do Decreto-Lei nº 41/1966 e o art. 60, § 3º, do Decreto Federal nº 93.872/1986, nos quais constam a previsão para que o *Ministério Público* seja o *órgão responsável* pela *fiscalização contábil e funcional* dessas *entidades de interesse social* que recebem dotações orçamentárias ou *contribuições de populares*, podendo, inclusive, propor a sua *dissolução* na via judicial (art. 1.046 do CPC/2015).

34 PEREIRA, José de Lima Ramos. *Op. cit.*

Portanto, se o Ministério Público tem a atribuição legal de propor a *suspensão* e a *dissolução* das entidades de interesse social, por corolário lógico, deve ter também o poder-dever de acompanhar e fiscalizar os trabalhos e as contas dessas entidades. Em algumas Unidades Federativas, há lei local que estabelece essa atribuição especializada ao Ministério Público, *v.g.*, Lei Distrital nº 1.617/1997 e o consequente Decreto nº 19.004/1998.

Além desses marcos teóricos, há ainda diversos dispositivos constitucionais e legais que dotam o Ministério Público de *instrumentos* de *acompanhamento*, *apuração* de irregularidades e *responsabilização* das entidades do Terceiro Setor, *v.g.*, análise e aprovação de contas, inspeção *in loco*, expedição de recomendações, inquérito civil público, ação civil pública, ação de dissolução de associação e fundação, ação de responsabilidade civil, ação de destituição de agentes etc., as quais serão comentadas adiante.

A *legitimação*[35] *jurisprudencial* do Ministério Público para a *fiscalização* de organizações da sociedade civil de interesse social tem seu paradigma na decisão proferida na ADI 1.923/DF[36], de relatoria do Ministro Ayres Brito:

> ATIVIDADE DE FOMENTO PÚBLICO. INEXISTÊNCIA DE RENÚNCIA AOS DEVERES ESTATAIS DE AGIR. MARGEM DE CONFORMAÇÃO CONSTITUCIONALMENTE ATRIBUÍDA AOS AGENTES POLÍTICOS DE-

35 Acerca da legitimação jurisprudencial do Ministério Público para a fiscalização de organizações da sociedade civil de interesse social: a) MPPR. CAOP de Fundações. SIGNORINI, Terezinha de Jesus Souza (Procuradora de Justiça, Coord.). Consulta nº 05/2015. Objeto: Associações – Destituição de Diretoria – Intervenção do Ministério Público. Curitiba, 23/02/2015. Disponível em: http://www.fundacoes.mppr.mp.br/arquivos/File/Consulta_formal_05_Associacao_de_Moradores_Destituicao_de_Diretores_Intervencao_MP.pdf. b) CNMP. Reclamação nº 0.00.000.0001622/201-16-CNMP. Reclamante: Associação Bloco Carnavalesco Chupicopico. Reclamado: Dr. Sávio Rui Brabo de Araújo, membro do MPPA. Decisão em 02/12/2011. c) OAB/PA. Processo Administrativo nº 118/2013. Reclamado: Dr. Sávio Rui Brabo de Araújo, membro do MP-PA. Decisão de arquivamento em 24/11/2015.

36 BRASIL. Supremo Tribunal Federal. Ação Direta de Inconstitucionalidade nº 1.923/DF. Órgão Pleno. Julgado em 15/04/2015. Disponível em: http://portal.stf.jus.br/processos/downloadPeca.asp?id=308380793&ext=.pdf. Acesso em: 25 jan. 2021.

MOCRATICAMENTE ELEITOS. PRINCÍPIOS DA CONSENSUALIDADE E DA PARTICIPAÇÃO. INEXISTÊNCIA DE VIOLAÇÃO AO ART. 175, *CAPUT*, DA CONSTITUIÇÃO. EXTINÇÃO PONTUAL DE ENTIDADES PÚBLICAS QUE APENAS CONCRETIZA O NOVO MODELO. INDIFERENÇA DO FATOR TEMPORAL. INEXISTÊNCIA DE VIOLAÇÃO AO DEVER CONSTITUCIONAL DE LICITAÇÃO (CF, ART. 37, XXI). PROCEDIMENTO DE QUALIFICAÇÃO QUE CONFIGURA HIPÓTESE DE CREDENCIAMENTO. *COMPETÊNCIA DISCRICIONÁRIA QUE DEVE SER SUBMETIDA AOS PRINCÍPIOS CONSTITUCIONAIS DA PUBLICIDADE, MORALIDADE, EFICIÊNCIA E IMPESSOALIDADE, À LUZ DE CRITÉRIOS OBJETIVOS (CF, ART. 37,* CAPUT*).* INEXISTÊNCIA DE PERMISSIVO À ARBITRARIEDADE. CONTRATO DE GESTÃO. NATUREZA DE CONVÊNIO. CELEBRAÇÃO NECESSARIAMENTE SUBMETIDA A PROCEDIMENTO OBJETIVO E IMPESSOAL. CONSTITUCIONALIDADE DA DISPENSA DE LICITAÇÃO INSTITUÍDA PELA NOVA REDAÇÃO DO ART. 24, XXIV, DA LEI DE LICITAÇÕES E PELO ART. 12, § 3º, DA LEI Nº 9.637/98. FUNÇÃO REGULATÓRIA DA LICITAÇÃO. OBSERVÂNCIA DOS PRINCÍPIOS DA IMPESSOALIDADE, DA PUBLICIDADE, DA EFICIÊNCIA E DA MOTIVAÇÃO. IMPOSSIBILIDADE DE EXIGÊNCIA DE LICITAÇÃO PARA OS CONTRATOS CELEBRADOS PELAS ORGANIZAÇÕES SOCIAIS COM TERCEIROS. OBSERVÂNCIA DO NÚCLEO ESSENCIAL DOS PRINCÍPIOS DA ADMINISTRAÇÃO PÚBLICA (CF, ART. 37, *CAPUT*). REGULAMENTO PRÓPRIO PARA CONTRATAÇÕES. INEXISTÊNCIA DE DEVER DE REALIZAÇÃO DE CONCURSO PÚBLICO PARA CONTRATAÇÃO DE EMPREGADOS. INCIDÊNCIA DO PRINCÍPIO CONSTITUCIONAL DA IMPESSOALIDADE, ATRAVÉS DE PROCEDIMENTO OBJETIVO. AUSÊNCIA DE VIOLAÇÃO AOS DIREITOS CONSTITUCIONAIS DOS SERVIDORES PÚBLICOS CEDIDOS. PRESERVAÇÃO DO REGIME REMUNERATÓRIO DA ORIGEM. AUSÊNCIA DE SUBMISSÃO AO

PRINCÍPIO DA LEGALIDADE PARA O PAGAMENTO DE VERBAS, POR ENTIDADE PRIVADA, A SERVIDORES. INTERPRETAÇÃO DOS ARTS. 37, X, E 169, § 1º, DA CONSTITUIÇÃO. *CONTROLES PELO TRIBUNAL DE CONTAS DA UNIÃO E PELO MINISTÉRIO PÚBLICO. PRESERVAÇÃO DO ÂMBITO CONSTITUCIONALMENTE DEFINIDO PARA O EXERCÍCIO DO CONTROLE EXTERNO (CF, ARTS. 70, 71, 74 E 127 E SEGUINTES). INTERFERÊNCIA ESTATAL EM ASSOCIAÇÕES E FUNDAÇÕES PRIVADAS (CF, ART. 5º, XVII E XVIII).* CONDICIONAMENTO À ADESÃO VOLUNTÁRIA DA ENTIDADE PRIVADA. INEXISTÊNCIA DE OFENSA À CONSTITUIÇÃO. AÇÃO DIRETA JULGADA PARCIALMENTE PROCEDENTE PARA CONFERIR INTERPRETAÇÃO CONFORME AOS DIPLOMAS IMPUGNADOS. [...]

2. Os setores de saúde (CF, art. 199, *caput*), educação (CF, art. 209, *caput*), cultura (CF, art. 215), desporto e lazer (CF, art. 217), ciência e tecnologia (CF, art. 218) e meio ambiente (CF, art. 225) configuram serviços públicos sociais, em relação aos quais a Constituição, ao mencionar que "são deveres do Estado e da Sociedade" e que são "livres à iniciativa privada", permite a atuação, por direito próprio, dos particulares, sem que para tanto seja necessária a delegação pelo poder público, de forma que não incide, *in casu*, o art. 175, *caput*, da Constituição.

[...]

4. Em qualquer caso, o cumprimento efetivo dos deveres constitucionais de atuação estará, invariavelmente, submetido ao que a doutrina contemporânea denomina de controle da Administração Pública sob o ângulo do resultado (Diogo de Figueiredo Moreira Neto).

[...] *20. Ação direta de inconstitucionalidade cujo pedido é julgado parcialmente procedente, para conferir interpretação conforme a Constituição à Lei nº 9.637/98 e ao art. 24, XXIV, da Lei nº 8666/93, incluído pela Lei nº 9.648/98, para que:*

[...]

(vi) para afastar qualquer interpretação que restrinja o controle, pelo Ministério Público e pelo TCU, da aplicação de verbas públicas.

No *aspecto teleológico,* destaca o professor Sabo Paes[37] que o *Ministério Público* é a instituição com *maior isenção* – e, portanto, *credibilidade* – para atestar o regular funcionamento das entidades de interesse social, *in verbis*:

> (...) o *Poder Executivo*, por muitas vezes, celebra convênios ou parcerias com as entidades de interesse social, com a intrínseca obrigação de fiscalizar o pleno cumprimento dos acordos. Mas não deixa de ser parte no processo, além do que o administrador público exerce seu cargo por influência político-eleitoral. Quanto ao *Poder Legislativo*, que exerce a fiscalização por intermédio do Poder Legislativo, incumbido é de legislar sobre o orçamento e destinação de verbas, inclusive para as entidades de interesse social, que operam nas bases eleitorais dos mesmos parlamentares que aprovam as dotações orçamentárias e que têm influência natural sobre o órgão fiscalizador da casa que integram. Por sua vez, os Membros do *Ministério Público*, (...) não dependem de qualquer fator político ou eleitoral para a investidura no cargo que ocupam, possuindo, ademais, na sua atuação, independência funcional e garantias constitucionais para o exercício de suas funções. (destaque dos autores)

O referido professor[38], ao compartilhar sua larga vivência funcional e acadêmica nessa temática, conclui que atribuir tal fiscalização ao Ministério Público – instituição que goza de reconhecida isenção e credibilidade na sociedade – produz um *ciclo virtuoso* nos *resultados* funcionais e imagéticos das *entidades do Terceiro Setor*. Se o próprio Ministério Público atestar a veracidade das aplicações dos recursos nas áreas sociais delineadas nos estatutos das entidades de interesse social, a *credibilidade* e *isenção* dessa *aprovação* promoverá reais *incentivos* e *maiores motivações* para que a *população* (comunidade) amplie, potencialmente, o aporte de *doações voluntárias* (trabalho ou recursos econômicos), que representam,

37 *Op. cit.*, p. 521.
38 *Ibid., loc. cit.*

atualmente, boa parte do custeio das atividades e despesas do Terceiro Setor. O mesmo efeito também reverbera no recebimento de dotação orçamentária dos órgãos públicos.

4.2. A FISCALIZAÇÃO FORMAL (BALANÇO ADMINISTRATIVO--CONTÁBIL), FINALÍSTICA (BALANÇO DO RESULTADO DOS ÍNDICES SOCIAIS) E DIRETA ("IN LOCO")

No âmbito de sua *atuação extrajudicial*, Promotores e Procuradores de Justiça realizam a *fiscalização* e o *acompanhamento* das ações *contábeis* e *finalísticas* das entidades de interesse social, associações e fundações privadas sem fins lucrativos, que atuam em atividades de natureza social e assistencial.

Esse *munus ministerial* é exercido por meio de *Promotorias de Justiça Especializadas* na Tutela de Direitos Difusos, no Velamento Fundacional (Curadorias de Fundações), Promotorias de Justiça de Tutela das Fundações e Entidades de Interesse Social (PJFEIS) ou, ainda, outras designações congêneres.

Para tanto, além da inspeção *in loco*, há duas importantes ferramentas de fiscalização direta pelo Ministério Público: análise do: *a) balanço administrativo-contábil*, que apresenta as dimensões administrativa, patrimonial, contábil e financeira da entidade; e *b) balanço social* ou *finalístico*, que descreve o desempenho finalístico do programa de trabalho anual e os resultados, índices ou impactos sociais alcançados ou produzidos pelas entidades do Terceiro Setor.

Por meio do balanço social ou finalístico, a *atuação do MP* vai além da fiscalização estritamente formal e alcança as *potencialidades* das *ações (prospectivas)* que a entidade do Terceiro Setor pode fazer, em especial no campo da coletividade e dos interesses sociais, e não apenas no que a entidade tem feito. Esse é o papel de *atuação social do MP*.

Apesar de no Brasil o *balanço social* ainda não ser obrigatório para as empresas lucrativas e instituições sem fins lucrativos, há unidades da federação que possuem normas infralegais que exigem *relatório circunstanciado* anual das *atividades desenvolvidas* pelas instituições sem fins lucrativos e fundações privadas de interesse social, acompanhado de elementos que comprovem a efetiva realização das suas finalidades estatutárias, *v.g.*, Portaria da Procuradoria-Geral de Justiça do Distrito Federal nº 429 e 430, ambas de 30/03/2016.

O professor José de Lima[39] sustenta que, da forma em que foi construído todo o arcabouço legislativo e constitucional do Ministério Público, qualquer entidade de interesse social e que atue no país pode e deve estar sujeita à *fiscalização* e ao *controle prévio* do Ministério Público em todos os seus aspectos, administrativo, contábil e financeiro, além do finalístico (balanço social), principalmente quando e se estiver se utilizando de recursos públicos.

Nessa linha de entendimento, o *Ministério Público* deve ser *resolutivo* (atuar na causa ou estrutura dos problemas) também quando se refere a demandas que envolvam o Terceiro Setor, seja realizando inspeções *in loco* e audiências públicas e coletivas, seja expedindo recomendações ou propondo subscrição de Termo ou Compromisso de Ajustamento de Conduta (TAC); ressalvadas aquelas situações graves e complexas que o direcionam à demanda judicial.

4.3. O VELAMENTO MINISTERIAL DAS FUNDAÇÕES E SUA APLICAÇÃO ANALÓGICA AO TERCEIRO SETOR COMO UM TODO

Para criar uma *fundação*, o seu instituidor fará, por escritura pública ou testamento, dotação especial de *bens livres*, especificando o fim a que se destinam e declarando, se quiser, a maneira de administrá-los.

De acordo com a alteração introduzida pela Lei nº 13.151/2015, que dispõe sobre a finalidade das fundações, o prazo para manifestação do Ministério Público sobre suas alterações estatutárias

39 PEREIRA, José de Lima Ramos. *Op. cit.*

e, ainda, sobre a remuneração dos seus dirigentes, a *fundação* somente poderá constituir-se *para fins de* (art. 62, parágrafo único, do Código Civil/2002): *I* – assistência social; *II* – cultura, defesa e conservação do patrimônio histórico e artístico; *III* – educação; *IV* – saúde; *V* – segurança alimentar e nutricional; *VI* – defesa, preservação e conservação do meio ambiente e promoção do desenvolvimento sustentável; *VII* – pesquisa científica, desenvolvimento de tecnologias alternativas, modernização de sistemas de gestão, produção e divulgação de informações e conhecimentos técnicos e científicos; *VIII* – promoção da ética, da cidadania, da democracia e dos direitos humanos; e *IX* – atividades religiosas.

Portanto, a fundação sempre será um *conjunto de bens* (patrimônio) destinado à realização de *finalidade social,* o que levou o legislador a estabelecer a *fiscalização permanente* da atuação dos dirigentes – as pessoas nomeadas para administrar esses bens –, da correta aplicação dos bens e rendas e, ainda, de governança finalística eficiente.

É exatamente essa evidente e notória *relevância social* da *fundação* e seu *patrimônio afetado* para uma *finalidade pública* que justifica a *intervenção do Ministério Público*, para o controle de suas atividades, consoante previsto no art. 66 do Código Civil/2002 (que reproduziu o teor do art. 26 do Código Civil de 1916), *in verbis*:

> *Art. 66. Velará* pelas *fundações* o *Ministério Público* do Estado onde situadas. § 1º Se funcionarem no Distrito Federal ou em Território, caberá o encargo ao Ministério Público do Distrito Federal e Territórios. 2º Se estenderem a atividade por mais de um Estado, caberá o encargo, em cada um deles, ao respectivo Ministério Público. (grifei)
>
> (...)
>
> *Art. 69.* Tornando-se *ilícita, impossível ou inútil* a *finalidade* a que visa a *fundação*, ou vencido o prazo de sua existência, o órgão do *Ministério Público*, ou qualquer interessado, *lhe promo-*

> *verá a extinção*, incorporando-se o seu patrimônio, salvo disposição em contrário no ato constitutivo, ou no estatuto, em outra fundação, designada pelo juiz, que se proponha a fim igual ou semelhante. (grifei)

O *controle* engendrado pelo Ministério Público realiza-se mediante exame do *balanço anual*, recebido dos órgãos diretivos das fundações, o qual possibilita, com considerável precisão, a aferição acerca da *vida patrimonial, econômica e financeira* da instituição fiscalizada e, também, do seu relatório finalístico (social).

A consecução dos *objetivos finalísticos* da fundação é acompanhada e fiscalizada, no âmbito do Ministério Público, pela *Curadoria* (*Promotoria de Fundações* ou congênere), a quem incumbe *velar*, na acepção mais ampla da palavra, qual seja, proteger, zelar e cuidar, a fim de que a fundação cumpra de forma eficiente os seus desígnios.

Importante destacar que o mencionado vocábulo *velar* tem recebido *interpretação* conceitual *extensiva* pela jurisprudência, o que se justifica "pela proporcionalidade entre os encargos atribuídos e os meios postos à disposição para a consecução daqueles, sob pena de inocuidade do 'dever-poder' atribuído ao Ministério Público no exercício de quão importante mister" (*STJ*. REsp nº 776549/MG. Julgado em 15/05/2007).

No mesmo sentido, o insigne professor Miguel Seabra Fagundes[40] leciona que a expressão *velar* em defesa das finalidades das fundações e do seu patrimônio significa *entregar para o Ministério Público a guarda ativa das fundações*, de modo que possa fiscalizar as administrações delas para que não se desviem do reto caminho e para atendimento das finalidades visadas por seus

40 FAGUNDES, Miguel Seabra. *Fundações. Âmbito de atuação do Ministério Público em sua defesa* – interpretação do art. 26 do Código Civil – Afastamento imediato de seus administradores – legalidade da providência, tanto como medida de natureza administrativa, como medida de caráter judicial preventivo. *In*: *Revista dos Tribunais*. São Paulo. 50(304):58-77, fev./1961, *apud* SABO PAES, *op. cit.*, p. 537.

instituidores. *Velar* é estar de vigia, de guarda ou de sentinela: é patrocinar, é passar a noite junto da cama de doente para tratar e cuidar dele; é estar em perene atividade; é conservar-se no constante exercício de suas funções; é concentrar ou exercer (alguém) a sua influência benéfica e protetiva.

Portanto, percebe-se que o *velamento* transborda o mero controle e irradia-se à *colaboração* plenamente *simbiótica* entre a fundação privada e a comunidade na qual está inserida, haja vista que aquela exerce atividades de interesse coletivo. Nesse sentido é o teor da decisão do CNMP em sede do PAD nº 1.00181/2015-30, julgado em 15/03/2016; e do REsp nº 162.114/SP, julgado em 06/08/1998.

Por isso, o ordenamento jurídico pátrio conferiu às fundações privadas o acompanhamento e a fiscalização especial e integral pelo Ministério Público, desde o seu nascedouro, passando pelo controle prévio nas alterações estatutárias e registros documentais em cartório, na participação efetiva nas reuniões e eleições, até a legitimidade *ad causam* subsidiária e sua eventual extinção.

Não obstante o controle externo pelo Ministério Público nas organizações sociais civis de interesse público não goze de marcos legais tão abrangentes e específicos como na atividade de velamento das fundações, verifica-se que, no dia a dia, a *expertise* funcional do velamento – é muito útil na práxis do controle e fiscalização – atuação preventiva e resolutiva, judicial e extrajudicial – das entidades de interesse social, principalmente aquelas que recebem benefícios e contribuições públicas ou privadas.

A atuação específica do Ministério Público no acompanhamento e na fiscalização do Terceiro Setor somente se revela viável e transformadora por meio de ferramentas legais, planejamento e experiência funcional, que serão a seguir abordados.

4.4. INSTRUMENTOS PREVENTIVOS DISPONÍVEIS PARA A EFETIVA

ATUAÇÃO MINISTERIAL NO TERCEIRO SETOR

O Ministério Público deve atuar como agente político que procura transformar a realidade social em que está contextualizado, na esfera de suas atribuições, de forma a privilegiar o acesso do cidadão à Justiça, e isso pode ser obtido sem que haja a necessidade de buscar o Judiciário, inclusive por este sofrer com o volume inumano de processos que torna a resposta judicial cada vez mais demorada[41].

Nesse sentido, é facultado ao Ministério Público atuar de forma não demandista – sem ter que estar constantemente batendo nas portas do judiciário –, assim, pode o membro do *parquet* fazer uso de diversos instrumentos preventivos, a exemplo do Termo de Ajustamento de Conduta (TAC), audiências públicas e expedição de recomendações.

Segundo Edilson Vitorelli[42], a atuação extrajudicial do Ministério Público está regulada nos artigos 8º, 9º e 10 da Lei de Ação Civil Pública, que dispõem sobre o inquérito civil (IC). Tal procedimento, introduzido em 1990, tem como propósito central, na sua feição originária, a colheita de informações capaz de embasar a propositura de uma ação. Sua condução é exclusiva do Ministério Público, mas a LC nº 75/1993 e a Lei nº 8.625/93, que regulam o Ministério Público da União e dos Estados, respectivamente, embora façam referência ao IC, não contêm dispositivos que impactem na sua regulamentação e manejo.

Destarte, coube ao Conselho Nacional do Ministério Público (CNMP) a regulamentação e a disciplina acerca da instauração e da tramitação do IC no âmbito do Ministério Público, o que ocorreu por meio da Resolução CNMP 23/2007[43]. Assim, o art. 1º da

41 PEREIRA, *op. cit.*, p. 8.

42 VITORELLI, *op. cit.*, p. 132.

43 BRASIL, Conselho Superior do Ministério Público. Resolução nº 23/2007, de 17 de setembro de 2007. Regulamenta os artigos 6º, inciso VII, e 7º, inciso I, da Lei Complementar nº 75/93 e os artigos 25, inciso IV, e 26, inciso I, da Lei nº 8.625/93, disciplinando, no âmbito do Ministério Público, a instauração e a tramitação do inquérito civil. Brasília, DF. Disponível em: https://

Resolução 23/2007 consignou que o IC possui natureza bilateral e facultativa, devendo ser instaurado para apurar fato que possa autorizar a tutela dos interesses ou direitos a cargo do Ministério Público nos termos da legislação aplicável, servindo como preparação para o exercício das atribuições inerentes às suas funções institucionais.

Comentando o art. 1º da Resolução CNMP 23/2007, Vitorelli destaca que o objetivo do IC é *"apurar fato"*. Se o fato for ilícito, gerará a propositura de ação. Ao mesmo tempo, se as informações indicarem que não há ato ilícito praticado, o inquérito é arquivado e submetido a controle interno, no âmbito do próprio Ministério Público. Todavia, ressalta o autor, a solução dos conflitos pode não estar no arquivamento nem na propositura da ação, mas em uma recomendação, um compromisso de ajustamento de conduta ou mesmo em uma mera reunião. Assim sendo, o IC passou a ser encarado, para além de um instrumento de investigação, como uma ferramenta para intervir na realidade, na busca da solução de um problema[44].

O que fundamenta a atuação do MP resolutivo, contrapondo ao MP demandista, é a promoção de implementação de *justiça social*, sem ter que buscar o Poder Judiciário, prestigiando o Princípio da Duração Razoável do Processo, previsto no art. 5º, LXXVIII, da CF/88.

Nesse sentido, visando a uma atuação resolutiva, em 2017, o CNMP publicou a Resolução CNMP 174/2017[45], que regulamenta o uso do *procedimento administrativo (PA)* no âmbito do Ministério Público, sendo este um instrumento mais flexível que o inquérito civil, apto a ser utilizado em situações nas quais os fa-

www.cnmp.mp.br/portal/images/Resolucoes/Resoluo-0231.pdf. Acesso em: 13 jan. 2020.

44 *Ibid., loc. cit.*

45 BRASIL, Conselho Superior do Ministério Público. Resolução nº 174/2017, de 4 de julho de 2017. Disciplina, no âmbito do Ministério Público, a instauração e a tramitação da Notícia de Fato e do Procedimento Administrativo. Brasília, DF. Disponível em: https://www.cnmp.mp.br/portal/images/Resolucoes/Resoluo-174-1.pdf. Acesso em: 13 jan. 2020.

tos são menos definidos, com prazos mais longos. O PA pode ser utilizado, dentre outras finalidades, para acompanhar e fiscalizar, de forma continuada, políticas públicas ou instituições, bem como para embasar outras atividades não sujeitas a inquérito civil.

De nossa parte, é o PA o instrumento recomendado para o acompanhamento, pelo Ministério Público, das atividades desenvolvidas pelas organizações do Terceiro Setor – como de outras instituições – em que não se tem claramente delineados nos fatos noticiados a ocorrência de ilícitos, não somente pela previsão literal constante no art. 8º, inciso II, que diz *"O procedimento administrativo é o instrumento próprio da atividade fim destinado a acompanhar e fiscalizar, de forma continuada, políticas públicas ou instituições"*, mas também diante da previsão constante no parágrafo único do mencionado artigo, que dispõe *"O procedimento administrativo não tem caráter de investigação cível ou criminal de determinada pessoa, em função de um ilícito específico"*.

Com efeito, ao se instaurar um procedimento administrativo para acompanhamento de uma determinada instituição pública ou privada, sobre ela não recairá a pecha de que as pessoas a ela vinculadas, físicas ou jurídicas, serão investigadas pelo *parquet*, pois sabemos que a simples instauração de um procedimento preparatório, ou até mesmo do inquérito civil, infelizmente, já é suficiente para que a imagem do investigado seja *"arranhada"* perante a sociedade. Nada impede, todavia, caso sejam descobertos ilícitos específicos, que demandem a atuação do Ministério Público, a instauração do inquérito civil em paralelo ao procedimento administrativo.

Para Vitorelli[46], como o PA não investiga um ilícito que se pretenda imputar a alguém, ele tem muitas chances de evitar o ambiente adversarial do inquérito civil, em que o Ministério Público quer descobrir quem está errado e o investigado quer provar que está certo. Ao enfocar a melhoria institucional, sem cogitar de um

46 VITORELLI, *op. cit.*, p. 135.

ilícito propriamente dito, torna-se mais fácil promover negociações a partir de interesses, não de posições.

Assim, o que se espera é a soma de esforços das pessoas envolvidas, facilitando para que a instituição possa desenvolver melhor as suas atividades. Não se busca apurar culpados; com isso, separa-se as pessoas dos problemas, gerando um ambiente favorável ao diálogo e à produção de ideias consensuais passíveis de implementação mediante um acordo.

Em uma *atuação resolutiva*, é importante destacar a existência de instrumentos menos famosos que o termo de compromisso de ajustamento de conduta, as audiências públicas e coletivas e as recomendações, que também estão à disposição dos membros do MP, como a participação em grupos de trabalho e fóruns de estudos, a participação em comissões com outros atores sociais e a participação de encontros com os movimentos sociais.

Quanto a esse último item, fazemos referência à Recomendação CNMP 61/2017[47], que na sua fundamentação destaca que os movimentos sociais são expressões da cidadania e do pluralismo político, princípios fundamentais da República Federativa do Brasil e fundamentos do Estado Democrático de Direito, considerando que incumbe ao Ministério Público, enquanto instituição permanente, essencial à função jurisdicional do Estado, a defesa da ordem jurídica, do regime democrático e dos interesses sociais e individuais indisponíveis (art. 127, *caput*, da Constituição Federal), a qual recomenda:

> a) A *promoção de encontros* com os *movimentos sociais* pelas unidades e ramos do Ministério Público Brasileiro, com objetivo

47 BRASIL, Conselho Superior do Ministério Público. Recomendação nº 61, de 25 de julho de 2017. Recomenda às unidades e aos ramos do Ministério Público brasileiro a realização de encontros com os movimentos sociais. Brasília, DF. Disponível em: https://www.cnmp.mp.br/portal/images/Recomendacoes/Recomenda%C3%A7%C3%A3o-061.pdf. Acesso em: 13 jan. 2020.

> de, notadamente: *aproximar os membros* do Ministério Público das *demandas da sociedade* por meio do diálogo aberto, informal, leal e transparente; b) *identificar demandas e tendências* na defesa dos Direitos Fundamentais; c) auxiliar os membros do Ministério Público a *tomar conhecimento de eventuais ameaças* a Direitos Fundamentais; d) contribuir para o *aprofundamento da democracia* e da *participação social*, capacitação das lideranças dos movimentos sociais sobre os serviços prestados pelo MP na defesa dos direitos e sobre o modo de acessá-los; e) e estabelecer as *metas institucionais* em temas de reconhecida relevância social, reunindo-se esforços orçamentários e estruturais, tais como comissões, grupos de trabalho, forças-tarefa e outros, a fim de garantir o alcance de resultados.

Entrementes, seja no bojo de um IC ou de um PA, os principais instrumentos preventivos do Ministério Público resolutivo são: *a)* o termo de ajustamento de condutas, regulamentado pela Resolução CNMP 179/2017[48]; *b)* as audiências públicas e coletivas, regulamentadas pela Resolução CNMP 82/2012[49]; e *c)* as recomendações, regulamentadas pela Resolução CNMP 164/2017[50]. É sobre cada um desses que passaremos brevemente a nos debruçar.

48 BRASIL, Conselho Superior do Ministério Público. Resolução nº 179/2017, de 26 de julho de 2017. Regulamenta o § 6º do art. 5º da Lei nº 7.347/1985, disciplinando, no âmbito do Ministério Público, a tomada do compromisso de ajustamento de conduta. Brasília, DF. Disponível em: https://www.cnmp.mp.br/portal/images/Resolucoes/Resolu%C3%A7%C3%A3o-179.pdf. Acesso em: 13 jan. 2020.

49 BRASIL, Conselho Superior do Ministério Público. Resolução nº 82, de 29 de fevereiro de 2012. Dispõe sobre as audiências públicas no âmbito do Ministério Público da União e dos Estados. Brasília, DF. Disponível em: https://www.cnmp.mp.br/portal/images/Resolucoes/Resoluo-0821.pdf. Acesso em: 13 jan. 2020.

50 BRASIL, Conselho Superior do Ministério Público. Resolução nº 164/2017, de 28 de março de 2017. Disciplina a expedição de recomendações pelo Ministério Público brasileiro. Brasília, DF. Disponível em: https://www.cnmp.mp.br/portal/images/Resolucoes/Resolu%C3%A7%C3%A3o-164.pdf. Acesso em: 13 jan. 2020.

4.4.1. COMPROMISSO (TERMO) DE AJUSTAMENTO DE CONDUTA

O compromisso de ajustamento de conduta é mais comumente conhecido por termo de ajustamento de conduta ou simplesmente pela sua abreviatura TAC. O TAC foi introduzido no ordenamento jurídico brasileiro pelo Estatuto da Criança e do Adolescente (art. 211 da Lei nº 8.069/1990). Posteriormente, foi confirmado no Código de Defesa do Consumidor (art. 113, § 6º, da Lei nº 8.078/1990), que alterou o § 6º do art. 5º da Lei de Ação Civil Pública, permitindo que os órgãos públicos legitimados tomem dos interessados compromisso de ajustamento de sua conduta às exigências legais, mediante combinações, que terá eficácia de título executivo extrajudicial.

No que tange à nomenclatura do instituto, José de Lima Ramos Pereira, amparado nas obras de Bruno Gomes Borges da Fonseca, afirma que parte da doutrina vem adotando a nomenclatura de "Compromisso de Ajustamento de Conduta" por entender que a palavra termo, de uso corriqueiro, foi excluída. Ao revés da definição dada pelo CC, processualmente, tem sentido de auto, redução a escrito de um ato. O vocábulo ajustamento é mantido, embora sujeito a críticas e ressalvas. Todavia, entende o mencionado autor que a nomenclatura não é definidora do instituto e, por isso, prefere utilizar a nomenclatura clássica de Termo de Ajustamento de Conduta (TAC), inclusive porque os próprios defensores da nova nomenclatura reconhecem a sua precariedade, e, também, porque o compromisso de ajustamento é reduzido a termo, ou seja, transferido e formalizado para o papel, o que em sua opinião condiz muito mais com a natureza do instituto.

Ainda quanto à nomenclatura, acompanhamos o entendimento de Fausto Luciano Panicacci, que prefere usar o vocábulo "termo", e não "compromisso" de ajustamento de conduta, eis que o compromisso – acertamento consensual com reconhecimento do dever de adequação à ordem jurídica e assunção de obrigações – é materializado em um "termo". Assim, é equivocada a redação do dispositivo (§ 6º do art. 5º da Lei nº 7.347/85), ao referir que o "compromisso" (ou seja, o instituto jurídico) "terá eficácia" de título executivo extrajudicial: o que se consubstancia em verdadeiro título é o "termo", não o compromisso. Por isso, e embora seja comum encontrar na doutrina e na jurisprudência equívocos na utilização das expressões – uso do vocábulo "termo" em lugar de compromisso para referência ao "instituto", e uso do "compromisso" em lugar de termo para referência ao "instrumento" no qual o compromisso é materializado – para um rigor técnico, deve-se estabelecer a devida correspondência de expressões: "compromisso de ajustamento de conduta", o instituto jurídico; "termo de ajustamento de conduta" (ou, de forma mais extensa, "termo de compromisso de ajustamento de conduta"), o instrumento no qual aquele instituto é materializado, a forma pela qual é instrumentalizado[51].

Noutra senda, para José de Lima Ramos Pereira, o TAC pode ser conceituado como o instrumento legal, de natureza negocial e híbrida (de direito público e de direito privado), em que o Poder Público (entre o qual o Ministério Público) obtém do interessado o compromisso de observar obrigações de fazer e de não fazer ou de indenizar, com a adequação de sua conduta à lei, sob pena de sanções estabelecidas no próprio termo que terá prazo indeterminado.

A Resolução CNMP 179/2017, em seu art. 1º, por sua vez, define o compromisso de ajustamento de conduta como instrumento de garantia dos direitos e interesses difusos e coletivos, individuais homogêneos e outros direitos de cuja defesa está incumbido o Ministério Público, com natureza de negócio jurídico que tem por finalidade a adequação da conduta às exigências legais e constitucionais, com eficácia de título executivo extrajudicial a partir da celebração.

---

51 PANICACCI, Fausto Luciano. *Compromisso de ajustamento de conduta: teoria, prática vantagens da solução negociada e meio ambiente*. São Paulo: Saraiva, 2017, *passim*. *E-book*.

Efetivamente, José de L. R. Pereira, com razão, não entende que o TAC possa ser considerado uma transação, exatamente pela indisponibilidade dos direitos defendidos pelo Ministério Público; o que existe, na verdade, é um ajustamento da conduta dos investigados. Além disso, também não considera que o subscritor do TAC produza uma confissão ou um reconhecimento da ilicitude apontada na investigação, mas apenas demonstra que possui a intenção de abreviar e finalizar a investigação, evitando demora maior e uma possível demanda judicial, o que deve ser levado em consideração na decisão em assinar ou não um compromisso[52].

O TAC, antes de tudo, é um acordo com força de título executivo. Diante disso, é importante fazer uma análise contextual geral sobre acordos no Brasil. Para isso, nós nos valemos novamente das lições de Edilson Vitorelli. Segundo o autor, enquanto nos Estados Unidos aproximadamente 97% dos processos terminam em acordo, no Brasil, conforme dados do CNJ, esse índice gira em torno de 11,5%. Para Vitorelli, o verdadeiro problema da falta de acordos no Brasil, em comparação aos Estados Unidos, está nas condições em que o processo se desenvolve. O processo judicial, no Brasil, é barato (frequentemente gratuito), lento e pouco arriscado. Se alguém é o processado, por mais errado que esteja, poderá delongar o pagamento do que deve por anos a fio, a uma taxa de juros relativamente baixa, sem o risco de que, ao final, seja punido por não ter feito o acordo quando deveria. Finalmente, em um sistema em que há ainda resistência à aplicação de precedentes judiciais, a condenação, além de futura e de baixo valor, costuma ser bastante incerta. Assim, há poucos estímulos para se chegar a um acordo. Vale a pena "pagar para ver"[53].

Nos Estados Unidos, pelo contrário, o processo judicial é caro, rápido e há diversas normas capazes de incrementar a condenação de quem está errado, sendo a mais conhecida a previsão de *danos*

52 PEREIRA, *op. cit.*, p. 10.
53 VITORELLI, *op. cit.*, p. 142.

punitivos. A maturidade do sistema de precedentes torna relativamente fácil calcular o "se" e o "quanto" será perdido em processo, simplificando o cálculo econômico acerca do valor do pedido apresentado pelo interessado. Por exemplo, se há 70% de chance de que o autor ganhe US$ 1 milhão, o valor desse pedido é de US$ 700 mil, e essa é uma quantia ótima para um acordo. O problema é que, para se determinar essa quantia, é preciso saber quanto é o percentual de chances de vitória e de quanto seria a condenação. Tudo isso é incerto no Brasil, o que dificulta a criação de parâmetros para a negociação de um acordo[54].

Apesar de, no Brasil, existirem imensas dificuldades para se formalizar um acordo, Vitorelli afirma que uma ligeira ampliação de foco, para além da noção simplificada de autor e réu, de pretensão e resistência, demonstra que, ponderados os interesses, existentes por trás das posições de cada parte, o acordo será, em vários casos, a saída que tem maior potencial para produzir bons resultados para todos os envolvidos[55].

Em relação ao Ministério Público, a busca por uma postura resolutiva de problemas é estimulada pela norma geral prevista no § 2º do art. 3º do CPC, que diz que o Estado promoverá, sempre que possível, a solução consensual dos conflitos. Ademais, segundo Vitorelli, a *resolutividade consensual é postura institucional do Ministério Público*, estimulada por três importantes documentos emitidos pelo CNMP[56], brevemente citados a seguir.

O primeiro é a Carta de Brasília[57], de 2017, aprovada durante o 7º Congresso Brasileiro de Gestão, que traz as premissas para a concretização do compromisso institucional de gestão e atuação

54 VITORELLI, *op. cit.*, pp. 142-143.
55 VITORELLI, *op. cit.*, p. 162.
56 VITORELLI, *op. cit.*, p. 163.
57 BRASIL, Conselho Superior do Ministério Público. Carta de Brasília. Modernização do controle da atividade extrajurisdicional pelas corregedorias do Ministério Público. Brasília, DF. Disponível em: https://www.cnmp.mp.br/portal/images/Carta_de_Bras%C3%Adlia-2.pdf. Acesso em: 15 jan. 2021.

voltadas à atuação resolutiva, em busca de resultados de *transformação social*, prevendo diretrizes estruturantes do MP, de atuação funcional de membros e relativas às atividades de avaliação, orientação e fiscalização dos órgãos correicionais. Essa Carta, portanto, pretende redirecionar o foco da atividade correicional para a atividade resolutiva do membro do MP, em vez de atuar apenas sobre indicadores qualitativos.

O segundo é a Recomendação CNMP 54[58], que dispõe sobre a *Política Nacional de Fomento à Atuação Resolutiva do Ministério Público Brasileiro*. A definição do que se entende por uma atuação resolutiva MP está descrita no § 1º do art. 1º como sendo, *in verbis*

> *"aquela por meio da qual o membro, no âmbito de suas atribuições, contribui decisivamente para prevenir ou solucionar, de modo efetivo, o conflito, problema ou a controvérsia envolvendo a concretização de direitos ou interesses para cuja defesa e proteção é legitimado o Ministério Público, bem como para prevenir, inibir ou reparar adequadamente a lesão ou ameaça a esses direitos ou interesses e efetivar as sanções aplicadas judicialmente em face dos correspondentes ilícitos, assegurando-lhes a máxima efetividade possível por meio do uso regular dos instrumentos jurídicos que lhe são disponibilizados para a resolução extrajudicial ou judicial dessas situações".*

Por último, a Carta de Aracajú[59] aprofunda esse movimento, constituindo-se em uma Recomendação de Caráter Geral da Corregedoria Nacional do Ministério Público. Ela estabelece uma série de indicadores de avaliação correicional qualitativas de resolutivi-

58 BRASIL, Conselho Superior do Ministério Público. Recomendação nº 54, de 28 de março de 2017. Dispõe sobre a Política Nacional de Fomento à Atuação Resolutiva do Ministério Público brasileiro. Brasília, DF. Disponível em: https://www.cnmp.mp.br/portal/images/Recomendacoes/Recomenda%C3%A7%C3%A3o- 054.pdf. Acesso em: 15 jan. 2021.

59 BRASIL, Conselho Superior do Ministério Público. Recomendação de caráter geral CNMP-CN nº 02, de 21 de junho de 2018, "Carta de Aracaju". Dispõe sobre parâmetros para a avaliação da resolutividade e da qualidade da atuação dos Membros e das Unidades do Ministério Público pelas Corregedorias-Gerais e estabelece outras diretrizes. Brasília, DF. Disponível em: https://www.cnmp.mp.br/portal/images/noticias/119-assinado.pdf. Acesso em: 15 jan. 2021.

dade dos membros do MP, dentre os quais a autoridade ética para mediar conflitos, a capacidade de articulação "sobretudo no que tange à identificação dos campos conflituosos", a capacidade de diálogo e construção do consenso, o compromisso com ganhos de efetividade na atuação institucional, a contribuição para a participação da comunidade diretamente interessada (art. 1º, inciso II)[60].

Conforme consta nos *considerandos* da Resolução CNMP 179/2017, o uso do TAC, portanto, especialmente pelo Ministério Público, tem seu fundamento a partir da visão amplamente considerada de que os direitos e interesses coletivos são vistos como direitos fundamentais da sociedade, cabendo ao *parquet* a sua defesa judicial ou extrajudicialmente, com fulcro nos artigos 127, *caput*, e 129 da Constituição da República. Além disso, há conveniência institucional de estimular a atuação resolutiva e proativa dos membros do Ministério Público para promoção da justiça e redução da litigiosidade. Logo, o compromisso de ajustamento de conduta é um instrumento de redução da litigiosidade, visto que evita a judicialização por meio da autocomposição dos conflitos e controvérsias envolvendo os direitos de cuja defesa é incumbido o Ministério Público e, por consequência, contribui decisivamente para o acesso à justiça em sua visão contemporânea.

4.4.2. AUDIÊNCIAS PÚBLICAS E COLETIVAS

As audiências públicas realizadas pelo Ministério Público proporcionam ao cidadão e à sociedade civil organizada a oportunidade de colaborarem com a atuação ministerial no exercício de suas funções constitucionais de defesa da ordem jurídica, do regime democrático e dos interesses sociais e individuais indisponíveis. Além disso, é um mecanismo para identificação de demandas sociais, para auxílio à elaboração de planos de ação ministerial e projetos

60 VITORELLI, *op. cit.*, p. 164.

estratégicos, bem como para prestação de contas de atividades desenvolvidas.

A realização de audiências públicas e coletivas tem previsão legal no art. 27, parágrafo único, inciso IV, da Lei nº 8.625/93 (Lei Orgânica do Ministério Público), que estabelece como atribuição do Ministério Público a promoção de audiências públicas e emissão de relatórios, anuais ou especiais.

Já a Lei Complementar 75/93 (Lei Orgânica do Ministério Público da União) prevê em seu art. 6º, inciso XIV, a atribuição do MPU para a promoção de outras ações necessárias ao exercício de suas funções institucionais, em defesa da ordem jurídica, do regime democrático e dos interesses sociais e individuais indisponíveis. Diante da ausência de detalhamento legal, a regulamentação acerca da realização de audiências públicas no âmbito do Ministério Público brasileiro ficou a encargo da Resolução CNMP 82/2012.

Segundo a regulamentação da citada resolução, as audiências públicas serão precedidas da expedição de edital de convocação, no qual constarão, no mínimo, a data, o horário e o local da reunião, bem como o objetivo e a forma de cadastramento dos expositores, além da forma de participação dos presentes; ao edital de convocação será dada a publicidade possível, sendo facultada a sua publicação no Diário Oficial do Estado e nos perfis institucionais do Órgão Ministerial nas redes sociais e obrigatória a publicação no sítio eletrônico, bem como a afixação na sede da unidade do Ministério Público, com antecedência mínima de 3 (três) dias úteis, salvo em situações urgentes, devidamente motivadas no ato convocatório; da audiência será lavrada ata circunstanciada, no prazo de 30 (trinta) dias, a contar de sua realização, devendo constar o encaminhamento que será dado ao tema, se for o caso; ao final dos trabalhos que motivaram a audiência pública, o representante do Ministério Público deverá produzir um relatório, o qual poderá ser substituído pela ata circunstanciada, no caso de não haver providências imediatas a serem adotadas.

Reprise-se, por oportuno, que as deliberações, opiniões, sugestões, críticas ou informações emitidas em *audiências públicas* ou em decorrência destas possuem caráter consultivo e não vinculante, *destinando-se* a subsidiar a atuação do Ministério Público, zelar pelo princípio da eficiência e *assegurar a participação popular* na *condução dos interesses públicos* (art. 7º da Resolução CNMP nº 82/2012).

Em relação às críticas da doutrina acerca da efetividade da realização de audiências públicas, Edilson Vitorelli relata que as audiências públicas se popularizaram, no Brasil, a partir da década de 1990, consolidando-se como um verdadeiro símbolo da democratização do processo, tanto judicial quanto administrativo. Entretanto, o fascínio despertado pela ideia de se convocar a população para opinar sobre os rumos da atividade pública não demorou a mostrar sinais de desgaste. As pesquisas empíricas apresentam indícios de que as audiências públicas, ainda que sejam importantes, são insuficientes para servir habilmente à verificação das opiniões de uma sociedade plural de interessados. Há estudos que demonstram a baixa efetividade das audiências públicas, seja para a atividade legislativa, administrativa ou jurisdicional[61].

Para Vitorelli, o problema está, em grande medida, na indefinição do escopo do ato; se o objetivo de reunir centenas ou milhares de pessoas for obter a informação de quais seriam as opiniões prevalecentes entre elas, seria mais interessante organizar votações entre os presentes, a partir de questões predefinidas. Se, por outro lado, o enfoque for colher as posições de segmentos variados que compõem o grupo impactado, pode ser mais interessante reunir representantes de cada subgrupo, atribuindo a eles momentos mais significativos de manifestação. Como as audiências públicas são contaminadas pela ideia de que se deve permitir a presença e manifestação de todos, mas sem definir o tempo da reunião, o que se

61 VITORELLI, *op. cit.*, pp. 225-226.

obtém, recorrentemente, são baixos índices de comparecimento e representatividade dos presentes, dada a percepção de inutilidade do ato entre os destinatários. Quando a população de fato comparece, sua participação é obstada pela impossibilidade de que todos sejam ouvidos ou de que suas ideias sejam consideradas seriamente, o que retroalimenta a percepção de ineficácia do evento[62].

Em outro pórtico, Vitorelli afirma que as *audiências públicas* podem ser de *grande utilidade* em *dois momentos*. *Primeiro*, no início da *definição dos contornos do litígio*, quando ainda não se sabe muito bem quais são os subgrupos afetados. Uma audiência pública, nesse momento, pode auxiliar na identificação desses grupos e de seus representantes, que poderão dar continuidade ao debate, posteriormente. A partir desses informes colhidos na audiência pública, será possível desenvolver outras atividades participativas, que aprofundem as discussões e deliberações sobre a propositura e os contornos da ação futura, bem como de um eventual acordo. Esses outros eventos terão como objetivo fomentar um diálogo cooperativo entre os membros do grupo e destes para com o legitimado coletivo, na intenção de produzir consensos, ainda que parciais, sobre o litígio[63].

O *segundo momento* ocorre ao final da tramitação do IC ou do PA, com perfil bastante distinto da primeira. Nos eventos participativos intermediários, durante a tramitação do procedimento extrajudicial, pode ser impossível que todo o grupo participe, fazendo com que parte dos indivíduos fiquem alienados, por não acompanhar o desenvolvimento das tratativas subsequentes à primeira audiência. Enquanto a primeira audiência tem um foco autorizativo, a segunda enfatiza a *prestação de contas* do que foi feito nesse período e a exposição *das decisões tomadas*[64].

62 VITORELLI, *op. cit.*, p. 226.
63 VITORELLI, *op. cit.*, pp. 227-228.
64 VITORELLI, *op. cit.*, p. 229.

4.4.3. RECOMENDAÇÕES

A Resolução CNMP nº 164/2017 ressalta que a Constituição da República incluiu, dentre as funções institucionais do Ministério Público, a de zelar pelo efetivo respeito dos Poderes Públicos e dos serviços de relevância pública aos direitos assegurados na Carta Magna, promovendo as medidas necessárias a sua garantia (art. 129, II, CF/88), função esta que se assemelha, no direito comparado, à denominada de *ombudsman*, ou defensor do povo, que conta com a recomendação, historicamente, como um de seus principais instrumentos.

A recomendação, nos termos da citada resolução, é um instrumento de acentuada utilidade para a autocomposição dos conflitos e controvérsias envolvendo os direitos de cuja defesa é incumbido o Ministério Público, sendo importante instrumento de redução da litigiosidade e de ampliação do acesso à justiça em sua visão contemporânea.

A emissão de *recomendação* também tem previsão legal no mesmo dispositivo que autoriza a realização de audiências públicas pelo Ministério Público (art. 27, parágrafo único, inciso IV, da Lei nº 8.625/93), uma vez que atribui ao membro ministerial a possibilidade de emitir recomendações dirigidas a órgãos e entidades, públicas ou privadas, tendo como fim a defesa dos direitos assegurados nas Constituições Federal e Estadual.

O ato extrajudicial ainda tem previsão no art. 6º, inciso XX, Lei Complementar 75/93, que atribui competência ao MPU para expedir recomendações, visando à melhoria dos serviços públicos e de relevância pública, bem como ao respeito aos interesses, direitos e bens de cuja defesa lhe cabe promover.

Para Edilson Vitorelli, a *recomendação* é um *ato unilateral*, por intermédio do qual o Ministério Público informa a alguém qual é a sua visão acerca da legalidade ou ilegalidade de uma conduta e recomenda que ela seja modificada, ou seja, a recomendação é *ato eminentemente promocional*, que *pretende a mudança de um com-*

portamento para o futuro, melhorando a atividade pública existente. Não se parte, necessariamente, da premissa de um ilícito, mas da necessidade de melhora.

Todavia, o prestigiado autor salienta que problemas complexos não existem porque alguém não fez o que deveria fazer, mas pela confluência de uma série de fatores, intencionais e acidentais, que desembocam no comportamento institucional indesejado. Apesar disso, é comum que se encontrem recomendações que pretendem que o gestor público apresente a solução para um problema grave, em curtíssimo prazo, adotando uma espécie de lógica de *"só faltava alguém mandar"*. Essas recomendações têm baixa efetividade e contribuem pouco para a melhoria de comportamentos institucionais[65].

Para Vitorelli, uma recomendação focada no cerne do problema, combinada com os próprios gestores, pode ser o propulsor da transformação. Por exemplo, uma recomendação para a alocação de verbas em determinada política, na lei orçamentária do ano seguinte, pode influenciar o legislativo a priorizar aquela atividade. Ou uma recomendação para que seja feita a licitação para implementar um determinado serviço. Não se pode imaginar que a recomendação será a causa eficiente para a solução de um problema complexo, mas ela pode auxiliar no rompimento de amarras que impedem a transformação desejada[66].

Para José de Lima Ramos Pereira, a recomendação *não possui força coercitiva*, não vinculando o recomendado, mas possui a finalidade de advertir o destinatário de que essa prática ou a sua omissão pode acarretar consequências e sanções decorrentes do descumprimento da recomendação, mas, para tanto, mister se faz fixar prazo razoável para o seu atendimento, possuindo, pois, a natureza jurídica de ato enunciativo de efeito concreto. Segundo este autor, a recomendação é expedida, geralmente, nos autos do

65 VITORELLI, *op. cit.*, pp. 136-137.
66 VITORELLI, *op. cit.*, p. 137.

inquérito ou procedimento investigatório, não podendo substituir, porém, a investigação do fato sem que se conclua pela regularidade da conduta do investigado, ou seja, apenas a notificação recomendatória não é suficiente para o arquivamento da investigação, tendo que existir a comprovação de regularidade[67].

Por oportuno, cumpre destacar que o STJ já teve a oportunidade de afirmar que não se exige prévia instauração de inquérito civil ou procedimento administrativo para a expedição de requisições ou notificações que não possuem natureza coercitiva e vinculante e que, portanto, não há a necessidade de existência de inquérito ou procedimento investigatório para a sua expedição, "com mais razão tal interpretação aplica-se à recomendação, dada a sua natureza jurídica de ato meramente enunciativo"[68].

Enfim, um Ministério Público *resolutivo* tem como meta *antecipar-se aos problemas sociais*, buscando uma solução adequada, por meio de instrumentos céleres que possibilitem a sua atuação *proativa, mas seletiva e contundente*, diminuindo a necessidade de ajuizamento de ações perante o Poder Judiciário.

4.5. ESTUDOS DE CASOS CONCRETOS: BOAS PRÁTICAS E LIÇÕES APRENDIDAS

Pesquisou-se casos concretos que pudessem servir como exemplo de atuação resolutiva do Ministério Público junto às organizações vinculadas ao Terceiro Setor. Para tanto, foram escolhidos os seguintes casos, assim noticiados na imprensa: *a) Associação de Amigos de Coxim firma TAC com Ministério Público do MS*[69]; *b) Ministério Público Federal firma TAC com a APAE de Três Lagoas*[70];

67 PEREIRA, *op. cit.*, p. 11.

68 BRASIL, Superior Tribunal de Justiça, 1ª T., REsp 873.565/MG, rel. min. Francisco Falcão, j. 5/6/2007. DJe 28/6/2007. Brasília, DF: Superior Tribunal de Justiça, 2007.

69 COSTA, Cido. Associação de Amigos de Coxim firma TAC com Ministério Público. Dourados Agora, Dourados, MS. Disponível em: https://www.douradosagora.com.br/noticias/dourados/associacao-de-amigos-de-coxim-firma-tac-com-ministerio-publico. Acesso em: 18 jan. 2021.

70 RÁDIO CAÇULA FM 96,96. Ministério Público Federal firma TAC com a APAE de Três Lagoas. Rádio Caçula FM 96,9, Três Lagoas, MS, 18 jul. 2013. Disponível em: https://www.

e *c) MPT processa Fundação de Apoio a FAMEMA em R$ 920 mil por descumprimento de TAC*[71].

O *primeiro* caso pode-se rotular como um caso bem-sucedido de atuação resolutiva do Ministério Público, em que a Associação de Amigos Voluntários e Colaboradores de Coxim (AAVC) firmou TAC com Ministério Público do Mato Grosso do Sul, tendo como causa as pendências verificadas pela Vigilância Sanitária e pelo Conselho Municipal da Criança e do Adolescente (CMDCA). O TAC teve como objetivo a resolução de problemas encontrados na cozinha da entidade, no que tange às condições de higiene, salubridade e segurança, além de adequação dos projetos voltados para as crianças e os adolescentes. Para tanto, foi concedido o prazo de 30 dias, a partir da data de assinatura do acordo. A apresentação de projeto pedagógico deveria ocorrer em 45 dias, sendo incumbência do CMDCA a emissão de parecer acerca da aprovação ou desaprovação, em 180 dias. Em caso de descumprimento, foi atribuída multa diária, no valor de 10 unidades fiscais do MS, a ser revertida ao Fundo Municipal dos Direitos da Criança e do Adolescente, o que não excluía a possibilidade de ajuizamento da ACP, requerendo a imposição de obrigações de fazer e não fazer. A fiscalização do TAC ficou sob encargos da promotoria de justiça, por meio de servidores do Ministério Público, do Conselho Tutelar, do CMDCA, da Vigilância Sanitária e de qualquer pessoa interessada.

O *segundo* caso escolhido também se trata de uma atuação bem-sucedida, preventiva, eficiente e célere do Ministério Público Federal acerca de um possível ilícito a ser supostamente praticado por funcionários da Associação de Pais e Amigos dos Excepcionais

radiocacula.com.br/noticias/policial/mpf-firma-tac-com-apae-de-tres-lagoas-apos-denuncia-da-radio-cacula. Acesso em: 18 jan. 2021.

71 FREITAS, Danielli Xavier. MPT processa Fundação de Apoio a FAMEMA em R$ 920 mil por descumprir normas de saúde e segurança do trabalho. Jusbrasil, Bauru, SP. Disponível em: https://daniellixavierfreitas.jusbrasil.com.br/noticias/160060993/mpt-processa-fundacao-de--apoio-a-famema-em-r-920-mil-por-descumprir-normas-de-saude-e-seguranca-do-trabalho. Acesso em: 18 jan. 2021.

(APAE) de Três Lagoas/MS. A APAE recebeu doação de bens da Receita Federal, produtos apreendidos oriundos de contrabando do Paraguai, que deveriam reforçar o caixa da APAE, após serem leiloados. A denúncia formulada ao MPF relata que os produtos estariam com as vendas acertadas entre os próprios funcionários da APAE, não sendo colocados à venda para a população em um evento denominado Bazar da Pechincha. Agravava a situação a alegação do presidente da APAE, que disse não poder divulgar a venda dos produtos à população para *"não atrapalhar o comércio local"*. Além disso, os funcionários da associação estavam proibidos de conceder entrevista ou fornecer a relação de todos os materiais enviados. O MPF ponderou que a doação feita pela Receita Federal era destinada à realização de leilão, cuja renda das vendas ajudaria a custear as despesas dos alunos e professores da APAE de Três Lagoas, e assim, como a investigação não teria constatado o desvio dos produtos doados, ofertou a possibilidade de assinatura do TAC visando corrigir as possíveis ilegalidades apontadas no processo de venda dos bens. Com a assinatura do TAC, em caso de descumprimento, a APAE seria penalizada com a imposição de multa diária no valor de R$ 200,00 a ser revertida em favor da Fundação Abrigo Poço de Jacó ou da Associação Brasileira de Ajuda à Criança com Câncer (ABRACC), sem prejuízo do ajuizamento de Ação Civil Pública. Percebe-se, portanto, que o Ministério Público Federal ponderou o trabalho voluntário e atencioso desenvolvido pela APAE, enquanto instituição do Terceiro Setor, bem como atuou com foco resolutivo e preventivo na resolução de um problema que, segundo a denúncia, ainda estaria por acontecer.

No *terceiro* caso, embora o Ministério Público do Trabalho tenha buscado uma solução resolutiva, o descumprimento do TAC forçou a instituição a processar a Fundação de Apoio da Faculdade de Medicina de Marília. A ação de execução ajuizada na Vara do Trabalho de Marília/SP pleiteou o pagamento de multa no valor de R$ 920.000,00, pelo descumprimento de quatro obrigações do acordo firmado: *a)* abster-se de manter máquina de lavar, centrífugas ou secadoras que não sejam dotadas de dispositivos que interrompam seu funcionamento quando da abertura de seus compartimentos; *b)* manter calandra que não possua termômetro, termostato e dispositivo de proteção; *c)* não disponibilizar local apropriado para vestiário, dotado de armários individuais e separados por sexo; e *d)* não disponibilizar um chuveiro para cada 10 trabalhadores. Conforme noticiado, há mais de cinco anos a Faculdade de Medicina de Marília impôs aos funcionários um local de trabalho inadequado, insalubre, com risco acentuado de contaminação. Por se tratar de ambiente hospitalar, colocou em risco, inclusive, os familiares desses trabalhadores, que levavam as suas vestimentas de trabalho para serem higienizadas em casa. A ação fez-se necessária quando a própria empresa confessou o descumprimento de dispositivos que constituem normas de ordem pública e garantidoras de direitos irrenunciáveis dos trabalhadores. Nos casos apresentados, constata-se que o Ministério Público assumiu um perfil predominantemente estratégico, buscando estabelecer um novo entendimento jurídico sobre os problemas apresentados. Nesse sentido, Vitorelli afirma que, enquanto um processo existe, em regra, para resolver o litígio entre as partes, o foco de um processo estratégico, pelo contrário, está no precedente, na formação de uma nova compreensão do direito[72].

4.6. EXPANSÃO DA RELAÇÃO FUNCIONAL ENTRE O MINISTÉRIO PÚBLICO E O TERCEIRO SETOR: PARCERIAS E COLABORAÇÕES NA SOLUÇÃO DAS QUESTÕES ESTRUTURAIS SOCIAIS

Pouco comentada ou ainda explorada é a relação de colaboração direta do Terceiro Setor com o Ministério Público da União ou dos Estados na construção do Estado Democrático de Direito

72 VITORELLI, *op. cit.*, p. 140.

e de solução de problemas sociais de ordem estrutural. Segundo o professor Vitorelli[73], *litígios estruturais* (*structural litigation*) são:

> Litígios coletivos irradiados, decorrentes do modo como uma estrutura burocrática – usualmente pública, mas excepcionalmente privada – opera. O funcionamento da estrutura é a causa do litígio, e a solução depende de sua alteração. Tratar apenas os efeitos dos litígios pode trazer resultados aparentes e de curto prazo, que não serão duradouros nem significativos. Pelo contrário, é possível que soluções não estruturais agravem o litígio, no longo prazo. O litígio *afeta distintos subgrupos sociais*, cujos interesses não estão alinhados a uma finalidade comum. Esse caráter policêntrico exige que o processo, para ser bem conduzido, incorpore momentos e estratégias significativas para viabilizar a participação dos subgrupos.

A solução ou a construção de efetivas soluções para as complexas e dinâmicas questões sociais de *natureza estrutural* ultrapassa a capacidade técnica, logística e humana do Ministério Público (e até outros órgãos de Estado), demandas que nem o Direito tem resposta fático-jurídica ou consegue solucionar.

Nesse sentido, a atuação do Ministério Público na identificação das causas mais relevantes ou impactantes dos problemas e demandas no campo da cidadania – que geralmente são de natureza estrutural – e a consequente adoção de postura institucional resolutiva (ferramental de interlocução e negociação) são de extrema relevância e potencial eficiência para o atendimento das necessidades sociais, *v.g.*, procedimentos administrativos de acompanhamento de Políticas Públicas, audiências coletivas com movimentos sociais, reuniões técnicas, grupos de trabalhos temáticos, inquérito civil, Termo (compromisso) de Ajustamento de Conduta etc.

Ombreando-se com a *tutela preventiva*, a atuação resolutiva e a implementação dos direitos fundamentais no âmbito do *neocons-*

73 *Ibid.*, p. 85.

titucionalismo[74], os *"PROMOS – Procedimentos Promocionais"*[75], *as Forças Tarefas temáticas, as campanhas de conscientização e os "projetos sociais"* têm-se revelado em mecanismos legítimos que poderão potencializar a atuação social do Ministério Público, especialmente na direta promoção da transformação da realidade, de forma resolutiva, cooperativa e pedagógica (artigos 3º, 127, *caput*, e 129 da CF/88).

Alguns ramos do Ministério Público já institucionalizaram (e até normatizaram) a utilização desses *mecanismos resolutivos*, como legítimo meio de autuação social de seus integrantes. A título de exemplo, destacamos os *projetos sociais, in verbis*:

> *Art. 1º* O Projeto Social objetiva, por meio de um *conjunto integrado de atividades e da articulação interinstitucional*, transformar uma parcela da realidade, reduzindo, eliminando ou solucionando um problema e/ou promovendo a tutela dos direitos ou interesses tuteláveis pelo Ministério Público, nos termos da Constituição da República Federativa do Brasil e da legislação aplicável.
> *Parágrafo único.* O membro do Ministério Público poderá atuar como coordenador do Projeto Social ou *parceiro de instituição pública ou privada sem fins lucrativos* e que tenha entre seus *objetivos estatutários* a *promoção de direitos* ou interesses difusos, coletivos, individuais homogêneos e individuais indisponíveis[76]. (Resolução conjunta nº 03/11, da Procuradoria-Geral de Justiça e Corregedoria-Geral do Ministério Público de Minas Gerais.) (destaques dos autores)

74 ALMEIDA, Gregório Assagra de. O Ministério Público no neoconstitucionalismo: perfil constitucional e alguns fatores de ampliação de sua legitimação social. In FARIAS, C. C.; ALVES, L. B. M.; e BOSENVALD, N. (orgs.). Temas atuais do Ministério Público. 3. ed. Salvador: JusPODIVM, 2012.

75 PROMOS são PROCEDIMENTOS (expedientes extrajudiciais) PROMOCIONAIS que têm por objeto a efetivação dos direitos fundamentais por meio de ações resolutivas de natureza promocional, no âmbito do MPT.

76 Ministério Público do Estado de Minas Gerais. *Resolução conjunta nº 03/11, da Procuradoria-Geral de Justiça e Corregedoria-Geral do Ministério Público de Minas Gerais.* Disponível em: https://mpnormas.mpmg.mp.br/files/1/1/1-1-C550-28-resconj_pgj_cgmp_03_2011.pdf. Acesso em: 28 jan. 2021.

Interessante notar que iniciativas isoladas, ancoradas nas principiológicas que devem reger a atuação resolutiva do Ministério Público e, em especial, na *"tutela da multifuncionalidade dos direitos fundamentais"*, têm sido o ponto de partida para o desenvolvimento e legitimação de *"técnicas de atuação flexibilizadas"* para atender as necessidades desses direitos materiais, mesmo que não previstas expressamente em lei, como já ocorre em diversos ramos do Ministério Público.

É preciso pensar além dos padrões estabelecidos (e do cartesianismo legalista) para encontrar soluções sociais e jurídicas eficazes, quando faltam recursos e as normas e mecanismos de controle estatais revelam-se pouco eficientes.

Nesse cenário de carências também do mundo jurídico e das tutelas coletivas, o valor estratégico, a *expertise,* as características e demais atributos das *entidades do Terceiro Setor* podem ser muito úteis à realização das atribuições finalísticas do Ministério Público, em especial no cumprimento do seu *papel social.*

Neste terceiro milênio, tem sido observada a celebração de parcerias e acordos de cooperação entre diversos ramos do Ministério Público e *Fundações* (Escolas Superiores do Ministério Público, Institutos de Direito etc.) e *Organizações da Sociedade Civil de interesse social* (*SaferNet Brasil*[77] – enfrentamento aos crimes e às violações dos Direitos Humanos na *internet, tais como a* pornografia infantil).

77 A SaferNet Brasil é entidade de referência nacional no enfrentamento aos crimes e às violações dos Direitos Humanos na internet e tem se fortalecido nacional e internacionalmente pela capacidade de mobilização e articulação, produção de conteúdos e tecnologias de enfrentamento aos crimes cibernéticos e pelos acordos de cooperação firmados com instituições governamentais, a exemplo do Ministério Público Federal. Por meio do diálogo permanente, a SaferNet Brasil conduz as ações em busca de soluções compartilhadas com os diversos atores (Sociedade Civil, Indústria de Internet, Governo Federal, Ministério Público brasileiro, Congresso Nacional e Autoridades Policiais). A missão da SaferNet é transformar a internet em um ambiente ético e responsável, que permita às crianças, aos jovens e adultos criarem, desenvolverem e ampliarem relações sociais, conhecimentos e exercerem a plena cidadania com segurança e tranquilidade. (http://www.safernet.org.br)

A título de exemplo, cita-se o *projeto Formando a Rede de Proteção:* parceria entre o Instituto Federal do Paraná, a *Associação de Conselheiros e ex-Conselheiros Tutelares do Estado do Paraná (ACTEP)* e o *Ministério Público do Estado do Paraná (MPPR)*, visando o oferecimento do curso de extensão universitária de Formação inicial para Conselheiros Tutelares e de Direitos; a *campanha educativa contra a Farra do Boi*, no litoral de Santa Catarina, desenvolvida e coordenada pelo Ministério Público de Santa Catarina, com a participação do Poder Judiciário, da Polícia Militar, do Conselho Regional de Medicina Veterinária (CRMV) e de entidades locais de defesa dos animais; e a parceria entre o Ministério Público de Contas do Estado de Santa Catarina e o Observatório Social do Brasil, seccional Santa Catarina[78].

Em decorrência do aumento da celebração de parcerias firmadas pelo Ministério Público do Estado de Santa Catarina com organizações da sociedade civil visando à consecução de finalidades de interesse público em regime de mútua cooperação, nos termos da Lei Federal nº 13.019/2014, tem sido estabelecidos regramentos internos para delinear procedimentos padrões e de transparência para essas parcerias, *v.g.*, Ato[79] nº 500/2017/PGJ, do Ministério Público do Estado de Santa Catarina.

Por fim, apresenta-se parceria firmada entre Organizações da Sociedade Civil de interesse social que atuam na área de recuperação e reinserção social de dependentes químicos (adictos), o Comando de organizações militares das Forças Armadas nos Estados do Paraná e de Santa Catarina e a Procuradoria de Justiça Militar em Curitiba/PR, com a finalidade de desenvolver atividades de conscientização e prevenção ao uso de drogas para jovens militares que se encontram realizando o serviço militar obrigatório.

78 Acordo de cooperação disponível em: https://www.mpc.sc.gov.br/wp-content/uploads/2020/03/Acordo-de- Coopera°úo-MPC-e-OSB-assinado_.pdf. Acesso em: 28 jan. 2021.

79 Disponível em: https://www.mpsc.mp.br/atos-e-normas/detalhe?id=2294. Acesso em: 28 jan. 2021.

Tal projeto inédito de prevenção ao elevado índice de crimes militares de posse, transporte, guarda e tráfico de drogas entre militares ou praticados em local sujeito à administração militar tem sido desenvolvido desde o ano de 2015, sob o nome de projeto *Mais que Vencedores*, e já alcançou mais de dez mil jovens militares e produziu resultados preventivos expressivos[80].

Além da importante *expertise* e capilaridade que essas entidades de interesse público proporcionam, o projeto social *Mais que Vencedores* não produz nenhum custo para a administração militar, pois o regime de parceria é de colaboração e voluntariado[81].

CONSIDERAÇÕES FINAIS

O presente artigo foi desenvolvido com o objetivo de apresentar as principais características, princípios institucionais, finalidades, função social e relevância do Ministério Público na construção do Estado Democrático de Direito, em especial na interação direta (velamento e fiscalização) com importante e crescente parcela da sociedade denominada de Terceiro Setor, que também atua na realização do interesse social, público bem comum.

Após analisar as duas correntes que definem a origem do Ministério Público: a remota (Egito, antiguidade clássica ou até na Alta Idade Média) e a próxima (*Ordonnance*, de 23/03/1302, do Rei Felipe, o Belo), verifica-se na evolução e consolidação dos Es-

80 CARVALHO, Alexandre Reis, CARVALHO, Rebecca Aguiar Eufrosino da Silva de, e PEREIRA, Márcio de Moura. *Drogadição nas Forças Armadas e a atuação resolutiva e preventiva do Ministério Público Militar. Revista do Ministério Público Militar*, Brasília, ano 41, n. 26, pp. 11-50, nov. 2016. Disponível em: http://www.mpm.mp.br/portal/wp-content/uploads/2016/12/livro.pdf. Acesso em: 30 jan. 2021.

81 CARVALHO, Alexandre Reis, CARVALHO, Rebecca Aguiar Eufrosino da Silva de. *Neoconstitucionalismo, Direitos Humanos e políticas públicas de prevenção às drogas nas Forças Armadas. In*: ROCHA, Maria Elisabeth, COSTA, Marli M. Moraes da, HERMANY, Ricardo (Orgs.). O alcance dos direitos humanos nos Estados Lusófonos [recurso eletrônico]. Santa Cruz do Sul: EDUNISC, pp. 57-73, 2017. Disponível em: https://issuu.com/comunicadireito/docs/e-book_lusofonia. Acesso em: 30 jan. 2021.

tados e das democracias constitucionais que a principal e mais importante característica do Ministério Público é a independência funcional e a autonomia administrativa e financeira para cumprir suas múltiplas atribuições.

A natureza das funções (defesa da ordem jurídica, do regime democrático e dos direitos individuais e sociais indisponíveis) do Ministério Público, na atual ordem constitucional (CF/88), situa-o como instituição independente ao lado dos poderes do Estado e entre eles. Fruto da separação de poderes, a instituição ministerial pode ser representada como a correia de comunicação entre os poderes, que promove e possibilita o funcionamento harmônico das engrenagens do poder como um todo.

Em outras palavras, a CF/88 dotou o Ministério Público de características políticas especiais que o tornaram essencial à própria existência do Estado, o que, para alguns autores, caracteriza-o em verdadeira cláusula pétrea (implícita).

Portanto, não há que se falar em Estado Democrático de Direito sem a presença do Ministério Público enquanto guardião que assegura os valores de liberdade, da igualdade, da separação dos poderes e, ao fim e ao cabo, a própria dignidade da pessoa humana, contrapondo-se, se preciso for, a ações ou omissões perpetradas pelo próprio Estado.

Além dos Órgãos de Governo, há também importante e crescente setor da sociedade civil que se organiza na forma de pessoas jurídicas, sem fins lucrativos, para a realização de interesses públicos, o que se denomina de Terceiro Setor. Segundo dados do Mapa das Organizações da Sociedade Civil (2019) e estudos do IPEA (2018), no Brasil, *há aproximadamente 800 mil entidades de interesse público*, que são referência e excelência nas áreas de Educação, Saúde, Assistência Social etc.

A doutrina especializada não é unânime ao definir Terceiro Setor. O termo é de ordem multidisciplinar (economia, sociologia, ciências políticas e jurídicas) e tem sido utilizado no âmbito de uma tipologia organizacional que classifica as organizações em três setores, segundo características que lhes são inerentes (modelo trissetorial).

Em síntese, o Primeiro Setor abrange as instituições de Governo (Estado); o Segundo Setor, as empresas privadas com finalidade de lucro (mercado); e o Terceiro Setor, as Organizações da Sociedade Civil sem fins lucrativos (OSC). O enquadramento de uma entidade como integrante do Terceiro Setor a transforma em parceira estratégica do Estado na consecução de finalidades públicas.

E, cada vez mais, atribui-se ao Terceiro Setor um caráter estratégico da maior importância no âmbito de qualquer sociedade que se preocupe com o desenvolvimento social (educação, saúde, moradia, transporte, trabalho, justiça, ordem econômica etc.) e a consolidação de valores democráticos, pluralistas, comprometidos com a solidariedade humana e o sentido de comunidade, haja vista que a sua atuação social também representa o exercício pleno da cidadania.

Portanto, é natural que – dada a flexibilidade funcional, a capilaridade e capacidade de mobilização e a relevância finalística e temática – as entidades do Terceiro Setor celebrem acordos, convênios, contratos administrativos com o Governo e até recebam privilégios fiscais, dotações orçamentárias ou contribuições de particulares.

Por isso, o planejamento interno, programas de *compliance*, a prestação de contas (balanço contábil-administrativo e balanço finalístico ou social), o acompanhamento e a fiscalização externos são relevantes para a credibilidade, o fortalecimento e a expansão desse setor estratégico, que também tem sido alvo de oportunismos e casos de corrupção, que a mídia tem noticiado.

Nesse sentido, o Ministério Público tem sido importante órgão de controle externo, que por meio de políticas institucionais recentes que têm fomentado a abordagem resolutiva, com especial atuação preventiva e extrajudicial, bem como de ferramentas jurídicas próprias: orientações e correções dos conteúdos das prestações de contas, inspeções *in loco*, Procedimentos Administrativos, Inquérito Civil, Termo (Compromisso) de Ajustamento de Conduta, audiências públicas e coletivas, recomendações, participação em grupos de trabalho e fóruns de estudos, promoção de encontros com os movimentos sociais.

Em relação às entidades de interesse social, o acompanhamento e a fiscalização pelo Ministério Público deve ser pontual e específico, em geral, e deve ocorrer quando chegar ao conhecimento do Promotor de Justiça irregularidades que atinjam direitos sociais e individuais indisponíveis, quando for necessária para garantia da ordem pública e nos casos de entidades que recebam subvenção do poder público ou sejam financiadas, no todo ou em parte, por contribuições populares.

Ao contrário do que ocorre na fiscalização das entidades de interesse social, que gozam de maior liberdade no desenvolvimento de suas atividades, no velamento e acompanhamento das fundações privadas – atividades permanentes e contínuas – são tomados os aspectos de fiscalização da aplicação dos seus bens e atividades, assim como o acompanhamento próximo, de auxílio, o que indica que o Ministério Público zelará pela fundação desde a criação da fundação de direito privado até a sua extinção.

As *expertises* adquiridas no velamento contínuo e permanente das fundações privadas podem e devem ser aproveitadas e aperfeiçoadas nas práxis da fiscalização das entidades de interesse público.

Por fim, apresentou-se três casos concretos de atuação resolutiva do Ministério Público em entidades do Terceiro Setor, de modo a demonstrar que, enquanto um processo ordinário (ou atuação convencional) existe, em regra, para resolver o litígio entre as partes, o foco de um processo estratégico (ou atuação resolutiva), pelo contrário, está no precedente, na formação de um novo entendimento sobre o problema e o Direito (solução).

Portanto, a regulamentação e o desenvolvimento de novas formas de atuação resolutiva do Ministério Público têm possibilitado maior proximidade e interlocução com a sociedade na construção (negociada) participativa de soluções democráticas para o fortalecimento da cidadania e a realização do interesse público.

REFERÊNCIAS

ALMEIDA, Gregório Assagra de. *O Ministério Público no neoconstitucionalismo: perfil constitucional e alguns fatores de ampliação de sua legitimação social. In*: FARIAS, C. C.; ALVES, L. B. M.; e BOSENVALD, N. (orgs.). Temas atuais do Ministério Público. 3. ed. Salvador: JusPODIVM, 2012.

BRASIL. Câmara dos Deputados. *Legislação sobre o terceiro setor: dispositivos constitucionais, decretos-leis, leis, medidas provisórias e decretos federais sobre sociedade de utilidade pública e organização da sociedade civil de interesse público (Oscip).* Brasília: Câmara dos Deputados, Edições

_______. Câmara, 2016. Disponível em: http://bd.camara.leg.br/bd/bitstream/handle/bdcamara/30119/legislacao_terceiro_setor.pdf? sequence=1. Acesso em: 23 jan. 2021.

_______. Conselho Superior do Ministério Público. *Carta de Brasília*. Modernização do controle da atividade extrajurisdicional pelas corregedorias do Ministério Público. Brasília, DF. Disponível em: https://www.cnmp.mp.br/portal/images/Carta_de_Bras%C3%Adlia- 2.pdf. Acesso em: 15 jan. 2021.

_______. Conselho Superior do Ministério Público. *Reclamação nº 0.00.000.0001622/201- 16* -CNMP. Reclamante: Associação Bloco Carnavalesco Chupicopico. Reclamado: Dr. Sávio Rui Brabo de Araújo, membro do MPPA. Decisão em 02 dez. 2011.

______. Conselho Superior do Ministério Público. *Recomendação nº 54, de 28 de março de 2017*. Dispõe sobre a Política Nacional de Fomento à Atuação Resolutiva do Ministério Público brasileiro. Brasília, DF. Disponível em: https://www.cnmp.mp.br/portal/images/Recomendacoes/Recomenda%C3%A7%C3%A3o- 054.pdf. Acesso em: 15 jan. 2021.

_______. Conselho Superior do Ministério Público. *Recomendação nº 61, de 25 de julho de 2017*. Recomenda às unidades e aos ramos do Ministério Público brasileiro a realização de encontros com os movimentos sociais. Brasília, DF. Disponível em: https://www.cnmp.mp.br/portal/images/Recomendacoes/Recomenda%C3%A7%C3%A3o- 061.pdf. Acesso em: 13 jan. 2021.

_______. Conselho Superior do Ministério Público. *Recomendação de caráter geral CNMP-CN nº 02, de 21 de junho de 2018, "Carta de Aracaju"*. Dispõe sobre parâmetros para a avaliação da resolutividade e da qualidade da atuação dos Membros e das Unidades do Ministério Público pelas Corregedorias-Gerais e estabelece outras diretrizes Brasília, DF. Disponível em: https://www.cnmp.mp.br/portal/images/noticias/119-assinado.pdf. Acesso em: 15 jan. 2021.

_______. Conselho Superior do Ministério Público. *Resolução nº 23/2007, de 17 de setembro de 2007*. Regulamenta os artigos 6º, inciso VII, e 7º, inciso I, da Lei Complementar nº 75/93 e os artigos 25, inciso IV, e 26, inciso I, da Lei nº 8.625/93, disciplinando, no âmbito do Ministério Público, a instauração e tramitação do inquérito civil. Brasília, DF. Disponível em: https://www.cnmp.mp.br/portal/images/Resolucoes/Resoluo-0231.pdf. Acesso em: 13 jan. 2021.

______. Conselho Superior do Ministério Público. Resolução nº 82, de 29 de fevereiro de 2012. Dispõe sobre as audiências públicas no âmbito do Ministério Público da União e dos Estados. Brasília, DF. Disponível em: https://www.cnmp.mp.br/portal/images/Resolucoes/Resoluo-0821.pdf. Acesso em: 13 jan. 2021.

_______. Conselho Superior do Ministério Público. *Resolução nº 179/2017, de 26 de julho de 2017*. Regulamenta o § 6º do art. 5º da Lei nº 7.347/1985, disciplinando, no âmbito do Ministério Público, a tomada do compromisso de ajustamento de conduta. Brasília, DF. Disponível em: https://www.cnmp.mp.br/portal/images/Resolucoes/Resolu%C3%A7%C3%A3o-179.pdf. Acesso em: 13 jan. 2021.

_______. Conselho Superior do Ministério Público. *Resolução nº 164/2017, de 28 de março de 2017*. Disciplina a expedição de recomendações pelo Ministério Público brasileiro Brasília, DF. Disponível em: https://www.cnmp.mp.br/portal/images/Resolucoes/Resolu%C3%A7%C3%A3o-164.pdf. Acesso em: 13 jan. 2021.

______. Conselho Superior do Ministério Público. *Resolução nº 174/2017, de 4 de julho de 2017*. Disciplina, no âmbito do Ministério Público, a instauração e a tramitação da Notícia de Fato e do Procedimento Administrativo. Brasília, DF. Disponível em: https://www.cnmp.mp.br/portal/images/Resolucoes/Resoluo-174-1.pdf. Acesso em: 13 jan. 2021.

_______. Instituto de Pesquisa Econômica Aplicada. *In*: *Mapa das Organizações da Sociedade Civil. Pergunta 1*. Disponível em: https://mapaosc.ipea.gov.br/perguntas-frequentes.html e Perfil das organizações da sociedade civil no Brasil. LOPEZ, Felix Garcia. Brasília: Ipea, 2018, p. 176. Disponível em: https://www.ipea.gov.br/portal/images/stories/PDFs/livros/livros/180607_

livro_perfil_das_organizacoes_da_sociedade_civil_no_brasil.pdf. Acessos em: 25 jan. 2021.

_______. Superior Tribunal de Justiça, 1ª T., *REsp 873.565/MG*, rel. min. Francisco Falcão, j. 5/6/2007. DJe 28/6/2007. Brasília, DF: Superior Tribunal de Justiça, 2007.

_______. Supremo Tribunal Federal. *Ação Direta de Inconstitucionalidade nº 1.923/DF*. Órgão Pleno. Julgado em 15 abr. 2015. Disponível em: http://portal.stf.jus.br/processos/downloadPeca.asp?id=308380793&ext=.pdf. Acesso em: 25 jan. 2021.

CANABRAVA, Claudia Marques *et al. Sistema Único de Saúde e o terceiro setor: caracterização de entidades, não hospitalares, que possuem serviços em atenção básica de saúde em Belo Horizonte, Minas Gerais, Brasil.* Caderno Saúde Pública [*on-line*]. 2007, vol. 23, n. 1, pp. 115-126. Disponível em: http://www.scielo.br/scielo.php?script=sci_arttext&pid=S0102-311X2007000100013&lng=en&nrm=iso. Acesso em: 23 jan. 2021.

CARVALHO, Alexandre Reis, CARVALHO, Rebecca Aguiar Eufrosino da Silva de. *Neoconstitucionalismo, Direitos Humanos e políticas públicas de prevenção às drogas nas Forças Armadas. In*: ROCHA, Maria Elisabeth, COSTA, Marli M. Moraes da, HERMANY, Ricardo (Orgs.). O alcance dos direitos humanos nos Estados Lusófonos [recurso eletrônico]. Santa Cruz do Sul: EDUNISC, pp. 57-73, 2017. Disponível em: https://issuu.com/comunicadireito/docs/e-book_lusofonia. Acesso em: 30 jan. 2021.

CARVALHO, Alexandre Reis, CARVALHO, Rebecca Aguiar Eufrosino da Silva de, e PEREIRA, Márcio de Moura. *Drogadição nas Forças Armadas e a atuação resolutiva e preventiva do Ministério Público Militar. Revista do Ministério Público Militar*, Brasília, ano 41, n. 26, pp. 11-50, nov. 2016. Disponível em: http://www.mpm.mp.br/portal/wp-content/uploads/2016/12/livro.pdf. Acesso em: 30 jan. 2021.

COMISSÃO DE DIREITO DO TERCEIRO SETOR DA OAB-DF. *Programa de Integridade em Organizações do Terceiro Setor*: Manual de Compliance. Brasília: OAB-DF, dez./2018, 48 páginas. Disponível em: http://www.apf.org.br/fundacoes/index.php/noticias/todas-as-noticias/3739-acesso-ao-manual-de-compliance-no-terceiro-setor.html. Acesso em: 22 jan. 2021.

COSTA, Cido. *Associação de Amigos de Coxim firma TAC com Ministério Público*. Dourados Agora, Dourados, MS. Disponível em: https://www.douradosagora.com.br/noticias/dourados/associacao-de-amigos-de-coxim-firma-tac-com-ministerio-publico. Acesso em: 18 jan. 2021.

FAGUNDES, Miguel Seabra. *Fundações. Âmbito de atuação do Ministério Público em sua defesa* – interpretação do art. 26 do Código Civil – Afastamento imediato de seus administradores – legalidade da providência, tanto como medida de natureza administrativa, como medida de caráter judicial preventivo. *In*: *Revista dos Tribunais*. São Paulo. 50(304):58-77, fev./1961, *apud* SABO PAES, *op. cit.*, 2020.

FALCÃO, Maurin Almeida, e ARAÚJO, Rayanne Saturnino. *A Importância Estratégica do Terceiro Setor no Brasil como meio de Desenvolvimento Social: Uma Argumentação Teórica a partir do Prisma da Economia Social de Gide. Revista Jurídica Cesumar.* jan./abr. 2017, v. 17, n. 1, p. 159. Disponível em DOI: http://dx.doi.org/10.17765/2176-9184.2017v17n1p153-179. Acesso em: 22 jan. 2021.

FRANCO, Alberto. *A reforma do Estado e o terceiro setor: cinco perguntas preliminares, uma pergunta fundamental e uma nota. In*: Seminário Internacional Sociedade e a Reforma do Estado. Quarto Painel: "O papel do Terceiro Setor e da empresa privada na Reforma do Estado. Brasília, 03 mar. 1998. Este *discussion paper* está disponível em: https://governancaegestao.files.wordpress.com/2008/03/a-reforme-do-estado-e-o-terceiro-setor.pdf. Acesso em: 21 jan. 2021.

FREITAS, Danielli Xavier. *MPT processa Fundação de Apoio a FAMEMA em R$920 mil por descumprir normas de saúde e segurança do trabalho*. Jusbrasil, Bauru, SP. Disponível em https://daniellixavierfreitas.jusbrasil.com.br/noticias/160060993/mpt-processa-fundacao-de-apoio-a-famema-em-r-920-mil-por-descumprir-normas-de-saude-e-seguranca-do-trabalho. Acesso em: 18 jan. 2021.

GARCIA, Emerson. *Ministério Público: organização, atribuições e regime jurídico*. 6. ed. São Paulo: Saraiva, 2017. *E-book, passim*.

JUSTEN FILHO, Marçal. *Curso de Direito Administrativo*. 4. ed. São Paulo: Saraiva, 2009.

LOPES, Adriana Cravo, PRADO, Fabiana Lemes Zamalloa. *O Ministério Público e terceiro setor: fiscalização das organizações da sociedade civil e velamento das fundações privadas: manual de atuação funcional do Ministério Público de Goiás.* Goiânia: MP-GO, 2020, 196 p. Disponível em: http://www.mpgo.mp.br/portal/arquivos/2020/11/24/16_10_08_784_Manual_de_Atuação_M P_e_Terceiro_Setor.pdf. Acesso em: 25 jan. 2021.

MAZZILLI, Hugo Nigro. *Manual do Promotor de Justiça*. 2. ed., ampl. e atual. São Paulo: Saraiva, 1991, p. 1 *et seq*.

MPPR. CAOP de Fundações. SIGNORINI, Terezinha de Jesus Souza (Procuradora de Justiça, Coord.). *Consulta nº 05/2015*. Objeto: Associações – Destituição de Diretoria – Intervenção do Ministério Público. Curitiba, 23/02/2015. Disponível em: http://www.fundacoes.mppr.mp.br/arquivos/File/Consulta_formal_05_Associacao_de_Moradores_Destituicao_de_Diretores_Intervencao_MP.pdf.

OAB – Seccional Pará. *Processo Administrativo nº 118/2013*. Reclamado: Dr. Sávio Rui Brabo de Araújo, membro do MP-PA. Decisão de arquivamento em 24 nov. 2015.

PANICACCI, Fausto Luciano. *Compromisso de ajustamento de conduta: teoria, prática e vantagens da solução negociada e meio ambiente.* São Paulo: Saraiva, 2017, *passim. E-book.*

PEREIRA, José de Lima Ramos. *O Ministério Público Resolutivo e os Instrumentos Preventivos Disponíveis: Efetividade de sua atuação no Terceiro Setor. In: Terceiro setor e tributação.* Vol. 9. José Eduardo Sabo Paes (coord.). São Paulo: Elevação, 2016.

RÁDIO CAÇULA FM 96,96. *Ministério Público Federal firma TAC com a APAE de Três Lagoas*. Rádio Caçula FM 96,9, Três Lagoas, MS, 18 jul. 2013. Disponível em: https://www.radiocacula.com.br/noticias/policial/mpf-firma-tac-com-apae-de-tres-lagoas-apos-denuncia-da-radio-cacula. Acesso em: 18 jan. 2021.

SABO PAES, José Eduardo. *O Ministério Público na construção do Estado Democrático de Direito*. Brasília: Brasília Jurídica, 2003.

______. *Fundações, Associações e Entidades de Interesse Social*: aspectos jurídicos, administrativos, contábeis, trabalhistas e tributários. 10. ed. Rio de Janeiro: Forense, 2020.

SABO PAES, José Eduardo; e SANTOS, Júlio Edstron Secundino. *A Democracia e o Terceiro Setor na Atualidade: Histórico e Reflexos Atuais. In*: *Revista Direito e Liberdade (RDL)* – ESMARN – v. 19, n. 1, pp. 131-157, jan./abr. 2017. Disponível em: http://ww2.esmarn.tjrn.jus.br/revistas/index.php/revista_direito_e_liberdade/article/view/ 999/718. Acesso em: 23 jan. 2021.

SANTOS, Boaventura de Souza. *Para uma reinvenção solidária e participativa do Estado*. In PEREIRA, Luiz Carlos Bresser; WILHEIM, Jorge; e SOLA, Lourdes (Orgs.). Sociedade e Estado em transformação. São Paulo: Editora UNESP, 2001, pp. 243-271. Disponível em: http://www.bresserpereira.org.br/Books/Sociedade-e-estado-em-transformacao/10-Para-uma-reinvencao-solidaria.pdf. *In*: Seminário Internacional A Sociedade e Reforma do Estado. São Paulo, mar./1998. Também disponível em: https://www.ces.uc.pt/

publicacoes/oficina/ficheiros/134.pdf/teorias_explicativas_da_violencia_contra_mulheres/boaventura.pdf?download=1. Acessos em: 21 jan. 2021.

VIEIRA, Naldeir dos Santos; PARENTE, Cristina; BARBOSA, Allan Claudius Queiroz. *"Terceiro setor", "economia social" e "economia solidária": laboratório por excelência de inovação social.* Sociologia, Porto, n. temático 7, pp. 100-121, dez. 2017. Disponível em: http://www.scielo.mec.pt/scielo.php?script=sci_arttext&pid=S0872=34192017000200007-&lng=pt&nrm-iso. Acesso em: 21 jan. 2021. Também disponível em: http://dx.doi.org/10.21747/08723419/soctem2017a4.

VITORELLI, Edilson. *Processo Civil Estrutural*: teoria e prática. Salvador: Juspodivm, 2020.

O DIREITO FUNDAMENTAL A INFRAESTRUTURA

Os desafios na estruturação de parcerias que atendam a sociedade e fomentem a cidadania: análise do regime jurídico de parcerias público-privadas, concessões e organizações sociais no Brasil

JÚLIO EDSTRON SECUNDINO SANTOS

Advogado. Mestre em Direito (UCB). Professor e Coordenador do Curso de Direito do UNITOP, Professor da FBR de Brasilia. Pesquisador do Centro Universitário de Brasília. Ex-assessor especial no Tribunal de Contas do Estado do Tocantins. Membro do NEPATS. Membro dos grupos de pesquisa "Políticas Públicas" e "Juspositivismo, Jusmoralismo e Justiça Política", ambos do UniCEUB. Editor Executivo da REPATS. *E-mail*: edstron@yahoo.com.br

JOSÉ HUMBERTO PEREIRA MUNIS FILHO

Procurador do Estado do Tocantins. Mestre em Processo e Hermenêutica pela Universidade Católica de Pernambuco. Especialista em Direito Tributário. Possui graduação em Direito pela Universidade Federal da Paraíba (2015). Professor de módulos de processo civil em curso de pós-graduação. Foi professor substituto das disciplinas de direito processual civil na UFPB. Membro da Associação Norte-Nordeste de Professores de Processo (ANNEP) e da Associação

Brasileira de Direito Processual (ABDPro). Atualmente atua como Assessor Especial do Procurador-Geral do Estado do Tocantins e é designado a acompanhar o Programa de Parcerias e Investimentos do Tocantins (PPI/TO), além da reestruturação da Agência Tocantinense de Regulação, Controle e Fiscalização (ATR). Tem interesse nas áreas de processo civil, infraestrutura, regulação e análise econômica do direito.

FABRÍCIO JONATHAS ALVES DA SILVA
Mestre em Direito pela Universidade Católica de Brasília (UCB). Atua na área de Educação, Coordenação e assessoria acadêmica com ênfase em Educação Universitária. Atuação em pesquisa acadêmica na área de Tributação do Terceiro Setor, Planejamento e contabilidade Tributária. *E-mail*: fjonathas@gmail.com

SUMÁRIO

INTRODUÇÃO

A concretização das políticas públicas sociais exige, por parte dos gestores e atores públicos, transversalidade, eficiência na gestão/execução orçamentária e inovação constante[1]. Para isso, o conhecimento do arranjo legal de alternativas, boas práticas e metodologias, que calhem àquela exigência, é desafio precípuo, sob pena de atrasos e prejuízos que comprometem as políticas públicas em geral.

1 José Celso Cardoso Jr., Alexandre dos Santos Cunha. Coord. Planejamento e avaliação de políticas públicas / – Brasília: Ipea, 2015. 475 p.: il. color. – (Pensamento Estratégico, Planejamento Governamental & Desenvolvimento no Brasil Contemporâneo; Livro 1)

Além das questões fiscais, o Brasil enfrenta dois desafios, principalmente: falhas/descontinuidade de projetos e falta de proximidade de ideias e projetos para com uma gestão jurídica que os acompanhe desde suas etapas iniciais. Acerca deste último desafio, a rotina[2] burocrática muitas vezes exemplifica situações em que projetos ou boas ideias são atingidos por deficiência de customização jurídica desde uma fase preliminar.

Um dado que ilustra essa premissa é definido em cerca de 47% dos projetos de parcerias público-privadas que, no Brasil, são frustrados antes da licitação[3]; outrossim, a partir de análise feita entre os anos de 2018 e 2019, o Acórdão nº 1.079/2019, do Tribunal de Contas da União (TCU), apontou que, de 38.412 obras e contratos federais consolidados, cerca de 14 mil se encontram paralisados, representando cerca de 37,5% das obras que deveriam estar em andamento, o que somava R$ 144 bilhões em obras paralisadas[4].

Atento a isso, no ano de 2022, o Governo Federal veiculou a publicação de um estudo denominado "Estruturação de propostas de investimento em infraestrutura: modelo de cinco dimensões"[5]. O material se trata de uma versão nacionalizada do *"Guide to Developing The Project Business Case"*[6] – referência em estruturação de

2 SILVA, S. *A trajetória histórica da segurança alimentar e nutricional na agenda política nacional: projetos, descontinuidades e consolidação.* Brasília: Ipea, 2014. (Texto para Discussão, nº 1.953).

3 Dados da Plataforma Radar PPP: www.radarppp.com/informacao/radar-de-projetos.

4 Brasil. Tribunal de Contas da União. Acórdão nº 1079/2019-TCU-Plenário: https://www2.camara.leg.br/atividade-legislativa/comissoes/comissoes-temporarias/externas/56a-legislatura/obras-inacabadas-no-pais/outros-documentos/acordao-tcu-1079-2019.

5 Brasil. Ministério da Economia. Secretaria Especial de Produtividade e Competitividade. Secretaria de Desenvolvimento da Infraestrutura. Estruturação de propostas de investimento em infraestrutura: modelo de cinco dimensões [recurso eletrônico]. Ministério da Economia, Secretaria Especial de Produtividade e Competitividade, Secretaria de Desenvolvimento da Infraestrutura; Banco Interamericano de Desenvolvimento (BID); Infrastructure and Projects Authority do Reino Unido (IPA-UK). Brasília: SDI/SEPEC/Ministério da Economia, 2022.

6 *United Kingdom. HM Treassury. Guide To Developing The Project Business Case – better business CASES: for better outcomes. London: HM Treassury,* 2018. Disponível em <www.gov.uk/government/publications>.

projetos do Reino Unido por seu órgão estratégico, o *Infrastructure and Projects Authority* (IPA).

A publicação do Governo Federal parte de cinco premissas para a estruturação de projetos: estratégica, econômica, comercial, financeira e gerencial. Ao estudo em tela, importam a estratégica e a comercial.

Em sua versão original, o modelo de cinco dimensões tem na dimensão estratégica o objetivo de fornecer mudanças e ajustes estratégicos no escopo dos projetos, buscando demonstrar a articulação desses com um programa de metas e resultados locais, regionais e nacionais. A esse modelo deve haver uma metodologia específica, mensurável, atingível, relevante e realizável em um tempo determinado – o que se denomina S.M.A.R.T[7].

Por sua vez, o objetivo da dimensão comercial é demonstrar que a opção de projeto adotada representa um modelo de negócio viável e tem uma boa estrutura entre os setores público e privado – o que pode ser bem identificado e amadurecido por padrões de governança e boas práticas entre as partes.

Sob essas medidas, requer-se o entendimento do setor público com o mercado, o conhecimento do que é realizável e das formas de contratação que gerarão melhor valor para as partes; além disso, requer-se também serviços, soluções e marcos a serem alcançados, para o melhor compartilhamento de riscos entre as partes e previsibilidade em casos de mudanças. Ou seja, a dimensão comercial

7 *Cf.: The purpose of the strategic dimension of the business case is to make the case for change and to demonstrate how it provides strategic fit. Demonstrating that the scheme provides synergy and holistic fit with other projects and programmes within the strategic portfolio requires an up-to-date organisational business strategy that references all relevant local, regional and national policies and targets. Making a robust case for change requires a clear understanding of the rationale, drivers and objectives for the spending proposal, which must be made SMART – Specific, Measurable, Achievable, Relevant and Time constrained – for the purposes of post-evaluation. United Kingdom. HM Treassury. Guide To Developing The Project Business Case – BETTER BUSINESS CASES: for better outcomes. London: HM Treassury, 2018, p. 7.*

aborda a perspectiva de governança e solidez das relações contratuais entre o público e o privado[8].

No entanto, ao invés de ter uma identificação de problemas, com uma construção substancial, verificada de soluções, com avaliações sociais, ambientais, econômicas, financeiras, riscos ou benefícios, a prática burocrática brasileira – muitas vezes – procura arranjos imediatos, analíticos, sem demonstração de custo-benefício ou custo de expectativa do projeto[9].

Dessa forma, o processo de tomadas de decisões públicas se distancia de um *value for money* do orçamento público, o qual deveria balancear as expectativas, benefícios e riscos da previsão de receitas e autorização de despesas.

Por sua vez, a análise do Guia de PPP do Banco Mundial com a legislação brasileira para projetos e contratos de longo prazo motiva muitas das reflexões deste ensaio. Logo no seu início, o estudo do Banco define PPP como um contrato de longo prazo entre um particular e um ente governamental, para fornecimento de um bem público ou serviço, no qual o particular assume um risco significativo, gerencia o bem ou serviço e tem remuneração atrelada ao desempenho[10].

---

8 *Cf.: The purpose of the commercial dimension of the business case is to demonstrate that the preferred option will result in a viable procurement and a well-structured Deal between the public sector and its service providers.*

Demonstrating a viable procurement requires an understanding of the market place, knowledge of what is realistically achievable by the supply side and research into the procurement routes that will deliver best value to both parties. Putting in place a well-structured Deal requires a clear understanding of the services, outputs and milestones required to be achieved and of how the potential risks in the Design, Build, Funding and Operational (DBFO) phases of the scheme can best be allocated between the public and private sectors and reflected in the charging mechanism and contractual arrangements. The challenge for the public sector is to be an 'intelligent customer' and to anticipate from the outset how best public value can continue to be secured in during the contract phase in the face of inevitable changes to business, organisational and operational requirements. United Kingdom. HM Treassury. Guide To Developing The Project Business Case – BETTER BUSINESS CASES: for better outcomes. London: HM Treassury, 2018, p. 9.

9 *A respeito da necessidade dessas análises para uma avaliação qualitativa de projetos, cf.: Guide To Developing The Project Business Case,* op. cit., *p. 43.*

10 *Cf.: The introduction to this Reference Guide provided a broad definition of a PPP: A long-term contract between a private party and a government entity, for providing a public asset or service, in*

Ainda, o referido guia caracteriza os modelos de PPP a partir das fases do projeto e suas funções. São apresentadas cinco funções: desenho, construção, financiamento, manutenção e operação (DBFOM[11]).

A esse respeito, o Guia preconiza que o arcabouço legal que rege essas funções e eventuais parcerias, entre o setor público e privado, é adaptável ao país e à sua tradição, variando de acordo com matéria e com a legislação local em si[12].

Sob essas medidas, constata-se que a literatura internacional desenvolve um conceito amplo para parcerias público-privadas, cuja variedade de tipos contratuais desafia até mesmo uma existência uniforme de padrões internacionais para nomear, descrever e regular aqueles tipos de parcerias.

Por exemplos, o Reino Unido desenvolve um programa local denominado *Private Finance Initiative* (PFI), que envolve companhias privadas na construção e manutenção de bens públicos (como hospitais, escolas e bens de defesa); o Chile trata das PPPs como *concesions*[13]; a França disciplina as desestatizações por suas regras de *domanialité*, as quais definem o domínio público.

No Brasil, o regime jurídico traz a Lei nº 11.079/04 para a definição de PPPs em sentido estrito, muito embora se tenha outros diplomas que cuidem de desestatização e parcerias entre os entes públicos e privados, como as Leis de Concessões (8.987/95), do

which the private party bears significant risk and management responsibility and remuneration is linked to performance. Internatonal Bank for Reconstructon and Development / The World Bank. Public-Private Partnerships Reference Guide. Version 3.0. 2017, p. 6. Versão digital <https://ppp.worldbank.org/public-private-partnership/sites/ppp.worldbank.org/files/documents/PPP%20Reference%20Guide%20Version%203.pdf >.

11 No original: *design, build, finance, maintain and operate.*

12 Sobre este aspecto, a versão original trabalha o arcabouço legal sob o escopo e um direito de PPP: *This section briefly describes and provides examples of PPP legal frameworks: Section 2.2.1 – Scope of the PPP Legal Framework describes the broad scope of legislation that may affect PPPs and Section* 2.2.2 – PPP Laws focuses on PPP-specific legislation. Internatonal Bank for Reconstructon and Development / The World Bank, 2017, p. 66.

13 Ley y Reglamento de Concesiones de Obras Públicas de 2010: https://www.mop.gob.cl/Carpeta/uploads/2021/10/Ley_y_Reglamento_2010_Concesiones.pdf.

Plano Nacional de Desestatização (9.074/97), da Empresas Estatais (13.303/16) e das parcerias entre a administração pública e as organizações da sociedade civil (13.079/14).

Assim, no intuito de melhor instruir o objeto deste estudo e do propósito intitulado, faz-se necessário analisar e relacionar de forma crítica os conceitos positivos do direito nacional, a partir das premissas lançadas acima.

1. DISTINÇÕES NECESSÁRIAS: O QUE SÃO PARCERIAS PÚBLICO--PRIVADAS (PPPS), CONCESSÕES E O REGIME DE PARCERIAS COM ORGANIZAÇÕES DA SOCIEDADE CIVIL PARA O DIREITO BRASILEIRO

O conceito jurídico-positivo de PPP no Brasil é desenvolvido a partir de duas características básicas: (i) objeto do contrato e (ii) composição da remuneração. Esta é a intelecção do art. 2º da Lei nº 11.079/04. A rigor, para o direito positivo, só existem duas espécies de PPP: (i) a patrocinada e (ii) a administrativa.

Será patrocinada a PPP que aborde uma concessão de serviços públicos ou de obras públicas, então regidas pela Lei nº 8.987/95, e que a remuneração do parceiro privado seja composta por tarifa cobrada dos usuários cumulada com uma contraprestação pecuniária do parceiro público. Já a PPP administrativa se caracteriza em contrato de prestação de serviços de que a Administração Pública seja a usuária direta ou indireta, ainda que envolva execução de obra ou fornecimento e instalação de bens – nesta, não cobrança de tarifa aos usuários, mas contraprestação exclusivamente pública.

A bem da verdade, outras características são marcantes, porém acessórias, como: o prazo de duração contratual, que deve ser de 5 (cinco) a 35 (trinta e cinco) anos, incluindo eventual prorrogação[14]; a parametrização dos valores da contratação para acima

14 BRASIL. Lei nº 11.079 de dezembro de 2004. Institui normas gerais para licitação e contratação de parceria público-privada no âmbito da administração pública. Brasília. 2004. Art. 5º, inciso II.

de R$ 10.000.000,00 (dez milhões de reais)[15]; a exigência de responsabilidade e equilíbrio fiscal para Estados, Distrito Federal e Municípios, cujo teor limita a despesas de caráter continuado derivadas do conjunto das parcerias já contratadas por esses entes a 5% (cinco por cento) da receita corrente líquida do exercício, bem ainda impõe o teto de 5% da receita corrente líquida projetada aos 10 (dez) anos subsequentes, para os respectivos exercícios, para as despesas anuais dos contratos vigentes[16]; a obrigatoriedade de inclusão das despesas com PPP no Anexo de Metas e Riscos Fiscais da Lei de Diretrizes Orçamentárias, em atenção ao valor do planejamento e responsabilidade fiscal[17]; a obrigatoriedade de constituição de uma sociedade de propósito específico, antes da assinatura do contrato, por parte da vencedora do certame, para implantar e gerir o objeto da parceria[18]; a reversibilidade dos bens afeitos à prestação do serviço à administração pública ao final do contrato.

Já as concessões, para o direito positivo, são formas de delegação de serviço público com previsão constitucional, no art. 175, por meio de licitação na modalidade concorrência ou diálogo competitivo. É o que indica o art. 2º, inciso II, da Lei nº 8.987/95 alterado pela Nova Lei de Licitações.

A concessão é pautada na relação usuário como pagador do serviço. Isto é, por meio da concessão vem uma desestatização na prestação de um serviço público, sem a transferência dos bens pré-existentes e relacionados com aquela prestação, de modo que os

15 BRASIL. Lei nº 11.079 de dezembro de 2004. Institui normas gerais para licitação e contratação de parceria público-privada no âmbito da administração pública. Brasília. 2004. Art. 1º, §4º, inciso I.

16 BRASIL. Lei nº 11.079 de dezembro de 2004. Institui normas gerais para licitação e contratação de parceria público-privada no âmbito da administração pública. Brasília. 2004. Art. 28.

17 BRASIL. Lei nº 11.079 de dezembro de 2004. Institui normas gerais para licitação e contratação de parceria público-privada no âmbito da administração pública. Brasília. 2004. Art. 10, I, *b* e *c*. Art 4º, §1º, 29, 30 e 32, da Lei Complementar nº 101/00.

18 BRASIL. Lei nº 11.079 de dezembro de 2004. Institui normas gerais para licitação e contratação de parceria público-privada no âmbito da administração pública. Brasília. 2004. Lei nº 11.079/04. Art. 9.

ativos, ao final do contrato, continuarão na titularidade ou serão revertidos ao Ente concessionário.

Ao contrário do detalhismo da Lei de PPP apresentada, o instituto da concessão tem tratamento mais genérico, ao ponto que não faz exigência de prazos ou valores à contratação, ou ainda, por exemplo, não anota previsão específica em leis orçamentárias – Lei nº 8.987/95, no dispositivo citado acima, apenas se determina que o prazo para a concessão seja determinado, não fixando um limite mínimo ou máximo de prazo.

Em face disso, os contratos de concessão são construídos e projetados pela uma relação "tempo x fluxo de caixa", a fim de que uma equação econômico-financeira equilibre as receitas (tarifas), uma taxa de atratividade do projeto, um custo de oportunidade para o concessionário e investidores (financiadores), a rentabilidade do dinheiro no tempo (taxa interna de retorno e valor presente líquido dos investimentos e fluxo de caixa), comparando-os com um "prêmio risco" em face de outras possibilidades de investimento.

Como se depreende, alguns conceitos de PPP, em especial de PPP patrocinada, bem como de concessão, tratam da definição de serviços públicos. Esta foi dada pela Constituição Federal ao elencar competências e exemplos de serviços públicos de: (i) radiodifusão sonora, e de sons e imagens, (ii) energia elétrica e o aproveitamento energético dos cursos de água, (iii) navegação aérea, aeroespacial e a infraestrutura aeroportuária, (iv) de transporte ferroviário e aquaviário, (v) transporte rodoviário interestadual e internacional de passageiros, (vi) portos marítimos, fluviais e lacustres, (vii) gás canalizado, (viii) transporte coletivo.

A Constituição também anota outras menções a concessões, como os casos de concessão de lavra de jazidas e recursos minerais (art. 176), o que é feito aos interessados por meio de outorga; porém, aquelas não se confundem com abordagem sobre PPP e concessões de serviços aqui pesquisada.

Outrossim, a Lei nº 9.074/95, em seu art. 1º, define serviço públicos sujeitos ao regime de concessão: (i) vias federais, precedidas ou não da execução de obra pública, (ii) exploração de obras ou serviços federais de barragens, contenções, eclusas ou outros dispositivos de transposição hidroviária de níveis, diques, irrigações, precedidas ou não da execução de obras públicas, (iii) estações aduaneiras e outros terminais alfandegados de uso público, não instalados em área de porto ou aeroporto, precedidos ou não de obras públicas[19], (iv) os serviços postais. Outras leis específicas regulamentam esses exemplos passíveis de concessão, com: a Lei nº 9.472/97 (telecomunicações), Lei nº 12.815/13 (portos) e Lei nº 14.273/21 (ferrovias).

Dessa maneira, só será passível de concessão ou PPP patrocinada, para o direito brasileiro, aquilo que for definido como serviço público. Por essa razão, sobrevêm alguns entraves jurídicos-positivos e analíticos.

É possível a concessão de um hospital? Não. É possível uma concessão de escola? Não. Ambos são serviços públicos essenciais, primários, de modo que é obrigação do estado prestá-los, sendo vedada a cobrança de tarifa – um dos pontos caracterizadores da PPP patrocinada e concessão.

Nesses casos, eventual necessidade do Poder Público, para uma contratação de longo prazo, compartilhamento de riscos, remuneração por desempenho, capitalização de investimento e financiamento para a construção ou reforma estrutural de um ativo público a prestar um serviço público, deve ser atendida por uma PPP administrativa. Pois, nesta hipótese, a Administração Pública seguirá como usuária direta ou indireta do bem e serviço, em re-

19 BRASIL. Lei nº 9.074 de julho de 1995. Estabelece normas para outorga e prorrogações das concessões e permissões de serviços públicos e dá outras providências. Art. 1º, §2º. Em exceção à regra geral de ausência de prazo para concessões, este exemplo estabelece o prazo mínimo de 25 anos, com possibilidade de prorrogação por mais dez anos.

presentação ao interesse público primário tutelado (saúde e educação) e atendimento à necessidade do serviço essencial.

É possível a concessão de um trecho rodoviário sem cobrança de tarifa aos usuários (pedágio), para uma contratação de longo prazo? Sim – na modalidade de PPP administrativa, na qual a administração arcará com a totalidade dos custos econômico-financeiros da contratação, caso em que, mais uma vez, a Administração Pública seguirá como usuária direta ou indireta do bem e serviço, em representação ao interesse público primário tutelado e concretização serviço essencial.

Também é plausível, por parte da administração pública, uma contratação de longo prazo, que fuja dos limites temporais da Lei nº 14.133/21, para a aquisição e prestação dos serviços de manutenção em miniusinas solares que atendam a demanda energética de um Ente ou órgão? Sim, também na modalidade de PPP administrativa, dado que a Administração será a usuária direta e titular do bem ao final do contrato.

Enquanto isso, a Lei nº 13.019/14 apresentou arranjos contratuais ao setor público a fim de disciplinar formas de execução descentralizada de recursos financeiros, através da mútua cooperação entre a administração pública e organizações da sociedade civil. Assim foram colocadas espécies de parcerias, as quais a lei denominou termo de fomento, de cooperação e acordo de cooperação. Em especial, compilou-se um tratamento legislativo outrora esparsa e então praticado sem regulamentação em diversas esferas administrativas.

Neste espeque, houve um avanço na ortodoxia burocrática brasileira, a medida em que foi oportunizado tratamento legal a outro procedimento de seleção pública à prestação de serviços à administração, ou obras, e execução financeira dos recursos públicos: o chamamento público.

Este é conceituado como procedimento destinado a selecionar organização da sociedade civil para firmar parceria por meio de termo de colaboração ou de fomento, no qual se garanta a observância dos princípios da isonomia, da legalidade, da impessoalidade, da moralidade, da igualdade, da publicidade, da probidade administrativa, da vinculação ao instrumento convocatório, do julgamento objetivo e dos que lhes são correlatos[20].

O chamamento público é espécie de procedimento seletivo do qual o processo licitatório é gênero. Aquele deve ser compreendido como um ato-complexo de formação sucessiva (requisitos, prazos, critérios de seleção, recursos etc.), enquanto o processo licitatório é relação jurídica teleológica entre partes destinada à melhor seleção de propostas, projetos ou agentes à contratação com a administração pública.

Na esfera federal, o Decreto 8.726/16 estabeleceu o prazo máximo de vigência de termos de fomento para cinco anos e de dez anos para os termos de colaboração, desde tecnicamente justificados – prazos costumeiramente repetidos em diplomas subnacionais.

Decerto, em termos do direito positivo e da sua lógica analítica, o regime de parcerias previsto na Lei nº 13.019/14 em nada se confunde com o regime de PPP da Lei nº 13.019/14. Ocorre que esse distanciamento de sistemas ou de especialidades, seja do que ou de quem pesquisa, escreve e pensa a realidade brasileira, sobretudo pela óptica institucional da infraestrutura e do orçamento público, compromete a concretização de políticas públicas sociais.

Uma proposta de aproximação e leitura avizinhada dos institutos, procedimentos e das suas utilidades em geral, podem contribuir a hiatos e lacunas das diversas classes em um país com realidades sociais, econômicas e administrativas tão distintas até mesmo dentro de um Estado tendo como experiência prática o Tocantins.

20 BRASIL. Lei nº 13.019 de julho de 2014. Estabelece o regime jurídico das parcerias entre a administração pública e as organizações da sociedade civil, em regime de mútua cooperação. Brasília. 2014. Art. 2º, inciso XII.

2. A DISTÂNCIA DA PRÁTICA ADMINISTRATIVA E DO REGIME JURÍDICO PARA COM AS NECESSIDADES PÚBLICAS

No Brasil, a concretização das necessidades públicas passa ao desafio de compreensão do nível de desenvolvimento institucional, administrativo, econômico, social e populacional dos entes e regiões, o qual é distribuído de forma irregular e concentrada, em um país com vasta extensão territorial.

De igual forma, o Guia de Cinco Dimensões do Ministério da Economia do Brasil apontou, ao abordar a avaliação de impactos ambientais e sociais (AIAS) na fase de proposta intermediária de investimento. Para o Guia, as "Considerações Geográficas" devem ser levadas em conta na elaboração da proposta intermediária de investimento, uma vez que, "frequentemente, o desenvolvimento econômico e populacional é distribuído de forma desigual em um país"[21].

Essa compreensão consolida um elemento fundamental a uma avaliação de custo-benefício macro do projeto, do modelo de contratação proposto e da utilidade prática dos institutos jurídicos (em especial, os três aqui abordados: concessões, PPP e parcerias sociais), a fim de evitar que a desigualdade mencionada gere desequilíbrios e faça com que uma análise simplificada de custo-benefício perpetue uma concentração de investimentos em áreas já adensadas e economicamente estruturadas ou em grandes cidades, ou regiões.

Essa análise de custo-benefício deve também mensurar uma análise de custo social, isto é, trazer a um valor presente os benefí-

21 Brasil. Ministério da Economia. Secretaria Especial de Produtividade e Competitividade. Secretaria de Desenvolvimento da Infraestrutura. Estruturação de propostas de investimento em infraestrutura: modelo de cinco dimensões [recurso eletrônico]. Ministério da Economia, Secretaria Especial de Produtividade e Competitividade, Secretaria de Desenvolvimento da Infraestrutura; Banco Interamericano de Desenvolvimento (BID); Infrastructure and Projects Authority do Reino Unido (IPA-UK). Brasília: SDI/SEPEC/Ministério da Economia, 2022, p. 130.

cios e impactos sociais do projeto[22], levando, inclusive, em conta as necessidades e opiniões dos envolvidos em determinado projeto.

A estimação dos benefícios públicos, do valor público do projeto e das alternativas deve se atentar às vocações regionais para áreas agrícolas, minerárias, turísticas sustentáveis/tradicionais, às realidades culturais e históricas locais, à situação fundiária dos imóveis afetados, além de outras singularidades que podem passar despercebidas das modelagens e da execução legal do modelo tradicional de concessões e PPP.

Nesse contexto, apresenta-se o problema e escopo deste escrito. A pesquisa e legislação de concessões e PPP é motivada para o melhor arranjo da infraestrutura (de diversas áreas: produtiva, social, industrial, agrícola etc.), seja ela nacional, regional ou local, no intuito de preencher lacunas e garantir segurança jurídica a modelos de negócio contratualizados para o longo prazo, desempenho e compartilhamento de riscos.

Contudo, muitos projetos de infraestrutura, principalmente em regiões mais distantes dos grandes centros, ou devotados a outras vocações, ou realidades microeconômicas, deixam de avançar em face da implementação de todo o arcabouço jurídico, técnico ou econômico-financeiro próprio de concessão ou PPP, deixando de atrair *players* desse nicho para localidades distantes, enquanto outros agentes locais poderiam ter interesse, mas esbarram no en-

22 Nesse sentido, o Livro Verde da Infraestrutura britânica: 5.54 A variety of measures can be used to summarise Social CBA. Estimates of Net Present Social Value (NPSV) and Benefit Cost Ratios (BCR) are commonly used:

1) NPSV is defined as the present value of benefits less the present value of costs. It provides a measure of the overall impact of an option. 2) BCR is defined as the ratio of the present value of benefits to the present value of costs. It provides a measure of the benefits relative to costs. 5.55 When calculating the NPSV or BCR: 1– future costs and benefits should be adjusted for inflation to 'real' base year prices. The base year should be the first year of the proposal. 2– future costs and benefits should be discounted by the Social Time Preference Rate (STPR) to provide the present value. The Green Book Central Government Guidance On Appraisal And Evaluation. https://assets.publishing.service.gov.uk/government/uploads/system/uploads/attachment_data/file/1063330/Green_Book_2022.pdf, pp. 50-51.

gessamento da Lei nº 13.019/14 ou nas deficiência da modelagem de um projeto autêntico de uma eventual parceria social.

Assim, por que não haver uma evolução legislativa dos institutos e conceitos de concessões e PPP para as parcerias previstas na Lei nº 13.019/14? Essa propositura vai para além de uma aproximação de regimes, seja técnico-analítica ou jurídico-positivo, mas um avizinhamento de culturas e boas práticas, que pode dar concretização a muitas necessidades públicas.

Por termos intuitivos extraídos da prática administrativa, observa-se a resistência ou dificuldade dos gestores ou burocratas a assimilarem, operacionalizarem, executarem, concertarem, contratualizarem, prestarem contas, enfim, modelarem – como um todo – parcerias estabelecidas na Lei nº 13.019/14. Mais adiante de questões jurídicas, o desafio perpassa a cultura e substância de conceitos enraizados e enviesados nas contratações tradicionais da lei geral de licitações e da pouca divulgação ou pensamento dos modelos de parcerias sociais.

Por exemplo, (i) a riqueza e detalhamento da construção de uma matriz de riscos de uma PPP poderia muito bem ser emprestada ao amadurecimento de um plano de trabalho de um termo de fomento ou colaboração; de igual forma, (ii) os modos de remuneração por desempenho atrelada a indicadores, com seu respectivo "quadro" (KPI[23] ou QID), poderiam dar mais eficiência ao desembolso financeiro para termos de fomento ou colaboração; (iii) estruturar econômica e financeiramente os prazo de termos de fomento e colaboração sob premissas mais claras de "tempo x fluxo de caixa", taxa de atratividade do projeto, taxa interna de retorno e valor presente líquido dos investimentos, próximo dos moldes uma concessão, o que poderia suscitar uma reflexão de *lege ferenda* acerca da ampliação dos prazos comuns de dez e cinco anos; (iv) trazer ao cotidiano de parcerias sociais a figura do verificador in-

23 No original: *key performance indicator*.

dependente (V.I.), como mecanismo de *accountability*, governança e eficiência na execução dos serviços e pagamentos; (v) pensar em formas de controle prévio e simultâneo por parte dos Tribunais de Contas em auxílio e acompanhamento dos editais de chamamento público, assim como já faz o Tribunal de Contas da União, com a Instrução Normativa-TCU nº 81/2018, a qual instituiu modelo de fiscalização dos processos de desestatização do Governo Federal; (vi) a formulação de mecanismos de garantia, por parte do Poder Público, em parcerias sociais, atrairia maior bancabilidade das propostas de termos de fomento ou colaboração, o que aprimoraria toda uma cultura de financiabilidade por parte de bancos nacionais ou internacionais; (vii) a adoção de mecanismos de solução amigável de controvérsias (*dispute board*) asseguraria um menor custo aos entes, na sua litigância, assim como aos parceiros sociais, dada a relação "tempo x processo x solução" costumar ser mais vantajosa por essas alternativas.

O que se defende aqui é a inteligência do conceito e padrões internacionais de PPP adotado por um banco multilateral de desenvolvimento, o Banco Mundial, a abranger e amadurecer a implementação das parcerias sociais da Lei nº 13.019/14, como forma de concretização de necessidades públicas, sobretudo as locais, em regiões distantes dos grandes centros brasileiros, a partir de premissas centrais: contratos de longo prazo, remuneração por desempenho e compartilhamento de riscos.

3. UM ESTUDO DE CASO: AS PARCERIAS SOCIAIS NO ESTADO DE MATO GROSSO

A aplicação das premissas e sugestões debatidas poderia resultar num sem-número de exemplos possíveis, no plano da infraestrutura, seja para serviços de aeroportos regionais, pequenos trechos ferroviários, exploração e manutenção de parques e unidades de conservação, todos por organizações da sociedade civil.

Em arremate, ilustra-se o emprego de muitas das proposições aqui colocadas, no caso ocorrido no Estado do Mato Grosso, através da Lei Estadual nº 10.861/2019 e Decreto Estadual nº 167/2019, cuja base normativa é a Lei nº 13.019/14, desenvolveu um plano de estruturação de parcerias sociais para manutenção e pavimentação de rodovias vicinais ou em más condições.

O modelo destacou um mecanismo de contratação ágil por meio de chamamento público e participação direta das organizações da sociedade civil interessadas. Para tanto, exigiu-se capacidade técnica e operacional dessas para o desenvolvimento das atividades previstas, o que poderia ser comprovado com a contratação de profissionais com experiência atestada; além da sua regularidade fiscal, jurídica e pré-constituição há dois anos.

Para sua implementação, exigiu-se a vinculação a um plano de trabalho (com cronograma físico-financeiro de obra, planilha orçamentária, metas e objeto delimitado) com base em projeto executivo de engenharia aprovado e preparado pela Secretaria de Infraestrutura do Estado; ademais, o formato requereu a demonstração da inviabilidade para concessão comum ou PPP, além de modelagem e estruturação nos moldes das concessões PPPs, não obstante a atenção aos prazos de dez anos para termos de colaboração e cinco para fomento.

Em detalhe, a organização selecionada deve arcar com no mínimo 15% do valor desembolsado pelo Estado em contrapartida econômica, que pode ser contabilizada em maquinário (horas-máquina), insumos (asfalto), mão de obra etc.

Segundo consulta ao *site* local, mais de 26 contratos já foram celebrados[24], somando entre pavimentação e manutenção mais de 1.900 quilômetros de trechos abrangidos.

24 MATO GROSSO. SINFRA. *A lista das Parcerias celebradas entre o Governo de Mato Grosso (SINFRA) e Organizações da Sociedade Civil (OSC)*. Disponível em: https://www.sinfra.mt.gov.br/parceria-de-pavimentacao-e-manutencao. Acesso em 22 mar. 2023.

A iniciativa merece divulgação dada a sua inovação jurídica e econômica. Primeiro, por esse modelo, para a pavimentação de trechos, a média de custo/km é de pouco mais de R$ 800.000,00 (oitocentos mil reais), valor bem abaixo da média de mercado; ainda, o aporte médio para manutenção de rodovias viciais está em torno de R$ 11.000,00 (onze mil) por quilômetro, valor também abaixo de mercado[25].

Segundo a integração do Estado e setor produtivo local, concretiza substancialmente uma necessidade pública premente da localidade: a infraestrutura para o escoamento da produção agrícola interiorizada, haja vista o Estado – sozinho – ser o terceiro maior produtor de soja do mundo, com 41,4 milhões de sacas[26].

CONSIDERAÇÕES FINAIS

Ao longo deste artigo, abordamos os desafios enfrentados na concretização das políticas públicas sociais no Brasil, especialmente no que diz respeito à falta de transversalidade, eficiência na gestão/execução orçamentária e inovação constante. Identificamos dois principais obstáculos: a falha e descontinuidade de projetos e a ausência de uma gestão jurídica próxima desde as etapas iniciais. Esses problemas resultam em atrasos, prejuízos e até mesmo no fracasso de iniciativas importantes para o desenvolvimento do país.

Destacamos a importância do estudo promovido pelo Governo Federal em 2022, intitulado "Estruturação de propostas de investimento em infraestrutura: modelo de cinco dimensões", que busca fornecer diretrizes estratégicas e comerciais para a viabilização de projetos. A dimensão estratégica visa articular os projetos

25 *Op. Cit.*

26 NERY, Erick Matheus. *Mato Grosso ultrapassa Argentina e vira 3º maior produtor de soja do mundo.* Suno. Economia. 16/03/23. Disponível em: https://www.suno.com.br/noticias/mato-grosso-ultrapassa-argentina-soja/#:~:text=O%20Mato%20Grosso%20ultrapassou%20a,colhe%2033%20milh%C3%B5es%20de%20toneladas

com metas e resultados locais, regionais e nacionais, por meio de uma metodologia específica e mensurável. Já a dimensão comercial busca estabelecer modelos de negócio viáveis e uma governança sólida entre os setores público e privado.

No entanto, constatamos que a prática burocrática brasileira muitas vezes se distancia de uma abordagem mais abrangente e analítica. Em vez de uma identificação dos problemas e construção substancial de soluções, observamos arranjos imediatos, sem uma devida demonstração de custo-benefício ou consideração dos riscos e benefícios do projeto. Esse cenário compromete o *value for money* do orçamento público e a tomada de decisões embasada em análises sociais, ambientais, econômicas e financeiras.

Para superar esses desafios, é essencial um maior entendimento e proximidade entre o setor público e o mercado, bem como uma maior customização jurídica desde as fases preliminares dos projetos. É necessário considerar os diversos modelos internacionais de parcerias público-privadas (PPPs) e adaptá-los à realidade brasileira, levando em conta as peculiaridades do país e sua tradição legislativa. A variedade de tipos contratuais em PPPs desafia a existência de padrões internacionais uniformes, exigindo uma abordagem flexível e adaptável.

No contexto brasileiro, temos a Lei nº 11.079/04 como referência para as PPPs em sentido estrito, mas também é importante considerar outras legislações que tratam de desestatização e parcerias entre entes públicos e privados. Essa análise crítica do arcabouço jurídico nacional é fundamental para o aprimoramento das políticas públicas e a busca por uma gestão mais eficiente, transparente e sustentável.

Em suma, é imprescindível promover uma mudança de paradigma na forma como as políticas públicas são concebidas e executadas no Brasil. Isso envolve a superação das deficiências burocráticas, a adoção de metodologias mais robustas e uma maior interação entre os atores públicos e privados.

Somente dessa forma será possível alcançar o sucesso na implementação de projetos, garantindo o desenvolvimento social, econômico e sustentável do país. A atenção aos aspectos estratégicos e comerciais, aliada a uma gestão jurídica adequada, será fundamental para enfrentar os desafios e maximizar o impacto positivo das políticas públicas no Brasil.

REFERÊNCIAS BIBLIOGRÁFICAS

BRASIL. *Lei nº 11.079, de dezembro de 2004*. Institui normas gerais para licitação e contratação de parceria público-privada no âmbito da administração pública. Brasília. 2004. Art. 5º, inciso II.

_______. *Lei nº 9.074, de julho de 1995*. Estabelece normas para outorga e prorrogações das concessões e permissões de serviços públicos e dá outras providências. Art. 1º, §2º. Em exceção à regra geral de ausência de prazo para concessões, este exemplo estabelece o prazo mínimo de 25 anos, com possibilidade de prorrogação por mais dez anos.

_______. *Lei nº 13.019, de julho de 2014*. Estabelece o regime jurídico das parcerias entre a administração pública e as organizações da sociedade civil, em regime de mútua cooperação. Brasília. 2014. Art. 2º, inciso XII.

_______. Ministério da Economia. Secretaria Especial de Produtividade e Competitividade. Secretaria de Desenvolvimento da Infraestrutura. *Estruturação de propostas de investimento em infraestrutura: modelo de cinco dimensões [recurso eletrônico]*. Ministério da Economia, Secretaria Especial de Produtividade e Competitividade, Secretaria de Desenvolvimento da Infraestrutura; Banco Interamericano de Desenvolvimento (BID); Infrastructure and Projects Authority do Reino Unido (IPA-UK). Brasília: SDI/SEPEC/Ministério da Economia, 2022.

_______. Ministério da Economia. Secretaria Especial de Produtividade e Competitividade. Secretaria de Desenvolvimento da Infraestrutura. *Estruturação de propostas de investimento em infraestrutura: modelo de cinco dimensões [recurso eletrônico]*. Ministério da Economia, Secretaria Especial de Produtividade e Competitividade, Secretaria de Desenvolvimento da Infraestrutura; Banco Interamericano de Desenvolvimento (BID); Infrastructure and Projects Authority do Reino Unido (IPA-UK). Brasília: SDI/SEPEC/Ministério da Economia, 2022, p. 130.

_______. Tribunal de Contas da União. *Acórdão nº 1079/2019-TCU*-Plenário: https://www2.camara.leg.br/atividade-legislativa/comissoes/comissoes-temporarias/externas/56a-legislatura/obras-inacabadas-no-pais/outros-documentos/acordao-tcu-1079-2019.

CARDOSO JR, José Celso, Alexandre dos Santos Cunha. Coord. *Planejamento e avaliação de políticas públicas* – Brasília: Ipea, 2015. 475 p.: il. color. – (Pensamento Estratégico, Planejamento Governamental & Desenvolvimento no Brasil Contemporâneo; Livro 1)

Ley y Reglamento de Concesiones de Obras Públicas de 2010: https://www.mop.gob.cl/Carpeta/uploads/2021/10/Ley_y_Reglamento_2010_Concesiones.pdf.

MATO GROSSO. Sinfra. *A lista das Parcerias celebradas entre o Governo de Mato Grosso (SINFRA) e Organizações da Sociedade Civil (OSC).* Disponível em: https://www.sinfra.mt.gov.br/parceria-de-pavimentacao-e-manutencao. Acesso em 22 mar. 2023.

NERY, Erick Matheus. *Mato Grosso ultrapassa Argentina e vira 3º maior produtor de soja do mundo.* Suno. Economia. 16/03/23. Disponível em: https://www.suno.com.br/noticias/mato=-grosso-ultrapassa-argentina-soja/#:~:text-O%20Mato%20Grosso%20ultrapassou%20a,colhe%2033%20milh%C3%B5es%20de%20toneladas

SILVA, S. *A trajetória histórica da segurança alimentar e nutricional na agenda política nacional: projetos, descontinuidades e consolidação.* Brasília: Ipea, 2014. (Texto para Discussão, nº 1.953).

The World Bank. Public-Private Partnerships. *Internatonal Bank for Reconstructon and Development.* Reference Guide. Version 3.0. 2017, p. 6. Versão digital *<https://ppp.worldbank.org/public-private-partnership/sites/ppp.worldbank.org/files/documents/PPP%20Reference%20Guide%20Version%203.pdf>*

United Kingdom. HM Treassury. *Guide To Developing The Project Business Case – BETTER BUSINESS CASES: for better outcomes.* London: HM Treassury, 2018. Disponível em: https://www.gov.uk/government/publications.

URGÊNCIA E CRISE

O Terceiro Setor e a governança em saúde no Brasil

GLEISSE RIBEIRO ALVES

Doutora em Direito pela Université Lorraine, na França. Especialista em Direito Europeu e Direito da Organização Mundial do Comércio (OMC). Professora do Centro Universitário de Brasília (UniCEUB). Membro do Núcleo de Estudos e Pesquisas Avançadas no Terceiro Setor (NEPATS). Professora visitante da Université Lorraine. Membro do Grupo de Pesquisa REGIMEN (Réseau d'Étude sur la Globalisation et la Gouvernance Internationale et les Mutations de l'État et des Nations, Université Catholique de Louvain). *E-mail*: gleisse@yahoo.com

SUMÁRIO

Introdução – 1. A Covid-19 e a crise estatal brasileira na elaboração de políticas públicas garantidoras do direito fundamental à saúde; 1.1. Conceito e interpretação de direito fundamental; 1.2. O Brasil e a política pública de promoção do direito fundamental à saúde; 1.3. A pandemia da Covid-19 no Brasil – 2. A formulação da ideia de "crise" e dos "protocolos de emergência" e o papel do Terceiro Setor; 2.1. A atuação do Terceiro Setor no combate à pandemia da Covid-19 – Considerações finais – Referências.

PALAVRAS-CHAVE

Pandemia da Covid-19; direito fundamental à saúde no Brasil; crise do Estado Moderno; governança pública; Terceiro Setor.

INTRODUÇÃO

A pandemia da Covid-19 demandou e ainda tem demandado, em muitos países, a alocação urgente de profissionais de saúde para atender inúmeros pacientes infectados com o novo coronavírus e tratar os efeitos da doença no longo prazo. Os serviços prestados por equipes médicas de emergência são cada vez mais requisitados, e os tradicionais protocolos de crise não são suficientemente eficazes para o enfrentamento da Covid-19.

A pesquisa em alguns países demonstrou que, quando a pandemia atingiu o seu pico de contaminação, o número de casos de indivíduos infectados pelo vírus dobrava a cada três dias, com uma grande proporção de casos graves e críticos, aqueles que demandam, respectivamente, necessidade de oxigenoterapia e de ventilação mecânica. A velocidade da propagação do vírus não foi acompanhada, em contrapartida, por uma expansão da capacidade dos sistemas de saúde na mesma rapidez, tanto no que diz respeito à estrutura para tratamento quanto à quantidade de profissionais necessários para o atendimento. Acrescente-se, ainda, os estoques insuficientes de materiais biomédicos em todo o mundo, insumos que se mostram indispensáveis ao tratamento e ao controle da doença.

Para o provimento de tais serviços de saúde, o Estado necessitou, de forma cada vez mais imediata, desenhar e implementar políticas públicas na área de Saúde. É importante salientar que a execução de políticas públicas depende de gastos públicos, logo, é no processo político-jurídico de definição do dispêndio público que se encontra a gênese das políticas públicas. No caso do Brasil, nas leis orçamentárias, nas diretrizes orçamentárias e nos planos plurianuais, todos de iniciativa exclusiva do Poder Executivo e aprovados pelo Poder Legislativo, dando-se o ponto de partida das políticas públicas. O resultado final do processo é a real prestação de serviços públicos à população.

Dessa forma, o presente trabalho buscará, num primeiro momento, descrever o trabalho do sistema de saúde brasileiro ao prover o direito fundamental à saúde; num segundo momento, buscar-se-á discorrer sobre a crise sistêmica da Covid-19, sua complexidade e como o sistema de saúde brasileiro vive em estado de "crise" e de "urgência", cuja alternativa viável é implementar um caminho mediano, como as ações do Terceiro Setor, para o enfrentamento da pandemia e a diminuição das ações de judicialização que tanto assolam o sistema orçamentário brasileiro.

1. A COVID-19 E A CRISE ESTATAL BRASILEIRA NA ELABORAÇÃO DE POLÍTICAS PÚBLICAS GARANTIDORAS DO DIREITO FUNDAMENTAL À SAÚDE

O mundo deparou-se com uma pandemia sem precedentes na qual se observa, cada vez mais e em nível global, a ineficácia Estatal em prover serviços de saúde tão necessários para se garantir a vida dos cidadãos. Analisar-se-á, nas linhas a seguir, o caso do Estado brasileiro, principalmente no que se refere ao conceito de direito fundamental, e como as políticas públicas do país são estruturadas quanto ao provimento para promover o acesso à saúde.

1.1. CONCEITO E INTERPRETAÇÃO DE DIREITO FUNDAMENTAL

A conceituação de direito fundamental apresenta dificuldades marcantes envolvendo a extensão do direito protegido e mesmo a variedade de expressões utilizadas pela doutrina como dentro de um mesmo universo semântico: direitos humanos fundamentais, liberdades públicas, direitos individuais ou direitos subjetivos públicos. A própria Constituição Federal de 1988 traz uma riqueza de terminologias dentro desse conjunto de sentido: direitos humanos (art. 4, inc. II); direitos e garantias fundamentais (título II, art.

5, § 1º); direitos e liberdades constitucionais (art. 5, inc. LXXI); e direitos e garantias individuais (art. 60, § 4º, inc. IV)[1].

Como forma de se delimitar o objeto de estudo, considerar-se-á a definição de direito fundamental trazida por Mendes[2]:

> Os direitos fundamentais são pretensões que, em cada momento histórico, se descobrem a partir da perspectiva do valor da dignidade humana, pois essa é capaz de formular limitações ao exercício do poder e assim prevenir o arbítrio e a injustiça. Ou seja, direitos fundamentais são aqueles direitos que atendem às exigências do respeito à vida, à liberdade, à integridade física e íntima de cada ser humano, ao postulado da igualdade em dignidade de todos os homens e à segurança.

Segundo o autor, os direitos fundamentais são intrínsecos à pessoa humana e à sociedade de determinado momento histórico, que possui exigências específicas de acordo com o aperfeiçoamento de suas concepções. Essa abordagem já demonstra a complexidade em se classificar direitos, se fundamentais, ou não; e o aspecto mutante dos direitos fundamentais faz com que delimitações não tendam à homogeneidade. A própria data do surgimento desses direitos não possui delimitação clara.

Para Dimoulis[3], a origem dos direitos fundamentais pode ser melhor compreendida por meio de três elementos formadores: o Estado, o indivíduo e o texto normativo regulador da relação entre Estado e indivíduos. Ou seja, pressupõe-se a existência de um ente central estruturado minimamente regulado quanto à organização da coletividade e ao seu funcionamento, de modo que os referi-

---

1 SARLET, Ingo Wolfgang. *La eficacia de los derechos fundamentales*. Una teoría desde la perspectiva Constitucional. Lima: Palestra Editores, 2019, p. 38, tradução livre.

2 MENDES, Gilmar F; BRANCO, Paulo G. *Curso de Direito Constitucional.* 15 ed. São Paulo: Saraiva, 2020, pp. 139-140.

3 DIMOULIS, Dimitri; MARTINS, Leonardo. *Teoria geral dos direitos fundamentais*. 5. ed. rev., atual. e ampl. São Paulo: Atlas, 2014, p. 10.

dos "direitos fundamentais" somente podem ser concebidos após o surgimento do Estado Moderno.

E, nesse sentido, a atual dimensão dos direitos fundamentais, sua importância no plano internacional, sua proteção legal e difusão podem ser mais bem verificadas depois da Segunda Guerra Mundial. A partir desse marco, observa-se uma consolidação do modelo de Estado Moderno como referência de organização social e sua propagação para todos os cantos do globo, sendo adotado, inclusive, pelos novos países a serem constituídos, fundados em um texto constitucional que aborda direitos.

Surge, então, a universalização de um arranjo institucional, ainda que em nível variado de profundidade e proteção de direitos, a depender de cada sociedade. Com essa organização normativa, percebem-se mudanças estatais na promoção de políticas públicas e o peso oriundo da internacionalização desses direitos fundamentais, com efeitos sobre a cobrança externa e interna pelo seu respeito e implementação. A globalização crescente gera uma internacionalização de temas antes adstritos apenas aos interesses nacionais e deu origem à designação de direitos humanos.

Observando-se os direitos fundamentais no Brasil, pode-se perceber a importância que o assunto foi assumindo ao longo dos tempos, conforme evolui a história e, consequentemente, a sociedade, a cultura, a economia, a tecnologia e o Direito. A Constituição Imperial de 1824 enumerava os direitos fundamentais, mas esses sofriam limitações decorrentes do Poder Moderador do Imperador (art. 179). Na Constituição de 1891, os direitos fundamentais são dispostos e há o reconhecimento dos direitos de reunião e de associação. E Constituições seguintes, como as de 1934, 1937, 1946, 1967 e 1969, já passam a conter um rol sistematizado de direitos fundamentais.

O grande ponto de inflexão, contudo, foi a Constituição de 1988, que concedeu a expressividade atual dos direitos fundamentais na sociedade e no Direito brasileiros, trazendo "Dos direitos e garantias fundamentais" em seu Título II. Além disso, os direitos fundamentais são referenciados e tratados exaustivamente ao longo de todo o texto constitucional[4]. Tamanha é a importância atribuída pela Constituição de 1988 aos direitos fundamentais, que a proteção desses institutos foi incluída dentre as "cláusulas pétreas" constitucionais, de modo que o respeito aos direitos e às garantias individuais foram alçados, realmente, a elemento basilar do Estado Brasileiro. Sobre esses direitos, deve se assentar a organização do Estado brasileiro, havendo limitação ao poder de reforma para impedir que sejam abolidos ou suprimidos.

Crescentemente, percebe-se que o respeito aos direitos fundamentais tem sido determinante para a aferição da maturidade institucional de um país, revelando em maior ou menor grau o nível democrático em que se encontram as atividades estatais. Nesse contexto, ganham relevância as regras de interpretação do Direito, que têm se tornado cada vez mais complexas. A proteção e a efetivação de um direito, não raro, depende da interpretação jurídica da norma. E, assim, observa-se o exercício de diversos estudiosos no sentido de tecerem métodos de interpretação das normas jurídicas para a boa aplicação da norma e uma eficaz execução das atividades estatais, principalmente na prestação de serviços públicos na qualidade almejada por todos.

No positivismo jurídico tradicional, havia uma visão mais fechada da interpretação jurídica, prevalecendo o conceito de norma jurídica como sinônimo de regra. No modelo de Estado constitucional, houve uma abertura do entendimento jurídico e passa-se a ter o diálogo da aplicação do Direito em consonância com a moral e a justiça, como deve ensinar a história no caso do Estado Nazista. Não pode existir Direito dissociado da moral e da justiça, não havendo norma que deva ser absoluta à revelia do que preconizam,

4 DIMOULIS, Dimitri; MARTINS, Leonardo. *Teoria geral dos direitos fundamentais.* 5 ed. rev., atual. e ampl. São Paulo: Atlas, 2014, p. 24.

por exemplo, os direitos fundamentais, que balizam o próprio Direito e seus limites.

Esse diálogo foi possível por meio dos princípios. Assim, "norma jurídica" passa a vigorar como gênero, e os princípios e as regras passam a figurar como espécies. Um dos precursores nessa interpretação foi Ronald Dworkin, em 1967. Ele, portanto, foi contrário à mentalidade positivista do Direito.

Ronald Dworkin defendeu que:

> O Direito é fruto da interpretação e depende visceralmente das necessidades da prática social comunitária e institucional dos agentes de justiça. [...] o juiz está vinculado não somente pelo case/decisão, mas pelo conjunto de determinações que pressionam a decisão jurídica acolhendo argumentos de princípio, mas não os de política. [...] O Direito não pode simplesmente ser visto como fruto da legalidade estrita, mas sim como instrumento que realiza valores e expectativas de justiça que lhe são anteriores. [...] Assim, a construção de justiça é fundamentalmente cíclico-evolutiva, na medida que ontem é remanejado a cada case/decisão para ser tornado o "melhor possível"[5].

Em 1976[6] e em 1984[7], duas obras de Robert Alexy apresentam uma interpretação a partir da ponderação dos direitos fundamentais. Nesse sentido, Robert Alexy desenvolveu uma modalidade de interpretação argumentativa jurídica contemporânea. Ele aplica à estrutura da filosofia do discurso critérios de análise e de ponderação a serem realizadas pelo discurso jurídico. Bittar[8] descreve que a razão jurídica, na visão de Robert Alexy, deve ser pautada: a) na razão prática; b) no sopesamento; c) na proporcionalidade; e d) na ponderação.

5 BITTAR, Eduardo C. B. *Introdução ao Estudo do Direito: humanismo, democracia e justiça.* 2 ed. São Paulo: Saraiva, 2019, p. 547.

6 Uma Teoria da Argumentação Jurídica

7 Teoria dos Direitos Fundamentais

8 BITTAR, Eduardo C. B. *Introdução ao Estudo do Direito: humanismo, democracia e justiça.* 2 ed. São Paulo: Saraiva, 2019, p. 566.

Assim, por meio da estrutura da filosofia analítica do discurso jurídico, "primeiro se realiza a análise dos direitos fundamentais, na busca do seu tratamento conceitual; segundo, mediante a explicitação do que é implicitamente praticado nas várias vezes em que esses direitos entram em conflito, articula-se racionalmente o que já é praticado na realidade"[9].

Alexy explicita que sua teoria da argumentação jurídica tem como um de seus pilares a teoria do discurso racional, elaborada por Jürgen Habermas, e que ele procura construir um modelo de racionalidade que sirva como guia para a tomada de decisões jurídicas, desenvolvendo a tese de que a argumentação jurídica é um caso especial de discurso prático geral. Ele afirma, ainda, que essas análises anteriores da argumentação jurídica não podem ser negligenciadas, mas devem, sim, ser complementadas, pois não mais expressam o modelo mais adequado ao caso concreto na atualidade[10].

O jurista apresenta a proporcionalidade sob uma visão dada pelo Tribunal Constitucional Alemão. Ele traça métodos aparentemente racionais de solução de conflitos, nos quais a máxima da proporcionalidade é observada em três aspectos, a saber: adequação, exigibilidade e proporcionalidade em sentido estrito:

> Quanto maior é o grau de não-cumprimento ou prejuízo de um princípio, tanto maior deve ser a importância do cumprimento do outro.
> Direitos fundamentais são, assim, considerados também como princípios. A restrição de um direito fundamental deve, então, poder ser fundamentada jurídico-fundamentalmente de modo correto, ou seja, racionalmente. A ponderação realiza-se pela argumentação jurídica racional[11].

9 TOLEDO, Cláudia. *O Pensamento de Robert Alexy como Sistema*. Grupo GEN, 10/2017. [Minha Biblioteca UNICEUB], p. 41.

10 ALEXY, Robert. *Teoria da Argumentação Jurídica*. São Paulo: Landy Editora, 2001, pp. 29-25.

11 TOLEDO, Cláudia. *O Pensamento de Robert Alexy como Sistema*. Grupo GEN, 10/2017. [Minha Biblioteca UniCEUB], p. 40.

Na atualidade, é cada vez mais presente o uso das teorias de Robert Alexy pelos Tribunais Superiores em diversas partes do mundo, pois ele trata de forma prática a razão de decidir em processo quando se necessita do sopesamento entre os direitos fundamentais e sua estreita correlação ao caso concreto e com a manutenção de Estados democráticos. Assim, analisar-se-á essa aplicação quanto ao direito fundamental à saúde no Brasil.

1.2. O BRASIL E A POLÍTICA PÚBLICA DE PROMOÇÃO DO DIREITO FUNDAMENTAL À SAÚDE

As políticas públicas são essenciais para que o Estado alcance os seus objetivos, organizando medidas administrativas em prol de fins específicos. Veja-se como define o Instituto de Pesquisa Econômica Aplicada (IPEA):

> O termo "políticas públicas" é entendido como um conjunto de programas ou ações governamentais necessárias e suficientes, integradas e articuladas para a provisão de bens ou serviços à sociedade, financiadas por recursos orçamentários ou por benefícios de natureza tributária, creditícia e financeira[12].

No que se refere à promoção do direito fundamental à saúde, Mendes[13] cita que a Constituição Brasileira de 1988 foi a primeira a consagrar a questão da saúde como direito fundamental. Ou seja, ela estabelece que a saúde está no rol dos direitos de prestação em sentido amplo. Häberle[14] sintetiza que esse direito prestacional é a relação entre o cidadão e o Estado. Acrescenta ser fundamental que

12 BRASIL. IPEA... [*et al.*]. *Avaliação de políticas públicas: guia prático de análise* ex post, volume 2. Brasília: Casa Civil da Presidência da República, 2018. *On-line*. Disponível em: <https://www.ipea.gov.br/portal/images/stories/PDFs/livros/livros/181218_avaliacao_de_politicas_publicas_vol2_guia_expost.pdf>. Acesso em: 13 mar. 2021, p. 14.

13 MENDES, Gilmar F; BRANCO, Paulo G. *Curso de Direito Constitucional.* 15 ed. São Paulo: Saraiva, 2020, p. 742.

14 HÄBERLE, Peter. *Los derechos fundamentales en el Estado prestacional.* Lima: Palestra Editores, 2019, pp. 20-21.

essa interação seja permeada de planejamento, de comunicação, de cooperação e de participação.

Assim, a Constituição Brasileira de 1988 prevê que:

> A saúde é direito de todos e dever do Estado, garantido mediante políticas sociais e econômicas que visem à redução do risco de doença e de outros agravos e ao acesso universal e igualitário às ações e serviços para sua promoção, proteção e recuperação. (art. 196 CF. grifo nosso)

> São de relevância pública as ações e serviços de saúde, cabendo ao Poder Público dispor, nos termos da lei, sobre sua regulamentação, fiscalização e controle, devendo sua execução ser feita diretamente ou através de terceiros e, também, por pessoa física ou jurídica de direito privado (art. 197 CF grifo nosso)

Dessa forma, o Brasil optou por garantir ao povo acesso universal aos serviços de saúde que precisam ser prestados com equidade e integralidade. No país, as ações e os serviços de saúde são regulados por normas infraconstitucionais que disciplinam o funcionamento do Sistema Único de Saúde (SUS): Lei nº 8.080/90. O SUS compreende uma ampla gama de ações e serviços de saúde, envolvendo órgãos e instituições públicas federais, estaduais e municipais, da Administração direta e indireta e das fundações mantidas pelo poder público. (art. 4, Lei 8080/90).

Reis[15] esclarece que disposições infraconstitucionais criaram o SUS e, ao longo dos anos, várias outras políticas foram sendo implementadas para o aperfeiçoamento do SUS (Reis, 2012, p. 8). Dentre as principais normas do SUS, merece ser citada a Lei nº 8.080/90, que detalha a organização, as atribuições de cada ente da Federação (União, Estados e Municípios), a gestão financei-

15 REIS, Denizi Oliveira Reis; ARAÚJO, Eliane Cardoso e CECÍLIO. Luiz Carlos de Oliveira. *Políticas públicas de saúde: Sistema Único de Saúde. São Paulo*: UNIFESP, 2012. Disponível em <https://www.unasus.unifesp.br/biblioteca_virtual/esf/2/unidades_conteudos/unidade04/unidade04.pdf>, p. 8.

ra e o orçamento, além da participação complementar de agentes privados. Outra lei relevante é a de nº 8.142/90, que disciplina as transferências intergovernamentais de recursos financeiros, a participação da comunidade na gestão do SUS e institui os Conselhos de Saúde.

Dessa forma, como esclarece Mendes[16], é dever do Estado primar pelo desenvolvimento de políticas públicas que visem à redução de doenças, à promoção, à proteção e à recuperação da saúde de TODOS aqueles que se encontrem no território brasileiro.

Ao longo dos anos, diversas foram as políticas públicas elaboradas no âmbito do SUS para o provimento da saúde no Brasil, a saber[17]:

a) 1994 < Programa de Saúde da Família ou PSF > cabe ressaltar que os primórdios desse programa datam de 1991 com o Programa de Agentes Comunitários de Saúde (PACS). Em 1994, tem-se a criação do Programa como estratégia nacional para se implantar a nível municipal a "Atenção Primária". Assim, a família passa a ser o objeto da atenção, no ambiente em que vive, permitindo uma compreensão ampliada do processo saúde-doença. Há ações de promoção de saúde, vacinação, prevenção, recuperação, reabilitação de doenças. Esse programa visa a prevenção e não somente o atendimento emergencial muitas vezes preconizado nos grandes hospitais. Em 2011, com a portaria nº 2.488/11, foi instituída a Política Nacional de Atenção Básica para a Estratégia Saúde da Família, confirmando, assim, esse programa como estratégia prioritária do Ministério da Saúde.

b) 1996 < NOB 96 > a "Norma Operacional Básica" acelerou a descentralização dos recursos federais em direção aos Es-

16 MENDES, Gilmar F; BRANCO, Paulo G. **Curso de Direito Constitucional**. 15 ed. São Paulo: Saraiva, 2020, p. 743.

17 BRASIL. Ministério da Saúde. Secretaria-Executiva. Subsecretaria de Assuntos Administrativos. *SUS: a saúde do Brasil.* Brasília : Editora do Ministério da Saúde, 2011.

tados e Municípios, consolidando a tendência à autonomia de gestão das esferas descentralizadas. Ela trouxe inovações na concepção de saúde como observação das condições sanitárias, ambientais, emprego, moradia, lazer, educação etc. Também promoveu o fortalecimento das instâncias colegiadas e da gestão pactuada e descentralizada. Ainda estabeleceu as transferências fundo a fundo (do Fundo Nacional de Saúde direto para os fundos municipais de saúde) com base no quantitativo populacional e em valores *per capita* previamente fixados, o PAB – Piso Assistencial Básico. Cabe salientar que essa norma é periodicamente editada buscando legislar necessidades atuais.

c) 1996 < Lei nº 9.313/96> Acesso e distribuição de medicamentos aos portadores de HIV/aids.

d) 1997 < PAB > Criação do Piso de Atenção Básica (PAB) – repasse de recursos ao gestor municipal, por pessoa, para o atendimento à Saúde.

e) 1997 < Lei nº 9.434/97 > Sistema Nacional de Transplantes

f) 1999 < ANVISA > Criação da Agência Nacional de Vigilância Sanitária (Anvisa) – uma nova etapa no registro e na fiscalização de medicamentos e alimentos

g) 2001 < Lei nº 10.216 > Proteção e os direitos das pessoas portadoras de transtornos mentais.

h) 2002 < NOAS-SUS > a Norma Operacional de Assistência à Saúde foi editada no ano de 2002. A ênfase maior foi no processo de regionalização do SUS, a partir de uma avaliação de que a municipalização da gestão do sistema de saúde, regulamentada e consolidada pelas normas operacionais, estava sendo insuficiente para a configuração do sistema de saúde por não permitir uma definição mais clara dos mecanismos regionais de organização da prestação de serviços.

i) 2002 – Políticas Nacionais de Saúde da Pessoa Portadora de Deficiência, de Atenção à Saúde dos Povos Indígenas e de Redução da Morbimortalidade por Acidentes e Violências

j) 2004 – Políticas Nacionais de Atenção Integral à Saúde da Mulher, de Humanização do SUS e de Saúde do Trabalhador.
– Programa "Brasil Sorridente" – Um conjunto de ações para melhorar as condições de saúde bucal.
– Programa "Farmácia Popular do Brasil".
– Criação da Empresa Brasileira de Hemoderivados e Biotecnologia (Hemobras).

l) 2005 – Política Nacional de Direitos Sexuais e Direitos Reprodutivos

m) 2006 < PACTO PELA SAÚDE > foi um conjunto de reformas institucionais pactuado entre as três esferas de gestão (União, Estados e Municípios) do Sistema Único de Saúde, com o objetivo de promover inovações nos processos e instrumentos de gestão. Os compromissos foram estabelecidos em três dimensões: *Pacto pela Vida, Pacto em Defesa do SUS e Pacto de Gestão*. O *Pacto pela Vida* definiu as seguintes prioridades de atuação: 1. Saúde do idoso; 2. Controle do câncer do colo do útero e da mama; 3. Redução da mortalidade infantil e materna; 4. Fortalecimento da capacidade de resposta às doenças emergentes e endemias, com ênfase na dengue, hanseníase, tuberculose, malária e influenza; 5. Promoção da saúde; 6. Fortalecimento da Atenção Básica. O *Pacto em Defesa do SUS* prioriza metas como: 1. A repolitização da saúde, como movimento que retoma a Reforma Sanitária Brasileira, atualizando as discussões em torno dos desafios atuais do SUS; 2. Promoção da cidadania como estratégia de mobilização social tendo a questão da saúde como direito; 3. Garantia de financiamento de acordo com as necessidades do Sistema. Dimensão do Pacto de Gestão são abordados: 1. A regionalização; 2. A qualificação do processo de descentralização e ações de planejamento e programação; 3. Mudanças no financiamento. Sua implementação se dá por meio da adesão de Municípios, Estados e União ao Termo de Compromisso de Gestão (TCG), que, renovado anualmente, substitui os anteriores processos de habilitação e estabelece metas e compromissos para cada ente da federação. As transferências dos recursos também foram modificadas, passando a ser divididas em seis grandes blocos de financiamento (Atenção, Básica, Média e Alta Complexidade da Assistência, Vigilância em Saúde, Assistência Farmacêutica, Gestão do SUS e Investimentos em Saúde).

n) 2007 – Política Nacional sobre o Álcool e veiculação de campanhas sobre o uso abusivo.

o) 2008 – O SUS transformou-se no maior projeto público de inclusão social em menos de duas décadas: 110 milhões de pessoas atendidas por agentes comunitários de saúde em 95% dos municípios.

p) 2009 – Lançamento da Campanha Nacional de Prevenção à Influenza H1N1.
– Política Nacional de Saúde do Homem.
– Inauguração do centro de estudo para produção de células-tronco.

q) 2010 – Criação do primeiro cadastro nacional de pesquisas clínicas realizadas em seres humanos.
– Criação da Universidade Aberta do SUS.
– Criação da Secretaria Especial de Saúde Indígena.

Verifica-se que, ao longo de mais de uma década, várias ações de promoção de saúde pública foram e continuam sendo implementadas no Brasil. Conforme ressalta Malta[18], as experiências de organização dos cuidados primários foram desenvolvidas em todo o país e foram inspiradas em modelos de Atenção Primária à Saúde (APS) de países como Canadá, Cuba, Suécia e Inglaterra.

Contudo, a Política Nacional de Promoção de Saúde (PNPS) só entrou em vigor em 2006 e surge o Conselho Nacional de Saúde (CNS) em 2014. Ocorre que, em 2015, reformas ministeriais deixaram cicatrizes no âmbito da saúde. Durante o governo da presidente Dilma Rousseff, houve mudanças na gestão do Ministério da Saúde e a publicação de portarias ministeriais, como as de nº 958 e 959, de 10 de maio de 2016, que trouxeram mais instabilidade à gestão de saúde no Brasil. Com o *impeachment* da presidente Dilma em agosto de 2016, assume o então vice-presidente da República Michel Temer, em mudança política que também reverbera na condução da saúde do Brasil, dificultando uma continuidade de gestão.

Em 2017, em meio à crise político-econômica do Brasil, entra em vigor o Plano Nacional de Atenção Básica (PNAB 2017), e, como salienta Almeida[19], "ele foi fruto da arena de disputas travadas no campo da gestão interfederativa, em que prevaleceram os interesses de parte dos atores, ao passo que algumas inovações defendidas tecnicamente foram incorporadas à Política de forma tímida e superficial".

Ocorre que, para a implementação das políticas preconizadas no PNAB 2017, havia a necessidade de grande indução financeira federal. E o que houve, na prática, foi a redução desses insumos econômicos com a entrada em vigor da Emenda Constitucional

18 MALTA, Deborah Carvalho *et al. O SUS e a Política Nacional de Promoção da Saúde: perspectiva resultados, avanços e desafios em tempos de crise. Ciência & Saúde Coletiva* [*on-line*]. 2018, v. 23, nº 6 [Acesso em: 25 nov. 2021], pp. 1799-1809. Disponível em: <https://doi.org/10.1590/1413-81232018236.04782018>

19 ALMEIDA, Erika Rodrigues de *et al. Política Nacional de Atenção Básica no Brasil: uma análise do processo de revisão* (2015-2017). *Revista Panamericana de Salud Pública* [*on-line*]. 2018, v. 42 [Acesso em: 2 abr. 2021], e 180. Disponível em: <https://doi.org/10.26633/RPSP.2018.180>

95/2016[20], que estabeleceu o Novo Regime Fiscal (NRF) no âmbito dos Orçamentos Fiscal e da Seguridade Social da União, o qual vigorará por vinte exercícios financeiros.

Dessa forma, verifica-se os impasses da política estatal brasileira em prover o direito fundamental à saúde. As políticas de destaque realizadas pelo Brasil em crises sanitárias anteriores, como "a ação coordenada de gestão, ao dar resposta à Emergência de Saúde Pública Internacional diante do vírus Zika e sua relação com surto de microcefalia; As ações de prevenção/controle das arboviroses (dengue, chikungunya), influenza, H1N1 e, mais recentemente, sarampo"[21] (Araújo, 2020), **não foram suficientes para garantir** um completo preparo para a gestão da pandemia da Covid-19, evento sem precedentes na história recente, como veremos a seguir.

1.3. A PANDEMIA DA COVID-19 NO BRASIL

Em 30 de janeiro de 2020, a Organização Mundial da Saúde (OMS) declarou que o surto de Covid-19 constituía uma Emergência de Saúde Pública de Importância Internacional (ESPII)[22]

20 Altera o Ato das Disposições Constitucionais Transitórias, para instituir o Novo Regime Fiscal, e dá outras providências. A EC limitou os gastos governamentais até 2036 como única medida capaz de retornar o crescimento da economia.

21 ARAUJO, Janieiry Lima de; OLIVEIRA, Kalyane Kelly Duarte de; FREITAS, Rodrigo Jácob Moreira de. *Em defesa do Sistema Único de Saúde no contexto da pandemia por SARS-CoV-2.* Rev. Bras. Enferm., Brasília, v. 73, supl. 2, e 20200247, 2020. Available from <http://www.scielo.br/scielo.php?script=sci_arttext&pid=S0034-71672020001400402&lng=en&nrm=iso>

22 O Regulamento Sanitário Internacional (RSI), "um evento extraordinário que pode constituir um risco de saúde pública para outros países devido a disseminação internacional de doenças; e potencialmente requer uma resposta internacional coordenada e imediata". É a sexta vez na história que uma Emergência de Saúde Pública de Importância Internacional é declarada. As outras foram:

- 25 de abril de 2009: pandemia de H1N1.
- 5 de maio de 2014: disseminação internacional de poliovírus.
- 8 de agosto de 2014: surto de ebola na África Ocidental.
- 1º de fevereiro de 2016: vírus Zika e aumento de casos de microcefalia e outras malformações congênitas.
- 18 de maio de 2018: surto de ebola na República Democrática do Congo.

Fonte: https://www.paho.org/pt/covid19/historico-da-pandemia-covid-19

– o mais alto nível de alerta da Organização, conforme previsto no Regulamento Sanitário Internacional. E, dessa data em diante, o que se tem vivenciado é o registro do aumento de contaminações e óbitos em todo o mundo, o que levou a OMS a decretar a pandemia em 11 de março de 2020.

O Brasil tem o primeiro caso confirmado de Covid-19 em 26 de fevereiro de 2020, em um homem de 61 anos que havia viajado à Itália. Até então, os 34 brasileiros repatriados de Wuhan, China, no dia 9 de fevereiro de 2020, não haviam apresentado sintomas durante o período "quarentena" de 14 dias.

Em 3 de fevereiro de 2020, o país declarou Emergência de Saúde Pública de Importância Nacional (ESPIN)[23] e, em 5 de marco de 2020, confirma-se a primeira transmissão comunitária do coronavírus no território brasileiro. É importante salientar que, no início da pandemia, o Brasil começou a tomar medidas sanitárias de saúde pública antes mesmo da primeira confirmação de transmissão interna do vírus. Isso demonstra a *expertise* já previamente adquirida pelo país no combate a outras doenças, como a do vírus Zika, em 2016. Cavalcante[24] salienta que, até a "Semana 20 de 2020, o Brasil se encontrava em uma etapa anterior no curso da epidemia da Covid-19, quando comparado aos demais países que apresentavam os maiores números de casos confirmados da doença".

23 No Brasil, foi a legislação que incorporou a Declaração de Emergência em Saúde Pública de Importância Internacional da OMS. < https://www.paho.org/pt/news/30-1-2020-who-declares-public-health-emergency-novel-coronavirus>. Brasil. Ministério da Saúde. Portaria MS/GM nº 188, de 3 de fevereiro de 2020. Declara Emergência em Saúde Pública de importância Nacional em decorrência da Infecção Humana pelo novo Coronavírus (2019-nCoV) [Internet]. Diário Oficial da União, Brasília (DF); Seção Extra: 1. Disponível em: http://www.planalto.gov.br/ccivil_03/portaria/prt188-20-ms.htm

24 CAVALCANTE, João Roberto *et al.* Covid-19 no Brasil: evolução da epidemia até a semana epidemiológica 20 de 2020. *Epidemiologia e Serviços de Saúde* [*on-line*]. v. 29, nº 4, AGO 2020. Disponível em: <https://doi.org/10.5123/S1679-49742020000400010>

No mundo inteiro, houve a aceleração do número de casos de contaminação e diversas estratégias de *lockdown* são realizadas em diversos países.

A empresa Sanar desenhou a "linha do tempo da Covid-19 no Brasil":

Março 2020

Ministério da Saúde disponibiliza aplicativo Coronavírus SUS e oferece serviços de combate à covid-19;

Foi anunciado investimento de R$ 140 milhões do Ministério da Saúde para criação do Centro Hospitalar para a Pandemia da Covid-19, no Rio de Janeiro. Nesse centro haverá leitos de tratamento intensivo e semi-intensivo para pacientes graves infectados pelo novo coronavírus;

10 de abril de 2020

Hospital Delphina Aziz, referência no tratamento do novo coronavírus em Manaus (AM), entra em colapso. Perda de capacidade operacional é motivada pela falta de profissionais para atuar na linha de frente do combate.

Ministério da Saúde também assina contrato para aquisição de 4,3 mil ventiladores da empresa brasileira Intermed Equipamento Médico Hospitalar. Investimento é de R$ 258 milhões. Com o contrato, sobe para 10,8 mil o número de ventiladores pulmonares adquiridos desde o início da epidemia no Brasil.

Em 14 de abril, Ministério da Saúde dá início ao Censo Hospitalar nos 26 Estados e no Distrito Federal. Levantamento reúne registro de internações hospitalares dos casos suspeitos e confirmados de Covid-19, nas unidades de saúde públicas e privadas. Objetivo é monitorar a taxa de ocupação dos leitos SUS disponíveis para pacientes com a doença.

16 de abril de 2020

Presidente da República, Jair Bolsonaro, decide exonerar o ministro da Saúde, Luiz Henrique Mandetta. Quem assume o ministério é o médico oncologista e empresário Nelson Teich.

O ministro da Saúde, Nelson Teich, afirma que o número de mortes será determinante para relaxamento das medidas de distanciamento social. Dados da pasta registram 5.901 óbitos por coronavírus e 85.380 casos de Covid-19.

Justiça decreta *lockdown* no Maranhão. Estarão em bloqueio total por dez dias, a partir de 5 de maio, a capital São Luís e as cidades São José de Ribamar, Paço do Lumiar e Raposa.

7 de maio de 2020

Seis Estados apresentam colapso na rede privada de saúde. Rio de Janeiro, Ceará, Pernambuco, Amazonas, Maranhão e Pará não têm mais leitos de UTI que podem ser contratados pela rede pública.

9 de maio de 2020

Congresso Nacional decreta luto oficial de três dias em razão dos mais de 10 mil mortos pela Covid-19. Em nota, presidentes da Câmara dos Deputados, Rodrigo Maia, e do Senado, Davi Alcolumbre, afirmam que o Parlamento não está indiferente à situação. Supremo Tribunal Federal também decreta luto oficial de três dias. O presidente da Corte, Dias Toffoli, pede união entre os poderes e ação coordenada amparada na Ciência. O Poder Executivo não se manifesta.

11 de maio de 2020

Presidente da República decide incluir atividades industriais, construção civil e salões de beleza, academias e barbearias na lista de atividades essenciais. Medida permite que esses setores funcionem durante o período de pandemia do novo coronavírus. Os

Estados e Municípios, no entanto, têm a prerrogativa de ignorar a determinação federal, após entendimento do Supremo Tribunal Federal.

12 de maio de 2020

Estudo publicado na revista *Journal of the American Medical Association* não encontra evidências de que cloroquina reduz mortalidade entre pacientes do novo coronavírus. Pesquisa foi feita com 1.438 pacientes internados em Nova York entre 15 e 28 de março. Eles foram acompanhados até 24 de abril.

13 de maio de 2020

Presidente Jair Bolsonaro volta a defender uso da cloroquina no tratamento do novo coronavírus. Na véspera, ministro Nelson Teich alertou sobre efeitos colaterais da substância e sugeriu que paciente que optar pelo tratamento deve assinar um termo de consentimento.

15 de maio de 2020

Ministro da Saúde, Nelson Teich, pede demissão do cargo pouco menos de um mês à frente da pasta. O médico oncologista alertou sobre riscos da cloroquina e defendeu medidas de distanciamento social – posicionamentos científicos, mas contrários ao que defende o presidente Jair Bolsonaro.

20 de maio de 2020

Ministério da Saúde, sob o comando do ministro interino Eduardo Pazuello, divulga protocolo para uso da cloroquina e da hidroxicloroquina em casos leves da doença. No entanto, estudos em todo o mundo refutam a eficácia das substâncias no combate à Covid-19.

5 de junho de 2020

Brasil recebe primeiro lote de vacina contra a Covid-19 desenvolvida na Universidade de Oxford, na Inglaterra. Dois mil voluntários brasileiros serão vacinados nas próximas três semanas. Experimentos serão feitos inicialmente em São Paulo e no Rio de Janeiro. Presidente Jair Bolsonaro ameaça deixar a Organização Mundial da Saúde, caso entidade continue com "viés ideológico". Declaração segue posicionamento de Donald Trump, que rompeu relações com a entidade.

8 de junho de 2020

Veículos de imprensa se reúnem para divulgar dados da pandemia no Brasil. Congresso decide também por acompanhar os números de casos e óbitos disponibilizados pelas secretarias estaduais de Saúde.

9 de junho de 2020

Ministério da Saúde volta a apresentar dados consolidados de casos e óbitos decorrentes da pandemia do novo coronavírus. Retorno obedece à determinação do ministro Alexandre de Moraes, do Supremo Tribunal Federal. A Sanar desenvolve plataforma própria para acompanhar a evolução dos casos de coronavírus em todo o país.

17 de junho de 2020

Ministério da Saúde registra 1.269 mortes por coronavírus no Brasil em 24 horas. Com isso, total de óbitos passa para 46.510. No mesmo período, governo contabiliza 32.188 novos casos, o que eleva para 955.377 o número consolidado de diagnósticos da Covid-19.

Dados diferem do contabilizado pelo consórcio de veículos de imprensa, conforme levantamento junto às secretarias estaduais de Saúde. Sob esta perspectiva, são 1.209 óbitos e 31.475 novos casos. Com isso, sobe para 46.665 o total de óbitos e 960.309 o número de casos confirmados da Covid-19.

Março de 2021

No mundo, de acordo com a Johns Hopkins, são mais de 2,7 milhões de mortes e mais de 124 milhões de casos até março de 2021. Os países com mais casos são Estados Unidos, Brasil, Índia, Rússia e França. Quando falamos em mortes, o *ranking* muda: EUA, Brasil, México, Índia e Reino Unido.

6 de maio de 2021

Nova variante do coronavírus em circulação no Rio de Janeiro. A Secretaria Estadual de Saúde do Rio de Janeiro identificou uma nova variante do coronavírus em circulação no Estado. A cepa foi chamada de P.1.2, por se tratar de uma alteração ocorrida na linhagem P.1, que surgiu em Manaus. Ainda não se sabe se a P.1.2 é mais letal ou mais transmissível.

De maio a novembro de 2021

Vacinação é realizada em várias partes do mundo, e a grande discussão ainda é a distribuição e imunização global.

De novembro até 7 de dezembro de 2021

Mundo se depara e trata com cautela a nova variante Ômicron, detectada na África do Sul.

Conforme descrito na linha temporal acima, são percebidas dificuldades de respostas rápidas do mundo inteiro. No caso brasileiro, percebe-se que a condução das medidas de combate à pandemia é afetada não apenas por problemas de saúde pública. Há cada vez mais uma espécie de crise multidimensional e sistêmica no país. Crise esta não iniciada pelo governo atual do presidente Jair Bolsonaro. Muitos especialistas[25] descrevem que a pandemia

25 DWECK, Esther; MORETTI, Bruno; MELO, Maria Fernanda G. Cardoso. *Pandemia e desafios estruturais do CEIS: financiamento do SUS, federalismo da saúde e as relações público-privadas.* Cadernos do Desenvolvimento, V, 16, nº 28, jan.-abr. 2021. Disponível em: <http://www.ca-

da Covid-19 no Brasil aprofundou mais ainda a crise econômica (iniciada em 2014) e institucional (há uma desintegração política) que já têm longa data. Desde a Constituição de 1988, tenta-se consolidar a democracia e o fortalecimento das instituições públicas e sanitárias (a Fiocruz explica que a pandemia da Covid-19 é a maior crise sanitária e hospitalar que o Brasil já enfrentou[26]).

Em diversos países, mesmo com a governança auxiliada pelos organismos internacionais (a exemplo da OMS, ONU e OMC), pode-se observar que o tratamento e a abordagem da pandemia se deram de forma diferenciada. A experiência da China mostrou que intervenções não farmacológicas, que incluem diversas formas de distanciamento social, desde o isolamento de casos e contatos até o bloqueio total (*lockdown*), podem surtir algum[27] efeito para conter a epidemia. No entanto, a aplicabilidade dessas estratégias se dá e se deu de diferentes formas entre os diversos países[28].

2. A FORMULAÇÃO DA IDEIA DE "CRISE" E DOS "PROTOCOLOS DE EMERGÊNCIA" E O PAPEL DO TERCEIRO SETOR

No presente tópico, abordar-se-á os conceitos de "crise" e dos "protocolos de emergência" segundo a visão de Revault d'Allonnes[29] e Stephen Holmes[30].

---

dernosdodesenvolvimento.org.br/ojs2.4.8/index.php/cdes/issue/view/30/showToc>

26 Fonte: https://drauziovarella.uol.com.br/coronavirus/covid-19-e-a-maior-crise-sanitaria-e-hospitalar-que-o-brasil-ja-enfrentou/

27 Cabe salientar que em alguns lugares o *lockdown*, depois de certo período, não surtiu mais tanto efeito, já que houve aumento dos casos.

28 CAVALCANTE, João Roberto et al. *Covid-19 no Brasil: evolução da epidemia até a semana epidemiológica 20 de 2020.* Epidemiologia e Serviços de Saúde [*on-line*]. v. 29, nº 4, AGO 2020. Disponível em: <https://doi.org/10.5123/S1679-49742020000400010>

29 REVAULT D'ALLONNES, Myriam. *La crise sans fin. Essai sur l'expérience moderne du temps.* Paris, Ed. du Seuil, 2012.

30 HOLMES, Stephen, In Case of Emergency: *Misunderstanding Tradeoffs in the War on Terror* (April 1, 2009). California Law Review, Vol 97, nº 2, pp. 301-356, 2009, Available at SSRN: https://ssrn.com/abstract=1495769

A pandemia da Covid-9, com origem na China, trouxe repercussões globais e a exemplificação do que Myriam Revault d'Allonnes intitulou-a de "crise sans fin", a "crise onipresente". Isso se deve, na verdade, ao fato de que a ruptura de equilíbrio própria da crise está cada vez mais presente, de modo que a incerteza tem se tornado algo permanente na modernidade.

A autora cita que a palavra "krisis", na Grécia antiga, estava também presente em diversos contextos, a saber:

- no âmbito estatal – crise de autoridade, nas instituições;
- na esfera social – desequilíbrios sociais no estado de bem-estar social;
- individual – mudanças pessoais;
- cultural – mudanças de ambientes educacionais; e
- ambiental – desmatamento etc.

Na verdade, todas essas esferas de crise possuem um ponto em comum: aquele em que uma situação de exceção acaba promovendo uma mudança de paradigma, ou seja, a mudança de um *status quo* para se inserir uma nova realidade. Cabe salientar que, nos estudos da autora, ela cita Claude Lefort[31] afirmando que a noção de crise, no conceito da democracia moderna, precisa ter três rupturas: crise dos fundamentos, das regras/normas e da identidade e que essas rupturas assinalam um novo universo futuro, uma construção de novo paradigma[32].

A autora salienta que, na modernidade, a visão de "crise" foi alterada, pois não é algo a ser superado, uma etapa a ser alcançada. Na humanidade moderna, houve a extinção dessa superação, pois se vive numa constante crise: "a crise é a regra geral que permeia o indivíduo na sua existência, seja na vida individual ou em sociedade". Os nomes crise e modernidade estão entrelaçados, são inseparáveis,

31 https://www.revistas.usp.br/discurso/article/download/147391/141438/298359

32 REVAULT D'ALLONNES, Myriam. *La crise sans fin. Essai sur l'expérience moderne du temps.* Paris, Ed. du Seuil, 2012.

e o futuro é cada vez mais indeterminado. Definha-se a possibilidade de prever o futuro e, com sua indeterminação, resta ampliar o foco em um presente desalentado ante a falta de perspectivas palpáveis. Tem-se um ciclo vicioso de dificuldade de preparo no presente e dificuldade de previsibilidade do futuro, conduzindo a um porvir ainda mais incerto e distante das expectativas hodiernas.

Diante da incerteza, não se tem a iniciativa de se estabelecer previsões ou medidas a serem seguidas. Assim, sem orientação previsível, as políticas precisam responder e solucionar questões num ambiente de constante imprevisão. A interpelação que se apresenta é: será possível ter políticas que se adaptem à constante incerteza? E ainda aplicando essa pergunta à temática de saúde do presente trabalho: será possível ter políticas de saúde que se adaptem à constante incerteza?

Cabe frisar que, no ambiente da saúde, a crise se caracteriza como "um momento" de gravidade e o que está em jogo é a cura, a vida ou morte.

Complementando a ideia de crise de Revault d'Allonnes, utilizar-se-á os estudos de Holmes[33], defensor de que a crise é um estado constante, uma emergência em ininterrupto. Para vivenciar esse momento constante de emergência, há a necessidade de se criar/seguir protocolos específicos. Ou seja, há a imposição de se ter uma constante situação de "sala de emergência" para se conduzir a situação de modo pontual e condizente com a urgência que ela exige.

Para se ter esses protocolos específicos, Holmes defende que todas as áreas precisam utilizar da mesma analogia presente nos protocolos de emergência dos profissionais de saúde. Isso significa que, para se estabelecer soluções para crises/problemas emergenciais na seara estatal, é necessário que se crie critérios e parâmetros

33 HOLMES, Stephen, *In Case of Emergency: Misunderstanding Tradeoffs in the War on Terror* (April 1, 2009). California Law Review, Vol. 97, nº 2, pp. 301-356, 2009, Available at SSRN: https://ssrn.com/abstract=1495769

condizentes com a situação de desequilíbrio e de transtorno, pois as formas tradicionais e corriqueiras de atuação estatal não responderão às necessidades da instabilidade/necessidade apresentada.

Transpondo essas ideias ao âmbito da pandemia da Covid-19, houve, sim, o estabelecimento de um "protocolo de emergência" internacional declarado pela Organização Mundial da Saúde, em 30 de janeiro de 2020.

Na "Declaração de Emergência em Saúde Pública de Importância Internacional"[34], a OMS estabeleceu, em linhas gerais, sete pontos a serem observados pelos Estados:

> Primeiro, não há razão para medidas que interfiram desnecessariamente nas viagens e comércio internacional. A OMS não recomenda limitar o comércio e o movimento. Conclamamos todos os países a implementar decisões consistentes e baseadas em evidências. A OMS está pronta para orientar qualquer país que esteja considerando quais medidas tomar.
>
> Segundo, devemos apoiar países com sistemas de saúde mais fracos.
>
> Terceiro, acelerar o desenvolvimento de vacinas, terapêuticas e diagnósticos.
>
> Quarto, combater a disseminação de rumores e desinformação.
>
> Quinto, revisar os planos de preparação, identificar lacunas e avaliar os recursos necessários para identificar, isolar e cuidar de casos e impedir a transmissão.
>
> Sexto, compartilhar dados, conhecimentos e experiências com a OMS e o mundo.
>
> E sétimo, a única maneira de derrotar este surto é ter todos os países trabalhando juntos em um espírito de solidariedade e

34 OMS. *Declaração de Emergência em Saúde Pública de Importância Internacional 30/01/2020*. Disponível em <https://www.paho.org/pt/news/30-1-2020-who-declares-public-health-emergency-novel-coronavirus>

cooperação. Estamos todos juntos nisso e só podemos pará-lo juntos.

É tempo de fatos, não de medo.

Nem mesmo essa orientação OU esse direcionamento internacional foi capaz de gerenciar todas as ramificações da pandemia da Covid-19. Dessa maneira, pode-se assistir à atuação de agentes públicos e/ou privados tentando propor ações possíveis para o enfrentamento da pandemia.

A pandemia da Covid-19 apresenta desafios sem precedentes, principalmente no que se refere à necessidade de ações conjuntas e imediatas. Autores[35] relatam que o mundo enfrenta a pandemia mais grave já vivida em amplitude global.

A cooperação global requer tanto atitudes de norte a norte quanto também de sul a sul, pois há a necessidade de se analisar os diferentes graus de necessidade. A Agenda 2030 para o desenvolvimento sustentável é um dos marcos para se pensar na governança global de saúde[36].

As desigualdades geram impactos diferentes das políticas de resposta, e estas exacerbam as desigualdades. O número de pacientes doentes por causa do surto colapsa os sistemas de saúde, colapso esse que se estende para outros setores da sociedade. Essa realidade apresentou ao mundo desafios cruciais a serem superados, tais como a coordenação das lideranças existentes em nível mundial e nacional. Essa cooperação tem exigido ampla colaboração e coordenação dos vários indivíduos e organizações envolvidos.

Estudos[37] demonstram que as respostas acontecem em dois níveis, um Estratégico e outro Operacional, sendo realizadas, res-

35 PHELAN, A. L. e KATZ, R. *The novel coronavirus originating in Wuhan, China: challenges for global health governance.* JAMA 323 (8), 709-710, 2020.

36 BUSS, Paulo Marchiori; TOBAR, Sebastián. *Diplomacia em Saúde e Saúde Global: perspectivas latino-americanas.* Rio de Janeiro: Fiocruz, 2017.

37 WEIBLE, C.M., NOHRSTEDT, D., CAIRNEY, P. *et al. Covid-19 and the policy sciences: initial*

pectivamente, por líderes políticos-administrativos e profissionais da área da saúde. Alguns exemplos do que vem acontecendo nos países ilustram as dificuldades na realização das ações necessárias para o combate à pandemia, tais como: falhas de comunicação, valores diferenciados presentes em cada sociedade, fragilidade de instituições estatais e visões díspares presentes nas lideranças políticas, econômicas e científicas. Esses fatores, presentes em maior ou menor grau, podem minar os esforços para se obter uma resposta coletiva à crise.

A colaboração internacional intensificou-se, e o mundo tem buscado combater a pandemia da Covid-19 por meio da governança global. Percebem-se diversas estratégias orientadas para fazer frente aos desafios sem precedentes. Alguns autores[38] salientam que uma das medidas é a coordenação de uma rede global de atores: sejam eles estatais, privados ou instituições internacionais. Esse arranjo de governança permite a participação de diversos atores que buscam desenvolver ações políticas dirigidas pontualmente para o combate da pandemia da Covid-19.

Assim, a questão da pandemia veio inserir a temática da saúde global de forma mais proeminente na agenda internacional.

Autores[39] demonstram algumas alternativas viáveis, tais como: governança em rede; colaboração intersetorial; parceria público-privada; e participação social.

---

reactions and perspectives. Policy Sci 53, 225–241, 2020. https://doi.org/10.1007/s11077-020-09381-4

38 LECOURS, A. *Paradiplomacy: Reflections on the Foreign Policy and International Relations of Regions, International negotiations*, nº 7, 2002, pp. 91-114;

MALTA, Deborah Carvalho *et al. O SUS e a Política Nacional de Promoção da Saúde: perspectiva resultados, avanços e desafios em tempos de crise.* Ciência & Saúde Coletiva [*on-line*]. 2018, v. 23, nº 6 [Acesso em: 2 abr. 2021], pp. 1799-1809. Disponível em: <https://doi.org/10.1590/1413-81232018236.04782018>.

KUZNETSOV, Alexander S. *Theory and Practice of Paradiplomacy Subnational Governments in International Affairs-Routledge: Routledge New Diplomacy Studies,* 2014.

39 SUÁREZ-HERRERA, José Carlos *et al. Alianzas estratégicas en salud global Perspectivas innovadoras para una Epidemiología del Desarrollo Sostenible.* In Epidemiología en la era del desarrollo sostenible. Ciudad Autó-noma de Buenos Aires: Facultad de Ciencias Médicas de la Universidad

2.1. A ATUAÇÃO DO TERCEIRO SETOR NO COMBATE À PANDEMIA DA COVID-19

Um movimento que cabe salientar é a participação social. Alguns autores[40] explicam que esse crescimento da atuação do Terceiro Setor se deve à perda da confiança na capacidade do Estado, por si só, de gerar o bem-estar social, promover o progresso econômico, proteger o meio ambiente e prover a qualidade de vida da população por meio de ações sociais.

A atuação do Terceiro Setor em atividades sociais tem sua origem na década de 70, nos Estados Unidos, e, com o passar do tempo, as ações e os movimentos liderados por esse setor têm aumentado de forma exponencial.

Cabe salientar que, para o presente estudo, trataremos Terceiro Setor como:

> aquele Setor que não é público e nem privado, no sentido convencional desses termos; porém, guarda uma relação simbiótica com ambos, na medida em que ele deriva sua própria identidade da conjugação entre a metodologia deste com as finalidades daquele. Ou seja, o Terceiro Setor é composto por organizações de natureza "privada" [sem o objetivo do lucro] dedicadas à consecução de objetivos sociais ou públicos, embora não seja integrante do governo [Administração Estatal][41].

Nacional de Córdoba; Casa Editorial Analéctica; Arkho Ediciones; Red de Pensamiento Decolonial; Red CoPaLa, 2021. Disponível em: <https://saludpublica.fcm.unc.edu.ar/epidemiologia-en-la-era-del-desarrollo-sostenible/>

40 CALEGARE, Marcelo Gustavo Aguilar; SILVA JUNIOR, Nelson. *A "construção" do terceiro setor no Brasil: da questão social à organizacional.* Rev. psicol. polít., São Paulo, v. 9, nº 17, pp. 129-148, jun. 2009. Disponível em: <http://pepsic.bvsalud.org/scielo.php?script=sci_arttext&pid=S1519-549X2009000100009&lng=pt&nrm=iso>

VIEIRA, Naldeir dos Santos; PARENTE, Cristina; BARBOSA, Allan Claudius Queiroz. *Terceiro setor, economia social e economia solidária: laboratório por excelência de inovação social.* Sociologia, Porto, nº temático 7, pp. 100-121, dez. 2017. Disponível em <http://www.scielo.mec.pt/scielo.php?script=sci_arttext&pid=S0872-34192017000200007&lng=pt&nrm=iso>.

MPDFT. *Reflexões, Impactos e Perspectivas de Atuação da Força-Tarefa Constituída pelo MPDFT durante a Pandemia da Covid-19.* Anais do Webinário realizado entre 31 de agosto e 1º de outubro de 2021. Brasília: MPDFT, 2022.

41 SABO PAES, José E. *Fundações, Associações e Entidades de Interesse Social.* Grupo GEN, 2019.

Conforme explicam Sabo e Santos[42], foram diversas as ações realizadas pelo Estado brasileiro para o enfrentamento à Covid-19. Teve-se desde a publicação de emendas à Constituição (PEC 105/2020) e a promulgação de leis complementares, como a 173/2020, até a atuação marcante do Terceiro Setor como reflexo da vontade da sociedade civil organizada. Os autores explicam que:

> O GIFE, que é uma "associação dos investidores sociais do Brasil", demonstra que, mesmo nesta dificuldade, ocorreram doações de todo o país e que como forma de prestação de contas são expostas no portal "Monitor das Doações Covid-19", indicando que, até o início de junho de 2021, foram transferidos voluntariamente por 710.791 doadores o valor de R$ 7.044.200.438, sendo realizadas 557 campanhas por todo o país, demonstrando o viés solidário da sociedade e dos cidadãos brasileiros[43].
>
> Entre as ações desenvolvidas pode-se ressaltar: Movimento União Rio, que buscou documentar as necessidades dos hospitais de tratamento da Covid-19 e arrecadar os itens faltantes; Ação Cidadania contra o Coronovírus, realizada pela ONG Ação Cidadania, arrecadando mais de quatro milhões de reais para fornecimento de alimentos a famílias carentes; Fundo para Equidade Racial, promovida pelo Fundo Baobá, destinado à captação de recursos financeiros para outras entidades do Terceiro Setor; Covid-19: Políticas Públicas e as respostas das Sociedades, da Rede de Políticas Públicas e Sociedade com apoio do Instituto Ethos, em ação de apoio a pesquisadores e instituições de ensino superior pesquisadoras do coronavírus[44].

Disponível biblioteca *on-line* CEUB.

42 SABO PAES, José Eduardo; SANTOS, Júlio Edstron Secundino. *TERCEIRO SETOR: pandemia e coprodução de políticas públicas. Revista Aletheia,* V. 1, 2021. Disponível em: <http://revista.fasf.edu.br/index.php/Aletheia/article/view/143> p. 4.

43 Censo GIFE < https://gife.org.br/censo-gife/>

44 SABO PAES, José Eduardo; SANTOS, Júlio Edstron Secundino. *TERCEIRO SETOR: pandemia e coprodução de políticas públicas. Revista Aletheia,* V. 1, 2021. Disponível em: <http://revista.fasf.edu.br/index.php/Aletheia/article/view/143> p. 10.

Cabe frisar também o papel do Terceiro Setor em cooperação com entidades governamentais. Um exemplo foi o trabalho exercido pelo Ministério Público do Distrito Federal (MPDFT), que criou um "Gabinete de Crise" e uma "Força-Tarefa" que envolveram cerca de 30 promotores de Justiça atuando no combate e na prevenção do coronavírus no Distrito Federal. A capacidade de articulação e diálogo do MPDFT para a defesa de temas da saúde, da educação, da pessoa idosa, da infância e da juventude, dos direitos humanos, entre outros, foi o ponto marcante da atuação do Ministério Público durante o período da pandemia[45]. A cooperação do Terceiro Setor foi fundamental para que o MPDFT conseguisse monitorar, fiscalizar e investigar o uso dos recursos aplicados em situação de emergência. Também, com o apoio do MPDFT e da Promotoria de Justiça de Tutela de Fundações e Entidades de Interesse Social (PJfeis), buscou-se diversos mecanismos para o sustento das Instituições do Terceiro Setor. O promotor do DF Georges Seigner[46] cita que "durante a pandemia foram repassados 1,5 milhão de reais para as associações do DF e houve fiscalização por parte da PJfeis e de forma efetiva esse dinheiro foi usado basicamente para fabricação, aquisição de materiais de limpeza e proteção individual".

> O MPDFT passou a receber, por meio de sua Ouvidoria, diversos relatos acerca da dificuldade de acesso a unidades que executam as políticas públicas de assistência social no Distrito Federal, vale dizer, os Centros de Referência de Assistência Social (CRAS), os Centros de Referência Especializados de Assistência Social (CREAS) e os Centros de Referência Especializados para

45 MPDFT. *Reflexões, Impactos e Perspectivas de Atuação da Força-Tarefa Constituída pelo MPDFT durante a Pandemia da Covid-19.* Anais do Webinário realizado entre 31 de agosto e 1º de outubro de 2021. Brasília: MPDFT, 2022, Apresentação.

46 SEIGNEUR, Georges. Fundações e Entidades de Interesse Socia, pp. 245-253. IN MPDFT. *Reflexões, Impactos e Perspectivas de Atuação da Força-Tarefa Constituída pelo MPDFT durante a Pandemia da Covid-19.* Anais do Webinário realizado entre 31 de agosto e 1º de outubro de 2021. Brasília: MPDFT, 2022. Disponível em: <https://www.mpdft.mp.br/portal/index.php/livros-mpdft>

a População em Situação de Rua (CENTROS POP). Também recebiam as queixas de cidadãos sobre dificuldades de acesso a benefícios fundamentais de assistência, entre os quais: o enterro social e auxílio por morte[47].

Várias cooperações entre entes do Terceiro Setor e instituições públicas foram estabelecidas, e com certeza essa pandemia deixará aprendizados para todos os agentes. No Quadro 1 abaixo, há a ilustração das diversas atuações realizadas pelo Terceiro Setor.

Cabe salientar que a presente lista está longe de repertoriar todas as atividades realizadas pelos agentes do Terceiro Setor para combate da pandemia da Covid-19. O objetivo da presente listagem é apenas demonstrar que as ações e atividades são as mais variadas e oriundas de diversos atores:

47 SABO PAES, José Eduardo; LIMA, Hiza Maria Silva Carpina. *A atuação resolutiva da força-tarefa do MPDFT para garantir os direitos da população vulnerável na pandemia da Covid-19 no Distrito Federal. Revista Minist. Públ. Dist. Fed. Territ.*, Brasília, nº 12, pp. 635-636.

QUADRO 1 - ATIVIDADES DO TERCEIRO SETOR PARA COMBATE À PANDEMIA DA COVID-19 NO BRASIL				
Data	**Atores**	**Título**	**Link**	**Resumo**
03.2020	Expedicionários da saúde (EDS) EDS é uma organização humanitária que leva atendimento cirúrgico aos povos indígenas da Amazônia Legal Brasileira.	UNICEF intensifica apoio a municípios da Amazônia e do Semiárido para o enfrentamento da Covid-19.	https://eds.org.br/	Entre março e setembro de 2020, a EDS reinventou-se para facilitar o acesso dos pacientes acometidos pelo coronavírus a tratamentos de qualidade e gratuitos. Como resultado, entregamos à cidade de Campinas (SP) o Hospital de Campanha EDS com 122 leitos completos e equipados, além de enviar 262 Enfermarias de Campanha aos povos indígenas isolados da Amazônia, para que pudessem receber tratamento adequado de oxigenioterapia.
01.2021	Organização Mundial Médicos Sem Fronteiras no Brasil	Manaus deve contar com o apoio da ONG Médicos Sem Fronteiras no combate à Covid-19.	https://d24am.com/coronavirus-no-amazonas/manaus-deve-contar-com-apoio-da-ong-medicos-sem-fronteiras-no-combate-a-covid/	A presidente do Fundo Manaus Solidária (FMS), Dulce Almeida, articulou a possibilidade do *staff* da organização mundial atuar no hospital de campanha Nilton Lins, ajudando, assim, a reduzir a demanda nas Unidades Básicas de Saúde (UBSs) e hospitais da rede estadual.
01.2021	Instituto Internacional de Educação do Brasil	Risco de Covid-19 entre indígenas no Amazonas faz ONGs lançarem cartilha.	https://ultimosegundo.ig.com.br/brasil/2021-01-15/risco-de-covid-19-entre-indigenas-no-amazonas-faz-ongs-lancarem-cartilha.html	Organizações promovem campanha de orientação sanitária para a retomada segura dos encontros comunitários entre aldeados do sul do Amazonas em meio ao colapso da saúde pública no Estado.

QUADRO 1 - ATIVIDADES DO TERCEIRO SETOR PARA COMBATE À PANDEMIA DA COVID-19 NO BRASIL				
Data	**Atores**	**Título**	**Link**	**Resumo**
04.2020	Open Knowledge Brasil	Transparência Covid-19 3.0 Dados abertos podem salvar vidas.	https://transparencia-covid19.ok.org.br/	A organização Open Knowledge Brasil divulga dados sobre a disponibilidade e a ocupação de leitos um dos indicadores mais importantes para monitorar a Covid-19 no país. O objetivo é estabelecer os parâmetros de transparência e centralizar as informações em um sistema.
04.2020	MÉDICOS SEM FRONTEIRAS	Covid-19: Amapá firma parcerias com Facebook e Médicos Sem Fronteiras.	https://www.portal.ap.gov.br/noticia/2104/covid-19-amapa-firma-parcerias-com-facebook-e-medicos-sem-fronteiras	Outro avanço foi com o programa Médicos Sem Fronteiras, organização humanitária internacional que leva cuidados de saúde a pessoas afetadas por graves crises humanitárias.
03.2020	Comunidades ribeirinhas	Medo da Covid-19 chega a comunidades indígenas e ribeirinhas do AM	https://www.acritica.com/channels/coronavirus/news/medo-da-covid-19-chega-a-comunidades-indigenas-e-ribeirinhas-do-am	Após a confirmação dos primeiros casos do novo coronavírus no Amazonas, autoridades indígenas e de comunidades ribeirinhas adotam medidas para evitar a chegada da doença, que gera apreensão nas populações tradicionais.
05.2020	Greta Thunberg	Greta doa parte de prêmio para combate ao coronavírus na Amazônia.	https://noticias.uol.com.br/ultimas-noticias/deutsche-welle/2020/07/20/greta-doa-parte-de-premio-para-combate-ao-coronavirus-na-amazonia.htm	A ativista ambiental sueca Greta Thunberg, de 17 anos, venceu hoje a primeira edição do prêmio português Gulbenkian para a Humanidade e vai receber um milhão de euros, que serão investidos em projetos de combate à crise climática e ecológica.

QUADRO 1 - ATIVIDADES DO TERCEIRO SETOR PARA COMBATE À PANDEMIA DA COVID-19 NO BRASIL				
Data	**Atores**	**Título**	**Link**	**Resumo**
05.2021	Governador João Azevêdo e o embaixador dos Estados Unidos da América	João Azevêdo e o embaixador dos EUA assinam memorando de entendimento e estabelecem parcerias em áreas estratégicas para o desenvolvimento do Estado	https://paraiba.pb.gov.br/noticias/joao-azevedo-e-embaixador-dos-eua-assinam-memorando-de-entendimento-e-estabelecem-parcerias-em-areas-estrategicas-para-o-desenvolvimento-do-estado	Governador João Azevêdo e o embaixador dos Estados Unidos da América (EUA) no Brasil, Todd Chapman, assinaram, nesta quinta-feira (13), um memorando de entendimento que tem como objetivo o estabelecimento de cooperação entre o Governo da Paraíba e o país nas áreas de Educação, Saúde, Ciência e Tecnologia, Segurança Pública, Agricultura, Turismo, Comércio e Investimentos
06.2021	Governadores do Consórcio da Amazônia Legal e empresários	Governadores do Consórcio da Amazônia Legal reuniram-se, neste sábado (5), para tratar dos próximos passos na compra da vacina russa Sputnik.	https://www.ma.gov.br/agenciadenoticias/?p=307496	O governador Flávio Dino participou do encontro e ressaltou que o Maranhão assinou, em março, o protocolo para aquisição de 4,5 milhões de doses e aguardava, desde então, a liberação da importação por parte da Agência Nacional de Vigilância Sanitária (Anvisa).

Como observado, o presente trabalho teve como objetivo apenas ilustrar alguns casos de atuação do Terceiro Setor sem, contudo, ter a pretensão da exaustividade ao exemplificar os casos de atuação do Terceiro Setor na pandemia da Covid-19.

Percebe-se, ante o exposto, que há alternativas e novas possibilidades para que se tenha o enfrentamento mais assertivo da pandemia no Brasil. Necessária se faz a coordenação de ações e de políticas para que tal fim seja alcançado.

CONSIDERAÇÕES FINAIS

Verificou-se, por meio do presente trabalho, que a dificuldade não paira somente no que se refere à complexidade que o tema da pandemia da Covid-19 trouxe ao sistema internacional. Pôde-se perceber que, na realidade, a dimensão da cooperação internacional existente entre diversos entes internacionais (como OMS, ONU, OMPI e OMC) não possibilitou a entrega de solução pronta aos entes nacionais.

Na realidade, cabe ainda acrescentar que a efetiva aplicação de políticas internacionais só ocorre quando se tem, na esfera local/estatal, uma infraestrutura básica capaz de aplicar as recomendações globais. No Brasil, a problemática maior deu-se em torno da falta de coordenação entre as instituições governamentais em todos os níveis: federal, estadual, municipal.

Nesse cenário de crise, o presente trabalho trouxe uma reflexão sobre como a saúde, no Brasil, vive em estado de "crise" e de "urgência" sem se ter estratégias firmadas em protocolos de emergência e sem, principalmente, se observar as sete sugestões apontadas pela "Declaração de Emergência em Saúde Pública de Importância Internacional", da OMS.

Cabe salientar que há, sim, alternativas para o enfrentamento da pandemia, como uma governança pública solidária e, principalmente, fundamentada em dados e evidências, maior preparo dos atores e dos sistemas de saúde. Todas essas alternativas podem apresentar um caminho mediano para o enfrentamento da pandemia e a diminuição das ações de judicialização que tanto assolam o sistema orçamentário brasileiro. Ou seja, nem ações somente Estatais nem ações unicamente propostas pela comunidade internacional, podendo-se percorrer um caminho do meio, também com a participação do Terceiro Setor e com prestações de serviço público mais adaptadas às necessidades e às realidades de cada parte do Brasil, um país com tantas disparidades, em sua geografia, em sua economia, em sua política e em sua estrutura.

REFERÊNCIAS

ALDECOA, Francisco; KEATING, Michael. *Paradiplomacy in action: the foreign relations of subnational governments.* Taylor & Francis, 1999.

ALEXY, Robert. *Teoria da Argumentação Jurídica.* São Paulo: Landy Editora, 2001.

ALMEIDA, Erika Rodrigues de, *et al.* Política Nacional de Atenção Básica no Brasil: uma análise do processo de revisão (2015–2017). *Revista Panamericana de Salud Pública* [*on-line*]. 2018, v. 42 [Acesso em: 2 abr. 2021], e180. Disponível em: <https://doi.org/10.26633/RPSP.2018.180>

ALVARENGA, Alexandre & Rocha, Erika & Filippon, Jonathan & Andrade, Maria. Desafios do estado brasileiro frente à pandemia pela Covid-19: o caso da paradiplomacia maranhense. *Cad. Saúde Pública (On-line)* 36(12), 2020.

ARAUJO, Janieiry Lima de; OLIVEIRA, Kalyane Kelly Duarte de; FREITAS, Rodrigo Jácob Moreira de. Em defesa do Sistema Único de Saúde no contexto da pandemia por SARS-CoV-2. *Rev. Bras. Enferm.*, Brasília, v. 73, supl. 2, e 20200247, 2020. Available from <http://www.scielo.br/scielo.php?script=sci_arttext&pid=S0034-71672020001400402&lng=en&nrm=iso>.

BITTAR, Eduardo C. B. *Introdução ao Estudo do Direito: humanismo, democracia e justiça.* 2 ed. São Paulo: Saraiva, 2019.

BRASIL. IPEA... *[et al.]. Avaliação de políticas públicas: guia prático de análise ex post.* volume 2. Brasília: Casa Civil da Presidência da República, 2018. *On-line.* Disponível em: <https://www.ipea.gov.br/portal/images/stories/PDFs/livros/livros/181218_avaliacao_de_politicas_publicas_vol2_guia_expost.pdf>. Acesso em: 13 mar. 2021.

BRASIL. Constituição (1988). *Constituição da República Federativa do Brasil.* Disponível em: <http://www.planalto.gov> Acesso em 13 mar. 2021.

______. *Lei nº 8.080, de 19 de setembro de 1990.* Dispõe sobre as condições para a promoção, proteção e recuperação da saúde, da organização e funcionamento dos serviços correspondentes e dá outras providências (Lei Orgânica da Saúde). Disponível em: <http://www.planalto.gov> Acesso em: 13 mar. 2021.

______. Ministério da Saúde. Norma Operacional Básica do Sistema Único de Saúde/ *NOB-SUS 96.* Gestão plena com responsabilidade pela saúde do cidadão. Diário Oficial da União, Brasília, DF, 6 nov. 1996. Disponível em: <http://www.planalto.gov> Acesso em: 13 mar. 2021.

_____. Ministério da Saúde. Portaria nº 373, de 27 de fevereiro de 2002. Norma Operacional de Assistência à Saúde/ *NOAS-SUS* 01/2002, Brasília, DF, 2002. Disponível em: <http://www.planalto.gov> Acesso em: 13 mar. 2021.

_____. Ministério da Saúde. Secretaria-Executiva. Subsecretaria de Assuntos Administrativos. *SUS: a saúde do Brasil.* Brasília: Editora do Ministério da Saúde, 2011.

BUSS, Paulo Marchiori; TOBAR, Sebastián. *Diplomacia em Saúde e Saúde Global: perspectivas latino-americanas.* Rio de Janeiro: Fiocruz, 2017.

CALEGARE, Marcelo Gustavo Aguilar; SILVA JUNIOR, Nelson. A "construção" do terceiro setor no Brasil: da questão social à organizacional. *Rev. psicol. polít.*, São Paulo, v. 9, nº 17, pp. 129-148, jun. 2009. Disponível em: <http://pepsic.bvsalud.org/scielo.php?script=sci_arttext&pid=S1519-549X2009000100009&lng=pt&nrm=iso>

CAVALCANTE, João Roberto *et al.* COVID-19 no Brasil: evolução da epidemia até a semana epidemiológica 20 de 2020. *Epidemiologia e Serviços de Saúde* [*on-line*]. v. 29, nº 4, ago. 2020. Disponível em: <https://doi.org/10.5123/S1679-49742020000400010>

CAVALCANTE, Denise Lucena; PEREIRA, Fabrícia Helena Linhares Coelho da Silva; SOUSA, Thanderson Pereira. Uma análise financeira do gasto em saúde no Brasil. *Revista Direitos Sociais e Políticas Públicas (UNIFAFIBE)*, v. 6, nº 1, 2018. Disponível em: <http://dx.doi.org/10.25245/rdspp.v6i1.427>

CORREA, Sílvia Barros de Santana. *A Evolução da Paradiplomacia no Estado da Bahia e a Sua Relevância no Enfrentamento da Pandemia da Covid-19.* Fórum Nacional de Paradiplomacia – *FONAPA 2020.* < https://integri.com.br/trabalhos-apresentados/a-evolucao-da-paradiplomacia-no-estado-da-bahia-e--a-sua-relevancia-no-enfrentamento-da-pandemia-da-covid-19/>

DALLARI BUCCI, Maria Paula. *Políticas Públicas: reflexões sobre o conceito jurídico.* São Paulo: Saraiva, 2006.

DE ANDRÉA, F. Robert Alexy – *Introdução Crítica.* Grupo GEN, 08/2013. [Minha Biblioteca CEUB].

DWECK, Esther; MORETTI, Bruno; MELO, Maria Fernanda G. Cardoso. Pandemia e desafios estruturais do CEIS: financiamento do SUS, federalismo da saúde e as relações público-privadas. *Cadernos do Desenvolvimento*, v. 16, nº 28, jan.-abr. 2021. Disponível em: <http://www.cadernosdodesenvolvimento.org.br/ojs2.4.8/index.php/cdes/issue/view/30/showToc>

DIMOULIS, Dimitri; MARTINS, Leonardo. *Teoria geral dos direitos fundamentais.* 5 ed. rev., atual. e ampl. São Paulo: Atlas, 2014.

FONTE, Felipe de Melo. *Políticas públicas e direitos fundamentais: elementos de fundamentação do controle jurisdicional de políticas públicas no estado democrático de direito.* São Paulo. Saraiva, 2013.

GIACOMONI, J. Receitas vinculadas, despesas obrigatórias e rigidez orçamentária. *In:* CONTI, J. M.; SCAFF, F. F. *Orçamentos públicos e direito financeiro*. São Paulo: Revista dos Tribunais, 2011.

HÄBERLE, Peter. *Los derechos fundamentales en el Estado prestacional.* Lima: Palestra Editores, 2019.

HARADA, Kiyoshi. *Direito Financeiro e Tributário*. Grupo GEN, 2020.

HOLMES, Stephen, In Case of Emergency: Misunderstanding Tradeoffs in the War on Terror (April 1, 2009). *California Law Review*, v. 97, nº 2, pp. 301-356, 2009, Available at SSRN: https://ssrn.com/abstract=1495769

KUZNETSOV, Alexander S. *Theory and Practice of Paradiplomacy Subnational Governments in International* Affairs-Routledge: Routledge New Diplomacy Studies, 2014.

LECOURS, A. Paradiplomacy: Reflections on the Foreign Policy and International Relations of Regions, *International negotiations*, nº 7, 2002, pp. 91-114.

MALTA, Deborah Carvalho *et al. O SUS e a Política Nacional de Promoção da Saúde: perspectiva resultados, avanços e desafios em tempos de crise*. Ciência & Saúde Coletiva [*on-line*]. 2018, v. 23, nº 6 [Acesso em: 2 abr. 2021], pp. 1799-1809. Disponível em: <https://doi.org/10.1590/1413-81232018236.04782018>.

MALTA, Deborah Carvalho *et al. O SUS e a Política Nacional de Promoção da Saúde: perspectiva resultados, avanços e desafios em tempos de crise*. Ciência & Saúde Coletiva [*on-line*]. 2018, v. 23, nº 6 [Acesso em 25 nov. 2021], pp. 1799-1809. Disponível em: <https://doi.org/10.1590/1413-81232018236.04782018>

MARTINIANO, C., *et al. A luta pela vinculação de recursos para Saúde Pública no Brasil a partir do paradigma da universalização. In:* DAVI, J., MARTINIANO, C., and PATRIOTA, LM., orgs. Seguridade social e saúde: tendências e desafios [*on-line*]. 2 ed. Campina Grande: EDUEPB, 2011. pp. 85-116. ISBN 978-85-7879-193-3. Available from SciELO Books.

MENDES, Gilmar F; BRANCO, Paulo G. *Curso de Direito Constitucional.* 15 ed. São Paulo: Saraiva, 2020.

MPDFT. *Reflexões, Impactos e Perspectivas de Atuação da Força-Tarefa Constituída pelo MPDFT durante a Pandemia da Covid-19*. Anais do Webinário realizado entre 31 de agosto e 1º de outubro de 2021. Brasília: MPDFT, 2022.

NEPATS – Núcleo de Estudos e Pesquisas Avançadas no Terceiro Setor. <https://www.nepats.com.br/areas-de-atuacao>

OCDE. *Relatório Econômico para o Brasil – maio 2021*. Disponível em: <https://www.oecd.org/economy/retrato-economico-do-brasil/>

OMS. *Declaração de Emergência em Saúde Pública de Importância Internacional* 30/01/2020. Disponível em: <https://www.paho.org/pt/news/30-1-2020-who-declares-public-health-emergency-novel-coronavirus>

OLIVEIRA, Cláudio Ladeira; FERREIRA, Francisco Gilney Bezerra de Carvalho. *O Orçamento Público no Estado Constitucional Democrático e a Deficiência Crônica na Gestão das Finanças Públicas no Brasil*. Sequência (Florianópolis) [*on-line*]. 2017, nº 76, pp. 183-212. Disponível em: <https://doi.org/10.5007/2177-7055.2017v38n76p183>.

OPAS. *Histórico da Pandemia de Covid-19*. Disponível em <https://www.paho.org/pt/covid19/historico-da-pandemia-covid-19>, 2020.

PHELAN, A. L. e KATZ, R. *The novel coronavirus originating in Wuhan, China: challenges for global health governance*. JAMA 323 (8), pp. 709-710, 2020.

REIS, Denizi Oliveira Reis; ARAÚJO, Eliane Cardoso e CECÍLIO. Luiz Carlos de Oliveira. *Políticas públicas de saúde: Sistema Único de Saúde*. São Paulo: UNIFESP, 2012. Disponível em: <https://www.unasus.unifesp.br/biblioteca_virtual/esf/2/unidades_conteudos/unidade04/unidade04.pdf>

REVAULT D'ALLONNES, Myriam. *La crise sans fin. Essai sur l'expérience moderne du temps*. Paris, Ed. du Seuil, 2012.

SANTOS, Núbia Cristina Barbosa; GASPARINI, Carlos Eduardo. *Orçamento Impositivo e Relação entre Poderes no Brasil. Revista Brasileira de Ciência Política* [*on-line*]. 2020, nº 31, pp. 339-396. Disponível em: <https://doi.org/10.1590/0103-335220203109>.

SABO PAES, José E. *Fundações, Associações e Entidades de Interesse Social*. Grupo GEN, 2019. Disponível biblioteca online CEUB.

SABO PAES, José Eduardo; LIMA, Hiza Maria Silva Carpina. *A atuação resolutiva da força-tarefa do MPDFT para garantir os direitos da população vulnerável na pandemia da Covid-19 no Distrito Federal. Revista Minist. Públ. Dist. Fed. Territ*, Brasília, nº 12, pp. 625-651.

SABO PAES, José Eduardo; SANTOS, Júlio Edstron Secundino. *TERCEIRO SETOR: pandemia e coprodução de políticas públicas. Revista Aletheia*, v. 1, 2021. Disponível em: <http://revista.fasf.edu.br/index.php/Aletheia/article/view/143> p. 4

SARLET, Ingo Wolfgang. *La eficacia de los derechos fundamentales*. Una teoría desde la perspectiva Constitucional. Lima: Palestra Editores, 2019.

SOARES, Marcos Antônio Striquer; LIMA, Priscila Rosa. *Decisão Judiciária: estudo do pensamento de Robert Alexy*. *Revista de Direito Público*, Londrina, v. 7, nº 2, pp. 3-16, maio/ago. 2012.

SUÁREZ-HERRERA, José Carlos *et al*. *Alianzas estratégicas en salud global Perspectivas innovadoras para una Epidemiología del Desarrollo Sostenible*. In Epidemiología en la era del desarrollo sostenible. Ciudad Autó-noma de Buenos Aires: Facultad de Ciencias Médicas de la Universidad Nacional de Córdoba; Casa Editorial Analéctica; Arkho Ediciones; Red de Pensamiento Decolonial; Red CoPaLa, 2021. Disponível em: <https://saludpublica.fcm.unc.edu.ar/epidemiologia-en-la-era-del-desarrollo-sostenible/>

TOLEDO, Cláudia. *O Pensamento de Robert Alexy como Sistema*. Grupo GEN, 10/2017. [Minha Biblioteca UNICEUB].

VIEIRA, Naldeir dos Santos; PARENTE, Cristina; BARBOSA, Allan Claudius Queiroz. *Terceiro setor, economia social e economia solidária: laboratório por excelência de inovação social*. Sociologia, Porto, nº temático 7, pp. 100-121, dez. 2017. Disponível em: <http://www.scielo.mec.pt/scielo.php?script=sci_arttext&pid=S0872-34192017000200007&lng=pt&nrm=iso>.

WEIBLE, C.M., NOHRSTEDT, D., CAIRNEY, P. *et al*. *Covid-19 and the policy sciences: initial reactions and perspectives*. Policy Sci 53, 225–241, 2020. https://doi.org/10.1007/s11077-020-09381-4

- PARTE II -

TRIBUTAÇÃO

PONTOS CONTROVERTIDOS DA CERTIFICAÇÃO DAS ENTIDADES FILANTRÓPICAS PELA NOVA LEI DO CEBAS

(Lei Complementar nº 187/2021)

JOSÉ EDUARDO SABO PAES

Pós-doutor em Democracia e Direitos Humanos pelo Ius Gentium Conimbrigae/Centro de Direitos Humanos (IGC), da Faculdade de Coimbra. Doutor em Direito Constitucional pela Universidade Complutense de Madrid (reconhecido pela UFPE). Mestre em Direito Comparado pela Universidade Complutense de Madrid. Procurador de Justiça do Ministério Público do Distrito Federal e Territórios. *E-mail*: sabo@mpdft.mp.br.

VANDERLEI JOSÉ VIANNA

Mestre em Direito pela Universidade Católica de Brasília (UCB) na linha de pesquisa de Direito, Estado, Tributação e Desenvolvimento. Advogado assistente da Divisão Sul-Americana da Igreja Adventista do Sétimo Dia, em Brasília. Graduado em Direito pelo Centro

Universitário de Rio Preto (UNIRP). Pós-graduado em Teologia e Estudos Adventistas pelo Centro Universitário Adventista de São Paulo (UNASP). Ex-conselheiro do Conselho Nacional de Assistência Social (CNAS). Membro do Comitê Jurídico do Fórum Nacional de Entidades Filantrópicas (FONIF). Membro do Núcleo de Estudos e Pesquisas Avançadas no Terceiro Setor (NEPATS). *E-mail*: vanderlei.vianna@adventistas.org

SUMÁRIO

PALAVRAS-CHAVE

Terceiro Setor; organizações da sociedade civil (OSCs); Certificação de Entidades Beneficentes (CEBAS); imunidade tributária; contribuições sociais; entidades de assistência social; entidades filantrópicas.

INTRODUÇÃO

Entrou em vigor no final de 2021 a Lei Complementar nº 187, de 16 de dezembro de 2021 (DOU 17/12.21), que dispõe sobre a certificação das entidades beneficentes e regula os procedimentos referentes à imunidade de contribuições à seguridade social de que trata o § 7º do art. 195 da Constituição Federal.

A nova legislação promoveu alterações na Lei nº 5.172, de 25 de outubro de 1966 (Código Tributário Nacional), e na Lei nº 9.532, de 10 de dezembro de 1997, além de revogar a Lei nº

12.101, de 27 de novembro de 2009, que tratava da certificação e isenção das filantrópicas, e anular, ainda, dispositivos da Lei nº 11.096, de 13 de janeiro de 2005 (Lei do Prouni), e da Lei nº 12.249, de 11 de junho de 2010.

Antes da nova lei, a certificação era tratada por lei ordinária (Lei nº 12.101/2009) e, antes dela, fora regulada até por decretos (Decretos nº 752/1993 e nº 2.536/98), o que foi considerado inconstitucional pelo Supremo Tribunal Federal (STF) em abril de 2020 no julgamento conjunto das ações diretas de inconstitucionalidade (ADIs 2028, 2036, 2228 e 2621 e do RE 566.622).

Para o STF, o veículo adequado para regular a imunidade tributária das entidades beneficentes é a lei complementar. Antes do trânsito em julgado das ADIs citadas, no início de 2019 foi proposto projeto de lei complementar na Câmara dos Deputados (PLP 134/2019) para regular a matéria, que culminou com a promulgação da Lei Complementar nº 187/2021.

1. SÍNTESE

Dentre os diversos requisitos de certificação, a nova Lei complementar exige, por exemplo, que a entidade de educação conceda bolsas de estudos integralmente gratuitas no percentual de uma bolsa para cada cinco alunos pagantes. Na área de assistência social, todos os serviços prestados devem ser inteiramente gratuitos, e na área de saúde, a entidade hospitalar deve firmar convênio com o Sistema Único de Saúde (SUS) e atender o SUS no percentual de 60% de sua capacidade. Caso não haja interesse do SUS na aquisição do serviço, a entidade é obrigada a prestar atendimento gratuito no percentual de 20% da receita de acordo com contrato firmado com o gestor local (município).

Seria constitucional a imposição dessas contrapartidas de caráter econômico e financeiro para a entidade supostamente "compensar" o não recolhimento de tributos? É constitucional a obrigatoriedade de contrapartidas dessa natureza a fim de que a entidade beneficente possa manter a imunidade das contribuições prevista no § 7º do art. 195 da Constituição Federal? Estaria a nova lei complementar contrariando a Constituição impondo obstáculos à clara limitação ao poder de tributar estabelecida na Lei Maior?

O presente artigo pretender dar uma breve contribuição ao debate sobre tais questionamentos.

2. CONCEITO DE ENTIDADE BENEFICENTE DE ASSISTÊNCIA SOCIAL

A expressão "Entidades Beneficentes de Assistência Social" ocorre duas vezes na Constituição Federal de 1988. No § 7º do art. 195, bem como no inciso I do art. 204, *verbis*:

> § 7º São isentas de contribuição para a seguridade social **as entidades beneficentes de assistência social** que atendam às exigências estabelecidas em lei.
>
> Art. 204. As ações governamentais na área da assistência social serão realizadas com recursos do orçamento da seguridade social, previstos no art. 195, além de outras fontes, e organizadas com base nas seguintes diretrizes:
>
> I – descentralização político-administrativa, cabendo a coordenação e as normas gerais à esfera federal e a coordenação e a execução dos respectivos programas às esferas estadual e municipal, bem como **a entidades beneficentes e de assistência social**; (Grifamos)

As entidades beneficentes de assistência social são instituições que promovem assistência em áreas sociais reconhecidas como de necessidade prioritária para o desenvolvimento do país, como a saúde, a educação e ações para erradicação da pobreza e a redução das desigualdades sociais, bem como atividades para promoção de outros direitos sociais elencados no art. 6º da CF:

> Art. 6º São direitos sociais a educação, a saúde, a alimentação, o trabalho, a moradia, o transporte, o lazer, a segurança, a previdência social, a proteção à maternidade e à infância, a assistência aos desamparados, na forma desta Constituição.

Certamente, por tais razões, a Constituição reconheceu essas entidades como detentoras da imunidade tributária com relação aos impostos (Art. 150, inciso VI, letra "a") e, também, às contribuições sociais (Art. 195, § 7º), ambos comandos constitucionais, assim redigidos:

> Art. 150. Sem prejuízo de outras garantias asseguradas ao contribuinte, é vedado à União, aos Estados, ao Distrito Federal e aos Municípios:
>
> [...]
>
> VI – Instituir impostos sobre:
>
> [...]
>
> c) patrimônio, renda ou serviços dos partidos políticos, inclusive suas fundações, das entidades sindicais dos trabalhadores, das instituições de educação e de assistência social, sem fins lucrativos, atendidos os requisitos da lei;
>
> Art. 195. [...]
>
> § 7º São isentas de contribuição para a seguridade social as entidades beneficentes de assistência social que atendam às exigências estabelecidas em lei.

José Eduardo Sabo Paes ensina que as entidades beneficentes de assistência social "são aquelas que buscam o bem-estar social atuando em benefício de outrem que não a própria entidade ou os que a integram"[1].

1 SABO PAES, José Eduardo. *Fundações, associações e entidades de interesse social: aspectos jurídicos, administrativos, contábeis, trabalhistas e tributários*. 11 ed. rev. e atual – Rio de Janeiro: Forense, 2021, p. 678.

Para o jurista, as entidades beneficentes referidas no texto constitucional podem ser quaisquer organizações de caráter permanente, sem fins lucrativos, que tenham objetivos eminentemente sociais, dentre esses a educação, a saúde e a assistência social propriamente dita.

> A expressão "assistência social" pode ser dividida em *lato sensu* e *strictu sensu*, sendo o primeiro composto da saúde à previdência e assistência social (arts. 194 e 195, § 7º, da CF), e o segundo assistência social propriamente dita, sendo esta tratada pelo disposto no art. 203 da CF. O Supremo Tribunal Federal, sobre o conceito mais lato de assistência social, entende que a entidade beneficente de assistência social, a que alude o § 7º do Art. 195 da Constituição, abarca a entidade beneficente de assistência à saúde (ADIn nº 2085-5) e a beneficente de assistência social (RMS nº 22.192, Rel. Min. Celso de Mello; RMS nº 22.366, Rel. Min. Ilmar Galvão; MI nº 232, Rel. Min. Moreira Alves e ADI nº 2.036-6)[2].

Entende Sabo Paes que as instituições de beneficência possuem um caráter estratégico de maior importância no âmbito de qualquer sociedade que se preocupe com o desenvolvimento social e a consolidação de valores democráticos, pluralistas, comprometidos com a solidariedade humana e o sentido de comunidade.

A razão das imunidades decorrentes do texto constitucional e as isenções estabelecidas em lei para as entidades beneficentes se justificam, em virtude de que essas entidades complementam com eficiência as atividades do Estado. Apesar da forte presença estatal na sociedade, remanescem áreas muito deficientes, com índices problemáticos sobretudo em termos de saúde, educação e assistência social.

Entre outros motivos, as razões da imunidade tributária para as entidades beneficentes podem ser justificadas pelos pilares de

2 PAES, *op. cit.*, p. 679.

prioridades estabelecidas pelos constituintes que elaboraram a Carta Constitucional de 1988.

Como lembra Gisele Cittadino, quando da feitura da Constituição no final da década de 1980, algumas grandes forças filosóficas se destacaram nos debates, dentre as quais os *liberais*, os *comunitaristas* e os *crítico-deliberativos*. Argumenta a professora:

> *Desde as primeiras críticas à teoria de justiça de Rawls, passando pelas reformulações propostas pelos liberais na segunda metade dos anos 80 até o início dos anos 90 até o ingresso de Habermas no debate, liberais, comunitários e críticos deliberativos enfrentam a tarefa de formular o ideal de justiça compatível com o pluralismo do mundo contemporâneo*[3].

Segundo Cittadino, na formulação da Carta Constitucional, houve maior protagonismo dos "*comunitaristas*". Naquele período em que o país experimentava o processo resultante da abertura política e a reordenação jurídico-institucional, os Constituintes depararam-se com as inúmeras demandas apresentadas pela sociedade, analisaram milhares de levantamentos estatísticos, que escancaravam o enorme desafio que se desdobrava perante a nação com o fim de buscar a erradicação da pobreza, do analfabetismo e das desigualdades sociais gritantes e estabelecer um Estado Democrático de Direito, visando assegurar "o desenvolvimento, a igualdade e a justiça como valores supremos de uma sociedade fraterna, pluralista e sem preconceitos", como restou imortalizada no Preâmbulo da nova Carta.

Era impossível ficar inerte perante a avalanche de petições assinadas por milhões de eleitores, reclamando dos baixos índices de pessoas com acesso à saúde e à educação, da falta de moradia digna e de saneamento básico e dos altos índices de evasão escolar, de mortalidade infantil, entre outros.

3 CITTADINO, Gisele. *Pluralismo, Direito e Justiça Distributiva: Elementos de Filosofia Constitucional Contemporânea*. 5 ed. Andradina: Meraki, 2020, p. 21.

Apesar das diferentes visões entre as forças identificadas, a professora Cittadino concluiu que as três correntes deixaram sua marca na Carta Constitucional, com grande contribuição na formulação de um ideal de justiça distributiva compatível com o pluralismo do mundo moderno.

Cleucio Santos Nunes traz importantes argumentos sobre o que pode ter motivado os constituintes a tomar decisões sobre políticas públicas a serem fomentadas e a escolher o que passaria a constituir os objetivos fundamentais da República Federativa do Brasil. Para ele, a matriz tributária eleita na CF é fundamental para se alcançar tais objetivos:

> O Brasil é um país reconhecidamente injusto (no sentido vulgar do termo) por amargar índices desonrosos e até cruéis de desigualdade social e de inescrupulosa concentração de renda. (...). Elegemos quatro direitos básicos sem os quais a liberdade de qualquer pessoa ficará comprometida no tempo presente ou em suas expectativas de futuro, a saber, os direitos: a) à vida e à saúde em condições dignas; b) à segurança alimentar; c) à educação de qualidade; d) ao desenvolvimento da intimidade em um lar digno (moradia). Se o mercado não for capaz de garantir que a pessoa, por meios próprios, obtenha direitos básicos, é função do Estado Democrático de Direito engendrar as formas de sua promoção por intermédio de políticas públicas. A matriz tributária será forte aliada de tais políticas...[4]

A imunidade tributária das entidades beneficentes, que operam em parceria, harmonia e em complementação ao Estado, perpetuada na Constituição Federal, não tem outra finalidade senão a de cumprir o desiderato buscado pelas forças constituintes ao elegerem áreas fundamentais que necessitam ser fomentadas e incentivadas, visando à erradicação da miséria e ao desenvolvimento social.

4 NUNES, Cleucio Santos. *Justiça Tributária*. Belo Horizonte. Fórum, 2019, pp. 342 e 412.

Na verdade, a imunidade das entidades beneficentes de assistência social não foi inovação da Constituição Federal. Ela foi mantida na Constituição Federal de 1988, pois já existia no ordenamento jurídico pátrio, nas constituições anteriores, bem como firmada no Código Tributário Nacional de 1965 (Lei nº 5.172, de 25 de outubro de 1966).

Os artigos 9, inciso IV, letra *c*, e 14, *caput*, do Código Tributário Nacional possuem a seguintes dicções:

> Art. 9º É vedado à União, aos Estados, ao Distrito Federal e aos Municípios:
> [...]
> IV – Cobrar imposto sobre:
> (...)
> c) o patrimônio, a renda ou serviços dos partidos políticos, inclusive suas fundações, das entidades sindicais dos trabalhadores, das instituições de educação e de assistência social, sem fins lucrativos, observados os requisitos fixados na Seção II deste Capítulo (Redação dada pela Lei Complementar nº 104, de 2001).
> (...)
> Art. 14. O disposto na alínea c do inciso IV do artigo 9º é subordinado à observância dos seguintes requisitos pelas entidades nele referidas:
> I – não distribuírem qualquer parcela de seu patrimônio ou de suas rendas, a qualquer título (Redação dada pela Lei Complementar nº 104, de 2001).
> II – aplicarem integralmente, no país, os seus recursos na manutenção dos seus objetivos institucionais;
> III – manterem escrituração de suas receitas e despesas em livros revestidos de formalidades capazes de assegurar sua exatidão.

O Código Tributário Nacional foi recepcionado no ordenamento jurídico como Lei Complementar. Segundo Ives Gandra da Silva Martins, a reforma do sistema tributário nacional, estabelecida pela Emenda Constitucional nº 18, de 1º de dezembro de 1965, o Código Tributário Nacional de 1966, a Constituição Federal de

1967 e a matéria tributária da Constituição de 1988 fazem parte de um mesmo arcabouço. Segundo o jurista, "O CTN, que surgiu após a Emenda Constitucional nº 18/65, jamais teve sequer um de seus dispositivos considerados inconstitucionais, tal a excelência de sua conformação"[5].

Como vemos, as entidades beneficentes, muito antes da Constituição de 1988, foram robustecidas com as garantias constitucionais de vedação da imposição de tributos pelo Estado, a fim de ampliar, melhorar e possibilitar o amplo acesso aos serviços nas áreas de saúde, educação e assistência social, realizando tarefas em complementação aos serviços prestados pelo Estado.

3. HISTÓRICO DA CERTIFICAÇÃO DAS ENTIDADES BENEFICENTES DE ASSISTÊNCIA SOCIAL (CEBAS)

Historicamente, as entidades beneficentes sempre foram detentoras da imunidade tributária. Já na década de 1950, o Conselho Nacional do Serviço Social (CNSS) emitia certificado por prazo indeterminado com base na Lei nº 3.577, de 4 de julho de 1959, que as isentava da contribuição devida aos Institutos e Caixas de Aposentadorias e Pensões (CAPS) (instituídos pela Lei Eloy Chaves de 1923), depois reunidos no Instituto de Aposentadorias e Pensões (IAPAS), unificados em 1966 ao Instituto Nacional de Previdência Social (INPS).

Para tanto, as instituições beneficentes deveriam cumprir alguns requisitos, como ser organizadas nos termos da Lei nº 91, de 28/08/1935 (revogada pela Lei nº 13.204, de 14/12/2015), e seus diretores e conselheiros serem proibidos de receber remuneração; a entidade deveria possuir comprovante de funcionamento no território nacional e ser possuidora do título de utilidade pública

5 MARTINS, Ives Gandra da Silva. *Cinquenta Anos do Código Tributário Nacional*, Carta Mensal. Confederação Nacional do Comércio de Bens, Serviços e Turismo – v. 1 (1955) – Rio de Janeiro, CNC. 1955, 736 ed. Julho de 2016, p. 53.

federal criado pela mesma Lei nº 91/35, promulgada por Getúlio Vargas.

Em seguida, o Decreto-Lei nº 1.572, de 1º de setembro de 1977[6], limitou a concessão de novos certificados pelo CNSS, sendo assegurados os direitos para as entidades que já haviam sido certificadas.

Por sua vez, a Constituição Federal de 1988 instituiu a Seguridade Social, unificando a saúde, a previdência social e a assistência social, e estabeleceu a classe de tributos denominados de "contribuição" e a imunidade das entidades beneficentes de assistência social com respeito às contribuições sociais devidas para a seguridade social, por meio do § 7º do artigo 195, que faz remissão à regulamentação dos requisitos por meio de lei (O STF firmou que o vocábulo "isentas" quer dizer "imunes" e Lei que dizer Lei Complementar):

> § 7º São isentas de contribuição para a seguridade social as entidades beneficentes de assistência social que atendam às exigências estabelecidas em lei.

As "entidades beneficentes de assistência social" grafadas no parágrafo sétimo são equivalentes à expressão "instituições de assistência social" referidas na letra c, do inciso IV, do art. 150 da CF, que trata da imunidade de impostos. E, segundo a redação do parágrafo sétimo, do referido art. 195, as exigências devem ser estabelecidas em lei (complementar).

Em 1990, quase dois anos depois da promulgação da Constituição Federal, e ainda sem terem sido estabelecidas em lei complementar as exigências previstas no § 7º do referido art. 195, o

6 BRASIL. *Decreto-Lei nº 1572, de 1º de setembro de 1977*. Revoga a Lei nº 3.577, de 4 de julho de 1959, e dá outras providências. Disponível em: http://www.planalto.gov.br/ccivil_03/decreto-lei/1965-1988/del1572.htm#:~:text=indeferir%20aquele%20reconhecimento.-,Art.,m%C3%AAs%20seguinte%20ao%20dessa%20revoga%C3%A7%C3%A3o. Acesso em: 15 mar. 2023

Supremo Tribunal Federal reconheceu e declarou o estado de mora do Congresso Nacional, no julgamento do Mandado de Injunção (MI 232-1), "a fim de que, no prazo de seis meses, (o Congresso Nacional) adote providências legislativas que se impõem para o cumprimento da obrigação de legislar"[7].

Na mesma decisão, o STF assentou que, não sendo adotada lei para regular o parágrafo sétimo, a requerente do Mandado de Injunção (Centro de Cultura Professor Luiz Freire) passasse a gozar da imunidade requerida.

O prazo de seis meses determinado pelo STF transcorreu sem qualquer iniciativa do Congresso Nacional. Em razão da mora legislativa em regulamentar o § 7º do art. 195, aos poucos foram sendo criadas regulamentações irregulares, primeiro por veículo inadequado (leis ordinárias e decretos) e, depois, sob a lógica da isenção e não da imunidade, que deram origem a gigantescos questionamentos administrativos e judiciais contra o fisco federal envolvendo as contribuições sociais previstas nos artigos 22 e 23 da Lei nº 8.212/1991.

4. A REGULAMENTAÇÃO POR MEIO DE DECRETOS E DE LEI ORDINÁRIA

Uma das primeiras tentativas de acrescentar requisitos para a fruição da imunidade tem início com a promulgação da Lei nº

7 BRASIL. STF. *Mandado de Injunção* MI 232. Número Único: 0001233-52.1990.0.01.000 Relator: Min. Moreira Alves. Impetrante: Centro de Cultura Professor Luiz Freire. Advogado: Adonias dos Santos Costa. Impetrado: Congresso Nacional. O Tribunal, por maioria de votos, rejeitou a preliminar de ilegitimidade ativa da requerente, vencidos os Srs. Mins. Relator, Octavio Gallotti, Sydney Sanches, Aldir Passarinho e Néri da Silveira. No mérito, o Tribunal, por maioria, conheceu em parte do Mandado de Injunção e nessa parte o deferiu para **declarar o estado de mora em que se encontra o Congresso Nacional, a fim de que, no prazo de seis meses, adote as providências legislativas que se impõem para o cumprimento da obrigação de legislar, decorrente do art. 195, § 7º da Constituição**, sob pena de, vencido esse prazo, sem legislar, passe a requerente a gozar da imunidade requerida, vencidos os srs. Mins. Marco Aurélio, Carlos Velloso e Célio Borja, que o deferiam, em termos diversos. Votou o presidente. Plenário, 2.8.91. Decisão Publicada, DJ 16/08/1991 (grifos do autor).

8.212/1991, que dispõe sobre a organização da Seguridade Social e institui o Plano de Custeio. O artigo 55, em sua redação original[8], estabeleceu requisitos para a fruição da "isenção", dentre os quais os seguintes:

> Art. 55. Fica isenta das contribuições de que tratam os arts. 22 e 23 desta Lei a entidade beneficente de assistência social que atenda aos seguintes requisitos cumulativamente:
> I – seja reconhecida como de utilidade pública federal e estadual ou do Distrito Federal ou municipal;
> II – seja portadora do Certificado e do Registro de Entidade de Fins Filantrópicos, fornecido pelo Conselho Nacional de Assistência Social, renovado a cada três anos;
> III – promova a assistência social beneficente, inclusive educacional ou de saúde, a menores, idosos, excepcionais ou pessoas carentes;
> IV – não percebam seus diretores, conselheiros, sócios, instituidores ou benfeitores, remuneração e não usufruam vantagens ou benefícios a qualquer título;
> V – aplique integralmente o eventual resultado operacional na manutenção e desenvolvimento de seus objetivos institucionais, apresentando anualmente ao Conselho Nacional da Seguridade Social relatório circunstanciado de suas atividades.
> § 1º Ressalvados os direitos adquiridos, a isenção de que trata este artigo será requerida ao Instituto Nacional do Seguro Social-INSS, que terá o prazo de 30 (trinta) dias para despachar o pedido.
> § 2º A isenção de que trata este artigo não abrange empresa ou entidade que, tendo personalidade jurídica própria, seja mantida por outra que esteja no exercício da isenção.

Na redação original do artigo 55 é possível comprovar que não há qualquer contrapartida envolvendo quantitativo de prestação

8 BRASIL. *Lei nº 8.212, de 24 de julho de 1991*. Dispõe sobre a organização da Seguridade Social, institui Plano de Custeio e dá outras providências. Disponível em: http://www.planalto.gov.br/ccivil_03/leis/l8212cons.htm. Acesso em: 15 mar. 2023.

de serviços gratuitos ou percentuais de atendimento ao SUS, por exemplo.

Ocorre que, para regulamentar o art. 55, inciso II, da Lei nº 8.212/1991, foi promulgado o Decreto 752, de 16 de fevereiro de 1993, que dispôs sobre a concessão do Certificado de Entidade de Fins Filantrópicos.

O decreto ultrapassou sua competência, extrapolando os próprios limites da lei e das previsões do Código Tributário Nacional para as entidades imunes, ao estabelecer a primeira contrapartida de caráter econômico-financeiro, sem a qual as entidades não obteriam o certificado, qual seja a obrigatoriedade de aplicar anualmente em gratuidade pelo menos 20% (vinte por cento) da receita bruta da instituição.

O mesmo decreto obriga que as entidades da área de saúde devem prestar serviços no percentual de 60% (sessenta por cento) de atendimento ao Serviço Único de Saúde (SUS), mediante convênio, para ficarem dispensadas de cumprir os 20% da receita em gratuidade, conforme art. 2º, inciso IV, e art. 3º, assim:

> Art. 2º Faz jus ao Certificado de Entidade de Fins Filantrópicos a entidade beneficente de assistência social que demonstre, cumulativamente:
>
> [...]
>
> IV – aplicar anualmente pelo menos vinte por cento da receita bruta proveniente da venda de serviços e de bens não integrantes do ativo imobilizado, bem como das contribuições operacionais, em gratuidade, cujo montante nunca será inferior à isenção de contribuições previdenciárias usufruída;
>
> 3º A entidade da área de saúde cujo percentual de atendimentos decorrentes de convênio firmado com o Sistema Único de Saúde (SUS) seja, em média, igual ou superior a sessenta por cento do total realizado nos três últimos exercícios, fica dispensada na observância a que se refere o inciso IV deste artigo.

É de se ressaltar que tais obrigatoriedades foram estabelecidas em decreto, em desconformidade com os princípios que regem a imunidade e mesmo com a lógica da isenção que deve ser regulada em lei e não em decreto.

Na sequência, entrou em vigor a Lei Orgânica da Assistência Social (LOAS) (Lei nº 8,742, de 7 de dezembro de 1993)[9], que instituiu o Conselho Nacional de Assistência Social. A LOAS determinou a extinção do Conselho Nacional de Serviço Social no prazo de 120 dias após sua promulgação (art. 33) e determinou ao Poder Executivo a instalação do Conselho Nacional de Assistência Social (CNAS) no mesmo prazo, tendo as mesmas competências do CNAS, dentre as quais a de conceder atestado de registro e certificado de entidade de fins filantrópicos (art. 18, IV), remetendo a regulamento os detalhes de tais registros e certificados.

Como resultado, as entidades que não se ajustaram ao Decreto 752/1993 tiveram os certificados indeferidos e consequentemente sofreram autos de infração pela então Receita Previdenciária, tendo início a judicialização do tema das filantrópicas. Muitas entidades buscaram no Poder Judiciário a solução do dilema. Algumas chegaram a invocar o direito adquirido ao certificado concedido nos termos do Decreto-Lei nº 1.572, de 1º de setembro de 1977. Em razão dos casos repetitivos, coube ao Superior Tribunal de Justiça pacificar o entendimento por meio da Súmula 352, publicada no DJ 19/06/2008, p.1:

> A obtenção ou a renovação do Certificado de Entidade Beneficente de Assistência Social (Cebas) não exime a entidade do cumprimento dos requisitos legais supervenientes.

9 BRASIL. *Lei nº 8.742, de 7 de dezembro de 1993*. Dispõe sobre a organização da Assistência Social e dá outras providências. Disponível em: http://www.planalto.gov.br/ccivil_03/leis/l8742.htm. Acesso em: 15 mar. 2023.

Em 1998, o Decreto nº 752/93 é revogado por nova regulamentação do art. 55 da Lei nº 8.212/91 com a promulgação do Decreto nº 2.536, de 6 de abril de 1998, que estabelece requisitos mais criteriosos para as entidades terem acesso ao certificado (CEBAS), mantendo, ainda, as exigências de contrapartida de caráter econômico-financeiro do decreto nº 752/1993.

A questão permaneceu sendo regulada por decreto até a entrada em vigor da Lei nº 12.101, de 27 de novembro de 2009, mas antes disso as entidades conseguiram levar a discussão para a Suprema Corte.

5. A RESPOSTA DO STF SOBRE AS ALEGAÇÕES DE INCONSTITUCIONALIDADE

A despeito da inconstitucionalidade flagrante e as severas exigências estabelecidas pelo artigo 55 da Lei nº 8.212/91 e seus dois decretos regulamentadores (752/93)[10] e (2.536/98),[11] a grande maioria das entidades, muitas das quais centenárias, continuou a prestar serviços e a se desdobrar para manter a certificação.

É quando surge mais uma alteração no famigerado artigo 55 da Lei nº 8.212/91, que torna impraticável o cumprimento dos requisitos e inviabiliza o funcionamento das entidades.

A Lei nº 9.732, de 1998, alterou o inciso III, do artigo 55, determinando que todos os serviços das entidades beneficentes passassem a ser inteiramente gratuitos, assim:

10 BRASIL. *Decreto nº 752, de 16 de fevereiro de 1993*. Dispõe sobre a concessão do Certificado de Entidade de Fins Filantrópicos, a que se refere o art. 55, inciso II, da Lei nº 8.212, de 24 de julho de 1991, e dá outras providências. Disponível em: http://www.planalto.gov.br/ccivil_03/decreto/d752.htm. Acesso em: 16 mar. 2023.

11 BRASIL. *Decreto nº 2.536, de 6 de abril de 1998*. Dispõe sobre a concessão do Certificado de Entidade de Fins Filantrópicos a que se refere o inciso IV do art. 18 da Lei nº 8.742, de 7 de dezembro de 1993, e dá outras providências. Disponível em: http://www.planalto.gov.br/ccivil_03/decreto/d2536.htm. Acesso em: 16 mar. 2023.

> Art. 55. Fica isenta das contribuições de que tratam os arts. 22 e 23 desta Lei a entidade beneficente de assistência social que atenda aos seguintes requisitos cumulativamente:
> **III – promova, gratuitamente e em caráter exclusivo, a assistência social beneficente a pessoas carentes, em especial a crianças, adolescentes, idosos e portadores de deficiência;**

Tal exigência, na prática, **inviabilizou a existência e a manutenção da prestação de serviços pelas entidades beneficentes**, uma vez que o financiamento delas depende de receber pagamentos pelos serviços prestados e conceder um percentual de gratuidade para os necessitados. Conforme Roque Antônio Carrazza, a exigência de que as atividades devem ser inteiramente gratuitas é uma subversão do conceito constitucional:

> As entidades beneficentes de assistência social, conforme já vimos, igualmente não estão impedidas de desempenhar outras atividades de cunho econômico, contanto que os recursos com eles angariados revertam na manutenção de seus objetivos institucionais. (...)
> XIIIa.4 – Isto não significa, porém, que os serviços assistenciais prestados devam ser necessariamente gratuitos. Deveras, a só circunstância de cobrar por eles, dos que podem pagar, não desnatura a entidade beneficente de assistência social. Muito menos para os fins do art. 195, § 7º, da CF[12].
> Por esta e outras, as entidades foram obrigadas a buscar o Poder Judiciário.

6. AS AÇÕES DIRETAS DE INCONSTITUCIONALIDADE – ADIN 2028 E CONEXAS

Diante da escalada de legislação que afetava a existência das filantrópicas como entidades imunes atuando em complementa-

12 CARRAZZA. Roque Antônio. *Curso de Direito Constitucional Tributário*. 30 ed. rev., ampl. e atual. até a Emenda Constitucional nº 84/2014. São Paulo: Malheiros Editores, 2015. p. 1.010.

riedade ao Estado, e da gravidade da nova lei nº 9.732/98 estabelecendo a exigência de total gratuidade dos serviços prestados, a Confederação Nacional de Saúde (CNS) – Hospitais, Estabelecimentos e Serviços – ajuizou no Supremo Tribunal Federal uma ação direta de inconstitucionalidade.

A ação, numerada no STF como ADIN 2028, requeria reconhecimento da inconstitucionalidade das novas leis e de seus decretos regulamentadores. Na sequência, outras ações foram se agregando em conexão e, igualmente, questionavam tais dispositivos, dentre os quais: art. 55, incisos II e III, da Lei nº 8.212/1991, na redação que lhe atribuiu o art. 5º da Lei nº 9.429/96, e, subsidiariamente, na redação original; o art. 18, incisos III e IV da Lei nº 8.742/1993; os arts. 2º, inciso IV, §§ 1º e 4º, art. 4º e parágrafo único do Decreto 2.536/1998, e subsidiariamente, dos arts. 1º, inciso IV, 2º, inciso I, §§ 1º e 3º, art. 7º e § 4º do Decreto 752/1993.

A principal inconstitucionalidade formal apresentada na ADI é a de que as limitações ao poder de tributar devem ser reguladas por *Lei Complementar*, por força do disposto no artigo 146, inciso II da Constituição Federal.

Enquanto as ações tramitavam vagarosamente no STF, o Decreto 2.536/98 acabou sendo revogado pela Lei nº 12.101/2009, assim como houve modificação no artigo 55 da Lei nº 8.212/91 e alterações nas Leis nºs 8.742/1993, 9.429/1996, 9.732/1998, 10.684/2003, da Medida Provisória 2.187-13/2001, da Lei nº 11.096/2005. Posteriormente, a própria Lei nº 12.101/2009 sofreu alterações pela Lei nº 12.868/2013.

Ambas as leis foram questionadas no Supremo Tribunal Federal pela ADI 4480, impetrada pela Confederação dos Estabelecimentos de Ensino (Confenen), e pela ADI 4891, ajuizada pelo Conselho Federal da Ordem dos Advogados do Brasil.

Ressalte-se que a ADI 2028 foi distribuída no STF em 13 de julho de 1999 e transitou em julgado em 17 de maio de 2020. Durante os mais de 20 anos em que tramitou na Suprema Corte, outras ações foram juntadas a ela por conexão: ADIs 2036, 2228, 2621 e o RE 566.622, com repercussão geral. O trânsito em julgado das ADIs ocorreu em 17 de maio de 2020, e o trânsito em julgado do RE 566.622 deu-se somente em 27 de setembro de 2022[13].

No julgamento conjunto das referidas ações (Ações Diretas de Inconstitucionalidade (ADI), convertidas em Arguições de Descumprimento de Preceito Fundamental (ADPF)), o Supremo Tribunal Federal (STF) assim definiu a tese relativa ao tema 32 da repercussão geral, conferindo a seguinte formulação:

> A lei complementar é forma exigível para a definição do modo beneficente de atuação das entidades de assistência social contempladas pelo art. 195, § 7º, da CF, especialmente no que se refere à instituição de contrapartidas a serem por elas observadas.

Como ficou decidido, a Suprema Corte admite que lei complementar pode instituir "contrapartidas". Porém, não há qualquer parâmetro na decisão que estabeleça limites ou que conceitue o que se pode entender com o vocábulo contrapartidas.

Pela decisão, lei "ordinária" poderá fixar as normas de constituição e funcionamento das entidades. Porém, somente "lei complementar é forma exigível para definição do modo beneficente de atuação das entidades de assistência social contempladas pelo art. 195, § 7º, da CF, especialmente no que se refere à instituição de contrapartidas a serem por ela observadas".

Como se sabe, mesmo uma lei ordinária poderá descrever pressupostos que não extrapolem os estabelecidos no Código Tributário Nacional ou em lei complementar superveniente. Não pode a lei (ordinária ou complementar) criar obstáculos adicionais aos já previstos em ato complementar.

13 O RE 566.522 estava pendente de Embargos de Declaração, rejeitados pelo Plenário do STF em 29.08.2022. Transitado em 22.09.2022. Disponível em: https://portal.stf.jus.br/processos/detalhe.asp?incidente=2565291. Acesso em: 17 mar. 2023.

Por esta razão, o STF proclamou a inconstitucionalidade dos dispositivos supracitados, dentre os quais o artigo 4º da Lei nº 9.732/1998, que determinou que a "isenção" a ser usufruída pelas entidades que não praticassem de forma exclusiva e gratuita o atendimento a pessoas carentes seria na proporção do valor das vagas cedidas, ou do valor do atendimento à saúde.

A decisão do STF não entrou no mérito sobre o *quantum* de serviços poderá ser exigido das entidades beneficentes para a futura lei complementar, se é que poderá ser exigido.

No entanto, a despeito de o STF ter admitido a exigência de eventual contrapartida, a realidade é que mesmo a Lei Complementar não poderá tratar a imunidade como mera isenção, ou forma de compensação pelo não recolhimento de contribuições sociais. Ao que parece, no atual sistema imposto pela Lei Complementar nº 187/2021, a entidade beneficente está num regime em que os tributos em vez de serem pagos em dinheiro deverão ser quitados pela execução de serviços gratuitos. A nosso ver, isso se constituiu em distorção daquilo que se entende por regra de imunidade.

A realidade, no entanto, apresenta outras graves distorções. Em casos em que uma entidade descumpra requisitos meramente formais e não consiga a renovação da certificação, como consequência terá contra si o lançamento de tributos atuais e retroativos. Todo o volume de recursos investidos nos serviços prestados (bolsas de estudo gratuitas, serviços médicos gratuitos, prestação de serviços aos SUS, entre outros), todas as despesas com essa gratuidade concedida será desconsiderada e não há previsão legal de que será amortizada nos valores dos tributos que terá de pagar.

Tal situação é verdadeira distorção do sistema estabelecido, afrontando os princípios da moralidade pública, impondo evidente *bis in idem* (pagamento em duplicidade dos tributos).

Regina Helena Costa ensina que a Lei Complementar não está autorizada a estabelecer requisitos que venham a restringir o universo das entidades alcançadas pela imunidade tributária:

> A lei complementar referida, com fundamento no art. 146, II, da Constituição, não pode inovar a disciplina da imunidade, não estando autorizada a estabelecer requisitos que venham a restringir o universo de entes que o Texto Fundamental quer ver alcançados pela exoneração tributária. A Constituição da República não pôs requisitos outros além de tratar de instituição que cuide de educação e assistência social e que não tenha fins lucrativos; só pode a lei complementar versar sobre algumas outras características essenciais que decorram de outros princípios constitucionais, ou desse preceito deduzir explicitamente desdobramentos ou implicações que nela já se contenham. Os requisitos legais, no caso, como sabido, são os do art. 14, CTN, conforme ADI 1.802/DF, Rel. Min. Dias Toffoli, j. 12.4.2018[14].

A lei não pode condicionar o gozo da imunidade à observância de critérios irrazoáveis, ainda que trazidos por diploma formalmente válido como a lei complementar.

Luís Eduardo Schoueri, ao analisar a decisão do STF na ADI 2545-7-DF, sobre requisitos impostos às entidades beneficentes pela Lei nº 10.260/2001, argumenta que não podem "as leis infraconstitucionais, ainda que complementares, anular o conceito de entidade beneficente de assistência social e assim reduzir ou inviabilizar a imunidade;"[15].

Schoueri cita o voto do Min. Luís Roberto Barroso, no julgamento do mérito da ADIn. 2545-7-DF, que refuta a tentativa de uma lei em substituir obrigação de dar (pagar contribuição) por obrigação de fazer (conceder bolsas de estudo). Assim se posicionou o Min. Barroso:

> 1. O art. 19 da Lei nº 10.260/01, quando determina que o valor econômico correspondente à exoneração de contribuições

14 COSTA, Regina Helena. *Curso de Direito Tributário*: Constituição e Código Tributário Nacional. 12 ed. São Paulo: SaraivaJur. 2022. pp. 135-136.

15 SCHOUERI, Luís Eduardo. *Direito Tributário*. 9 ed. São Paulo: Saraiva Educação, 2019. p. 479.

> seja obrigatoriamente destinado a determinada finalidade, está, na verdade, substituindo por obrigação de fazer (conceder bolsas de estudo) a obrigação de dar (pagar a contribuição patronal) de que as entidades beneficentes educacionais estão expressamente dispensadas.

Schoueri relembra o argumento imbatível exposto por Misabel de Abreu Derzi Machado, em nota de atualização na obra de Aliomar Balleiro[16]. Segundo a jurista, visto que somente a Constituição Federal estabelece imunidade, a lei complementar não pode inovar, pois não haveria como a Constituição permitir que a própria pessoa jurídica de direito público que institui o tributo tenha a tarefa de impor requisitos para a imunidade[17].

Dessa forma, entendemos que a lei, seja ordinária ou complementar, não pode estabelecer obstáculos à fruição da imunidade tributária das entidades beneficentes, criando requisitos que funcionem como certa espécie de troca ou permuta para, de alguma forma, se compensar o não recolhimento de tributos. Em nosso entendimento, é o que parece estar acontecendo com a nova lei complementar nº 187/2021, que regula a imunidade das entidades beneficentes.

7. A PROMULGAÇÃO DA NOVA LEI COMPLEMENTAR Nº 187/2021

Em razão das decisões do Supremo Tribunal Federal, mesmo antes do trânsito em julgado, começaram as movimentações, tanto das entidades como do Poder Executivo, para a edição de uma lei complementar para regulamentar a imunidade das filantrópicas.

O Projeto de Lei Complementar (PLP) nº 134/2019, de autoria do dep. Bibo Nunes (PSL/SP), foi apresentado em 21/05/2019

16 DERZI MACHADO. Misabel de Abreu. Nota de Atualização. *In:* BALEEIRO. Aliomar. *Limitações constitucionais ao poder de tributar.* 11 ed. Rio de Janeiro: Forense, 2004. pp. 178-181.

17 SCHOUERI, *op. cit.*, 479.

e tramitou pela Comissão de Educação (CE), tendo como relatora a dep. professora Dorinha Seabra Rezende (DEM/TO); pela Comissão de Seguridade Social e Família (CSSF), tendo a relatoria do dep. Antonio Brito (PSD/BA), na qual foram realizadas diversas reuniões e audiência pública em 17/06/2021; e pela Comissão de Finanças e Tributação (CFT), com relator o dep. Marco Bertaiolli (PSD/SP).

Havia previsão de tramitação por outras comissões da Câmara, tais como a Comissão de Constituição e Justiça (CCJ), havendo, porém, um *per saltum*, uma vez que em 27/09/2021 o Plenário da Câmara dos Deputados aprovou na Sessão Deliberativa Extraordinária Virtual o requerimento de urgência apresentado pelos deputados Tia Eron e Hugo Motta, por meio do Requerimento 1208/2021, o que redundou na subida do PL para deliberação diretamente pelo Plenário.

No plenário da Câmara, o PL recebeu diversas emendas que foram rejeitadas, e o relatório do dep. Marco Bertaiolli (PSD/SP) foi aprovado e encaminhado para o Senado Federal.

No dia 16/11/2021, o Senado Federal, por unanimidade, aprovou o PLP 134/2019, com acolhimento pelo relator sen. Carlos Fávaro (PSD/MT). O relator rejeitou algumas emendas e acolheu outras, dentre as quais uma que insere no texto as entidades de cuidado de pessoas com deficiência, uma que admite as comunidades terapêuticas como filantrópicas, tema que havia sido retirado na Câmara.

O texto retornou para a Câmara dos Deputados e, finalmente, foi promulgado no dia 16 de dezembro de 2021, como LEI COMPLEMENTAR NO 187/2021, inicialmente com 10 (dez) vetos presidenciais[18].

18 Veto 1) Inciso V do *caput* do art. 7º

"V – prestar serviços não remunerados pelo SUS a trabalhadores."

Veto 2) Inciso XIII do § 2º do art. 13

"XIII – outras que venham a ser definidas em regulamento."

Veto 3) § 4º do art. 18

"§ 4º O certificado será expedido em favor da entidade mantenedora das instituições de ensino."

Veto 4) § 3º do art. 25

"§ 3º Eventual valor pago antes da formalização da matrícula do aluno não descaracterizará a bolsa de estudo concedida nos termos dos incisos I e II do

§ 1º do art. 19 desta Lei Complementar e não limitará ou suspenderá o direito à certificação."

Veto 5) Art. 28

"Art. 28. No ato de aferição periódica do cumprimento dos requisitos desta Seção, as entidades de educação que não tenham concedido o número mínimo de bolsas previsto nos arts. 20, 21, 22 e 23 desta Lei Complementar poderão compensar o número de bolsas devido no exercício subsequente, mediante a assinatura de Termo de Ajuste de Gratuidade ou de instrumento congênere, nas condições estabelecidas em regulamento.

§ 1º Após a publicação da decisão relativa à aferição do cumprimento dos requisitos desta Seção, as entidades que atuam na área da educação a que se refere o *caput* deste artigo terão prazo de 30 (trinta) dias para requerer a assinatura do Termo de Ajuste de Gratuidade.

§ 2º Na hipótese de descumprimento do Termo de Ajuste de Gratuidade ou congênere, a certificação da entidade será cancelada.

§ 3º O Termo de Ajuste de Gratuidade poderá ser celebrado somente uma vez com a mesma entidade a cada período de aferição, estabelecido nos termos de regulamento.

§ 4º As bolsas de pós-graduação *stricto sensu* poderão integrar a compensação, desde que se refiram a áreas de formação definidas em regulamento."

Veto 6) § 6º do art. 31

"§ 6º O limite estabelecido no § 5º deste artigo poderá ser excedido, desde que observados os seguintes termos:

I – tenham termo de curatela do idoso;

II – o usuário seja encaminhado pelo Poder Judiciário, pelo Ministério Público ou pelo gestor local do Suas; e

III – a pessoa idosa ou seu responsável efetue a doação, de forma livre e voluntária."

Veto 7) § 2º do art. 40

"§ 2º Aos requerimentos de concessão ou de renovação de certificação pendentes de decisão na data de publicação desta Lei Complementar, aplicam-se as regras e as condições vigentes à época de seu protocolo."

Veto 8) § 4º do art. 40

"§ 4º Na hipótese de deferimento do pedido de renovação prioritário, nos termos do § 3º deste artigo, os demais requerimentos de renovação pendentes serão automaticamente deferidos e será confirmada a imunidade durante o respectivo período."

Veto 9) Parágrafo único do art. 41

"Parágrafo único. O disposto no *caput* deste artigo aplica-se aos créditos constituídos da União, oriundos ou não de autos de infração, com exigibilidade suspensa, pendentes de julgamento, parcelados ou inscritos em dívida ativa, ou mesmo em fase de execução fiscal já ajuizada, que tenham como fundamento da autuação violação de dispositivos contidos em lei ordinária."

Veto 10) Art. 42

"Art. 42. As entidades beneficentes e em gozo da imunidade terão prioridade na celebração de

Além dos vetos presidenciais, foi incluído na Lei o § 7º no artigo 31, de acordo com RETIFICAÇÃO publicada no Diário Oficial (DOU de 17.12.2021).

8. A DERRUBADA PARCIAL DOS VETOS

Em sessão do Congresso Nacional ocorrida no dia 5 de julho de 2022, senadores e deputados derrubaram alguns pontos do veto 66/2021 imposto à Lei Complementar nº 187/2021 (DOU 8.7.2022, Edição Extra)[19].

O Primeiro veto derrubado foi o § 4º do art. 18 da Lei Complementar, assim:

> § 4º O certificado será expedido em favor da entidade mantenedora das instituições de ensino.

Foi importante a manutenção do § 4º do art. 18, uma vez que o certificado deve ser concedido para a entidade detentora do Cadastro Nacional de Pessoas Jurídicas (CNPJ) considerada a matriz. Por questões práticas, a certificação de inúmeros estabelecimentos seria a imposição de um volume enorme de trabalho aos ministérios certificadores. O balanço patrimonial da entidade espelha a pessoa jurídica de maneira global e não traz qualquer prejuízo na análise do cumprimento de requisitos. Cremos acertada a manutenção do referido parágrafo.

O segundo ponto derrubado pelo Congresso foi o veto ao art. 28 da Lei, que assim dispõe:

> Art. 28. No ato de aferição periódica do cumprimento dos requisitos desta Seção, as entidades de educação que não tenham

convênios e de contratos com o poder público para a execução de serviços, gestão, programas e projetos."

19 BRASIL. *Lei Complementar nº 187/2021*, promulgação partes vetadas. Disponível em: http://www.planalto.gov.br/ccivil_03/leis/lcp/Lcp187.htm#promulgacao. Acesso em: 26 jul. 2022.

> concedido o número mínimo de bolsas previsto nos arts. 20, 21, 22 e 23 desta Lei Complementar poderão compensar o número de bolsas devido no exercício subsequente, mediante a assinatura de Termo de Ajuste de Gratuidade ou de instrumento congênere, nas condições estabelecidas em regulamento.
> § 1º Após a publicação da decisão relativa à aferição do cumprimento dos requisitos desta Seção, as entidades que atuam na área da educação a que se refere o *caput* deste artigo terão prazo de 30 (trinta) dias para requerer a assinatura do Termo de Ajuste de Gratuidade.
> § 2º Na hipótese de descumprimento do Termo de Ajuste de Gratuidade ou congênere, a certificação da entidade será cancelada.
> § 3º O Termo de Ajuste de Gratuidade poderá ser celebrado somente uma vez com a mesma entidade a cada período de aferição, estabelecido nos termos de regulamento.
> § 4º As bolsas de pós-graduação *stricto sensu* poderão integrar a compensação, desde que se refiram a áreas de formação definidas em regulamento.

Em termos práticos, a manutenção do artigo 28, *caput*, e seus §§ 1º, 2º e 4º foi muito importante, pelo fato de que a entidade não corre o risco de perder a certificação se, por alguma razão de cálculo, não atingir o percentual exigido de bolsas de estudos. O Termo de Ajuste de Gratuidade (TAG) não inviabiliza a existência da entidade, que compensará as bolsas não concedidas no exercício subsequente, o que é vantajoso para a política pública.

O terceiro veto rejeitado pelo Congresso foi o § 6º do art. 31, que assim dispõe:

> § 6º O limite estabelecido no § 5º deste artigo poderá ser excedido, desde que observados os seguintes termos:
> I – tenham termo de curatela do idoso;
> II – o usuário seja encaminhado pelo Poder Judiciário, pelo Ministério Público ou pelo gestor local do Suas; e

> III – a pessoa idosa ou seu responsável efetue a doação, de forma livre e voluntária.

A manutenção na lei do § 6º do art. 31 foi importante, pois a lei estabelece a permissão de eventual cobrança de participação da pessoa idosa abrigada no limite de 70% (setenta por cento) de qualquer benefício previdenciário ou benefício social percebido pelo idoso. Caso a entidade tenha o termo de curatela ou o usuário seja encaminhado ao abrigo pelas autoridades locais ou a pessoa idosa ou seu responsável efetue a doação, a entidade poderá exceder o limite imposto de setenta por cento.

E o último veto derrubado foi o § 2º do art. 40, assim:

> § 2º Aos requerimentos de concessão ou de renovação de certificação pendentes de decisão na data de publicação desta Lei Complementar aplicam-se as regras e as condições vigentes à época de seu protocolo.

Não restam dúvidas de que o veto ao § 2º do art. 40 atingiria frontalmente princípios constitucionais (Art. 5º, XXXVI) de que a lei não prejudicará o direito adquirido, o ato jurídico perfeito e a coisa julgada. Até por questões práticas, os Ministérios certificadores julgarão os pedidos de concessão e renovação de CEBAS protocolados até a entrada em vigor da nova lei, com base na legislação anterior. Por óbvio, aquilo que foi considerado inconstitucional pelo Supremo Tribunal Federal não poderá ser exigido.

9. ALTERAÇÃO DA LEI COMPLEMENTAR (LC 187/2021) POR LEI ORDINÁRIA DO PROUNI

Em 25 de maio de 2022, a Lei Complementar nº 187/2021 recebeu duas alterações promovidas pela Lei ordinária nº 14.350, fruto da conversão da Medida Provisória nº 1.075, de 2021. A nova lei modificou as Leis nºs 11.096, de 13 de janeiro de 2005, e 11.128, de 28 de junho de 2005, que regulam a sistemática de operação do Programa Universidade para Todos (PROUNI).

Foram alterados os arts. 21 e 22 da referia Lei Complementar. O art. 21, na redação original, fazia referência ao art. 11 da Lei nº 11.096/2005 e foi alterado para fazer menção ao art. 11-A. Já o art. 22, na redação original, remetia ao art. 10 da Lei nº 11.096/2005 e a alteração se deu para fazer remissão ao art. 10-A.

A redação original do art. 21 da Lei Complementar nº 187/2021 era a seguinte:

> Art. 21. As entidades que atuam na educação superior e que aderiram ao Programa Universidade para Todos (Prouni), na forma do *caput* do art. 11 da Lei nº 11.096, de 13 de janeiro de 2005, deverão atender às condições previstas no *caput* e nos §§ 1º, 2º e 5º do art. 20 desta Lei Complementar.

Curioso notar que o art. 21, supra descrito, fazia menção ao art. 11 da Lei do Prouni, que foi revogado pelo art. 47, inciso I, da própria Lei Complementar. O revogado artigo 11 da Lei do Prouni possuía a seguinte redação:

> Art. 11. As entidades beneficentes de assistência social que atuem no ensino superior poderão, mediante assinatura de termo de adesão no Ministério da Educação, adotar as regras do Prouni, contidas nesta Lei, para seleção dos estudantes beneficiados com bolsas integrais e bolsas parciais de 50% (cinquenta por cento) ou de 25% (vinte e cinco por cento), em especial as regras previstas no art. 3º e no inciso II do *caput* e §§ 1º e 2º do art. 7º desta Lei, comprometendo-se, pelo prazo de vigência do termo de adesão, limitado a 10 (dez) anos, renovável por iguais períodos, e respeitado o disposto no art. 10 desta Lei, ao atendimento das seguintes condições:
> I – revogado
> II – revogado
> III – gozar do benefício previsto no § 3º do art. 7º desta Lei.

> § 1º Compete ao Ministério da Educação verificar e informar aos demais órgãos interessados a situação da entidade em relação ao cumprimento das exigências do Prouni, sem prejuízo das competências da Secretaria da Receita Federal e do Ministério da Previdência Social.

Já a Lei ordinária nº 14.350, de 25 de maio de 2022, regulou a matéria por meio do novo art. 11-A, assim redigido:

> Art. 11-A. As entidades beneficentes de assistência social que atuem no ensino superior poderão, mediante assinatura de termo de adesão estabelecido na forma do regulamento, adotar as regras do Prouni contidas nesta Lei, para seleção dos estudantes beneficiados com bolsas integrais e bolsas parciais de 50% (cinquenta por cento), em especial as regras previstas no art. 3º e no inciso II do *caput* e nos §§ 1º e 2º do art. 7º desta Lei, comprometendo-se, pelo prazo de vigência do termo de adesão, limitado a 10 (dez) anos, renovável por iguais períodos, e respeitado o disposto nos arts. 3º, 5º, 7º e 10-A desta Lei, ao atendimento das condições previstas na legislação específica para entidades beneficentes que atuem na área de educação. (Incluído pela Lei nº 14.350, de 2022.)

A redação original e a nova redação, embora pareçam semelhantes, possuem importantes diferenças. Enquanto a original fala que a adesão é realizada perante o Ministério da Educação, a segunda determina que seja "estabelecida na forma de regulamento". Enquanto o artigo original estabelecia três tipos de bolsas: integrais, de 50% e de 25%, a nova redação do art. 11-A não traz a possibilidade de bolsas de 25%.

A redação do artigo 11 remete às regras previstas no art. 3º e no inciso II do *caput* e §§ 1º e 2º do art. 7º, enquanto a redação do 11-A remete ao disposto nos arts. 3º, 5º, 7º e 10-A.

Por sua vez, o art. 22 da Lei Complementar possuía a seguinte redação original:

> Art. 22. As entidades que atuam na educação superior e que não tenham aderido ao Prouni na forma do art. 10 da Lei nº 11.096, de 13 de janeiro de 2005, deverão conceder anualmente bolsas de estudo na proporção de 1 (uma) bolsa de estudo integral para cada 4 (quatro) alunos pagantes.

A nova redação do art. 22 da Lei Complementar passou a fazer referência ao art. 10-A da Lei do Prouni, até então inexistente nessa lei, acrescentado que foi pela nova Lei nº 14.350/2022.

O artigo 10 não foi revogado e possui a seguinte redação:

> Art. 10. A instituição de ensino superior, ainda que atue no ensino básico ou em área distinta da educação, somente poderá ser considerada entidade beneficente de assistência social se oferecer, no mínimo, 1 (uma) bolsa de estudo integral para estudante de curso de graduação ou seqüencial de formação específica, sem diploma de curso superior, enquadrado no § 1º do art. 1º desta Lei, para cada 9 (nove) estudantes pagantes de cursos de graduação ou seqüencial de formação específica regulares da instituição, matriculados em cursos efetivamente instalados, e atender às demais exigências legais[20].

Com a alteração no art. 22 da Lei Complementar, as entidades que atuam no ensino superior somente serão consideradas beneficente de assistência social se cumprirem o art. 10-A, *verbis*:

> Art. 10-A. A instituição de ensino superior, ainda que atue no ensino básico ou em área distinta da educação, somente poderá ser considerada entidade beneficente de assistência social se respeitar as condições previstas na legislação específica para entidades beneficentes que atuem na área de educação, caso em que poderá gozar do benefício previsto no § 3º do art. 7º desta Lei.

20 O vocábulo "sequencial" está grafado com trema na redação original da Lei nº 11.096/2005, promulgada em 13 de janeiro de 2005, antes, portanto, da entrada em vigor do Acordo Ortográfico da Língua Portuguesa, Decreto nº 6.583, de 29 de setembro de 2008, que produziu efeitos a partir de 1º de janeiro de 2009 e, dentre as alterações, aboliu este sinal gráfico.

Está claro pela dicção do art. 10-A que as entidades de nível superior devem respeitar as condições previstas na legislação específica para entidades beneficentes que atuem na área de educação, no caso a Lei Complementar nº 187/2021.

No entanto, em diversos outros pontos, que não são objeto deste artigo, as regras do Prouni tornaram-se, na prática, incompatíveis com a Lei Complementar.

Como exemplo, podemos citar que a Lei do Prouni obriga a concessão de bolsas integrais na proporção de 1 por 5 ou 1 por 9 em todos os cursos, todos os turnos e todas as unidades de ensino, quando a Lei Complementar admite o cumprimento do quantitativo de bolsas não estritamente em cada unidade, estabelecendo a regra de no mínimo uma bolsa integral para cada 25 alunos em cada unidade (§ 3º do art. 22).

A Lei nº 11.096/2005 restringe a concessão de bolsas pela própria entidade fora do Sistema Prouni. A instituição pode ofertar bolsas próprias apenas em raríssimas exceções e somente com permissão do Ministério da Educação (MEC). Como o MEC libera as bolsas Prouni com base em estimativa de vagas, sujeita a alteração por depender da procura ou não do aluno pelos cursos ofertados, a instituição de nível superior acaba prejudicada, pois não consegue preencher via Prouni o quantitativo mínimo exigido pela Lei Complementa e acaba não tendo autorização do MEC para ofertar bolsas próprias na época correta das matrículas, o que redundará em perda da imunidade.

É verdade que a Lei Complementar nº 187/2021 não obriga a adesão ao Prouni pelas entidades beneficentes. No entanto, o art. 22 estabelece uma espécie de "penalidade" para aquelas que não firmarem termo de adesão: elas são obrigadas a conceder uma bolsa integral para cada 4 (quatro) alunos pagantes, e não para 5 (cinco) alunos. É uma discriminação, a nosso sentir, inaceitável, criada para desestimular a não adesão ao programa.

Na tentativa de não inviabilizar a concessão de bolsas pelo Sistema Prouni, em 5 de junho de 2023, o Ministério da Educação, por meio de sua Consultoria Jurídica autorizou a alteração no sistema eletrônico, em caráter excepcional e transitório, que ambiente virtual denominado SisProuni exija inicialmente a proporção 1 (uma) bolsa de estudo integral para cada 9 (nove) alunos pagantes anuais, desde que a instituição declare que tenha ofertado bolsas no âmbito do Programa que não tenham sido preenchidas, nos termos do § 3º do art. 21 da Lei complementar nº 187, de 2021.[21]

Atuando mediante provocação das entidades representativas das entidades beneficentes o Congresso Nacional deu início à tramitação do Projeto de Lei nº 3043/2022 e do Projeto de Lei Complementar nº 162/2022 para harmonizar as políticas públicas do Prouni e do Cebas.

Diante das alterações acima descritas promovidas pela nova Lei nº 14.350/2022, que modificaram significativamente a sistemática de operação do Prouni pelas entidades beneficentes, e diante da incontroversa decisão do STF da exigência de lei complementar para fixação de contrapartidas, temos que tais alterações padecem do vício de inconstitucionalidade formal, uma vez que a matéria tratada na alteração é do campo de atuação que exige lei complementar.

10. A INCONSTITUCIONALIDADE DAS CONTRAPARTIDAS ECONÔMICO-FINANCEIRAS

A nova Lei Complementar nº 187/2021, *prima facie*, não possui grandes diferenças do texto da lei ordinária anterior, a Lei nº 12.101/2009.

21 Nota Técnica nº 00633/2023/CONJUR-MEC.CGU.AGU, processo NUP 23000.019784/2022-69. Disponível em: https://sapiens.agu.gov.br/valida_publico?id=1174541012. Acesso em: 16 jun. 2023.

Ademais dos requisitos que já são estabelecidos pelo Código Tributário Nacional, a lei vai além, exigindo cumprimento de metas financeiras de gratuidade que devem ser concedidas pelas entidades de saúde e educação, além de estabelecer total gratuidade sem qualquer participação do usuário para as entidades de assistência social, com exceção pequena da participação do idoso abrigado em instituição de longa permanência.

Resumidamente, a seguir estão elencadas as contrapartidas:

a) **Saúde**

No tocante aos requisitos que envolvem contrapartida de caráter econômico e financeiro, a lei estabelece que a entidade de saúde é obrigada a firmar convênio com o Sistema Único de Saúde e atender ao SUS no percentual de 60% de sua capacidade (art. 9º). Caso não haja interesse do SUS na aquisição do serviço, a entidade é obrigada a prestar atendimento gratuito no percentual de 20% da receita de acordo com contrato firmado com o gestor local (art. 12, I).

b) **Educação**

A entidade de educação deve conceder bolsas de estudos integralmente gratuitas no percentual de uma bolsa para cada cinco alunos pagantes (art. 20), como o mínimo exigido, podendo conceder bolsas integrais no percentual de uma bolsa integral para cada 9 (nove) alunos pagantes e completar com bolsas de 50% para atingir o mínimo estabelecido de uma bolsa a cada cinco alunos pagantes. Exemplo: A entidade pode escolher conceder somente bolsas integrais. Nesse caso, o percentual aplicado é de uma bolsa integral para cada cinco alunos pagantes. Ou pode optar por conceder uma bolsa integral para cada nove alunos pagantes e complementar a meta de um por cinco, com duas bolsas parciais de 50% (cinquenta por cento) para as bolsas faltantes.

Os mesmos percentuais são exigidos das entidades de educação do nível superior que devem aderir ao Programa Universidade para Todos (Prouni) (art. 21). Para as entidades que não aderiram ao Prouni, o percentual mínimo é a concessão de uma bolsa integral para cada 4 (quatro) alunos pagantes (art. 22).

c) **Assistência Social**

Na área de assistência social, todos os serviços prestados devem ser inteiramente gratuitos (art. 29), obedecendo requisitos da LOAS (Lei nº 8.742/93), com a exceção já mencionada sobre a participação dos idosos abrigados.

Portanto, temos acima, resumidamente, as contrapartidas que envolvem contrapartidas de caráter econômico e financeiro, que os Ministérios certificadores devem aferir se as entidades cumpriram ou não, além de outras inúmeras formalidades, para deferir ou indeferir a concessão ou renovação do certificado de entidade beneficente de assistência social (CEBAS), o qual permite que a entidade mantenha a imunidade das contribuições sociais.

Observamos que tais contrapartidas abrem espaço para questionamento junto ao Supremo Tribunal Federal, uma vez que podemos vislumbrar inconstitucionalidades, seja porque podem ser consideradas exorbitantes e irrazoáveis, seja porque estabelecem barreiras e obstáculos para a fruição da imunidade. A partir de um olhar criterioso sob o ponto de vista tributário, tais contrapartidas apresentam a lógica de isenção e não de imunidade.

Com o pensamento exposto por Roque Carrazza de que "criar tributos só a lei pode; e violar imunidade tributária, nem ela pode"[22], nos tópicos seguintes serão apresentadas, a nosso ver, vio-

22 CARRAZZA, Roque Antonio. *Fórum Nacional de Instituições Filantrópicas* – FONIF – PEC 287/2016 Sua não-repercussão nas imunidades tributárias contempladas nos arts. 150, VI, C, e 195, § 7º, da CF – Questões Conexas. Disponível em: https://fonif.org.br/wp-content/uploads/2020/06/Fonif-Roque-Carrazza-Filantropicas-derrogacao-de-imunidade-impossibilidade-juridica-2017-1.pdf. p. 14. Acesso em: 17 mar. 2023.

lações à imunidade tributária no bojo da Lei Complementar nº 187/2021.

11. AS IMUNIDADES TRIBUTÁRIAS RELATIVAS AOS IMPOSTOS

A imunidade tributária é um fenômeno de natureza constitucional. Não é objetivo do presente artigo se demorar sobre a imunidade tributária das entidades beneficentes relativa a impostos do art. 150, VI, letra c, da CF, mas lançar um pouco de luz sobre a imunidade das contribuições sociais previstas no art. 195, § 7º, da Carta Magna.

12. A IMUNIDADE DAS CONTRIBUIÇÕES SOCIAIS DAS ENTIDADES BENEFICENTES

Embora o artigo 195, § 7º expressamente contenha o vocábulo "isentas", a Suprema Corte já firmou entendimento de que a Constituição não cuida de isenções, mas de imunidades.

Decidiu o Supremo Tribunal Federal no *leading case* da Associação Paulista da Igreja Adventista do Sétimo Dia (entidade social mantida pela organização religiosa) que o § 7º do art. 195 trata de imunidade (vedação total ao poder de tributar) e não de isenção.

> Recurso Ordinário em Mandado de Segurança nº 22.192-9
> Distrito Federal
> Relator: Min. Celso de Mello
> Recorrente: Associação Paulista da Igreja Adventista do Sétimo Dia
> Advogados: Ives Gandra da Silva Martins e outros
> Recorrida: União Federal
> Advogado: Advogado Geral da União
>
> EMENTA: MANDADO DE SEGURANÇA – CONTRIBUIÇÃO PREVIDENCIÁRIA – QUOTA PATRONAL

– ENTIDADE DE FINS ASSISTENCIAIS, FILANTRÓPICOS E EDUCACIONAIS – IMUNIDADE (CF, ART. 195, § 7º) – RECURSO CONHECIDO E PROVIDO.

A Associação Paulista da Igreja Adventista do Sétimo Dia, por qualificar-se como entidade beneficente de assistência social – e por também atender, de modo integral, as exigências estabelecidas em lei – tem direito irrecusável ao benefício extraordinário da imunidade subjetiva relativa às contribuições pertinentes à seguridade social.

– A cláusula inscrita no art. 195, § 7º, da Carta Política – não obstante referir-se impropriamente à isenção de contribuição para a seguridade social – contemplou as entidades beneficentes de assistência social, com o favor constitucional da imunidade tributária, desde que por elas preenchidos os requisitos fixados em lei.

A jurisprudência constitucional do Supremo Tribunal Federal já identificou, na cláusula inscrita no art. 195, § 7º, da Constituição da República, a existência de uma típica garantia de imunidade (e não de simples isenção) estabelecida em favor das entidades beneficentes de assistência social. Precedente: RTJ 137/965.

– Tratando-se de imunidade – que decorre, em função de sua natureza mesma, do próprio texto constitucional – revela-se evidente a absoluta impossibilidade jurídica de a autoridade executiva, mediante deliberação de índole administrativa, restringir a eficácia do preceito inscrito no art. 195, § 7º, da Carta Política, para, em função de exegese que claramente distorce a teleologia da prerrogativa fundamental em Referência, negar, à entidade beneficente de assistência social que satisfaz os requisitos da lei, o benefício que lhe é assegurado no mais elevado plano normativo.

Vistos, relatados e discutidos estes autos, acordam os Ministros do Supremo Tribunal Federal, em Primeira Turma, na conformidade da ata de julgamentos e das notas taquigráficas, por unanimidade de votos, em rejeitar a preliminar e dar provimento ao recurso em mandado de segurança.

Brasília, 28 de novembro de 1995

Moreira Alves – Presidente

Celso de Mello – Relator
Publicação DJ 19-12-1996 PP-51802 – EMENT VOL-01855-01 PP-00154)

O jurista Ives Gandra da Silva Martins afirma que:

> Das quatro mais conhecidas formas de desoneração tributária (imunidades, isenções, não incidências e alíquota zero) – deixo de lado as anistias e as remissões – as imunidades representam vedação absoluta ao poder de tributar; razão pela qual não se confundem com as isenções, renúncia fiscal com objetivo determinado, autorizado pelos governos através de leis[23].

Ainda segundo Gandra Martins, **"o disposto no *caput* do artigo 150 vale para Art. 195, § 7º, pois, para os tributos denominados "Contribuições Sociais", aplicam-se os mesmos critérios dos tributos denominados 'impostos', a que se refere o artigo 150, inciso VI, letra c"** (grifamos)[24].

Diferente das isenções, as imunidades constitucionais são autênticas garantias estabelecidas na Constituição Federal para que determinadas pessoas, em suas atividades, não sofram tributação em razão de realizarem serviços considerados pelo constituinte como de relevância para a sociedade, como saúde, educação, assistência social ou atividades relativas à liberdade religiosa ou liberdade de expressão.

Como se sabe, é a Constituição de 1988 que inaugura no sistema tributário a categoria de tributos denominada de "contribuição", dentre elas as contribuições sociais para o financiamento da Seguridade Social.

Já discorremos anteriormente sobre a expressão "são isentas" contida no § 7º do art. 195, que na verdade o STF já mandou in-

23 MARTINS, Ives Gandra da Silva. *A Reforma Previdenciária e a Imunidade das Filantrópicas. Revista Bonijuris*, ISS 1809-3256, vol. 30 – 650 ed. – fev./mar. 2018, pp. 62-70.
24 MARTINS, Ives Gandra da Silva. *Op. Cit.*, p. 65.

terpretar como "são imunes". Não há qualquer dúvida sobre esta posição no mundo jurídico. Assim como também não resta mais qualquer objeção de que a expressão "lei" no mesmo parágrafo sétimo quer dizer "lei complementar". Ainda que o STF tenha demorado 20 anos para encerrar o debate.

Portanto, hoje não há mais questionamento de que o § 7º do art. 195 da Constituição Federal veicula regra imunizante, que não pode ser destruída nem pela lei, nem, muito menos, por seu aplicador. Nas palavras de Roque Antonio Carrazza:

> De fato, se nem a lei pode anular ou restringir as situações de imunidade contempladas na Constituição, por muito maior razão (argumento *a fortiori*) não o poderão fazer o exegeta e o aplicador das normas tributárias. Em suma, criar tributos, só a lei pode; violar imunidades tributárias, nem ela pode[25].

Roque Antonio Carrazza, igualmente, alega não haver dúvidas de que tanto o art. 150, ao se referir aos impostos, como o art. 195, ao se referir às contribuições, tratam do mesmo instituto, ou seja, a imunidade tributária.

> Realmente, enquanto o art. 150, VI, *c*, da Constituição Federal, ao aludir às instituições de assistência social, faz menção ao *"patrimônio, renda ou serviços"*, o art. 195, § 7º, do mesmo Diploma, silencia a respeito, o que de *per se* indica que a imunidade das entidades beneficentes de assistência social tem uma abrangência maior.
>
> De qualquer modo, repisamos que são *imunes "de contribuição para a seguridade social as entidades beneficentes de assistência social que atendam às exigências estabelecidas em lei"*.

25 CARRAZZA, *op. cit.*, pp. 36-37.

> Não resta dúvida de que a imunidade em foco visa a favorecer as entidades que, seguindo os mesmos rumos do Estado, prestam desinteressadamente assistência social às pessoas. Para tanto, foi-lhes assegurado, pela própria Constituição, que não sofreriam a incidência de contribuições para a seguridade social[26].

Para o professor, na medida em que o art. 194 da CF estabelece que a sociedade deve se unir aos Poderes Públicos, com eles colaborando, sem intuito econômico, para a seguridade social, "seria rematado contrassenso retirar recursos das entidades beneficentes que nelas investem todos os seus recursos"[27].

Para Carrazza, a doutrina e a jurisprudência deixam claro que a imunidade alcança todas as contribuições para a seguridade social e não, apenas, as "contribuições previdenciárias"[28].

E sobre a exigência de lei complementar estabelecida no art. 195, § 7º, a lei é o Código Tributário Nacional.

> Consignamos, sempre a respeito, que as exigências estabelecidas em lei são as indicadas no já mencionado art. 14, do *CTN*. Portanto, as entidades beneficentes, para terem jus à imunidade em questão, não devem distribuir seu patrimônio ou renda, precisam aplicar integralmente no país seus rendimentos, e carecem de manter, em livros próprios, a escrituração adequada de suas receitas e despesas.
> Estes preceitos bastam para dilucidar os requisitos, postos na Constituição, para que as entidades beneficentes de assistência

26 CARRAZZA, *op. cit.*, pp. 36-37.

27 CARRAZZA, *op. cit.*, pp. 37.

28 "Oportuno asseverar, nesse passo, que a imunidade em questão alcança todas as contribuições para a seguridade social e não, apenas, as "*contribuições previdenciárias*". Vale, portanto, para a *COFINS* (contribuição para o custeio da seguridade social), a contribuição para o *PIS/PASEP*, a *CSLL* (contribuição social sobre o lucro líquido), as contribuições a que aludem os arts. 22 e 23, da Lei nº 8.212/1991 etc. Não colhe a eventual objeção de que, no texto constitucional, está simplesmente escrito *"contribuição para a seguridade social"* e, portanto, o emprego desta expressão no plural, é pura especulação dos interessados em dilargar o campo da imunidade em tela. Tal entendimento não se sustenta, em face da interpretação sistemática dos dispositivos acima citados e do próprio *preâmbulo* da Carta Suprema." CARRAZZA, *op. cit.*, p. 38.

> social usufruam da imunidade tributária em estudo: ausência de fins lucrativos e consecução de suas finalidades essenciais[29].

A discussão não é nova, uma vez que remonta às tentativas de mudanças no art. 55, da Lei nº 9.732/1998, que impôs a total gratuidade na prestação de serviços, mas foi rejeitada pelo Supremo Tribunal.

Luiz Eduardo Schoueri sublinhou que os requisitos do Código Tributário Nacional são os únicos requisitos que as entidades devem cumprir a fim de fruir a imunidade tributária:

> Importa esclarecer, neste ponto, que esses são os únicos requisitos que devem ser observados para que se goze a imunidade. Não pode lei ordinária apresentar outros requisitos, já que, uma vez cumpridos os da lei complementar (CTN), a entidade já está imune, por mandamento constitucional, a qualquer interferência do poder tributante ordinário[30].

Os requisitos colocados pela nova Lei Complementar nº 187/2021, a nosso sentir, desnaturam o gozo das imunidades tributárias, e criaram óbices que, na prática, podem inviabilizar a operação das entidades beneficentes.

Ives Gandra afirma que:

> A lei complementar pode apenas explicitar o conteúdo constitucional, conforme explicou aquele que, talvez, tenha sido a maior figura da história da suprema corte, o ministro Moreira Alves, ao dizer:
>
> "Mas o ministro Soares Muñoz não decidiu isso. Ele não estava tratando aqui de saber se era lei complementar ou não era lei complementar. Tanto que ele disse o seguinte: Esse Decreto-Lei, anterior à Constituição Federal em vigor não pode, no particu-

29 CARRAZZA, *op. cit.*, p. 39.
30 SCHOUERI, Luis Eduardo. *Direito Tributário*. Editora Saraiva, São Paulo, 2011, pp. 397-398.

lar, ser aplicado. Porque ele impõe uma restrição à imunidade, a qual não se confunde com a isenção; uma restrição que não está no texto constitucional". Isso significa dizer o quê? Dizer: "Nem lei complementar, nem lei nenhuma, pode impor uma restrição a uma imunidade que decorre da Constituição". E, a meu ver, está absolutamente correto. Porque não é possível se admitir que uma lei complementar, ainda que a Constituição diga que ela pode regular limitações à competência tributária, possa aumentar restrições a essa competência. Ela pode é regulamentar. – Se é que há o que regulamentar, em matéria de imunidade, no sentido de ampliá-la ou reduzi-la. Porque isso decorre estritamente da Constituição. Quando se diz, por exemplo, "para atender às suas finalidades essenciais", não é a lei que vai dizer quais são as finalidades essenciais. Quem vai dizer quais são as finalidades essenciais é a interpretação da própria constituição. Porque a Constituição não se interpreta por lei infraconstitucional, mas a lei infraconstitucional é que se interpreta pela Constituição. De modo que, obviamente, tanto fazia ser lei complementar, como ser lei ordinária, como ser Decreto-Lei, enfim, qualquer tipo de norma infraconstitucional. O Ministro Soares Muñoz não estava dizendo: "Não. Não pode, porque é lei complementar". Mas dizia: "Esse Decreto-Lei impõe uma restrição que não está no texto constitucional"[31].

CONSIDERAÇÕES FINAIS

A imunidade tributária é fenômeno de natureza constitucional. A Constituição, ao estabelecer a imunidade, está a indicar a incompetência das pessoas políticas para legislarem acerca das pessoas e dos fatos tidos por imunes. Portanto, os casos de imunidade estão todos definidos na própria Constituição Federal. As normas infraconstitucionais não possuem diretrizes sobre imunidade. Elas

31 MARTINS. Ives Gandra (Coord.). *Pesquisas Tributárias* – Nova Série 5, Processo Administrativo Tributário. 2 ed. São Paulo: Coed. Centro de Extensão Universitária/Ed. RT, 2001. pp. 31-32.

podem apenas aclarar o assunto já esgotado pelo legislador constituinte.

> A lei complementar não cria limitações que já não existam na Constituição, não restringe, nem dilata o campo por ela determinado. Completa e esclarece as disposições relativas à limitação, facilitando sua execução de acordo com os fins que inspiraram o legislador constituinte[32].

As imunidades tornam inconstitucionais as leis, sejam ordinárias ou complementares, que as desafiam ou as contornem com imposição de compensações financeiras ou econômicas. Nem mesmo Emenda Constitucional pode anular ou restringir as situações de imunidade contempladas pelo constituinte originário.

Como conclusão não restam dúvidas de que a imposição de contrapartidas de caráter econômico e financeiro para justificar a imunidade das entidades beneficentes e "compensar" o não pagamento de tributos é uma restrição inaceitável sob o ponto de vista constitucional. Em nosso entender, podem estar inquinados com o vício de inconstitucionalidade os seguintes pontos:

a) Art. 9º.[33] Este é o primeiro artigo da Subseção II, que trata da prestação de serviços ao Sistema Único de Saúde (SUS).

32 BALEEIRO, Aliomar. *Direito Tributário Brasileiro.* 11 ed. atualizada por Misabel Abreu Machado Derzi. Rio de Janeiro. Forense, 1999, pp. 106-107.

33 Art. 9 Para ser certificada pela prestação de serviços ao SUS, a entidade de saúde deverá, nos termos de regulamento:

I – celebrar contrato, convênio ou instrumento congênere com o gestor do SUS; e

II – comprovar, anualmente, a prestação de seus serviços ao SUS no percentual mínimo de 60% (sessenta por cento), com base nas internações e nos atendimentos ambulatoriais realizados. § 1º A prestação de serviços ao SUS de que trata o inciso II do *caput* deste artigo será apurada por cálculo percentual simples, com base no total de internações hospitalares, medidas por paciente por dia, incluídos usuários do SUS e não usuários do SUS, e no total de atendimentos ambulatoriais, medidos por número de atendimentos e procedimentos, de usuários do SUS e de não usuários do SUS, com a possibilidade da incorporação do componente ambulatorial do SUS, nos termos de regulamento.

§ 2º O atendimento do percentual mínimo de que trata o inciso II do *caput* deste artigo poderá ser individualizado por estabelecimento ou pelo conjunto de estabelecimentos de saúde da pessoa jurídica, desde que não abranja outra entidade com personalidade jurídica própria que seja por ela mantida.

O artigo impõe a celebração de contrato, convênio ou instrumento congênere com o gestor do SUS e estabelece a obrigatoriedade de comprovação, pela entidade de saúde, de atendimento de percentual mínimo de 60% (sessenta por cento) da prestação de serviços com base nas internações e nos atendimentos ambulatoriais.

b) Art. 10º.[34] A entidade é obrigada a informar a totalidade das internações e dos atendimentos ambulatoriais, realizados aos pacientes atendidos pelo SUS e aos não usuários do SUS.

c) Art. 11.[35] O artigo traz a imposição de atendimento de 60% (sessenta por cento) quando da avaliação do pedido de renovação do certificado de entidade beneficente.

---

§ 3º Para fins do disposto no § 2º deste artigo, no conjunto de estabelecimentos de saúde da pessoa jurídica, poderá ser incorporado estabelecimento vinculado em decorrência de contrato de gestão, no limite de 10% (dez por cento) dos seus serviços.

§ 4º Para fins do disposto no inciso II do *caput* deste artigo, a entidade de saúde que aderir a programas e a estratégias prioritárias definidas pela autoridade executiva federal competente fará jus a índice percentual que será adicionado ao total de prestação de seus serviços ofertados ao SUS, observado o limite máximo de 10% (dez por cento).

§ 5º A entidade de saúde que presta serviços exclusivamente na área ambulatorial deverá observar o disposto nos incisos I e II do *caput* deste artigo e comprovar, anualmente, a prestação dos serviços ao SUS no percentual mínimo de 60% (sessenta por cento).

34 Art. 10. A entidade de saúde deverá informar obrigatoriamente, na forma estabelecida em regulamento:

I – a totalidade das internações e dos atendimentos ambulatoriais realizados para os pacientes não usuários do SUS; e

II – a totalidade das internações e dos atendimentos ambulatoriais realizados para os pacientes usuários do SUS.

35 Art. 11. Para os requerimentos de renovação da certificação, caso a entidade de saúde não cumpra o disposto no inciso II do *caput* do art. 9º desta Lei Complementar, no exercício fiscal anterior ao exercício do requerimento, será avaliado o cumprimento do requisito com base na média da prestação de serviços ao SUS de que trata o referido dispositivo, atendido pela entidade, durante todo o período de certificação em curso, que deverá ser de, no mínimo, 60% (sessenta por cento).

Parágrafo único. Para fins do disposto no *caput* deste artigo, apenas será admitida a avaliação caso a entidade tenha cumprido, no mínimo, 50% (cinquenta por cento) da prestação de serviços ao SUS de que trata o inciso II do *caput* do art. 9º desta Lei Complementar em cada um dos anos do período de certificação.

d) Art. 12.[36] O artigo exige o cumprimento de 20% (vinte por cento) da receita efetivamente recebida pela prestação de serviços aos SUS, quando não houver interesse de contratação pelo gestor local do SUS.

e) Art. 13.[37] O artigo impõe a pactuação com o gestor local do SUS, remetendo a regulamento o rol de atividades que deverão ser realizadas.

---

36 Art. 12. Para ser certificada pela aplicação de percentual de sua receita em gratuidade na área da saúde, a entidade deverá comprovar essa aplicação da seguinte forma:

I – 20% (vinte por cento), quando não houver interesse de contratação pelo gestor local do SUS ou se o percentual de prestação de serviços ao SUS for inferior a 30% (trinta por cento);

II – 10% (dez por cento), se o percentual de prestação de serviços ao SUS for igual ou superior a 30% (trinta por cento) e inferior a 50% (cinquenta por cento); ou

III – 5% (cinco por cento), se o percentual de prestação de serviços ao SUS for igual ou superior a 50% (cinquenta por cento).

§ 1º A receita prevista no *caput* deste artigo será a efetivamente recebida pela prestação de serviços de saúde.

§ 2º Para as entidades que não possuam receita de prestação de serviços de saúde, a receita prevista no *caput* deste artigo será a proveniente de qualquer fonte cujo montante do dispêndio com gratuidade não seja inferior à imunidade de contribuições sociais usufruída.

§ 3º A prestação de serviços prevista no *caput* deste artigo será pactuada com o gestor local do SUS por meio de contrato, de convênio ou de instrumento congênere.

37 Art. 13. Será admitida a certificação de entidades que atuem exclusivamente na promoção da saúde sem exigência de contraprestação do usuário pelas ações e pelos serviços de saúde realizados e pactuados com o gestor do SUS, na forma prevista em regulamento.

§ 1º A execução de ações e de serviços de promoção da saúde será previamente pactuada por meio de contrato, de convênio ou de instrumento congênere com o gestor local do SUS.

§ 2º Para efeito do disposto no *caput* deste artigo, são consideradas ações e serviços de promoção da saúde as atividades direcionadas para a redução de risco à saúde, desenvolvidas em áreas como:

I – nutrição e alimentação saudável;

II – prática corporal ou atividade física;

III – prevenção e controle do tabagismo;

IV – prevenção ao câncer;

V – prevenção ao vírus da imunodeficiência humana (HIV) e às hepatites virais;

VI – prevenção e controle da dengue;

VII – prevenção à malária;

VIII – ações de promoção à saúde relacionadas à tuberculose e à hanseníase;

IX – redução da morbimortalidade em decorrência do uso abusivo de álcool e de outras drogas;

X – redução da morbimortalidade por acidentes de trânsito;

f) § 1º, do art. 14.[38] O § 1º do art. 14 condiciona o gozo da imunidade ao dispêndio de recursos em gratuidade nunca inferior ao valor da imunidade das contribuições sociais usufruída, o que caracteriza a obrigação de fazer em lugar da obrigação de pagar, vedada pelo STF no julgamento da ADI 2545-7.

g) Art. 15, I.[39] O inciso I do art. 15, igualmente, condiciona a fruição da imunidade à proibição em atendimentos ambulatoriais superiores a 30% (trinta por cento) da imunidade das contribuições sociais usufruídas, estabelecendo obrigação de fazer como condição para a obtenção da condição de imune pela entidade. Os incisos II e III, que regulam o modo da prestação de contas relativo ao inciso I, igualmente, podem ser questionados como inconstitucionais.

h) Art. 16, § 1º, § 2º, § 3º, § 4º e 5º[40]. O Art. 16 e seus parágrafos regulam a maneira em que as demonstrações contá-

---

XI – redução da morbimortalidade nos diversos ciclos de vida;

XII – prevenção da violência;

38 Art. 14.

§ 1º O recurso despendido pela entidade de saúde com projeto de apoio e desenvolvimento institucional do SUS não poderá ser inferior ao valor da imunidade das contribuições sociais usufruída.

§ 2º Regulamento definirá os requisitos técnicos para reconhecimento de excelência das entidades de saúde.

39 Art. 15. As entidades de saúde de reconhecida excelência que desenvolvam projetos no âmbito do Proadi-SUS poderão, após autorização da autoridade executiva federal competente, firmar pacto com o gestor local do SUS para a prestação de serviços ambulatoriais e hospitalares ao SUS não remunerados, observadas as seguintes condições:

I – o gasto com a prestação de serviços ambulatoriais e hospitalares ao SUS não remunerados não poderá ultrapassar 30% (trinta por cento) do valor usufruído com imunidade das contribuições sociais;

II – a entidade de saúde deverá apresentar a relação de serviços ambulatoriais e hospitalares a serem ofertados, com o respectivo demonstrativo da projeção das despesas e do referencial utilizado, os quais não poderão exceder o valor por ela efetivamente despendido;

III – a comprovação dos custos a que se refere o inciso II deste *caput* poderá ser exigida a qualquer tempo, mediante apresentação dos documentos necessários;

IV – a entidade de saúde deverá informar a produção na forma estabelecida em regulamento, com observação de não geração de créditos.

40 Art. 16. O valor dos recursos despendidos e o conteúdo das atividades desenvolvidas no âmbito

beis devem comprovar a aplicação dos recursos despendidos pela entidade, que não poderão ser inferiores ao valor das contribuições para a seguridade social que deveriam ser recolhidos caso a entidade não fosse imune, o que configura uma transação entre o Estado e as entidades, incompatível com o princípio que rege a imunidade tributária.

i) Art. 19, § 1º, I e II.[41] O art. 19 é o segundo artigo da Seção III, que trata da Educação, estabelece critérios para fazer jus à imunidade, como a exigência de concessão de bolsas nos percentuais de 100% e de 50% de acordo com corte de renda do estudante. Implicitamente, o quantitativo mínimo de uma bolsa integral para cada cinco alunos pagantes representa um dispêndio financeiro pelas entidades equivalente a 20% (vinte por cento) de sua receita com anuida-

dos projetos de apoio ao desenvolvimento institucional do SUS ou da prestação de serviços previstos no art. 15 desta Lei Complementar deverão ser objeto de relatórios anuais encaminhados à autoridade executiva federal competente para acompanhamento e fiscalização, sem prejuízo das atribuições dos órgãos de fiscalização tributária.

§ 1º Os relatórios previstos no *caput* deste artigo deverão ser acompanhados de demonstrações contábeis e financeiras submetidas a parecer conclusivo de auditoria independente, realizada por instituição credenciada perante o Conselho Regional de Contabilidade.

§ 2º O cálculo do valor da imunidade prevista no § 1º do art. 14 desta Lei Complementar será realizado anualmente com base no exercício fiscal anterior.

§ 3º Em caso de requerimento de concessão da certificação, o recurso despendido pela entidade de saúde no projeto de apoio não poderá ser inferior ao valor das contribuições para a seguridade social referente ao exercício fiscal anterior ao do requerimento.

§ 4º Caso os recursos despendidos nos projetos de apoio institucional não alcancem o valor da imunidade usufruída, na forma do § 2º deste artigo, a entidade deverá complementar a diferença até o término do prazo de validade de sua certificação.

§ 5º O disposto no § 4º deste artigo alcança somente as entidades que tenham aplicado, no mínimo, 70% (setenta por cento) do valor usufruído anualmente com a imunidade nos projetos de apoio ao desenvolvimento institucional do SUS.

41 Art. 19. As entidades que atuam na área da educação devem comprovar a oferta de gratuidade na forma de bolsas de estudo e de benefícios.

§ 1º As entidades devem conceder bolsas de estudo nos seguintes termos:

I – bolsa de estudo integral a aluno cuja renda familiar bruta mensal *per capita* não exceda o valor de 1,5 (um inteiro e cinco décimos) salário-mínimo;

II – bolsa de estudo parcial com 50% (cinquenta por cento) de gratuidade a aluno cuja renda familiar bruta mensal *per capita* não exceda o valor de 3 (três) salários-mínimos.

des escolares. Trata-se de forma indireta de compensação pelo não recolhimento das contribuições, o que pode ser considerado uma forma de se contornar os princípios da imunidade. Como consequência, os demais incisos do art. 19, como acessórios do principal, padecem, igualmente, do vício da inconstitucionalidade.

j) Art. 20, § 1º, I e II.[42] O artigo citado determina que, para fazer jus à imunidade tributária, a entidade educacional deve conceder bolsas de estudos na proporção de uma bolsa integral para cada cinco alunos pagantes. Na sequência, estabelece percentuais caso a entidade escolar escolha conceder bolsas de 50%. As exigências do art. 20 possuem as mesmas razões de inconstitucionalidade do art. 19.

k) Art. 21.[43] O art. 21 trata das entidades de nível superior que aderiram ao Prouni e determina expressamente que tais entidades "deverão atender às condições previstas no *caput* e nos §§ 1º, 2º e 5º do art. 20 desta Lei Complementar". O mencionado art. 20 obriga as entidades a cumprir quantitativos de bolsas de estudo como forma indireta de compensação de recolhimento de tributos. Ademais, como antecipado em tópico anterior, outra inconstitucionalidade vislumbrada é que a redação do art. 21 foi modificada pela

42 Art. 20. A entidade que atua na educação básica deverá conceder, anualmente, bolsas de estudo na proporção de 1 (uma) bolsa de estudo integral para cada 5 (cinco) alunos pagantes.

§ 1º Para o cumprimento da proporção estabelecida no *caput* deste artigo, a entidade poderá oferecer, em substituição, bolsas de estudo parciais, observadas as seguintes condições:

I – no mínimo, 1 (uma) bolsa de estudo integral para cada 9 (nove) alunos pagantes; e

II – bolsas de estudo parciais com 50% (cinquenta por cento) de gratuidade, para o alcance do número mínimo exigido, mantida a equivalência de 2 (duas) bolsas de estudo parciais para cada 1 (uma) bolsa de estudo integral.

43 Art. 21. As entidades que atuam na educação superior e que aderiram ao Programa Universidade para Todos (Prouni), na forma do *caput* do art. 11-A da Lei nº 11.096, de 13 de janeiro de 2005, deverão atender às condições previstas no *caput* e nos §§ 1º, 2º e 5º do art. 20 desta Lei Complementar. (Redação dada pela Lei nº 14.350, de 2022.)

Lei nº 14.350/2002, lei ordinária que alterou lei complementar, o que é vedado pela sistemática legislativa nacional.

l) Art. 22.[44] O *caput* do art. 22, da mesma forma que o art. 21, sofreu alteração pela lei ordinária nº 14.350/2022, de forma indevida por não ser o instrumento adequado de alteração de lei complementar, além de estabelecer critério desvantajoso para entidades de nível superior que não aderiram ao Prouni, ou seja, uma bolsa integral para cada quatro alunos pagantes.

m) Os artigos 23 e 24 tratam das contrapartidas exigidas das entidades educacionais que atuam na educação profissional e estabelecem critérios para se considerar quais são os alunos pagantes para fins de aplicação das proporções de bolsas exigidas pela lei.

Concluímos que o Supremo Tribunal Federal, no julgamento das Ações Diretas de Inconstitucionalidade nºs 2036, 2621 e 2228 e o RE 566.622, ao reconhecer e declarar a inconstitucionalidade formal de preceitos não veiculados por lei complementar, solidi-

44 Art. 22. As entidades que atuam na educação superior e que não tenham aderido ao Prouni na forma do art. 10-A da Lei nº 11.096, de 13 de janeiro de 2005, deverão conceder anualmente bolsas de estudo na proporção de 1 (uma) bolsa de estudo integral para cada 4 (quatro) alunos pagantes. (Redação dada pela Lei nº 14.350, de 2022.)

§ 1º Para o cumprimento da proporção descrita no *caput* deste artigo, a entidade poderá oferecer bolsas de estudo parciais, desde que conceda:

I – no mínimo, 1 (uma) bolsa de estudo integral para cada 9 (nove) alunos pagantes; e

II – bolsas de estudo parciais de 50% (cinquenta por cento), quando necessário para o alcance do número mínimo exigido, mantida a equivalência de 2 (duas) bolsas de estudo parciais para cada 1 (uma) bolsa de estudo integral.

§ 2º Será facultado à entidade substituir até 25% (vinte e cinco por cento) da quantidade das bolsas de estudo definida no *caput* e no § 1º deste artigo por benefícios concedidos nos termos do art. 19 desta Lei Complementar.

§ 3º Sem prejuízo do cumprimento das proporções estabelecidas no inciso II do § 1º deste artigo, a entidade de educação deverá ofertar, em cada uma de suas instituições de ensino superior, no mínimo, 1 (uma) bolsa integral para cada 25 (vinte e cinco) alunos pagantes.

ficou a jurisprudência da corte que garante e enaltece o princípio constitucional da imunidade tributária.

Não há nos votos dos ministros da Suprema Corte, ao julgar o Tema 32, qualquer permissão de que as contrapartidas – mesmo sendo veiculadas por Lei Complementar – possam inovar a ordem constitucional para desnaturar a natureza das imunidades tributárias, consideradas direitos e garantias individuais, portanto cláusula pétrea da Constituição Federal (Art. 60, § 4º). O objetivo das imunidades tributárias é preservar valores considerados essenciais ao regime democrático, tais como a prática de assistência social em colaboração com o Estado para a concretização dos direitos sociais, como a educação, a saúde, a alimentação, o trabalho, a moradia, o transporte, o lazer, a segurança, a previdência social, a proteção à maternidade e à infância, a assistência aos desamparados, perpetuados no art. 6º da Lei Maior.

As contrapartidas exigidas das entidades beneficentes na Lei Complementar nº 187/2021, a nosso ver, são irrazoáveis e exageradas e configuram inconstitucionalidade material, pois estipulam regras que restringem e criam obstáculos para o gozo da imunidade tributária, violando e contrariando o disposto no § 7º do art. 195 da Constituição Federal.

REFERÊNCIAS

BALEEIRO, Aliomar. *Direito Tributário Brasileiro*. 11 ed. atualizada por Misabel Abreu Machado Derzi. Rio de Janeiro. Forense, 1999.

BRASIL. *Decreto-Lei nº 1572, de 1º de setembro de 1977*. Revoga a Lei nº 3.577, de 4 de julho de 1959, e dá outras providências. Disponível em: http://www.planalto.gov.br/ccivil_03/decreto-lei/19651988/del1572.htm#:~:text=indeferir%20aquele%20reconhecimento.,Art.,m%C3%AAs%20seguinte%20ao%20dessa%20revoga%C3%A7%C3%A3o. Acesso em: 15 mar. 2023.

_______. STF. *Mandado de Injunção* MI 232. Número Único: 0001233-52.1990.0.01.000. Relator: Min. Moreira Alves. Impetrante: Centro de

Cultura Professor Luiz Freire. Advogado: Adonias dos Santos Costa. Decisão Publicada, DJ 16/08/1991.

_______. *Lei nº 8.212, de 24 de julho de 1991*. Dispõe sobre a organização da Seguridade Social, institui Plano de Custeio e dá outras providências. Disponível em: http://www.planalto.gov.br/ccivil_03/leis/l8212cons.htm. Acesso em: 15 mar. 2023.

_______. *Lei nº 8.742, de 7 de dezembro de 1993*. Dispõe sobre a organização da Assistência Social e dá outras providências. Disponível em: http://www.planalto.gov.br/ccivil_03/leis/l8742.htm. Acesso em: 15 mar. 2023.

_______. *Lei Complementar nº 187/2021*, promulgação partes vetadas. Disponível em: http://www.planalto.gov.br/ccivil_03/leis/lcp/Lcp187.htm#promulgacao. Acesso em: 17 mar. 2023.

_______. *Decreto nº 752, de 16 de fevereiro de 1993*. Dispõe sobre a concessão do Certificado de Entidade de Fins Filantrópicos, a que se refere o art. 55, inciso II, da Lei nº 8.212, de 24 de julho de 1991, e dá outras providências. Disponível em: http://www.planalto.gov.br/ccivil_03/decreto/d752.htm. Acesso em: 15 mar. 2023.

_______. *Decreto nº 2.536, de 6 de abril de 1998*. Dispõe sobre a concessão do Certificado de Entidade de Fins Filantrópicos a que se refere o inciso IV do art. 18 da Lei nº 8.742, de 7 de dezembro de 1993, e dá outras providências. Disponível em: http://www.planalto.gov.br/ccivil_03/decreto/d2536.htm. Acesso em: 16 mar. 2023.

CARRAZZA. Roque Antonio. *Curso de Direito Constitucional Tributário*. 30 ed. rev., ampl. e atual. até a Emenda Constitucional nº 84/2014. São Paulo: Malheiros Editores, 2015.

CARRAZZA, Roque Antonio. *Fórum Nacional de Instituições Filantrópicas* – FONIF – PEC 287/2016 Sua não-repercussão nas imunidades tributárias contempladas nos arts. 150, VI, C, e 195, § 7º, da CF – Questões Conexas. Disponível em: https://fonif.org.br/wp-content/uploads/2020/06/Fonif-Roque-Carrazza-Filantropicas-derrogacao-de-imunidade-impossibilidade-juridica-2017-1.pdf. p. 14. Acesso em: 17 mar. 2023.

CITTADINO, Gisele. *Pluralismo, Direito e Justiça Distributiva: Elementos de Filosofia Constitucional Contemporânea*. 5 ed. Andradina: Meraki, 2020.

COSTA, Regina Helena. *Curso de Direito Tributário*: Constituição e Código Tributário Nacional. 12 ed. São Paulo: SaraivaJur. 2022.

DERZI MACHADO. Misabel de Abreu. Nota de Atualização. *In:* BALEEIRO. Aliomar. *Limitações constitucionais ao poder de tributar*. 11 ed. Rio de Janeiro: Forense, 2004.

MARTINS, Ives Gandra da Silva. *A Reforma Previdenciária e a Imunidade das Filantrópicas. Revista Bonijuris*, ISS 1809-3256, vol. 30, 650 ed. – fev./mar. 2018.

MARTINS. Ives Gandra (Coord.). *Pesquisas Tributárias* – Nova Série 5, Processo Administrativo Tributário. 2 ed. São Paulo: Coed. Centro de Extensão Universitária/Ed. RT, 2001.

MARTINS, Ives Gandra da Silva. *Cinquenta Anos do Código Tributário Nacional*, Carta Mensal. Confederação Nacional do Comércio de Bens, Serviços e Turismo – v. 1 (1955) – Rio de Janeiro, CNC. 1955, 736 ed. Julho de 2016.

NUNES, Cleucio Santos. *Justiça Tributária*. Belo Horizonte. Fórum, 2019.

SABO PAES, José Eduardo. *Fundações, associações e entidades de interesse social: aspectos jurídicos, administrativos, contábeis, trabalhistas e tributários*. 11 ed. rev. e atual. Rio de Janeiro: Forense, 2021.

SCHOUERI, Luís Eduardo. *Direito Tributário*. 9 ed. São Paulo: Saraiva Educação, 2019.

______. *Direito Tributário*. Editora Saraiva, São Paulo, 2011.

O PREPARO RECURSAL TRABALHISTA DAS ENTIDADES DO TERCEIRO SETOR

EDMUNDO PEREIRA CORREIA
Pós-graduado em Direito Constitucional (pelo Instituto Brasileiro de Ensino, Desenvolvimento e Pesquisa) (IDP). Mestre em Direito Internacional, Econômico e Tributário (pela Universidade Católica de Brasília) (UCB). Servidor do Tribunal Superior do Trabalho. *E-mail*: edmundo.correia@yahoo.com

SUMÁRIO

lhista – 3. Outros depósitos judiciais trabalhistas e as entidades do Terceiro Setor – Considerações finais – Referências.

PALAVRAS-CHAVE

Preparo recursal trabalhista e; entidades do Terceiro Setor; custas processuais trabalhistas; depósito recursal; entidades sem fins lucrativos; entidades filantrópicas; CEBAS.

INTRODUÇÃO

As entidades do Terceiro Setor estão sujeitas a reclamações trabalhistas que podem ser ajuizadas pelos seus empregados, tal como qualquer outra pessoa jurídica de direito privado. Também é sabido que tais instituições, de relevante papel social, frequentemente passam por dificuldades financeiras. No processo do trabalho, pode ser custoso recorrer. Diferentemente do processo civil, no processo do trabalho há a figura do depósito recursal, além das custas processuais.

A Lei nº 13.467, de 13 de julho de 2017, chamada de reforma trabalhista, alterou o Decreto-Lei nº 5.452, de 1º de maio de 1943, conhecido com Consolidação das Leis do Trabalho (CLT). Atendendo ao que defendia a doutrina, a Lei nº 13.467/2017 trouxe benefícios processuais significativos para as entidades do Terceiro Setor no âmbito do processo do trabalho. Agora é possível às entidades sem fins lucrativos recolher o depósito recursal pela metade, enquanto as entidades filantrópicas fazem jus à isenção de depósito recursal, bem como ficam dispensadas de penhora, e de depósito judicial integral da condenação apurada, como requisito para opor embargos à execução, e para recorrer.

Exsurge-se, assim, a necessidade de discutir acerca do exercício dessas prerrogativas processuais pelas entidades do Terceiro Setor. À primeira vista, parece simples e objetiva a comprovação, no processo, de que tais entidades fazem jus ao benefício. No entanto, por óbvio, sendo matéria de prova, é do interesse do reclamante insurgir-se contra situações que se afigurem como indevida fragilização da garantia de recebimento do crédito a que tem direito.

Assim, em especial, se indaga quanto ao valor probante dos atos constitutivos das entidades do Terceiro Setor, para fins de caracterizar de sua natureza jurídica, bem como do Certificado de Entidade Beneficente de Assistência Social (CEBAS) como único elemento para se aferir a condição de entidade filantrópica. A própria semântica referente a terminologias das entidades do Terceiro Setor tem trazido importantes questionamentos, como é o caso da discussão quanto ao exato sentido das expressões entidade beneficente e entidade filantrópica. Por fim, a discussão torna-se ainda mais relevante quando se considera que, no processo trabalhista, se busca dar relevância à verdade real, mais do que à verdade processual ou formal.

1. O PREPARO RECURSAL TRABALHISTA

Os recursos nos processos judiciais estão sujeitos a uma série de requisitos de admissibilidade que precisam ser atendidos para que o órgão judicial conheça do apelo e adentre seu mérito. Esses requisitos são classificados modernamente como pressupostos extrínsecos e intrínsecos. São pressupostos extrínsecos de admissibilidade do recurso a tempestividade, a regularidade formal e o preparo.

O preparo recursal constitui no adiantamento do pagamento das despesas relativas ao recurso. Basicamente, no processo civil, inclui as custas e eventualmente porte de remessa e retorno[1] dos autos da instância *a quo* à instância *a quem*, quando for o caso de recurso para a instância superior. Desatendido o preparo, o recurso

1 Quando o processo judicial é eletrônico, não há a remessa de autos físicos e, portanto, não há cobrança de porte de remessa e retorno.

é tido por deserto, levando à inadmissibilidade do apelo, que não terá seu mérito examinado.

No processo do trabalho, o preparo recursal inclui não apenas as custas processuais, mas também o depósito recursal. Ademais, na Justiça do Trabalho, esse preparo recursal é específico de cada processo, o que o torna diferenciado e merecedor de maior atenção.

Com a edição de Lei nº 13.467, de 13 de junho de 2017, chamada de reforma trabalhista, houve importantes alterações no preparo trabalhista, notadamente no que se refere ao depósito recursal das entidades do Terceiro Setor. Assim, tem-se suscitado na jurisprudência algumas discussões quanto à aplicação dessas inovações.

1.1. AS CUSTAS PROCESSUAIS TRABALHISTAS

Sendo o preparo recursal trabalhista composto pelas custas processuais e pelo depósito recursal, torna-se importante discorrer sobre sua natureza jurídica e regulação. As custas processuais são tributo na modalidade taxa. Visam remunerar, ainda que em parte, o serviço público divisível que é a prestação jurisdicional. Na Justiça do Trabalho, só há o recolhimento de custas como preparo recursal na fase de conhecimento. Nesse caso, as custas processuais, que em regra seriam pagas após o trânsito em julgado, devem ser adiantadas no prazo recursal, constituindo preparo, vale dizer, pressuposto extrínseco de admissibilidade do recurso. É o que determina o §1º do art. 789 da CLT, cuja redação do *caput*, *in fine*, alterada pela Lei nº 13.467/2017, estabeleceu valor-teto para as custas devidas no processo do trabalho:

> Art. 789. Nos dissídios individuais e nos dissídios coletivos do trabalho, nas ações e procedimentos de competência da Justiça do Trabalho, bem como nas demandas propostas perante a Justiça Estadual, no exercício da jurisdição trabalhista, as custas relativas ao processo de conhecimento incidirão à base de 2%

> (dois por cento), observado o mínimo de R$ 10,64 (dez reais e sessenta e quatro centavos) e o máximo de quatro vezes o limite máximo dos benefícios do Regime Geral de Previdência Social, e serão calculadas:
> I – quando houver acordo ou condenação, sobre o respectivo valor;
> II – quando houver extinção do processo, sem julgamento do mérito, ou julgado totalmente improcedente o pedido, sobre o valor da causa;
> III – no caso de procedência do pedido formulado em ação declaratória e em ação constitutiva, sobre o valor da causa;
> IV – quando o valor for indeterminado, sobre o que o juiz fixar.
> § 1º As custas serão pagas pelo vencido, após o trânsito em julgado da decisão. No caso de recurso, as custas serão pagas e comprovado o recolhimento dentro do prazo recursal.
> § 2º Não sendo líquida a condenação, o juízo arbitrar-lhe-á o valor e fixará o montante das custas processuais.
> § 3º Sempre que houver acordo, se de outra forma não for convencionado, o pagamento das custas caberá em partes iguais aos litigantes.
> § 4º Nos dissídios coletivos, as partes vencidas responderão solidariamente pelo pagamento das custas, calculadas sobre o valor arbitrado na decisão, ou pelo Presidente do Tribunal.

1.2. O DEPÓSITO RECURSAL TRABALHISTA

Além das custas processuais, também integra o preparo recursal trabalhista o depósito recursal de que trata o art. 899 da CLT. Os recursos[2] que se sujeitam a depósito recursal são aqueles constantes do rol taxativo do art. 40 da Lei nº 8.177, de 1º de março de 1991, bem como o agravo de instrumento[3].

---

2 O depósito recursal é devido pelo reclamado, desde que haja condenação em pecúnia, conforme Súmula 161 do Tribunal Superior do Trabalho (TST): SUM-161 DEPÓSITO. CONDENAÇÃO A PAGAMENTO EM PECÚNIA (mantida) – Res. 121/2003, DJ 19, 20 e 21.11.2003. Se não há condenação a pagamento em pecúnia, descabe o depósito de que tratam os §§ 1º e 2º do art. 899 da CLT (ex-Prejulgado nº 39).

3 Agravo de instrumento trabalhista presta-se tão somente para destrancar recursos para a instância *ad quem*.

Com a edição da Lei nº 13.467/2017, o depósito recursal passou a ser recolhido em conta judicial vinculada ao processo, e à disposição do juízo da causa, e não mais na conta vinculada do empregado reclamante no Fundo de Garantia do Tempo de Serviço (FGTS), conforme art. 899, § 4º, da CLT.

Enquanto as custas processuais trabalhistas têm a natureza jurídica de tributo na modalidade taxa, o depósito recursal tem natureza de adiantamento de garantia de juízo. Tal entendimento é firme na jurisprudência e consta do inciso I da Instrução Normativa nº 3 do Tribunal Superior do Trabalho (TST)[4], que trata do depósito recursal:

> I – Os depósitos de que trata o art. 40, e seus parágrafos, da Lei nº 8.177/1991, com a redação dada pelo art. 8º da Lei nº 8.542/1992, e o depósito de que tratam o § 5º, I, do art. 897 e o § 7º do art. 899, ambos da CLT, com a redação dada pela Lei nº 12.275, de 29/6/2010, não têm natureza jurídica de taxa de recurso, mas de garantia do juízo recursal, que pressupõe decisão condenatória ou executória de obrigação de pagamento em pecúnia, com valor líquido ou arbitrado.

O depósito recursal trabalhista é devido na interposição do recurso, pelo reclamado, quando há condenação em pecúnia, na forma prevista no inciso I da Súmula 128 do TST:

> **SUM-128 DEPÓSITO RECURSAL (incorporadas as Orientações Jurisprudenciais nºs 139, 189 e 190 da SBDI-I) – Res. 129/2005, DJ 20, 22 e 25.04.2005**
> I – É ônus da parte recorrente efetuar o depósito legal, integralmente, em relação a cada novo recurso interposto, sob pena de deserção. Atingido o valor da condenação, nenhum depósito mais é exigido para qualquer recurso. (ex-Súmula nº 128 – alte-

4 IN nº 3 do TST. Orientação que interpreta os dispositivos legais acerca do depósito recursal trabalhista. Publicada no Diário Eletrônico da Justiça do Trabalho nº 1.373, de 13 dez. 2013, Caderno Judiciário do Tribunal Superior do Trabalho, pp. 13-15. Republicação 5.

rada pela Res. 121/2003, DJ 21.11.03, que incorporou a OJ nº 139 da SBDI-I – inserida em 27.11.1998)
II – Garantido o juízo, na fase executória, a exigência de depósito para recorrer de qualquer decisão viola os incisos II e LV do art. 5º da CF/1988. Havendo, porém, elevação do valor do débito, exige-se a complementação da garantia do juízo. (ex-OJ nº 189 da SBDI-I – inserida em 08.11.2000)
III – Havendo condenação solidária de duas ou mais empresas, o depósito recursal efetuado por uma delas aproveita as demais, quando a empresa que efetuou o depósito não pleiteia sua exclusão da lide. (ex-OJ nº 190 da SBDI-I – inserida em 08.11.2000)

2. A NATUREZA JURÍDICA DAS ENTIDADES DO TERCEIRO SETOR E O PREPARO RECURSAL TRABALHISTA DIFERENCIADO

As entidades do Terceiro Setor são pessoas jurídicas de direito privado. No entanto, exercem atividade não empresarial, sem fins lucrativos, vale dizer, sem distribuição de resultado. Isso não lhes desnatura a condição de empregador pessoa jurídica, que se dá por equiparação, nos termos do art. 2º, § 1º, da CLT:

> Art. 2º – Considera-se empregador a empresa, individual ou coletiva, que, assumindo os riscos da atividade econômica, admite, assalaria e dirige a prestação pessoal de serviço.
> § 1º – Equiparam-se ao empregador, para os efeitos exclusivos da relação de emprego, os profissionais liberais, as instituições de beneficência, as associações recreativas ou outras instituições sem fins lucrativos, que admitirem trabalhadores como empregados.

Trata-se de redação original da CLT que já se referia às instituições beneficentes e às entidades sem fins lucrativos. Somente com o advento da reforma trabalhista introduzida pela Lei nº 13.467/2017 é que a CLT passou a se referir expressamente às entidades filantrópicas exclusivamente para tratar da isenção de garantia de juízo na fase de conhecimento no processo do trabalho, por meio de depósito recursal, bem como da dispensa de garantia de juízo para apresentação de embargos à execução, por meio de penhora ou depósito judicial do valor devido integralmente.

Especificamente quanto às entidades sem fins lucrativos, a Lei nº 13.467/2017 trouxe o benefício do recolhimento do depósito recursal pela metade, conforme § 9º do art. 899 da CLT. Já no § 10 passou-se a prever a isenção do depósito recursal para as entidades filantrópicas:

> Art. 899 – Os recursos serão interpostos por simples petição e terão efeito meramente devolutivo, salvo as exceções previstas neste Título, permitida a execução provisória até a penhora.
> (...)
> § 9º O valor do depósito recursal será reduzido à metade para entidades sem fins lucrativos, empregadores domésticos, microempreendedores individuais, microempresas e empresas de pequeno porte.
> § 10. São isentos do depósito recursal os beneficiários da justiça gratuita, as entidades filantrópicas e as empresas em recuperação judicial.

Ao dispensar as entidades filantrópicas de penhora, ou de depósito judicial do valor integral da condenação, para fins de oposição de embargos à execução, a Lei nº 13.467/2017 estendeu o benefício aos membros ou ex-membros da diretoria dessas entidades. É o que determina o § 6º do art. 884 da CLT, introduzido pela Lei nº 13.467/2017, *verbis*: "A exigência da garantia ou penhora não se aplica às entidades filantrópicas e/ou àqueles que compõem ou compuseram a diretoria dessas instituições".

A demonstração inequívoca da natureza jurídica da instituição do Terceiro Setor é condição primordial para comprovar que ela faz jus ao benefício legal, de dispensa ou de recolhimento pela metade do depósito recursal. Esse é tema bastante debatido na jurisprudência.

Em princípio, pode-se parecer questão de prova documental, objetiva. Assim, bastaria juntar aos autos os atos constitutivos da pessoa jurídica sem fins lucrativos, bem como de outros documentos, como o Certificado de Entidade Beneficente de Assistência Social (CEBAS). No entanto, tem havido discussão quanto à semântica relativa aos termos beneficente e filantrópica. Há, portanto, espaço para maior dilação probatória, bem como exercício do contraditório, porque o reclamante tem interesse no integral recolhimento do depósito recursal, ou do depósito judicial em execução, para melhor garantir seu direito ao crédito trabalhista, cuja natureza é alimentar.

2.1. OS REQUISITOS PARA QUE AS ENTIDADES DO TERCEIRO SETOR FAÇAM JUS AO PREPARO RECURSAL TRABALHISTA DIFERENCIADO

Os pressupostos recursais devem estar preenchidos, e ser atendidos, no prazo recursal. Assim, é de se entender que, para usufruir do benefício do preparo recursal diferenciado, a entidade do Terceiro Setor deve reunir, no exato prazo recursal, as condições de fato e de direito que lhe habilite gozar da prerrogativa processual.

Sendo o preparo trabalhista integrado pelas custas processuais, bem como pelo depósito recursal, há de se observar os requisitos específicos de cada um deles, lembrando-se que as custas processuais são tributo na modalidade taxa, enquanto o depósito recursal é adiantamento, na fase de conhecimento, de garantia de juízo.

2.1.1. O REQUISITO PARA DEFERIMENTO DO BENEFÍCIO DA JUSTIÇA GRATUITA ÀS ENTIDADES DO TERCEIRO SETOR

As entidades do Terceiro Setor não têm tratamento diferenciado quanto ao recolhimento das custas processuais trabalhistas. As custas processuais, bem como os emolumentos[5], na Justiça do

5 Enquanto as custas processuais remuneram a prestação jurisdicional, especificamente quanto

Trabalho, são tributos na modalidade taxa. As entidades sem fins lucrativos são pessoas jurídicas de direito privado, não gozando da isenção própria das pessoas jurídicas de direito público. Cabe ressaltar que a imunidade tributária concedida às entidades do Terceiro Setor se limita aos impostos, não se estendendo às taxas e, portanto, às custas processuais. A isenção tributária da taxa tem que ter previsão legal específica. O rol taxativo do art. 790-A da CLT não contempla com isenção de custas processuais as entidades sem fins lucrativos:

> Art. 790-A. São isentos do pagamento de custas, além dos beneficiários de justiça gratuita:
> I – a União, os Estados, o Distrito Federal, os Municípios e respectivas autarquias e fundações públicas federais, estaduais ou municipais que não explorem atividade econômica;
> II – o Ministério Público do Trabalho.
> Parágrafo único. A isenção prevista neste artigo não alcança as entidades fiscalizadoras do exercício profissional, nem exime as pessoas jurídicas referidas no inciso I da obrigação de reembolsar as despesas judiciais realizadas pela parte vencedora.

É de se observar que o parágrafo único do art. 790-A da CLT afasta, expressamente, a concessão da isenção das custas processuais às entidades fiscalizadoras do exercício profissional. Já a isen-

---

à tramitação do processo, os emolumentos, que também têm natureza jurídica de tributo na modalidade taxa, remuneram serviços outros, acessórios, pagos por unidade, pelo requerente, conforme art. 789-B da CLT:

Art. 789-B. Os emolumentos serão suportados pelo Requerente, nos valores fixados na seguinte tabela:

I – autenticação de traslado de peças mediante cópia reprográfica apresentada pelas partes – por folha: R$ 0,55 (cinquenta e cinco centavos de real);

II – fotocópia de peças – por folha: R$ 0,28 (vinte e oito centavos de real);

III – autenticação de peças – por folha: R$ 0,55 (cinquenta e cinco centavos de real);

IV – cartas de sentença, de adjudicação, de remição e de arrematação – por folha: R$ 0,55 (cinquenta e cinco centavos de real);

V – certidões – por folha: R$ 5,53 (cinco reais e cinquenta e três centavos).

ção de custas e emolumentos para as entidades sem fins lucrativos, ainda que entidades filantrópicas, somente é possível se houver o deferimento do benefício da justiça gratuita no caso concreto. No entanto, o simples fato de serem entidades sem fins lucrativos, ou mesmo entidades filantrópicas, não é suficiente para o deferimento do benefício. A simples declaração, ou critério objetivo, pode garantir o deferimento da justiça gratuita às pessoas naturais, ditas pessoas físicas. O mesmo não se aplica às pessoas jurídicas. Essa é a firme jurisprudência da Justiça do Trabalho, idêntica à jurisprudência da Justiça comum, inclusive do Superior Tribunal de Justiça, nos termos da Súmula 481, *verbis*: "Faz jus ao benefício da justiça gratuita a pessoa jurídica com ou sem fins lucrativos que demonstrar sua impossibilidade de arcar com os encargos processuais". Na Justiça do Trabalho, o tema está pacificado na Súmula 463 do TST, aplicável às entidades sem fins lucrativos, nos termos da jurisprudência esparsa. Eis o teor da Súmula 463 do TST:

> **SUM-463 ASSISTÊNCIA JUDICIÁRIA GRATUITA. COMPROVAÇÃO (conversão da Orientação Jurisprudencial nº 304 da SBDI1, com alterações decorrentes do CPC de 2015) – Res. 219/2017, DEJT divulgado em 28, 29 e 30.06.2017 – republicada – DEJT divulgado em 12, 13 e 14.07.2017.**
> I – A partir de 26.06.2017, para a concessão da assistência judiciária gratuita à pessoa natural, basta a declaração de hipossuficiência econômica firmada pela parte ou por seu advogado, desde que munido de procuração com poderes específicos para esse fim (art. 105 do CPC de 2015);
> II – No caso de pessoa jurídica, não basta a mera declaração: é necessária a demonstração cabal de impossibilidade de a parte arcar com as despesas do processo.

Conclui-se, assim, que a mera condição de entidade sem fins lucrativos não garante o benefício da justiça gratuita na Justiça do Trabalho. Esse quadro não foi alterado pela reforma trabalhista introduzida pela Lei nº 13.467/2017. Posteriormente à Súmula 463 do TST, a reforma trabalhista inovou ao criar critério objetivo para a concessão de justiça gratuita a reclamante pessoa física, ao passo que se deixou expresso que a pessoa jurídica faz jus, tal como a pessoa física, à justiça gratuita, quando comprovar insuficiência de recursos, conforme, respectivamente, os §§ 3º e 4º do art. 790 da CLT, *verbis*:

> Art. 790. Nas Varas do Trabalho, nos Juízos de Direito, nos Tribunais e no Tribunal Superior do Trabalho, a forma de pagamento das custas e emolumentos obedecerá às instruções que serão expedidas pelo Tribunal Superior do Trabalho.
> § 1º Tratando-se de empregado que não tenha obtido o benefício da justiça gratuita, ou isenção de custas, o sindicato que houver intervindo no processo responderá solidariamente pelo pagamento das custas devidas.
> § 2º No caso de não-pagamento das custas, far-se-á execução da respectiva importância, segundo o procedimento estabelecido no Capítulo V deste Título.
> § 3º É facultado aos juízes, órgãos julgadores e presidentes dos tribunais do trabalho de qualquer instância conceder, a requerimento ou de ofício, o benefício da justiça gratuita, inclusive quanto a traslados e instrumentos, àqueles que perceberem salário igual ou inferior a 40% (quarenta por cento) do limite máximo dos benefícios do Regime Geral de Previdência Social.
> § 4º O benefício da justiça gratuita será concedido à parte que comprovar insuficiência de recursos para o pagamento das custas do processo.

2.1.2. A COMPROVAÇÃO DE QUE A ENTIDADE SEM FIM LUCRATIVO FAZ JUS AO RECOLHIMENTO DO DEPÓSITO RECURSAL TRABALHISTA PELA METADE

O § 9º do art. 899 da CLT, introduzido pela Lei nº 13.467/2017, prevê que "o valor do depósito recursal será reduzido pela metade para entidades sem fins lucrativos, empregadores domésticos, microempreendedores individuais, microempresas e empresas de pequeno porte". Assim, tornou-se imperioso comprovar que a entidade reclamada ou ré no processo do trabalho é entidade sem fim lucrativo.

Como não há maior indagação quanto ao benefício legal em si, pode parecer que basta comprovar, documentalmente, de maneira objetiva, que a reclamada recorrente detém natureza jurídica de entidade sem fim lucrativo no momento em que se realiza o preparo recursal. A prova é livre, mas são os atos constitutivos que, por excelência, poderiam demonstram, com segurança, que se trata de entidade sem fim lucrativo.

O reclamante, por seu turno, buscará desqualificar a natureza jurídica de entidade sem fim lucrativo, alegada pela reclamada. O reclamante tem interesse em garantir o máximo possível seu crédito. Além disso, há que se considerar que é ínsito ao processo do trabalho a busca da verdade real. A Justiça do Trabalho busca examinar a realidade dos fatos, mas do que aquilo que os documentos possam demonstrar. O princípio processual trabalhista da busca da verdade real decorre do princípio de direito material da primazia da realidade, segundo Bezerra Leite[6].

Nesse sentido, em recente julgado da Primeira Turma, o Tribunal Superior do Trabalho discutiu acerca da natureza jurídica das fundações, não se atendo tão somente aos atos constitutivos da entidade, conforme acórdão[7] assim ementado:

> **AGRAVO. AGRAVO DE INSTRUMENTO EM RECURSO DE REVISTA. VIGÊNCIA DA LEI Nº 13.467/2017. FUNDAÇÃO DO ABC. NATUREZA JURÍDICA. DISPENSA**

6 LEITE, Carlos Henrique Bezerra. *Curso de direito processual do trabalho*. 4. ed. São Paulo: LTr, 2006, pp. 77-78.

7 Processo nº TST-Ag-AIRR-1001618-77.2019.5.02.0466, Primeira Turma do TST, Relator: Ministro Amaury Rodrigues Pinto Junior. Julgado em 15/2/2023. Acórdão divulgado no Diário Eletrônico da Justiça do Trabalho de 16/2/2023 e considerado publicado em 17/2/2023.

> **IMOTIVADA. REINTEGRAÇÃO. TRANSCENDÊNCIA NÃO RECONHECIDA.**
> 1. Cinge-se a controvérsia dos autos quanto à natureza jurídica da primeira ré, e, consequentemente, a extensão aos seus empregados da estabilidade prevista no art. 41 da Constituição Federal.
> 2. A natureza jurídica das fundações deve ser aferida pela realidade de sua instituição, funcionamento e finalidades, e não apenas pelo ato constitutivo.
> 3. Na hipótese, da leitura do acórdão regional, depreende-se que a primeira ré foi criada por lei, nos termos do art. 37, XIX, da Constituição da República, estando voltada ao desenvolvimento de atividades essenciais do Estado, ligadas à área da saúde, com repasse, inclusive, de verbas públicas para a consecução de seus fins. Assim, em atenção ao princípio da primazia da realidade, constata-se que a primeira demandada ostenta inegavelmente natureza jurídica de fundação pública.
> 4. Relevante destacar, ainda, que o autor ingressou no quadro funcional da fundação ré por meio de processo seletivo público. Nesse aspecto, a dispensa imotivada é instituto absolutamente incompatível com tal forma de ingresso, uma vez que a regra que determina a isonomia entre os candidatos no momento da contratação deve ser prestigiada no decorrer do contrato de trabalho, inclusive para a dispensa do empregado aprovado.
> 5. Logo, reconhecida a natureza de fundação pública da primeira ré, impossível a dispensa sem justo motivo, de modo que o demandante deve ser qualificado como empregado público para fins de estabilidade.
> Agravo a que se nega provimento.

No bojo do processo, discutiu-se a possível natureza jurídica de fundação pública, de entidade sem fins lucrativos ou de entidade filantrópica. Demonstrado, assim, que não é de todo tranquila, na Justiça do Trabalho, a comprovação, nos autos, por documentos, da natureza jurídica das entidades sem fins lucrativos, inclusive para fins de depósito recursal pela metade.

2.1.3. O CEBAS E A COMPROVAÇÃO DE QUE A ENTIDADE FILANTRÓPICA FAZ JUS À ISENÇÃO DO DEPÓSITO RECURSAL TRABALHISTA

O Certificado de Entidade Beneficente de Assistência Social é titulação outorgada pelo poder público, que reconhece a entidade sem fins lucrativos como entidade beneficente de assistência social, prestadora de serviços nas áreas de assistência social, saúde ou educação, garantindo-lhe, ainda, a imunidade tributária prevista no § 7º do art. 195 da Constituição Federal[8]. A matéria era regulada pela Lei nº 12.101, de 27 de novembro de 2009. Havia a discussão quanto à sua constitucionalidade, tendo-se em vista que a lei ordinária não poderia regular a imunidade tributária. Assim, foi a Lei nº 12.101/2009 objeto da ação direta de inconstitucionalidade ADIN 4480. Por fim, a Lei foi ab-rogada pela Lei Complementar nº 187, de 16 de dezembro de 2021, que passou a regular a matéria, sanando-se a alegada inconstitucionalidade.

Para fins de depósito recursal no processo do trabalho, não há maior relevância a discussão quanto à inconstitucionalidade ou não da Lei nº 12.101/2009, bem como, em princípio, as inovações trazidas pela Lei Complementar nº 187/2021. O fato é que o CEBAS tem sido apresentado no processo do trabalho como sendo o documento que atesta que a reclamada recorrente é entidade filantrópica, fazendo jus, portanto, à isenção do depósito recursal.

Não obstante, tem-se questionado se a simples apresentação do CEBAS é prova suficiente para garantir isenção do depósito recursal. A análise pode ser mais profunda e detalhada, não ficando a Justiça do Trabalho vinculada ao que chancelou a autoridade administrativa por meio do CEBAS, podendo perquirir detalhes outros. Nesse sentido, assevera Leonardo Emrich da Costa[9]: "A maior parte da doutrina trabalhista, até o momento, seguida pela

8 § 7º do art. 195 da Constituição Federal de 1988: "São isentas de contribuição para a seguridade social as entidades beneficentes de assistência social que atendam às exigências estabelecidas em lei".

9 COSTA, Leonardo Emrich Sá Rodrigues da. *Entidade Filantrópica e Reforma Trabalhistas: Contribuições Críticas. Revista Trabalhista: direito e processo*, v. 18, n. 61, pp. 268-279, jan./jun. 2019.

jurisprudência, ao menos tendo em vista a análise de recursos no âmbito do TRT-12, alvitra a aplicação da Lei nº 12.101/2009 como parâmetro para aferir se está diante de uma entidade filantrópica ou não".

Tanto a Lei nº 12.101/2009 quanto a Lei Complementar nº 187/2021 não se referem à expressão "entidades filantrópicas", mas, sim, a entidades beneficentes. Assim, além da discussão quanto à natureza jurídica dessas entidades do Terceiro Setor, traz-se à baila interpretação quanto à própria semântica das expressões "entidade beneficente" e "entidade filantrópica".

Em decisão relativamente recente, a Subseção I da Seção Especializada em Dissídios Individuais (SbDI1) do Tribunal Superior do Trabalho teve a oportunidade de discutir caso em que houve apresentação do CEBAS, por fundação, bem como discussão quanto a ser a reclamada recorrente entidade beneficente ou filantrópica. O acórdão[10] da SbDI1 do TST ficou assim ementado:

> **AGRAVO REGIMENTAL – INTERPOSIÇÃO SOB A ÉGIDE DA LEI Nº 13.015/2014 – EMBARGOS EM RECURSO DE REVISTA – DESERÇÃO DO AGRAVO DE INSTRUMENTO – AUSÊNCIA DE RECOLHIMENTO DO DEPÓSITO RECURSAL – ENTIDADE FILANTRÓPICA – NÃO COMPROVAÇÃO NO PRAZO ALUSIVO AO RESPECTIVO RECURSO – ARESTO INESPECÍFICOS**
>
> A decisão que não admitiu os embargos é incensurável, porquanto inespecíficos os arestos indicados (Súmula nº 296, Item I, do TST).
>
> Agravo Regimental a que se nega provimento.

10 Decisão em recurso de embargos, apreciados pela Subseção I da Seção Especializada em Dissídios Individuais do Tribunal Superior do Trabalho no processo nº TST-Ag-E-Ag-ED-AIRR-0000893-43.2011.5.15.0137. Julgados em 9/6/2022. Acórdão divulgado no Diário Eletrônico da Justiça do Trabalho em 15/6/2022, considerado publicado em 17/6/2022.

3. OUTROS DEPÓSITOS JUDICIAIS TRABALHISTAS E AS ENTIDADES DO TERCEIRO SETOR

Desde a reforma trabalhista da Lei nº 13.467/2017, o depósito recursal trabalhista deixou de ser recolhido à conta vinculada do empregado no Fundo de Garantia do Tempo de Serviço (FGTS), passando a ser recolhido exclusivamente por meio de depósito judicial vinculado ao processo e ao Juízo da causa. Há outras espécies de depósitos judiciais na Justiça do Trabalho, como o depósito judicial para garantia de juízo na fase de execução, o depósito prévio no ajuizamento de ação rescisória e o depósito judicial em ações que tratam do chamado direito administrativo do trabalho[11], com a ação anulatória de auto de infração e a ação anulatória de débito fiscal.

Quanto a essas outras modalidades de depósito judicial, há apenas, e especificamente, a isenção do depósito judicial em execução para garantia integral do juízo, como pressuposto para oposição de embargos à execução pelas entidades filantrópicas. É o que determina o § 6º do art. 884 da CLT, introduzido pela Lei nº 13.467/2017:

> Art. 884 – Garantida a execução ou penhorados os bens, terá o executado 5 (cinco) dias para apresentar embargos, cabendo igual prazo ao exequente para impugnação.
> § 6º A exigência da garantia ou penhora não se aplica às entidades filantrópicas e/ou àqueles que compõem ou compuseram a diretoria dessas instituições.

Se a lei dispensa a garantia integral para apresentação de embargos à execução pela entidade filantrópica, é de se entender que tal isenção estende-se aos recursos em sequência, a saber: o agravo de petição, o recurso de revista e os embargos no TST, bem como

11 É o caso da multa imposta ao empregador pela fiscalização do trabalho. Em razão da Emenda Constitucional nº 45, de 30 de dezembro de 2004, a competência judiciária para processar e julgar quanto a matéria passou da Justiça Federal para a Justiça do Trabalho.

eventual agravo de instrumento para destrancar o agravo de petição ou o recurso de revista.

Afora a isenção prevista no § 6º do art. 884 da CLT, para todos os outros depósitos judiciais na Justiça do Trabalho, não gozam as entidades do Terceiro Setor de qualquer prerrogativa. Não há isenção, ou depósito judicial pela metade, no ajuizamento de ação rescisória, em garantias outras na execução, bem como nos depósitos judiciais de natureza tributária na Justiça do Trabalho, como na ação anulatória de débito fiscal.

CONSIDERAÇÕES FINAIS

A discussão acerca do preparo recursal trabalhista após a reforma trabalhista introduzida pela Lei nº 13.467/2017 envolve a concessão do benefício da justiça gratuita, o depósito recursal pela metade para as entidades sem fins lucrativos, bem como a dispensa do depósito recursal em fase de conhecimento para as entidades filantrópicas. Implica, ainda, na dispensa da penhora ou de depósito judicial do valor integral apurado em execução, como pressuposto para oposição de embargos à execução pelas entidades filantrópicas. Todas essas questões envolvem a produção de prova documental que comprove o estado de fato e de direito dessas pessoas jurídicas de direito privado, integrantes do Terceiro Setor, mas também a discussão acerca de sua natureza jurídica, além da definição do exato significado das expressões "entidade sem fins lucrativos", "entidade beneficente" e "entidade filantrópica".

Nesse contexto, a comprovação da natureza de entidade filantrópica tem gerado maior debate. Em princípio, a simples apresentação de Certificado de Entidade Beneficente de Assistência Social (CEBAS) garantiria o benefício da isenção do depósito recursal em fase de conhecimento, bem como do depósito judicial ou penhora para garantia do juízo em execução, para o fim único de oposição de embargos à execução. No entanto, há discussão na doutrina e na jurisprudência quanto à própria definição do que é entidade beneficente e do que é entidade filantrópica.

Se não se conceder o benefício da isenção do depósito recursal, diante da prova apresentada, é de se esperar que, afastada a caracterização de entidade filantrópica, preliminarmente deveria se abrir prazo, se for o caso, para recolhimento do depósito recursal pela metade, agora na condição de entidade sem fins lucrativos, ou mesmo para integral recolhimento do depósito recursal, se acaso não reconhecida, também, a natureza jurídica de entidade sem fins lucrativos. O procedimento seria idêntico àquele em que há o preliminar indeferimento, pelo relator, do pedido de justiça gratuita requerida em grau recursal, conforme a OJ-SBDI1-269[12] do Tribunal Superior do Trabalho.

Deve-se, ainda, acrescentar que não há súmula ou orientação jurisprudencial do TST tratando especificamente do depósito recursal das entidades sem fins lucrativos e das entidades filantrópicas. Até a presente data, o TST também não editou instrução normativa acerca da matéria.

No cenário atual, temos o seguinte como conclusão:

i) A natureza de entidade do Terceiro Setor não garante a concessão do benefício da justiça gratuita, com isenção de custas processuais e depósito recursal. Ser entidade sem fins lucrativos, entidade beneficente ou filantrópica não garante a concessão do benefício da justiça gratuita. É necessário comprovar a insuficiência de recursos financeiros no caso concreto;

12 OJ-SDI1-269 JUSTIÇA GRATUITA. REQUERIMENTO DE ISENÇÃO DE DESPESAS PROCESSUAIS. MOMENTO OPORTUNO (inserido item II em decorrência do CPC de 2015) – Res. 219/2017, DEJT divulgado em 28, 29 e 30.06.2017 – republicada – DEJT divulgado em 12, 13 e 14.07.2017

I – O benefício da justiça gratuita pode ser requerido em qualquer tempo ou grau de jurisdição, desde que, na fase recursal, seja o requerimento formulado no prazo alusivo ao recurso;

II – Indeferido o requerimento de justiça gratuita formulado na fase recursal, cumpre ao relator fixar prazo para que o recorrente efetue o preparo (art. 99, § 7º, do CPC de 2015).

ii) A concessão do recolhimento do depósito recursal pela metade para as entidades sem fins lucrativos está sujeita a prova no caso concreto, submetida ao contraditório, suscitando intenso debate quanto à natureza jurídica dessas entidades, o que não se resolve com a simples juntada dos atos constitutivos;

iii) A concessão às entidades filantrópicas da isenção do depósito recursal, bem como da isenção de penhora e garantia integral do juízo para fins de oposição de embargos à execução no processo do trabalho, não tem sido pacífica. A simples apresentação do Certificado de Entidade Beneficente de Assistência Social (CEBAS), pela entidade filantrópica, reclamada no processo do trabalho, pode não garantir a prerrogativa processual. Frequentemente, a Justiça do Trabalho faz uma análise mais detalhada, inclusive indo a requisitos outros, antes constantes da Lei nº 12.101/2009 e que agora devem ser observados à luz da Lei Complementar nº 187/2021.

REFERÊNCIAS

______. *Emenda Constitucional nº 45, de 30 de dezembro de 2004.* Dispõe sobre a Reforma do Judiciário. Diário Oficial da União, Brasília, 31 dez. 2004.

______. *Lei Complementar nº 187, de 16 de dezembro de 2021.* Dispõe sobre a certificação das entidades beneficentes e regula a imunidade tributária de contribuições à seguridade social de que trata o § 7º do art. 195 da Constituição Federal. Diário Oficial da União, Brasília, 16 dez. 2021.

______. *Lei nº 12.101, de 27 de outubro de 2009.* Dispõe sobre a certificação das entidades beneficentes de assistência social; regula os procedimentos de isenção de contribuições para a seguridade social e dá outras providências. Diário Oficial da União, Brasília, 30 nov. 2009. Ab-rogada pela Lei Complementar nº 187/2021.

______. *Lei nº 13.467, de 13 de julho de 2017.* Dispõe sobre a reforma trabalhista que altera a CLT. Diário Oficial da União, Brasília, 14 jul. 2017.

______. *Lei nº 8.177, de 1º de março de 1991*. Estabelece regra para a desindexação da economia e dá outras providências – também trata do valor-teto do depósito recursal trabalhista. Diário Oficial da União, Brasília, 3 mar. 1991.

_______. *Constituição da República Federativa do Brasil de 1988*. Diário Oficial da União, Brasília, 5 out. 1988.

ALMEIDA, Alberto Carlos. *A cabeça do brasileiro.* 6ª ed. Rio de Janeiro: Record, 2013.

BRASIL. *Decreto-Lei nº 5.452, de 1º de maio de 1943*. Aprova a Consolidação das Leis do Trabalho. Diário Oficial da União, Rio de Janeiro, 9 ago. 1943.

COSTA, Leonardo Emrich Sá Rodrigues da. *Entidade Filantrópica e Reforma Trabalhistas: Contribuições Críticas. Revista Trabalhista: direito e processo*, v. 18, nº 61, pp. 268-279, jan./jun. 2019.

LEITE, Carlos Henrique Bezerra. *Curso de direito processual do trabalho*. 4. ed. São Paulo: LTr, 2006.

TST. *Instrução Normativa nº 3, de 5 de março de 1993*. Interpreta o art. 8º da Lei nº 8.542, de 23 de dezembro de 1993, que trata do depósito para recurso nas ações na Justiça do Trabalho. Diário Eletrônico da Justiça do Trabalho, DF, nº 1373, 13 dez. 2013. Caderno Judiciário do Tribunal Superior do Trabalho, pp. 13-15. Republicação 5.

A NATUREZA JURÍDICA DA CONTRIBUIÇÃO SOCIAL SUBSTITUTIVA À FOLHA DE PAGAMENTO

Reflexo no Financiamento do Regime Geral de Previdência Social

GLÓRIA TEIXEIRA

Doutora em Direito Fiscal pela Universidade de Londres. Professora associada da Faculdade de Direito da Universidade do Porto, onde é regente das cadeiras de Finanças Públicas e Direito Fiscal (licenciatura e mestrado em Direito). Coordenadora da pós-graduação em Direito Fiscal, entre outros cursos. Tem uma vasta obra científica publicada no país e no estrangeiro. *E-mail*: gteixeira@direito.up.pt

SEBASTIÃO FAUSTINO DE PAULA

Doutor em Direito pela Universidade do Porto. Mestre em Direito Tributário pela Universidade Católica de Brasília (UCB). Procurador Federal/AGU. Foi diretor de Benefícios e Relacionamento com o Cidadão do INSS e procurador-geral da Procuradoria Federal Especializada junto ao INSS. Professor da Faculdade Anasps. Pesquisador do Núcleo de Estudos e Pesquisas Avançadas no Terceiro Setor (NEPATS). *E-mail*: sebastiaovgf@gmail.com

SUMÁRIO

PALAVRAS-CHAVE
Regime Geral de Previdência Social; contribuição social; contribuição substitutiva; reflexos no financiamento do RGPS.

INTRODUÇÃO

O presente artigo analisa se a substituição da contribuição social da empresa sobre a folha de pagamento por uma alíquota aplicada sobre a receita bruta da empresa poderia gerar certa confusão fiscal, não somente com a arrecadação, mas com a destinação dos recursos arrecadados.

O estudo busca demonstrar que a contribuição instituída em substituição à folha de pagamento poderá alterar a sua natureza jurídica e, a depender da conjuntura político-financeira, suscitar o interesse dos setores públicos e privados na destinação dos recursos oriundos dessa fonte: o setor público, podendo utilizar essas receitas tributárias para cobrir as despesas de outras áreas; já o setor privado, principalmente as seguradoras e instituições financeiras, com o intuito de intensificar suas participações no mercado da previdência complementar privada, alardeando ser a Previdência Social deficitária e, portanto, inviável.

A investigação, aqui introduzida, examina se as constantes reformas constitucionais alterando a forma de financiamento da seguridade social, em especial a contribuição social sobre a folha de pagamento, refletiria no financiamento do Regime Geral de Previdência Social (RGPS).

A contribuição social que, por primeiro, foi utilizada para o financiamento do Regime Geral de Previdência Social foi a incidente sobre a folha de pagamento.

Até o final dos anos 80, ainda não havia sido introduzido no país o conceito de Seguridade Social. O financiamento da Previdência Social era feito com as contribuições sociais incidentes sobre a folha de pagamento e as descontadas dos trabalhadores. Essas contribuições tradicionalmente eram as financiadoras principais dos benefícios previdenciários, principalmente as incidentes sobre a folha de pagamento. Dosadas de parafiscalidade, elas eram arrecadadas pelas entidades previdenciárias. A maior parte das ações se desenvolviam no âmbito da Previdência Social, e os benefícios guardavam forte vínculo contributivo. Nesse sistema de proteção social, as contribuições decorrentes da folha de pagamento e as recolhidas dos segurados representavam importante fonte de financiamento.

Não obstante a contribuição social sobre a folha de pagamento ainda constitui pilar fundamental, ao lado das descontadas dos trabalhadores, para o custeio da Previdência Social, sendo a contribuição social sobre a folha de pagamento a principal fonte de arrecadação para o Fundo do RGPS.

1. COMPOSIÇÃO JURÍDICO-TRIBUTÁRIA DA FOLHA DE PAGAMENTO

1.1. ASPECTOS JURÍDICOS SOBRE A FOLHA DE PAGAMENTO

A expressão 'folha de pagamento', que causou – e ainda causa, especialmente após a reforma trabalhista – certa polêmica no meio jurídico, sempre teve significado bem preciso na esfera previdenciária, segundo afirma o professor Wagner Balera[1]. O tema já foi objeto de questionamento junto ao Supremo Tribunal Federal, que já se pronunciou mais de uma vez sobre o assunto. Seria folha de pagamento das remunerações ou dos salários devida aos trabalhadores que prestam serviços às empresas ou entidades que lhe são equiparadas?

No plano constitucional, a primeira referência a essa contribuição, menos explícita que na atual Constituição Federal, é a da Carta Magna de 1934, que, expressamente, instituiu o tríplice custeio mediante contribuição da União, dos empregadores e dos trabalhadores.

A contribuição social sobre a folha de pagamento foi sendo mantida pela legislação previdenciária infraconstitucional, tendo proeminência no artigo 195 da Constituição de 1988 ao explicitar, como base de cálculo, a contribuição social do empregador, da empresa e da entidade a ela equiparada incidente "sobre a folha de salários e demais rendimentos do trabalho pagos ou creditados, a qualquer título, à pessoa física que lhe preste serviço, mesmo sem vínculo empregatício". No meio contábil, comumente se chama de folha de pagamento. A mudança de nomenclatura alteraria a substância ou abrangência da base de cálculo dessa exação?

Segundo o professor Gilberto de Ulhoa Canto[2], o princípio da identidade impede que consideremos diversos o mesmo fato gerador e a mesma base de cálculo, somente em razão de terem sido descritos, novamente, em lei distinta, editada pela própria pessoa política incumbida de criar e cobrar o tributo anteriormente existente.

Considerando-se que a filiação à previdência é obrigatória e que esta decorre do exercício da atividade remunerada, logo,

1 BALERA, Wagner. *Contribuições Sociais.* Caderno de Pesquisas Tributárias. Resenha Tributária, São Paulo. 1992.

2 CANTO, Gilberto Ulhoa. *As Contribuições Especiais no Direito Brasileiro. In: Revista de Direito Tributário*, nº 31. São Paulo: *Revista dos Tribunais*, 1985.

ocorrendo esse evento, surge a figura do segurado, na condição de contribuinte obrigatório. Dada a natureza impositiva do direito tributário, são obrigados a verter contribuições para o sistema previdenciário. Quando há subordinação no vínculo, a empresa, ao efetuar o pagamento, fica obrigada a efetivar o recolhimento dessas contribuições, tanto as que estão a seu cargo – as tipicamente sobre a folha – quanto às descontadas dos trabalhadores.

A Lei de Custeio (Lei nº 8.212/1991) foi enfática ao afirmar que a empresa é obrigada a arrecadar as contribuições dos segurados empregados e trabalhadores avulsos a seu serviço, descontando-as da respectiva remuneração e recolhendo os valores arrecadados, assim como as contribuições (a seu cargo) incidentes sobre as remunerações pagas, devidas ou creditadas, a qualquer título, aos segurados empregados, trabalhadores avulsos e contribuintes individuais a seu serviço.

Segundo o professor Wagner Balera[3], a remuneração que integra a folha é objeto de incidência das contribuições sociais de quem recebe e de quem paga salário, e essa circunstância confere ao vínculo jurídico que manterão as partes uma das outras características elementares do contrato de trabalho.

A remuneração de tais pessoas é o direito que, na Contabilidade, será escriturada como crédito com destino certo: o pagamento desses mesmos trabalhadores e, enquanto tal, objeto da incidência, definido como fato gerador, pelo Código Tributário Nacional, da contribuição social sobre a folha salarial. O vínculo remuneratório gera incidência de contribuição social sobre a folha de salários, operando o enquadramento da quantia paga ou creditada na hipótese de incidência da contribuição social instituída pela respectiva Lei de Custeio.

A investigação do enquadramento previdenciário do trabalhador deve se dar a partir dos elementos disponíveis, que são: o con-

3 BALERA, Wagner. *Contribuições Sociais*. Caderno de Pesquisas Tributárias. Resenha Tributária, São Paulo. 1992.

trato de trabalho ou de prestação de serviços como contribuinte individual, que pode ser considerado a causa da obrigação tributária; a folha salarial e os lançamentos contábeis, instrumentos que atestam sua existência e corroboram, para todos os efeitos, o seu conteúdo.

O formato jurídico do contrato entre trabalhador e empresa não é relevante, assim como a denominação que se impute ao rendimento do trabalho. O que confere a qualidade de base de cálculo ao pagamento é o fato de a remuneração estar sendo paga a pessoa física que prestou serviço à empresa.

Tampouco interessa o formato jurídico da empresa. Daí a formulação suficientemente genérica do comando constitucional: o empregador, a empresa e a entidade a ela equiparada. Empresa possui conceito ainda mais elastecido pela Lei de Custeio previdenciário (Lei nº 8.212/1991). Além da empresa tradicionalmente definida pelo Direito Empresarial, o Direito Previdenciário define empresa como sendo a firma individual ou sociedade que assume o risco de atividade econômica urbana ou rural, com fins lucrativos ou não, os órgãos e entidades da administração pública direta, indireta e fundacional; bem como o contribuinte individual e a pessoa física na condição de proprietário ou dono de obra de construção civil, em relação a segurado que lhe presta serviço, a cooperativa, a associação ou a entidade de qualquer natureza ou finalidade, organizações do Terceiro Setor, a missão diplomática e a repartição consular de carreira estrangeiras.

O regime jurídico diz respeito a qualquer que seja o modo pelo qual a mesma define os termos em que contrata os trabalhadores que lhe prestam serviços; é ela a devedora da contribuição social incidente sobre a folha salarial. Essa obrigação recai, inclusive, sobre as entidades beneficentes com imunidade sobre a "contribuição patronal", no que tange aos descontos das contribuições daqueles que lhe prestam serviços.

Quem ela contrata pouco importa; pode ser empregado, trabalhador avulso ou contribuinte individual. Desde que seja na condição de pessoa física, a empresa deve recolher sobre o montante da folha do pagamento que lhes efetivar; bem como deve descontar as contribuições atinentes a cada uma dessas pessoas que ela pagar.

Segundo a Lei de Custeio (Lei nº 8.212/1991), em seu artigo 22, a contribuição a cargo da empresa destinada à Seguridade Social é – como regra – de vinte por cento sobre o total das remunerações pagas, devidas ou creditadas a qualquer título, durante o mês, aos segurados empregados e trabalhadores avulsos que lhe prestem serviços, destinadas a retribuir o trabalho, qualquer que seja a sua forma, inclusive as gorjetas, os ganhos habituais sob a forma de utilidades e os adiantamentos decorrentes de reajuste salarial. Muito embora, no âmbito jurisprudencial, o Supremo Tribunal Federal (ADIN 1.659-6/DF) já se posicionou sobre o tema. Segundo a Corte Suprema, a expressão "folha de salários" não é qualquer pagamento, devendo ser diferenciada da remuneração em geral. Dessa forma, a contribuição social não incide sobre abonos e verbas indenizatórias, uma vez que as mesmas não integram a remuneração nem o salário de contribuição. A reforma trabalhista explicitou quais pagamentos estariam à deriva dessas incidências.

Assim, para que seja possível identificarmos as verbas sobre as quais devem incidir a contribuição social, é necessário analisarmos a natureza das parcelas: se a natureza da verba é remuneratória, integra a folha de salários e compõe a base de cálculo da contribuição; no entanto, se a parcela possuir natureza indenizatória, não sofrerá a incidência da contribuição previdenciária.

O Superior Tribunal de Justiça (STJ) (REsp. 1.049.417/RS, rel. ministro Castro Meira) decidiu que o empregado afastado por motivo de doença não presta serviço e, por isso, não recebe salário, mas apenas uma verba de caráter previdenciário de seu empregador, durante os primeiros quinze dias. A descaracterização da natureza salarial da citada verba afasta a incidência da contribuição previdenciária.

Em outra decisão do Tribunal Regional Federal da 4ª Região (TRF4) Apelação em Mandado de Segurança nº 2006.70.00.021106-4/PR), foi deliberado que o suporte de validade da exigência tributária instituída pelo artigo 22, I, da Lei nº 8.212/1991, é o artigo 195, I, da Constituição Federal de 1988. A interpretação do referido dispositivo não extrapola ou ofende o conceito de salário, analisado sob a égide da legislação trabalhista e previdenciária.

Afirma o referido Tribunal que a legislação trabalhista, ao utilizar os termos salário e remuneração, diferencia as verbas pagas diretamente pelo empregador daquelas que não são desembolsadas por ele, embora sejam resultado do trabalho realizado pelo empregado, no âmbito da relação contratual. Essa distinção tem o intuito de dar relevo ao caráter salarial das verbas remuneratórias, dessemelhando-as de outras figuras de natureza indenizatória, previdenciária ou tributária, ainda que nominadas como salário.

Com esse entendimento, aliado a outros, resta assentado que o fato gerador referido no art. 195, inciso I, da Constituição Federal, na sua redação original, envolve todas as verbas alcançadas pelo empregador, a título de remuneração, ao empregado que lhe presta serviços. Importa, para elucidar a inteligência desse dispositivo, verificar se os pagamentos feitos ao empregado têm natureza salarial, não a denominação da parcela integrante da remuneração.

A alteração introduzida pela Emenda Constitucional nº 20/98 no art. 195, I, da Carta, não acarretou alargamento da base de cálculo antes prevista, em relação aos empregados, visando somente expressar de forma clara e explícita o conteúdo do conceito de folha de salários.

As verbas de natureza salarial pagas ao empregado a título de adicionais, gorjetas, horas extras, comissões, utilidades e outros ganhos habituais estão sujeitas à incidência de contribuição previdenciária. Incabível a cobrança de contribuição previdenciária sobre os valores pagos a título de ajuda de custo, prêmios e abonos, mesmo que contínuos, na forma do art. 28, § 9º da Lei nº 8.212/1991, com a redação dada pela Lei nº 13.467/2017. As férias indenizadas e o respectivo adicional constitucional de um terço possuem caráter indenizatório e não se sujeitam à incidência de contribuição previdenciária.

Faz-se mister, para formação dessa base imponível, a discriminação das parcelas indenizatórias que não ensejam o recolhimento de contribuição previdenciária. Finalmente, a folha somente se forma com o pagamento das verbas de natureza salarial.

1.2. SUJEITO PASSIVO DA CONTRIBUIÇÃO SOBRE A FOLHA DE PAGAMENTO

Pela cariz do Código Tributário Nacional (CTN), sujeito passivo é gênero, a comportar duas espécies: contribuinte ou responsável. Seu artigo 121 prediz que sujeito passivo da obrigação principal é a pessoa obrigada ao pagamento do tributo ou penalidade pecuniária. Classifica o sujeito da obrigação principal em: 1) contribuinte, quem tenha relação pessoal e direta com a situação que constitua o respectivo fato gerador; e 2) responsável tributário, aquele cuja obrigação decorre de expressa disposição legal, mesmo não tendo relação pessoal e direta com o fato gerador.

Quem tem a relação pessoal e direta com a situação que constitui fato gerador da obrigação principal, em relação às contribuições sociais sobre a folha, é a empresa, relativamente à remuneração paga aos trabalhadores que, a qualquer título, lhe prestem serviços. Nesse caso a empresa é contribuinte.

Porém, em relação aos trabalhadores que lhes prestam serviços, a empresa é obrigada a descontar-lhes as contribuições sociais e repassá-la ao Fisco; nesse caso age como responsável tributária. Em ambos os casos, o recolhimento das contribuições sociais fica a cargo da empresa.

Para fins tributários e previdenciários, pode-se definir empresa (artigo 15 da Lei de Custeio – Lei nº 8212/1991) como a firma individual ou sociedade que assume o risco de atividade econômica urbana ou rural, com ou sem fins lucrativos, bem como os órgãos e entidades da Administração Pública direta, indireta e fundacional. Ainda é considerado como empresa, para fins tributário, previdenciário e trabalhista, o contribuinte individual em relação ao segurado que lhe presta serviço; a cooperativa; a associação desportiva, recreativa; entidade de qualquer natureza ou finalidade; missão diplomática e a repartição consular de carreira estrangeira.

Na prática, para fins de cobrança ou de responsabilização do recolhimento das contribuições sociais, qualquer pessoa natural, física ou jurídica, que toma e remunera serviços dos trabalhadores será enquadrada como empresa.

1.3. BASE DE CÁLCULO DA FOLHA DE PAGAMENTO

Não é o *nomen juris* da entidade que contrata que define a base de cálculo das contribuições previdenciárias, mas o vínculo remuneratório gera incidência de contribuição social sobre a folha de salários, operando o enquadramento da quantia creditada ou efetivamente paga na hipótese de incidência da contribuição social.

O formato jurídico do contrato entre trabalhador e empresa também não é relevante, assim como a denominação que se impute ao rendimento do trabalho. O que confere a qualidade de base de cálculo ao pagamento é o fato de a remuneração estar sendo paga a pessoa física que prestou serviço à empresa. O pagamento que compõe a folha contemplando as verbas de natureza salarial; em sentido técnico-jurídico, salário de contribuição.

Este tema é tão caro, que o próprio legislador constituinte o inseriu, conceitualmente, na Constituição Federal, em seu artigo 201, inciso 11, ao predizer que os ganhos habituais do empregado, a qualquer título, serão incorporados ao salário para efeito de contribuição previdenciária e consequente repercussão em benefícios previdenciários.

Salário de contribuição compreende a totalidade dos rendimentos auferidos pelo segurado, sobre a qual incide as contribuições previdenciárias, respeitados os limites mínimo e máximo. O valor mínimo do salário de contribuição varia de acordo com o enquadramento do segurado. No caso de segurado contribuinte individual e segurado facultativo, corresponde ao salário-mínimo. Para o segurado empregado, inclusive o doméstico e o trabalhador avulso, corresponde ao piso salarial legal ou normativo da categoria ou, inexistindo este, ao salário-mínimo, tomado no seu valor mensal, diário ou horário, conforme o ajustado e o tempo de trabalho efetivo durante o mês.

O salário de contribuição será proporcional ao número de dias efetivamente trabalhados, observadas as normas estabelecidas pela Previdência Social, quando a admissão, a dispensa, o afastamento ou a falta do empregado, inclusive o doméstico, ocorrer no curso do mês.

Para o segurado facultativo e o contribuinte individual, o valor mínimo do salário de contribuição é o salário-mínimo.

A gratificação natalina ou o décimo terceiro salário (cuja contribuição é devida quando do pagamento ou crédito da última parcela ou na rescisão do contrato de trabalho) integra o salário de contribuição, porém não é computado para o cálculo do salário de benefício, conforme previsto na Súmula nº 688 do STF.

Não integram a base de cálculo da folha de pagamento para fins da incidência das contribuições sociais previdenciárias, quer por parte da empresa, quer para desconto dos trabalhadores, os de natureza indenizatória, consoante afirmado acima.

A recente reforma trabalhista trouxe repercussões na base de cálculo das contribuições previdenciárias. Até a promulgação da Lei nº 13.467/2017 muitas das parcelas que possuíam natureza salarial passaram a ter natureza indenizatória; logo, deixaram de integrar o salário de contribuição, tanto para desconto da contribuição social dos trabalhadores quanto para composição da base de cálculo da folha de pagamento.

2. CONTRIBUIÇÃO SUBSTITUTIVA À FOLHA DE PAGAMENTO E EVASÃO FISCAL

Consoante já afirmado, a contribuição sobre a folha salarial tem sido uma tradicional fonte de financiamento da Previdência Social por anos a fio. Não obstante, é inegável que uma alíquota de 20% sobre a folha de pagamento é um ônus considerável para qualquer ramo empresarial, apesar das transformações do mercado de trabalho nos últimos anos.

Em decorrência, movimentos surgiram no meio empresarial e político com o intuito de se promover a desoneração da folha de pagamento. Dentre os principais argumentos desses setores, sobressaem: i) a criação de mecanismo de incentivo à formalização das relações de trabalho; ii) a ampliação da oferta de empregos; e iii) o aumento dos ganhos de produtividade do capital, verificados a partir da transformação da relação capital-produto em setores estratégicos da Economia.

Ocorre que a criação de uma contribuição substitutiva à folha de pagamento por uma alíquota aplicada sobre a receita ou o faturamento concorreria com outros tributos já existentes, como as contribuições sociais: cofins; PIS/Pasep; e o imposto de renda da pessoa jurídica.

Para instituir uma contribuição substitutiva, cuidados devem ser tomados ao se tributar, ainda mais, bases existentes. Segundo Arthur Laffer[4], a incidência adicional sobre uma base já existente pode resultar no efeito demonstrado na conhecida *Curva de Laffer.* De acordo

4 LAFFER, Arthur. *Op. Cit.* Ministério da Previdência Social. *Estudos e Pesquisas da Secretaria de Políticas de Previdência Social.* Disponível em: https://www.gov.br/previdencia/pt-br/assuntos/previdencia-social/colecao-previdencia-social/vol-31.pdf. Acesso em: 28 mar. 2023.

com ele, o aumento da carga tributária não implica em um aumento da arrecadação na mesma medida. Duplicar a carga tributária média não significa duplicar a arrecadação. Ao contrário, o aumento da arrecadação pode estimular a evasão fiscal, fomentar as atividades informais e ilegais e, por consequência, reduzir a arrecadação.

Segundo Laffer, existe uma relação peculiar entre arrecadação e carga tributária. Quando a incidência de um tributo sobre uma base é baixa, uma pequena elevação proporciona, num primeiro momento, um aumento total na arrecadação. Contudo, quando se aumenta a incidência de um tributo já elevado, a relação torna-se inversa, ou seja, ocorre queda na arrecadação. Considerando que sobre o faturamento já incidem, direta e indiretamente, tributos diversos, não se pode descartar a possibilidade de saturação dessa base.

Segundo afirma, deve-se atentar, de forma panorâmica, ao conjunto de fatores exógenos capazes de influenciar, negativamente, no volume da arrecadação: 1) a quantidade de fatos geradores praticados; 2) o grau de utilização de mecanismos de planejamento tributário lícitos; e 3) prática de atos ilícitos (inclusive planejamento ilícito, como a dissimulação dos contratos de trabalho por meio da pejotização e de outros artifícios). Nenhum desses fatores é unicamente influenciado pela quantidade de tributos cobrados. Uma legislação tributária complexa pode estimular – e até favorecer – o planejamento tributário ilícito; incentivos fiscais podem favorecer o planejamento tributário lícito; uma crise econômica pode reduzir a prática dos fatos geradores, por exemplo. Em que pese a pluralidade de eventos influentes, todos confluem para um ou mais de um dos três fatores acima elencados. Independentemente da causa efetivamente por trás do fator, ele influenciará negativamente na arrecadação total.

No mesmo sentido, pontificou Hugo de Brito Machado[5] que a elevação da imposição fiscal acaba por desestimular a prática de

5 MACHADO, Hugo de Brito. *Curso de Direito Tributário*. 40 ed. São Paulo: Malheiros Editores, 2019.

seus fatos geradores – ao mesmo tempo que incentiva a informalidade. Aqueles contribuintes atingidos pela elevada cobrança, ao se depararem com o novo custo adicional do tributo, poderiam simplesmente deixar de praticar o fato gerador ou tentar praticá-lo com uso de mecanismos de planejamento tributário (lícitos ou ilícitos), a fim de reduzir os custos inerentes à operação.

Outra consequência esperada é a alteração do comportamento da arrecadação da contribuição previdenciária diante de crises econômicas. A longo prazo, pode-se considerar que a base faturamento crescerá mais rápido que a massa salarial. Entretanto, a base faturamento possui um comportamento diferente da massa salarial: na saída de crises, verifica-se primeiro o crescimento do faturamento e, após certo período, ocorre a contratação de mão de obra, consequentemente acréscimo da massa salarial. Por outro lado, o contrário é verificado na entrada de crises: primeiro ocorre uma redução do faturamento e a seguir há a redução da mão de obra com consequente redução da massa salarial. Portanto, qualquer conclusão a respeito da volatilidade da arrecadação das contribuições previdenciárias ficará condicionada ao comportamento da Economia a longo prazo.

Ressalvando-se as organizações do Terceiro Setor, que em regra possuem imunidade sobre a contribuição patronal, a contribuição substitutiva à folha de pagamento, para desoneração da folha de pagamento, veio para atender a *lobby* de setores econômicos. Por meio de Medidas Provisórias, o Governo Federal eliminou a atual contribuição previdenciária sobre a folha de pagamento por uma contribuição proveniente da receita bruta das empresas.

Ao contrário do que se esperava, a arrecadação diminui. Algumas empresas nada ou pouco recolheu de contribuição, sob o simples argumento de que, em um determinado mês, ela honrou o pagamento dos salários, mas, ante a crise, não apresentou receita. Ao contrário do regime anterior, em que ocorreria recolhimento sobre a folha de pagamentos, independentemente de receita, faturamento ou lucro, a empresa era obrigada a verter as contribuições sociais sobre essa folha.

Ademais, a contribuição substitutiva, chamada de Contribuição Previdenciária sobre a Receita Bruta (CPRB), desde sua instituição é arrecadada pela Secretaria da Receita Federal à conta do Tesouro. Desfigurando a frágil parafiscalidade que constituía o dístico das contribuições sociais previdenciárias. Mas como já dizia o sábio Rei Salomão, por volta do ano 250 a.C.: "Nada é novo debaixo do sol". Recorremos a esse argumento para relembrar que as medidas adotadas com esse intento pelo governo brasileiro já tinham sido objeto de estudo, com o consequente alerta por parte de Jean-Guy Mérigot[6] (MÉRIGOT, 1953), muitos anos atrás.

Ao mencionar a criação de novas contribuições ou o aumento das já existentes, alertava que o peso da parafiscalidade sobre os rendimentos das classes pobres, dos salariados em particular, provavelmente não permitirá um acréscimo das despesas de consumo. Na medida em que encargos parafiscais profissionais vêm juntar-se ao preço corrente de venda dos produtos – como acontece principalmente no que diz respeito a algumas taxas –, a possibilidade de um acréscimo das despesas de consumo, talvez mesmo de sua manutenção, acha-se consideravelmente ameaçada.

Da mesma forma, todo encargo social sobre o salário dos trabalhadores traduz-se para eles em uma diminuição de seu rendimento líquido. Assim, os investimentos efetuados pelos salariados a título de contribuições operárias aos Seguros Sociais agem diretamente naquele sentido, isto é, abaixando os salários reais muito aquém dos salários teóricos. Ele afirmava que, na França, os estudos do Instituto de Estatística e da Conjuntura comparando o poder aquisitivo dos trabalhadores em 1947 e 1938 tendem a mostrar que o montante dos encargos sociais tem sido integral-

6 MÉRIGOT, Jean-Guy. *Elementos de uma Teoria da Parafiscalidade. Revista de Direito Administrativo.* Rio de Janeiro, v. 34, pp. 49-66, out. 1953, ISSN 2238-5177. Disponível em: <http://bibliotecadigital.fgv.br/ojs/index.php/rda/article/view/13308>. Acesso em: 7 set. 2019.

mente arrecadado sobre os rendimentos dos salariados. Houve transformação no modo de distribuição das rendas, mas essa transformação não afetou, de modo algum, a importância mesmo dos rendimentos consagrados à despesa de consumo.

Se incidem sobre os trabalhadores, os encargos sociais pesam também sobre os empregadores. É provável que o crescimento quantitativo do emprego corra o risco de se ver, por seu turno, comprometido por sua repercussão sobre o custo de produção das empresas. Notemos, aliás, que a parafiscalidade profissional oferece resultados idênticos. Os encargos sociais que pesam sobre a empresa acarretam uma alta da parte dos salários no custo de produção e, portanto, uma elevação deste último.

Em 6 de novembro de 2017, a Assessoria Especial do Gabinete do então ministro da Fazenda expediu a Nota Técnica nº 041[7], propondo a 'reoneração da folha de pagamento', sob o principal argumento de que os custos da chamada política de "desoneração da folha de pagamento" superam os seus benefícios para a sociedade. Teria sido Jean-Guy Mérigot profético? Talvez não. Previra o óbvio em se tratando de sociedade, mercancia e volatilidade dos mercados. Realidades prementes desde os primórdios da humanidade. Persistindo alguns resquícios, por mais que tenhamos evoluído. A política orçamental continua a ser procíclica.

Ao se instalar uma crise econômica, o faturamento cai mais rápido que a folha de pagamento das empresas. Com a contribuição previdenciária incidindo sobre o faturamento, a receita da previdência sofrerá mais durante a crise econômica. Isso exige maior esforço de ajuste fiscal nas contas não-previdenciárias do governo, justamente em um momento em que a crise econômica prejudica a capacidade de arrecadação.

7 BRASIL. Ministério de Fazenda. Nota Técnica nº 41, de 6 de dezembro de 2017. Disponível em: https://www.gov.br/fazenda/pt-br/centrais-de-conteudos/notas-tecnicas-e-pareceres/2017/nota-reoneracao.pdf. Acesso em: 28 mar. 2023.

Por fim, a referida Nota mostrou que a política de desoneração da folha de pagamentos tem custo elevado e benefícios reduzidos. Nesse sentido, a política mais adequada seria a imediata reversão para o sistema anterior, de contribuição sobre a folha de pagamento para todos os setores da Economia, sem exceção.

Enquanto não se altera o cenário, os recursos oriundos das contribuições sociais sobre a folha de pagamento continuam se evadindo. Por meio de artifícios vários, os recursos arrecadados com as contribuições substitutivas ficam à mercê das vicissitudes estruturais da Economia e do mercado de trabalho. Não somente em decorrência de crise financeira, por meio de manobras contábeis, as empresas podem apresentar inconstância em suas receitas e, por via direta, repercutir nos valores que serão destinados à Previdência Social em substituição à folha de pagamento, bastando, para isso, não apresentar receita ou faturamento.

3. A ALTERAÇÃO DA CONTRIBUIÇÃO SOBRE A FOLHA DE PAGAMENTO E OS REFLEXOS NO FINANCIAMENTO DO REGIME GERAL DE PREVIDÊNCIA SOCIAL

Consoantes explanações feitas até então, resta evidenciado que a contribuição social sobre folha de pagamento foi instituída, constitucionalmente, para compor o orçamento da seguridade social, mais precisamente o Fundo de financiamento do Regime Geral de Previdência Social (FRGPS), cuja receita está afetada ao pagamento dos aposentados e pensionistas desse regime.

Mister se faz, nesta reta final, convergir para a resposta à pergunta central: a alteração da natureza da contribuição social em substituição à folha de pagamento traria reflexos no financiamento do Regime Geral de Previdência Social? Em caso positivo, desnaturalizaria sua vocação de tributo afetado e o transmudaria para outra espécie tributária? A resposta a essa indagação depende de revistarmos o conceito de 'parafiscalidade genuína' para sabermos se a afetação que justificou a criação dessa contribuição ainda persiste.

Quanto à parafiscalidade, reinvocamos Jean-Guy Mérigot[8], que teceu razoáveis considerações sobre o tema. Era enfático em afirmar que o Estado, do ponto de vista administrativo, se achava mal adaptado às suas novas tarefas. Realidade que permeia, hodiernamente, a relação existente entre os recursos arrecadados com os tributos e os serviços entregues aos cidadãos. Segundo afirmava, os serviços públicos tradicionais revelam-se inadequados, sendo insuficientes os modelos usuais para gerir seus negócios. O Poder Público, dada a extensão das intervenções estatais e a variedade de seus domínios, tornava-se impotente. Razão pela qual surgiram as entidades paraestatais. Entidades "ao lado" do Estado passaram a desempenhar funções que estariam a cargo do Poder Público, que este, por absoluta incompetência ou inoperância, não as desempenhava. Com isso, as ações do Poder Público empiricamente foram confiadas a órgãos descentralizados para a execução de novos encargos, à proporção que os mesmos lhe venham sendo cometidos. Essas missões eram conferidas até mesmo a organizações particulares, confiando-lhes um papel seja de direção e autoridade, seja de gerência técnica ou comercial.

No âmbito financeiro, os governos veem suas despesas se avolumando continuamente e, para fazer frente a esses encargos, precisam de mais e mais recursos. Em um regime liberal, dominado pela supremacia da iniciativa privada, a estrutura do orçamento e seu montante discretamente manifestam os seus vínculos com a Economia, a demandar uma reordenação orçamentária, com segmentação e, ao final, sua integração no setor público e na Economia nacional. O regime liberalizante acaba cedendo lugar ao Estado intervencionista ou dirigista. Como forma de diluir o aumento

8 MÉRIGOT, Jean-Guy. *Elementos de uma Teoria da Parafiscalidade. Revista de Direito Administrativo.* Rio de Janeiro, v. 34, pp. 49-66, out. 1953, ISSN 2238-5177. Disponível em: <http://bibliotecadigital.fgv.br/ojs/index.php/rda/article/view/13308>. Acesso em: 7 set. 2019.

dos gastos públicos, até então concentrados num orçamento enxuto, no Estado liberal criam-se orçamentos paralelos ou subornamentos. Assim, muitas receitas e despesas não mais aparecem no orçamento fiscal principal do Estado. Criam-se epítetos para as receitas e despesas como 'pano de fundo' para esconder velhos – e novos – problemas, sendo que a maioria deles tem sua gênese na estrutura gerencial e no arcabouço do poder político.

Esse descalabro nas contas públicas retroalimenta a tensão entre receita e despesa. Sequer as permissivas movimentações inter e intraorçamentárias dão cabo ao problema do orçamento da seguridade social, sendo uma das razões evocadas por cada novo governante como arquétipo para reformar o sistema previdenciário, com vistas à busca do equilíbrio financeiro-atuarial. Na verdade, ao menos a prática tem mostrado isso, buscam-se cada vez mais recursos, mas raramente cortam-se despesas[9].

A saída tem sido a mais prática possível. O recurso oriundo da contribuição sobre a folha de pagamento, ao lado da contribuição descontada dos trabalhadores, deveria convergir para um orçamento paralelo Fiscal (afinal essa é a etimologia do termo 'parafiscal'), que acaba sendo desnaturado e destinado a outros fins; logo, perdendo a sua genuína natureza.

Analisemos, então, a parafiscalidade sob a ótica da afetação dos recursos. Suponhamos que existisse uma parafiscalidade, cuja denominação seria caracterizada não pela existência de um orçamento paralelo, mas pela destinação exclusiva dos recursos para atendimento das despesas que justificaram sua criação. Mesmo que, eventualmente, por questões burocráticas, contábeis ou administrativas, os recursos fossem para um orçamento geral ou comum, sua receita seria reservada àquela despesa.

Nesse trilhar, faz-se necessário (re)avaliar se a contribuição que recai sobre a folha de pagamento tem sido pautada por essa 'afeta-

9 TEIXEIRA, Glória. *O excesso de constitucionalismo e o descalabro das contas públicas. Revista Visão.* CIJE: Centro de Investigação Jurídico-Econômico, 2013.

ção', ou seja, investigar se a receita, dela oriunda, tem sido destinada exclusivamente para o pagamento da despesa dos benefícios previdenciários como prescreve o artigo 167, XI, da Constituição Federal.

Com relação à afetação da contribuição social incidente sobre a folha de pagamento, Leandro Paulsen[10] esclarece que, ao utilizar a técnica de tributos com uma finalidade específica, a Constituição conferiu competência para a criação, exclusivamente, de tributos vinculados a um fim pré-determinado, com a missão de acudir despesa que justificou a instituição daquela exação tributária. Assim sendo, para os tributos criados com base nessa competência, a afetação finalística é sua condição de validade. Somente a aplicação desses recursos em áreas da seguridade social é que convalidaria a sua natureza parafiscal.

É correto afirmar que a contribuição social previdenciária sobre a folha de pagamento, à despeito de estar na Constituição, tangida pelo princípio da afetação, em razão de uma leitura inversa do artigo 167, IV, não tem recebido este tratamento, nem por parte do Governo Federal, que não aplica integralmente sua arrecadação nas finalidades sociais previstas (pagar os benefícios do Regime Geral de Previdência Social), nem pelo Supremo Tribunal Federal, que, apesar de ser o guardião da Constituição, vem interpretando, em vários aspectos, sem se dar conta dessa espécie tributária criada com uma finalidade específica.

De fato, no âmbito da Constituição anterior, a vedação da vinculação abrangia os tributos em geral, e não apenas os impostos. Há possibilidades de se verificar, na presente situação, que a modificação no texto da norma pode causar uma armadilha para o intérprete desavisado, que pode não se dar conta da alteração havida, e continue a julgar tal como fazia dantes.

10 PAULSEN, Leandro. *Contribuições: Custeio da Seguridade Social.* Porto Alegre: Livraria do Advogado, 2008.

No ordenamento constitucional anterior, o princípio da não afetação alcançava a maioria dos tributos; assim, havia maior liberdade de conformação do legislador, que dispunha da totalidade dos recursos arrecadados para elaborar o orçamento anual.

A partir da Constituição de 1988, apenas a receita dos impostos passou a ser considerada como não vinculada, sendo que a dos demais tributos necessariamente deverá estar *afetada* a órgão, despesa ou fundo previsto na lei que o criou. Em decorrência disso, a liberdade de conformação orçamentária do legislador, que era ampla no âmbito da Constituição anterior, passou a ser bastante restrita após a nova Constituição.

Para a composição do orçamento anual, os Poderes Executivo e Legislativo somente podem dispor da receita tributária decorrente de impostos. A receita tributária decorrente das contribuições sociais deve compor o orçamento da seguridade social, que estará vinculada à causa de sua criação e, portanto, à sua afetação. E mais especificamente os recursos oriundos da contribuição social sobre a folha de pagamento, ao lado da contribuição social vertida pelos trabalhadores, deverão compor, exclusivamente, o FRGPS, como orçamento paralelo ao fiscal e com destinação exclusiva ao pagamento dos benefícios previdenciários. A reordenação orçamentária ou aplicação desses recursos para outras finalidades, diferente dessa conformação, descaracteriza a natureza dessa exação tributária.

Conclui-se que a mutação da natureza da contribuição social incidente sobre a folha de pagamento, quer pelo desvio de finalidade, quer pela sua substituição por outra, trará reflexos no financiamento do Regime Geral de Previdência Social. Qualquer transmutação nesse sentido pode representar um desequilíbrio financeiro entre as receitas e despesas. A diminuição de recursos, sem a correspondente vinculação de outra fonte, que venha substituí-la, dará azo para que a Previdência Social seja inviável, podendo, anos a fio, carregar a pecha de deficitária.

CONSIDERAÇÕES FINAIS

Consoante restou afirmado, a receita tributária decorrente das contribuições sociais deve compor o orçamento da seguridade social e manter-se vinculada à causa que justificou a sua criação. Os recursos oriundos da contribuição social sobre a folha de pagamento, ao lado da contribuição social vertida pelos trabalhadores, deverão, com exclusividade, compor o FRGPS, como 'orçamento paralelo ao Fiscal da União' e com destinação afetada ao pagamento dos benefícios previdenciários. Assim sendo, a criação de contribuição substitutiva à folha de pagamentos, em decorrência dessa alteração constitucional, altera a natureza jurídica da contribuição previdenciária, tendo em vista a sua reordenação orçamentária – para o orçamento fiscal da União – e a aplicação desses recursos para outras finalidades, diferente da sua destinação originária.

Além do mais, mesmo se houvesse garantia de que o recurso dessa contribuição substitutiva iria para as despesas previdenciárias, a substituição da contribuição social sobre a folha de salários, por uma alíquota aplicada sobre a receita ou o faturamento, poderia fragilizar o fluxo do caixa previdenciário. O volume de arrecadação da contribuição sobre a receita ou o faturamento ficaria à mercê das vicissitudes do mercado de trabalho, do desempenho ou da produtividade das empresas; além de permitir manobras contábeis que dissimulam a realidade do faturamento. De qualquer sorte, a incerteza da destinação dos recursos dessa nova contribuição para a Previdência Social geraria um desequilíbrio financeiro entre as receitas e as despesas.

Nesse diapasão, concluímos que a contribuição substitutiva à contribuição sobre a folha de pagamento altera a sua natureza jurídica com reflexos no financiamento do Regime Geral de Previdência Social. Os recursos, até então vinculados à previdência, passam a seguir outros meandros orçamentários, com a consequente diminuição de recursos para financiamento do regime geral. Portanto, seria razoável, para o reequilíbrio orçamentário, que recursos do orçamento Fiscal da União fossem, na mesma proporção, carreados ao orçamento da seguridade social. *Contrario sensu*, essa conjuntura político-financeira suscita interesses dos setores públicos e privados na destinação dos recursos oriundos dessa fonte. O setor público, no sentido de utilizar essas receitas tributárias para acudir às despesas de outras áreas. O setor privado, principalmente das seguradoras e instituições financeiras, o intuito de intensificar suas participações no mercado da previdência complementar privada, alardeando ser a Previdência Social deficitária e, portanto, inviável.

REFERÊNCIAS

BALEEIRO, Aliomar, *Direito Tributário Brasileiro*. 13 ed. atualizada por Misabel Abreu Machado Derzi. Rio de Janeiro: Forense, 2015.

BALERA, Wagner. *Contribuições Sociais*. Caderno de Pesquisas Tributárias. Resenha Tributária, São Paulo, 1992.

BRASIL. *Constituição da República Federativa do Brasil de 1988*. Diário Oficial da União, Brasília, 5 out. 1988.

_______. Lei nº 8.212, de 11 de dezembro de 1990. Dispõe sobre o regime jurídico dos servidores públicos civis da União, das autarquias e das fundações públicas federais. Disponível em: http://www.planalto.gov.br/ccivil_03/leis/l8112cons.htm. Acesso em: 28 mar. 2023.

______. Ministério de Fazenda. *Nota Técnica nº 41, de 6 de dezembro de 2017*. Disponível em: https://www.gov.br/fazenda/pt-br/centrais-de-conteudos/notas-tecnicas-e-pareceres/2017/nota-reoneracao.pdf. Acesso em: 28 mar. 2023.

______. Ministério da Previdência Social. *Estudos e Pesquisas da Secretaria de Políticas de Previdência Social*. Disponível em: https://www.gov.br/previdencia/pt-br/assuntos/previdencia-social/colecao-previdencia-social/vol-31.pdf. Acesso em: 28 mar. 2023.

______. Superior Tribunal de Justiça. *REsp. 1.049.417/RS, Rel. Ministro Castro Meira*. Disponível em: https://stj.jusbrasil.com.br/jurisprudencia/17050149/ag-1353507. Acesso em: 28 mar. 2023.

______. Supremo Tribunal Federal. *ADIN 1.659-6/DF*. Disponível em: https://redir.stf.jus.br/paginadorpub/paginador.jsp?docTP=AC&docID=347193. Acesso em: 28 mar. 2023.

CANTO, Gilberto Ulhôa. *As Contribuições Especiais no Direito Brasileiro. In: Revista de Direito Tributário*, nº 31. São Paulo: *Revista dos Tribunais,* 1985.

CARRAZZA, Roque Antônio. *Contribuição como Fonte do Direito Tributário. Revista de Direito Tributário*, nº 46, 2007.

DERSI, Misabel de Abreu Machado. *A Causa Final e a Regra-matriz das Contribuições. In:* contribuições para o custeio da seguridade social. São Paulo: Ed. Quartier latim, 2006.

GRECO, Marco Aurélio. *Breves Considerações sobre a Possibilidade de Haver Tributo sem Obrigação. Revista de Direito público*/Universidade de São Paulo, Instituto de Direito Público. São Paulo: Revista dos Tribunais, 1967.

MACHADO, Hugo de Brito. *Curso de Direito Tributário.* 40 ed. São Paulo: Malheiros Editores, 2019.

MÉRIGOT, Jean-Guy. *Elementos de uma Teoria da Parafiscalidade. Revista de Direito Administrativo.* Rio de Janeiro, v. 34, pp. 49-66, out. 1953, ISSN 2238-5177. Disponível em: <http://bibliotecadigital.fgv.br/ojs/index.php/rda/article/view/13308>. Acesso em: 7 set. 2019.

PAULSEN, Leandro. *Contribuições: Custeio da Seguridade Social.* Porto Alegre: Livraria do Advogado, 2008.

SABO PAES, José Eduardo. *Fundações, Associações e Entidades de Interesse Social: aspectos jurídicos, administrativos, contábeis, trabalhistas e tributários.* 11 ed. Rio de Janeiro: Editora Forense, 2020.

TEIXEIRA, Glória. *O excesso de constitucionalismo e o descalabro das contas públicas. Revista Visão.* CIJE: Centro de Investigação Jurídico-Econômico, 2013.

A IMUNIDADE DE IMPOSTOS DAS INSTITUIÇÕES DE EDUCAÇÃO SEM FINS LUCRATIVOS E SUA CORRELAÇÃO COM O DIREITO FUNDAMENTAL À EDUCAÇÃO

CRISTIANE ARAÚJO DE FARIA

Auditora fiscal da Receita do Distrito Federal. Mestra em Direito pela Universidade Católica de Brasília (UCB). Pós-graduada em Finanças Empresarias pela Fundação Getulio Vargas (FGV) e em Gestão Tributária (FORTIUM). Graduada em Direito pelo Centro Universitário de Brasília (UniCEUB). Graduação em Administração com habilitação em Comércio Exterior pelo Centro Universitário Una e em Ciências Econômicas pela Universidade Federal de Minas Gerais (UFMG). *E-mail*: cafcristiane@yahoo.com

RUDSON DOMINGOS BUENO

Auditor fiscal da Receita do Distrito Federal. Mestre em Direito pela Universidade Católica de Brasília (UCB). Pós-graduado em Política e Administração Tributária pela Fundação Getulio Vargas (FGV/Brasília). Pós-graduado em Engenharia Econômica (pelo Instituto de Cooperação e Assistência Técnica da Associação de Ensino Unificado do Distrito Federal (ICAT/AEUDF). Pós-graduado em Finanças Públicas pela University of Bath, no Reino Unido. Graduado em Economia pela AEUDF. Graduado em Filosofia pela Faculdade de Teologia (FATEO). Ex-conselheiro do Tribunal Administrativo de Recursos Fiscais (TARF/DF). *E-mail*: buenorudson@gmail.com

SUMÁRIO

PALAVRAS-CHAVE

Constituição Federal; código tributário nacional; imunidade; instituições de educação.

INTRODUÇÃO

Na Constituição Federal de 1988, o direito à educação recebeu especial realce, sendo erguido à condição de direito social e fundamental e, como direito subjetivo público, está entre as funções primordiais do Estado. A Carta Magna, prevendo a impossibilidade fática de o Estado desempenhar sozinho todas as atividades que lhe incumbem e no intuito de estimular a participação das entidades do Terceiro Setor, concede, conforme disposto em seu art. 150, VI, "c", a imunidade de impostos sobre o patrimônio, a renda e os serviços para as instituições de educação sem fins lucrativos.

Entretanto, convém destacar que o seu gozo é condicionado ao atendimento de requisitos e circunstâncias, ainda passíveis de controvérsias, cuja compreensão é fundamental para preservação do desenho constitucional tributário e do papel definido para o Terceiro Setor na busca da concretização do Estado Social e Democrático de Direito.

Nesse contexto, diante da legislação em vigor e da diversidade de posicionamentos existentes, tanto na área jurisprudencial como na doutrinária, o presente trabalho terá por escopo abordar os fundamentos, os requisitos que tratam das contrapartidas materiais para sua fruição e a correlação dessa imunidade com a efetividade do direito fundamental à educação.

1. FUNDAMENTOS DA IMUNIDADE TRIBUTÁRIA

Tendo em vista que as imunidades tributárias possuem arcabouço constitucional, mister se faz analisar a *ratio essendi* da exoneração fiscal adotada pela nossa Carta Magna.

Para melhor compreender os fundamentos da imunidade tributária, insta destacar que, numa perspectiva histórica, ao lado do gradativo aperfeiçoamento do papel que o Estado ocupa dentro da sociedade, o instituto da imunidade aprimorou-se, deixando de significar uma benesse fiscal concedida a uns poucos privilegiados e tornando-se, com fundamento no princípio da solidariedade norteador do Estado Democrático de Direito, um instrumento valioso na concretização de direitos fundamentais por via da exoneração tributária.

Quanto à correlação entre imunidade tributária e direitos fundamentais, Celso Correia de Bastos Neto[1] nos ensina que o poder público encontra nos direitos fundamentais limites à sua ação, objetivos a serem perseguidos e fundamentos a essa atividade. Dessa forma, ao mesmo tempo que os direitos fundamentais dão suporte

1 NETO, Celso de Barros Correia. *Os Tributos e os Direitos Fundamentais*. Brasília: REPATS, v. 3, nº 2, 2016, pp. 276-307.

à atividade tributante do Estado, eles também configuram limites intransponíveis a essa atividade.

Convém ainda trazer à baila a argumentação exarada por Ingo Sarlet de que, conforme disposição presente no parágrafo 2º do art. 5º da CF/88[2], existe, no nosso texto constitucional, um sistema de direitos fundamentais, aberto e reflexivo, "receptivo a novos conteúdos e desenvolvimento, integrado ao restante da ordem constitucional, além de influxos do mundo circulante"[3]. Assim, tendo em vista que os direitos fundamentais podem existir fora do catálogo, e, decorrer de princípios e regras adotados pela própria Constituição, as regras de imunidade tributária, além de configurarem normas de direito fundamental, também são instrumento de proteção de outros direitos fundamentais. As imunidades são normas de direito fundamental, uma vez que, conforme afirma Ricardo Lobo Torres[4], têm fundamento na liberdade individual, entendida em sua dimensão absoluta, abrindo espaço para a atuação limitada do poder estatal, mas também, conforme Regina Helena Costa, elas servem para "...garantir que (...) a tributação não amesquinhe o exercício de direitos constitucionalmente contemplados"[5], constituindo, ao mesmo tempo, direitos e garantias de outros direitos. Nesse cenário, Regina Helena Costa[6] defende que imunidade em nosso ordenamento jurídico constitui a aplica-

2 "Art. 5º Todos são iguais perante a lei, sem distinção de qualquer natureza, garantindo-se aos brasileiros e aos estrangeiros residentes no país a inviolabilidade do direito à vida, à liberdade, à igualdade, à segurança e à propriedade, nos termos seguintes:

[...]

§ 2º Os direitos e garantias expressos nesta Constituição não excluem outros decorrentes do regime e dos princípios por ela adotados, ou dos tratados internacionais em que a República Federativa do Brasil seja parte."

3 SARLET, Ingo Wolfgang. *A eficácia dos Direitos Fundamentais.* Porto Alegre: Livraria do Advogado, 1998, p. 32.

4 TORRES, Ricardo Lobo. *Os Direitos Humanos e a Tributação – Imunidade e Isonomia.* Rio de Janeiro, Renovar, 1995, p. 62.

5 COSTA, Regina Helena. *Imunidades Tributárias – Teorias e Análise da Jurisprudência do STF,* 2 ed. São Paulo: Malheiros, 2001, p. 84.

6 *Ibidem*, p. 79.

ção do princípio da não obstância do exercício de direitos fundamentais por via da tributação, que, segundo a aludida autora, pode ser definido da seguinte forma:

> Trata-se de princípio implícito no texto constitucional, extraído das normas que afirmam os diversos direitos e liberdades individuais e coletivos nele consagrados, combinadas com aquelas que regram a atividade tributante. Assim, se a Lei Maior assegura o exercício de determinados direitos, que qualifica como fundamentais, não pode tolerar que a tributação, também constitucionalmente disciplinada, seja desempenhada em desapreço a esses mesmos direitos.

Concernente à imunidade das instituições de educação sem fins lucrativos insertas no artigo 150, VI, "c" da CF/88, Ricardo Lobo Torres nos ensina que o seu fundamento é a proteção dos direitos da liberdade compreendidos no mínimo existencial, nas condições iniciais para a garantia da igualdade de chances[7]. No mesmo sentido, Regina Helena Costa, afirma que a razão da vedação constitucional da exigência de impostos seria a realização pelas instituições de educação de atividade própria do Estado, ajudando a suprir a deficiência estatal na seara educacional[8].

Ademais, tendo em vista que no Estado Democrático de Direito a imunidade visa ao bem comum, torna-se mister também analisar a sua correlação com o princípio da igualdade. A imunidade tributária também está diretamente relacionada ao princípio da igualdade, uma vez que a exoneração tributária decorrente da imunidade deve ir ao encontro da justiça social, distributiva e econômica, ou seja, deve visar à igualdade não somente perante a lei, mas na lei, por meio da qual todos tenham acesso equânime aos direitos e às garantias constitucionalmente protegidos. Nesse sentido, sob a vertente da igualdade material, o fundamento da

7 *Ibidem, loc cit.*
8 *Ibidem*, pp. 174-175.

exoneração fiscal consiste no importante papel que essas entidades desempenham ao fornecer à sociedade, ao lado do Estado, um serviço de educação inclusivo e de qualidade, objetivando o pleno desenvolvimento da pessoa, o seu preparo para o exercício da cidadania e a sua qualificação para o trabalho.

Quanto ao fator de *discrimen*, tendo em vista que a imunidade política inserta no artigo 150, VI, "c" da CF/88, conferida às instituições de educação sem fins lucrativos, se enquadra no conceito de imunidade política, infere-se que, conforme preconiza Regina Helena Costa[9], não obstante possa ser verificada a existência de capacidade contributiva, a possibilidade de tributá-la, por via de impostos, cede ante a opção constitucional de preservação de outros valores e princípios consagrados no Estado Supremo.

Nesse cenário, no intuito de melhor entender o valor protegido pela imunidade prevista no artigo 150, VI, "c" da CF/88, devemos inicialmente analisar qual a educação almejada pelo nosso texto constitucional que deve ser prestada pelo Estado e que as instituições de educação devem prestar em complementariedade ao Ente Político.

Nas palavras de Paulo de Barros Carvalho[10]: "... onde houver direito, haverá certamente o elemento axiológico". E como leciona Miguel Reale: "Sem a ideia de valor, não temos a compreensão do dever ser". E continua afirmando: "A história humana é um processo dramático de conversão de valores em fins"[11].

Nesse mesmo sentido, José Roberto Vieira e Maurício Dalri Timm do Valle nos ensinam que:

> Sem a ideia do valor, não temos a compreensão do direito, pois, na ausência do(s) valor(es), não nos será possível posicionar a norma no ordenamento, inviabilizando o traçado de toda a rede

9 COSTA, Regina Helena. *Op, cit*, p. 89.

10 CARVALHO, Paulo de Barros. *Direito Tributário: Linguagem e Método*. 5 ed. São Paulo: Noeses, 2013, p.174.

11 REALE, Miguel. *Filosofia do Direito*. 10 ed. São Paulo: Saraiva, 1983, pp. 379 e 380.

> de conexões normativas, sejam as de coordenação, sejam as de subordinação; e, tal como não há texto sem contexto, não há norma sem ordenamento, donde inviabilizado o próprio direito[12].

A educação está relacionada entre os direitos sociais, no *caput* do artigo 6º da CF/88, elencada, conforme preceitua Pedro Augustin Adamy[13], como primeiro dos direitos sociais garantidos no mencionado dispositivo. Soma-se o fato de que, numa sociedade democrática, a educação deve visar à formação de um cidadão, sujeito da história, preparando-o para atuar democraticamente em sociedade. Nesse sentido, Freire destaca que "falar em democracia e silenciar o povo é uma farsa. Falar em humanismo e negar os homens é uma mentira"[14].

Insta destacar que o Estado brasileiro, conforme ditames insertos expressamente no artigo 1º da CF/88, constitui-se em um Estado Democrático de Direito. Soma-se o fato de que a atual Carta Magna reconhece em seu artigo 1º, inciso III, a dignidade da pessoa humana como um de seus princípios fundamentais, que deve ser garantida mediante o reconhecimento de direitos capazes de promovê-la. Isto posto, a elevação da educação a um direito vai ao reconhecimento de sua importância para a promoção da dignidade humana, uma vez que capacita o agir consciente do homem sobre o mundo, tornando-o apto a exercer seu papel de sujeito da história.

Nesse diapasão, cite-se Márcia Cristina de Souza Alvin:

12 VIEIRA, José Roberto; VALLE, Maurício Dalri Timm do Valle. *Direitos Fundamentais Tributários: em busca dos fundamentos da sua fundamentalidade*. Instituto Brasileiro de Estudos Tributários, p. 780.

13 ADAMY, Pedro Augustin. *As imunidades tributárias e o direito fundamental à educação. In: Revista Tributária e Finanças Públicas*, São Paulo: Editora Revista dos Tribunais, v. 96, p. 101, jan. 2011.

14 *Ibid.*, p. 82.

> O reconhecimento da dignidade da pessoa humana é operação que necessita de consciência viva e plena, sintonizada com o ambiente vital e com a sociedade. E a maneira mais segura de garantir essa consciência é o investimento, pessoal e social, na educação[15].

Na atual Carta Magna, a disciplina específica acerca da educação encontra-se no título relativo à Ordem Social, em especial nos artigos 205 ao 214, que ditam as diretrizes que capitaneiam o sistema educacional brasileiro.

Do emoldurado descrito no artigo 205 do Texto Constitucional, infere-se que a educação deverá ser tutelada pelo Estado, pela família, com a ajuda de toda a sociedade, sendo um direito para todos e, portanto, informada pelo princípio da universalidade. Como objetivos básicos da educação, são elencados o pleno desenvolvimento da pessoa, seu preparo para o exercício da cidadania e sua qualificação para o mercado de trabalho.

Soma-se o fato de que a Educação pode ser prestada por entes públicos ou privados. O artigo 209 do Texto Constitucional é expresso ao afirmar as condições para que a iniciativa privada preste a educação:

> Art. 209. O ensino é livre à iniciativa privada, atendidas as seguintes condições:
> I – cumprimento das normas gerais da educação nacional;
> II- autorização e avaliação de qualidade pelo Poder Público.

Cabe à iniciativa privada, atendidos os limites normativos, prestar o serviço educacional, carecendo de autorização estatal para tanto. Além disso, as entidades educacionais privadas devem cumprir as normas gerais do setor, cabendo ao Poder Público

15 ALVIN, Márcia Cristina de Souza. *A educação e a dignidade da pessoa humana. In:* FERRAZ, Anna Cândida da Cunha e BITTAR, Eduardo C. B. (org.). *Direitos Humanos fundamentais: positivação e concretização*. São Paulo: EDIFIEO, 2006, p. 183.

avaliar o cumprimento desses requisitos e a qualidade do ensino ministrado.

Quanto à prestação da educação pelo setor público, a atual Constituição, já prevendo a ineficiência do Estado em implementar políticas públicas voltadas ao desenvolvimento dos direitos sociais, entre os quais se insere o direito à educação, o incentivo à sociedade para, exercitando tarefas essencialmente públicas, agir onde o Estado deveria, e não o fez. Dessa forma, incluiu-se em seu texto a imunidade tributária de impostos das instituições de educação sem fins lucrativos inserta no artigo 150, VI, "c" e § 4º, todos da CF/88. Mas qual a educação esperada do Estado e qual contrapartida que as instituições de educação sem fins lucrativos devem prestar à sociedade para fazer jus à essa benesse constitucional?

Nesse contexto, importante ressaltar que o artigo 206 da CF/88 trouxe em seu bojo os princípios sobre os quais o sistema de ensino deve se desenvolver, dentre os quais se destaca a igualdade de acesso e a permanência na escola, a gratuidade do ensino público em ensinos oficiais e a garantia de padrão de qualidade[16].

16 Art. 206. O ensino será ministrado com base nos seguintes princípios:

I - igualdade de condições para o acesso e permanência na escola;

II - liberdade de aprender, ensinar, pesquisar e divulgar o pensamento, a arte e o saber;

III - pluralismo de ideias e de concepções pedagógicas e coexistência de instituições públicas e privadas de ensino;

IV - gratuidade do ensino público em estabelecimentos oficiais;

V - valorização dos profissionais da educação escolar, garantidos, na forma da lei, planos de carreira, com ingresso exclusivamente por concurso público de provas e títulos, aos das redes públicas; (Redação dada pela Emenda Constitucional nº 53, de 2006)

VI - gestão democrática do ensino público, na forma da lei;

VII - garantia de padrão de qualidade.

VIII - piso salarial profissional nacional para os profissionais da educação escolar pública, nos termos de lei federal. (Incluído pela Emenda Constitucional nº 53, de 2006)

IX - garantia do direito à educação e à aprendizagem ao longo da vida. (Incluído pela Emenda Constitucional nº 108, de 2020)

Parágrafo único. A lei disporá sobre as categorias de trabalhadores considerados profissionais da educação básica e sobre a fixação de prazo para a elaboração ou adequação de seus planos de carreira, no âmbito da União, dos Estados, do Distrito Federal e dos Municípios. (Incluído pela Emenda Constitucional nº 53, de 2006)

Referente ao primeiro princípio, insta destacar que, conforme ressalta Marco Augusto Maliska, o artigo 206 da CF/88 coloca o princípio da igualdade de condições para o acesso e a permanência na escola como um princípio derivativo da isonomia. Segundo o aludido autor:

> O acesso e a permanência na escola devem ser vistos sob a perspectiva das diferenças, e isso significa, por exemplo, que o acesso de pessoas com deficiência física aos prédios deve ser garantido mediante rampas de acesso, que o indígena tem o direito de utilizar-se da sua língua materna e dos seus processos próprios de aprendizagem no ensino fundamental, que a identificação de elementos de discriminação que acabam por impedir o acesso e a permanência de grupos da sociedade na Universidade merecem tratamento diferenciado, enfim, que sem desprestigiar o tratamento isonômico, os elementos de caráter não pessoal que possuem fundamento constitucional, aqui o direito à diferença e o direito ao pluralismo também devem ser levados em conta[17].

Frente ao segundo princípio, evidencia-se que o art. 208 da CF/88, por sua vez é, expressa a garantia à educação infantil, em creche e pré-escola, às crianças com até 5 anos, oferta obrigatória e gratuita do ensino fundamental e a progressiva universalização do ensino médio gratuito, o atendimento especializado aos portadores de deficiência, a oferta de ensino noturno regular, entre outras. Soma-se o fato de que no § 1º do art. 208 da Carta Magna fora reconhecido que o acesso ao ensino fundamental, obrigatório e gratuito, é um direito público subjetivo.

Quanto ao terceiro princípio, qual seja, o direito à educação de qualidade, importa não só esperar que o Poder Público construa escolas, como também ofereça condições para se preservar

17 MALISKA, Marcos Augusto. *"Comentário ao art. 206"*, *In*: CANOTILHO, J.J. Gomes; MENDES, Gilmar F.; SARLET, Ingo W.; STRECK, Lenio L. (Coords.). Comentários à Constituição do Brasil. São Paulo: Saraiva/Almedina, 2013, p. 1966.

o direito à qualidade do ensino. Destaca-se que o texto constitucional é rico em referências à qualidade do ensino como objetivo educacional, entre as quais destacamos o art. 209, II, o art. 211, § 1º, o art. 212, § 3º, e o art. 214, III, todos da Constituição Federal de 1988. Soma-se o fato de que os efeitos de uma educação de qualidade aos cidadãos possuem impactos individuais e coletivos. Individuais na medida em que seus efeitos extrapolam a mera instrução, permitindo que os indivíduos potencializem sua produtividade e sua melhor alocação no mercado de trabalho e consequentemente lhe proporcionem uma melhoria de seu bem-estar ao longo da vida. Coletivos uma vez que a educação é aspecto fundamental para o desenvolvimento de uma sociedade, seja do ponto de vista econômico ou social. Portanto, a qualidade que se propugna na educação não é casual, mas evidente e necessária para alcançar os fins que se buscam com este direito fundamental.

Isto posto, a educação deve observar os princípios elencados no artigo 206 da Constituição Federal de 1988, em especial a igualdade de acesso e permanência na escola, a gratuidade do ensino público em ensinos oficiais e a garantia de padrão de qualidade.

Do exposto, torna-se fundamental analisar se as contrapartidas materiais para a fruição deste beneplácito constitucional estão indo ao encontro da prestação de uma educação inclusiva de qualidade e gratuita exigida pela CF/88 do Poder Público. Ademais, torna-se mister verificar se os aludidos requisitos são suficientes para excluir dessa exoneração fiscal aquelas entidades que, embora cumpram o formato legal do Terceiro Setor, são organizações de fachada, cuja lógica é basicamente o lucro, afastando-se, dessa forma, da filosofia basilar do Terceiro Setor.

2. CONTRAPARTIDAS MATERIAIS VIGENTES PARA FRUIÇÃO

A imunidade conferida pelo art. 150, VI, "c" da CF/88[18] às instituições de educação sem fins lucrativos foi também condicionada ao preenchimento de requisitos previstos em lei. No que concerne à natureza jurídica da norma que trata da imunidade, a Suprema Corte, em 23 de fevereiro de 2018, por meio do julgamento do Recurso Extraordinário 566.622/RS[19], com repercussão geral reconhecida, fixou a tese de que "os requisitos para o gozo de imunidade hão de estar previstos em lei complementar".

Nesse mesmo sentido, entende José Eduardo Sabo Paes:

> O instituto da imunidade decorre de limitações do poder de tributar que o próprio Estado impõe a si mesmo, e a Constituição Federal exige expressamente no art. 146, II, que a regulação dessas limitações ao poder de tributar do Estado seja feita por lei complementar. Nesse sentido, considerar possível que lei ordinária fixe os requisitos para o gozo da imunidade seria admitir processos legislativos distintos para tratar de uma só matéria, configurando-se assim, no dizer de Sandro Roberto dos Santos, "a existência de evidente antinomia entre o art. 146, II e o art. 150, VI, 'c' da Constituição – o que é inaceitável, em se tratando de interpretação das normas jurídicas"[20].

Dessa forma, segundo a jurisprudência atual, toda e qualquer norma inerente às contrapartidas materiais a serem preenchidas pelos sujeitos contemplados pela imunidade tributária prevista no artigo 150, VI, "c", da CF/88, deverá ser editada em sede de lei complementar. Entretanto, os procedimentos referentes à certificação, à fiscalização e ao controle administrativo poderão ser definidos mediante lei ordinária.

18 BRASIL, *op. cit*, 1998.

19 BRASIL. Supremo Tribunal Federal. *Recurso Extraordinário nº 566.622/RS*. Relator Ministro Marco Aurélio. 23-02-2017. DJ 23-08-2017. Disponível em: http://www.stf.gov.br. Acesso em: 27 mai. 2022.

20 SABO PAES, José Eduardo. *Op. cit.*, p. 723.

A pretexto de regular a imunidade tributária, o Código Tributário Nacional em seu artigo 14[21] estabelece, em *numerus clausus*, os requisitos que tratam das contraprestações materiais a serem observados pelas instituições de educação, quais sejam: não distribuírem qualquer parcela de seu patrimônio ou de suas rendas a qualquer título; aplicarem integralmente, no país, os seus recursos na manutenção dos seus objetivos institucionais; e manterem escrituração de suas receitas e despesas em livros revestidos de formalidades capazes de assegurar sua exatidão.

O primeiro requisito vai ao encontro da premissa constitucional de que somente a instituição de educação sem fins lucrativos faz jus à imunidade tributária, uma vez que a ausência de finalidade lucrativa implica necessariamente a não distribuição dos lucros e a não reversão do patrimônio aos criadores da instituição. Percebe-se neste ponto o efetivo papel da lei complementar (CTN) de regular as limitações ao poder de tributar (art. 146, II da CF/88), ao explicitar o conteúdo semântico do requisito da ausência de finalidade lucrativa previsto no art. 150, VI, "c", da CF/88.

Ocorre que a realização da subsunção do caso concreto e particular ao império do dispositivo em epígrafe apresenta desafios diante da indeterminação semântica dos conceitos normativos. Percebe-se que existe uma lacuna de reconhecimento[22] nesse

21 Código Tributário Nacional. Lei nº 5.172/1966.

22 Para melhor elucidação quanto ao conceito de lacunas, Alchourrón e Bulygin nos ensinam as diferenças entre as lacunas de conhecimento, de reconhecimento, normativas e axiológicas. As lacunas de conhecimento são aplicadas aos casos individuais nos quais, por falta de conhecimento das propriedades do fato, não se sabe se pertencem a nenhuma ou a uma classe de caso (caso genérico). Por sua vez, as lacunas de reconhecimento são aplicadas aos casos individuais nos quais, por falta de determinação semântica dos conceitos que caracterizam um caso genérico, não se sabe se o caso individual pertence ou não ao caso genérico em questão. As lacunas normativas não se enquadram em nenhuma dessas espécies, são de índole conceitual (lógico), distintamente das lacunas de conhecimento e das lacunas de reconhecimento, que aparecem em nível de aplicação de normas a casos individuais e têm sua origem em problemas empíricos ou empírico-conceituais (semânticos). Uma lacuna normativa ocorre quando a um caso não corresponde, no sistema dado, qualquer solução. Por último, as lacunas axiológicas, para Alchourrón e Bulygin, são produzidas quando, ainda que existente no ordenamento jurídico uma solução para certo caso, tal solução é considerada axiologicamente inadequada em razão do legislador

dispositivo, uma vez que o comando "não distribuírem qualquer parcela de seu patrimônio ou de suas rendas a qualquer título" insere-se em uma zona de incerteza, de conceitos plurissignificativos, isto é, vagos, imprecisos, indeterminados ou fluídos, que se originam não da completude ou incompletude do direito, mas, sim, de certas propriedades semânticas da linguagem. Os termos "distribuírem", "qualquer parcela" e "qualquer título" devem ser mitigados pela introdução de terminologia técnica e pelo chamado processo de elucidação, no qual se demarcam a extensão e o sentido do vocábulo que, por qualquer razão, obscurecem a explicação ou a compreensão da norma.

Nesse sentido, pode-se afirmar que o inciso I do artigo 14 do CTN deve ser melhor detalhado na legislação infraconstitucional, uma vez que a lacuna de reconhecimento detectada provoca hodiernamente ao aplicador do direito, por vezes, uma atuação eivada de vícios e excessos permeados por discricionariedade exacerbada, que culmina em "soluções inadequadas ou não razoáveis" ao caso concreto. Diante do exposto, convém pontuar que, apesar da CF/88 tutelar a educação, incentivando o Terceiro Setor, mediante as instituições de educação sem fins lucrativos, a atuar junto à Administração Pública no intuito de atender os clamores sociais, existe muito a ser implementado. Em termos de legislação infraconstitucional e no intuito de eliminar as lacunas de reconhecimento atualmente detectadas, infere-se que ainda existe espaço para que a lei ordinária, em harmonia com a disciplina constitucional, estabeleça disposições que confiram maior concretude ao requisito previsto no inciso I do artigo 14 do CTN.

Relativamente ao segundo requisito a ser observado pelas entidades para fazer jus à fruição da imunidade tributária prevista no

não ter tomado como relevante certa distinção que deveria ter sido considerada. Dessa forma, a existência da lacuna axiológica deriva da comparação entre o sistema real com o sistema ideal. (ALCHOURRÓN, Carlos; e BULIGYN, Eugenio. *Sistemas normativos: introducción a la metodología de las ciencias jurídicas*. 2 ed. Buenos Aires: Astrea, 2012.)

art. 150, VI, "c" da CF/88, o inciso II do art. 14 do CTN estabelece que as instituições de educação devem aplicar integramente, no país, os recursos na manutenção dos seus objetivos institucionais.

A corrente mais restritiva afirma que esse inciso é expresso ao afirmar que os recursos devem ser aplicados dentro do país e somente em seus objetivos institucionais, sendo vedada a sua transferência para o exterior e a aplicação fora da área de suas finalidades essenciais, como, por exemplo, em investimentos imobiliários e/ou aplicações financeiras. Ocorrendo tal fato, já seria motivo suficiente para a não fruição ou suspensão da imunidade e a correspondente tributação dos valores devidos.

Contudo, a interpretação finalística defende que, preordenado ao atendimento das finalidades essenciais da instituição de educação o depósito de recursos em conta bancária, independentemente do tipo de aplicação, tem como único propósito evitar a perda do valor real da moeda.

Nesse sentido, o Supremo Tribunal Federal, no julgamento dos Emb. Decl. em RE 183.216, rel. Min. Marco Aurélio, consignou:

> [...] as aplicações financeiras efetuadas por entidades sem fins lucrativos com a finalidade de se evitar a perda do poder aquisitivo da moeda têm em conta o objetivo social que lhes são próprios, não caracterizado, por conseguinte, o investimento financeiro atuação fora do previsto no ato da constituição [...][23].

Ademais, insta ainda destacar a posição de José Hable concernente à aplicação financeira no exterior, sustentando que, independentemente de a aplicação ser efetuada no país ou no exterior, desde que os rendimentos oriundos da mesma retornem ao Brasil para o atendimento das finalidades essenciais da entidade investi-

23 BRASIL. Supremo Tribunal Federal. *Embargos Declaratórios em Recurso Extraordinário nº 183.216*. Relator: Ministro Marco Aurélio. 02-06-2000. DJ 02-06-2000. Disponível em: http://www.stf.gov.br. Acesso em: 27 mai. 2022.

dora, tal fato, por si só, não constituirá motivos para a suspensão da imunidade tributária[24].

Quanto à escrituração contábil, tem-se que o combate à distribuição de lucros de forma disfarçada é um dos motivos da existência do inciso III do artigo 14 do CTN, que obriga as entidades a manterem a escrituração de suas receitas e despesas em livros revestidos de formalidades capazes de assegurar sua exatidão. Ademais, cabe ressaltar que as entidades imunizadas, nos termos do artigo 194 e parágrafo único do CTN, são obrigadas a cumprir as obrigações acessórias, uma vez que as imunidades tributárias alcançam apenas a obrigação principal.

No que tange ao Terceiro Setor, a Contabilidade deve ser pautada na demonstração para toda a sociedade e para o governo do trabalho social que está sendo desenvolvido de forma mais clara, fidedigna e transparente possível. Nesse contexto, a prestação de contas das entidades deve ser realizada de forma a permitir que o governo e a sociedade apreciem, conheçam e julguem a gestão dos administradores da organização. Segundo Fulgêncio:

> A prestação de contas é uma obrigação decorrente de disposições legais que consiste na apresentação, por pessoas responsáveis pela gestão de recursos públicos, de documentos e demonstrativos que expressem a situação financeira e patrimonial, bem como os resultados das operações realizadas sob sua responsabilidade[25].

Neste contexto, as instituições de educação sem fins lucrativos devem observar a Lei das Sociedades por Ações (Lei nº 6404/1976), os princípios fundamentais de Contabilidade, as resoluções e normas emanadas pelo Conselho Federal de Contabilidade, sob pena

24 HABLE, José. *Terceiro Setor e Tributação* 2. *In*: PAES, José Eduardo Sabo Paes (coord.). A imunidade tributária das instituições de educação, a aplicação integral, no País, de seus recursos na manutenção de suas finalidades essenciais. Brasília: Fortium, 2008, p. 95.

25 FULGENCIO, Paulo Cesar. *Glossário Vade Mecum: Administração Pública, Ciências Contábeis, Direito, Economia e Meio Ambiente*. Rio de Janeiro: Mauad X, 2007, p. 153.

de aplicação de penalidades, conforme Decreto-Lei nº 9.295/46[26]. Ademais, as entidades sem fins lucrativos devem apresentar suas demonstrações contábeis elaboradas pelo regime de competência e contemplando o pressuposto da continuidade.

Na atualidade, encontra-se vigente a Interpretação Técnica Geral 2002 (R1) ITG 2002 (R1), cujo objetivo é estabelecer critérios e procedimentos específicos de avaliação, reconhecimento das transações e variações patrimoniais, de estruturação das demonstrações contábeis e as informações mínimas a serem divulgadas em notas explicativas de entidades sem fins lucrativos[27].

Quanto às demonstrações contábeis, conforme o Conselho Federal de Contabilidade (CFC) e a ITG 2002 (R1), as entida-

---

26 Segundo o Conselho Regional de Contabilidade São Paulo – CRC/SP, aplicam-se ao Terceiro Setor as seguintes normas contábeis: NBC TG – Estrutura Conceitual para elaboração e apresentação das demonstrações contábeis; NBC TG 26 – Apresentação das Demonstrações Contábeis; NBC TG 07 – Contabilidade para pequenas e médias empresas; CPC 15: Provisões, Passivos Contingentes e Ativos Contingentes; CPC 06: Operações de Arrendamento Mercantil; CPC 27: Ativo Imobilizado; ITG 2000: Escrituração Contábil (Resolução CFC nº 1.330/11); NBC TG: Escritura Conceitual para Elaboração e Apresentação das Demonstrações Contábeis; NBC TG 07: Subvenção e assistência governamental; NBC TG 26: Apresentação das Demonstrações Contábeis (Resolução CFC nº 1.185/09); ITG 2002: Entidades sem fins de lucros (Resolução CFC nº 1409/12, revogando NBC T 10.4 – Fundações, NBC 10.18 – Entidades sindicais e associações de classe e NBC 10.19 – Entidades sem finalidade de lucros).

27 Sobre o assunto veja, em especial, os itens 1 a 6 da ITG 2002, *in verbis*: 1. Esta interpretação estabelece critérios e procedimentos específicos de avaliação, de reconhecimento das transações e variações patrimoniais, de estruturação das demonstrações contábeis e as informações mínimas a serem divulgadas em notas explicativas de entidade sem finalidade de lucros; 2. A entidade sem finalidade de lucros pode ser constituída sob a natureza jurídica de fundação de direito privado, associação, organização social, organização religiosa, partido político e entidade sindical; 3. A entidade sem finalidade de lucros pode exercer atividades, tais como as de assistência social, saúde, educação, técnico-científica, esportiva, religiosa, política, cultural, beneficente, social e outras, administrando pessoas, coisas, fatos e interesses coexistentes, e coordenados em torno de um patrimônio com finalidade comum ou comunitária; 4. Aplicam-se à entidade sem finalidade de lucros os Princípios de Contabilidade e esta Interpretação. Aplica-se também a NBC TG 1000 – Contabilidade para Pequenas e Médias Empresas ou as normas completas (IFRS completas) naqueles aspectos não abordados por esta Interpretação; 5. Não estão abrangidos por esta Interpretação os Conselhos Federais, Regionais e Seccionais de profissões liberais, criados por lei federal, de inscrição compulsória, para o exercício legal da profissão; 6. Esta Interpretação aplica-se às pessoas jurídicas de direito privado sem finalidade de lucros, especialmente entidade imune, isenta de impostos e contribuições para a seguridade social, beneficente de assistência social e atendimento aos Ministérios que, direta ou indiretamente, têm relação com entidades sem finalidade de lucros e, ainda, Receita Federal do Brasil e demais órgãos federais, estaduais e municipais.

des do Terceiro Setor deverão apresentar: balanço patrimonial, demonstração do resultado do período, demonstração das mutações do patrimônio líquido (DMPL), demonstração do fluxo de caixa e notas explicativas. Vale destacar os livros contábeis e auxiliares que são obrigatórios para as entidades do Terceiro Setor. De acordo com Valmor Slomski *et al*, são obrigatórios o livro diário e o livro-razão que são livros auxiliares, o livro-caixa, de contas a receber, de contas a pagar, de controle de estoques e bens do imobilizado[28].

Além dos livros contábeis já citados, as instituições de educação sem fins lucrativos, pertencentes ao Terceiro Setor, em conformidade com o artigo 15 da Lei nº 9.532/1997, estão obrigadas a entregar os seguintes livros digitais: Escrituração Contábil Fiscal (IN RFB 1422/2013)[29], Escrituração Fiscal Digital – Contribuições (artigo 4º e artigo 5º, II e § 5º, todos da IN RFB nº 1252/2012)[30], Escrituração Contábil Digital (artigo 2º, 3º, *caput* e § 1º, IV, todos da IN RFB 1774/2017)[31].

---

28 SLOMSKI, Valmor. *et al. Contabilidade do terceiro setor: uma abordagem operacional: Aplicável às associações, fundações, partidos políticos e organizações religiosas*. São Paulo: Atlas, 2012.

29 Art. 1º A partir do ano-calendário de 2014, todas as pessoas jurídicas, inclusive as equiparadas, deverão apresentar a Escrituração Contábil Fiscal (ECF) de forma centralizada pela matriz.

30 Art. 5º Estão dispensados de apresentação da EFD-Contribuições:

II – as pessoas jurídicas imunes e isentas do Imposto sobre a Renda da Pessoa Jurídica (IRPJ), cuja soma dos valores mensais das contribuições apuradas, objeto de escrituração nos termos desta Instrução Normativa, seja igual ou inferior a R$ 10.000,00 (dez mil reais), observado o disposto no § 5º;

§ 5º As pessoas jurídicas imunes ou isentas do IRPJ ficarão obrigadas à apresentação da EFD-Contribuições a partir do mês em que o limite fixado no inciso II do *caput* for ultrapassado, permanecendo sujeitas a essa obrigação em relação ao restante dos meses do ano-calendário em curso.

31 Art. 2º A ECD compreenderá a versão digital dos seguintes livros:

I – livro diário e seus auxiliares, se houver;

II – livro-razão e seus auxiliares, se houver; e

III – livro Balancetes Diários, Balanços e fichas de lançamento comprobatórias dos assentamentos neles transcritos.

Parágrafo único. Os livros contábeis e documentos mencionados no *caput* devem ser assinados digitalmente, com certificado digital emitido por entidade credenciada pela Infraestrutura de Chaves Públicas Brasileira (ICP-Brasil), a fim de garantir a autoria, a autenticidade, a integridade e a validade jurídica do documento digital.

Concernente à Contabilidade do Terceiro Setor, importante ainda ressaltar que as entidades sem fins lucrativos devem realizar a contabilização de suas operações rotineiras mediante um plano de contas que deve obedecer às disposições legais vigentes à que estão submetidas. Osni Moura Ribeiro define o plano de contas como sendo "um conjunto de contas, diretrizes e normas que disciplina as tarefas do Setor de Contabilidade, objetivando a uniformização dos registros contábeis"[32]. O plano de contas sugerido para as instituições de educação sem fins lucrativos, em conformidade com Olak e Nascimento[33], tem por objetivo contemplar um grupo de contas específicos para este tipo de entidade, qual seja registrar os valores econômico-financeiros relacionados com as gratuidades e trabalho voluntário que precisam ser enfatizados na demonstração do resultado do período e divulgados por meio de notas explicativas e por tipo de atividade.

Ademais, torna-se mister ressaltar que, conforme a ITG 2002, os recursos recebidos para atender a atividades ou projetos específicos deverão ser registrados na Contabilidade de forma separada (fundos de pesquisa, fundo para bolsa de estudo, entre outros), valendo-se das restrições impostas pelos doadores externos ou pelos órgãos diretivos da entidade. As contas de receita e despesas, superávit ou déficit, por sua vez, quando identificáveis por tipo de atividade, deverão ser evidenciadas pela Contabilidade de forma segregada; e quando a entidade apresentar superávit deverá ser

---

Art. 3º Deverão apresentar a ECD as pessoas jurídicas e equiparadas obrigadas a manter escrituração contábil nos termos da legislação comercial, inclusive entidades imunes e isentas.

§ 1º A obrigação a que se refere o *caput* não se aplica:

IV – às pessoas jurídicas imunes e isentas que auferiram, no ano-calendário, receitas, doações, incentivos, subvenções, contribuições, auxílios, convênios e ingressos assemelhados cuja soma seja inferior a R$ 4.800.000,00 (quatro milhões e oitocentos mil reais) ou ao valor proporcional ao período a que se refere a escrituração contábil; e *(Redação do inciso dada pela Instrução Normativa RFB Nº 1894 DE 16/05/2019).*

32 RIBEIRO, Osni Moura. *Contabilidade básica.* 30 ed. São Paulo: Saraiva, 2017, p. 57

33 OLAK, P. A.; NASCIMENTO, D. T. *Contabilidade para entidades sem fins lucrativos: terceiro setor.* 3 ed. São Paulo: Atlas, 2010.

evidenciado que esses recursos foram direcionados exclusivamente para a manutenção e o desenvolvimento das funções sociais da entidade.

Dentre as irregularidades averiguadas nos procedimentos de auditoria fiscal merece destaque as irregularidades destacadas por Rudson Bueno:

> – comprovação de despesas com documentos fiscais inidôneos, como, por exemplo: notas frias emitidas por empresa inexistentes, notas fiscais com prazo de validade expirado e comprovação de despesas com recibo, quando deve ser por meio de nota fiscal.
> – remuneração de dirigentes da entidade, caracterizando descumprimento do estatuto e configurando distribuição disfarçada de lucros.
> – ocorrência de pagamentos a diretores das instituições relativos a serviços prestados, divergindo da finalidade para a qual foi instituída, caracterizando autocontratação, o que é vedado em lei.
> – pagamento de despesas particulares de membros da diretoria, com recursos da própria instituição e aplicação de recursos na contratação de serviços que não se comprovou a realização, em desacordo com a finalidade estatutária.
> – utilização de documentos inidôneos e de despesas desnecessárias para a manutenção das atividades sociais da entidade, que podem configurar o descumprimento da legislação tributária, em especial, o estabelecido no art. 14 do Código Tributário Nacional.
> – concessão de bolsas de estudo em desacordo com as normas estatutárias. Por se tratar de entidade sem fins lucrativos, este fato atenta contra a finalidade essencial.
> – lançamento de despesas nos livros contábeis sem os respectivos documentos comprobatórios.[34]

Em razão da premissa aventada e tendo em vista que há prova suficiente para elidir ou confirmar a distribuição disfarçada de

34 BUENO, Rudson Domingos. O reconhecimento da imunidade tributária do ISS – imposto sobre serviços para as entidades de educação e assistência social: aspectos constitucionais, tributários e administrativos, quanto aos requisitos, alcance e forma de conhecimento. *In*: PAES, José Eduardo Sabo (coord.). *Terceiro Setor e Tributação*. Rio de Janeiro: Forense, 2011, pp. 125 e 126.

lucros, na prática, é exigida, por parte dos diversos órgãos fazendários dos diferentes entes tributantes, a apresentação de recibos, notas fiscais ou quaisquer outros comprovantes das despesas nos processos e de reconhecimento da imunidade das entidades de educação.

No caso das imunidades tributárias das instituições de educação sem fins lucrativos descritas no artigo 150, VI, "c", da CF/88, a exoneração fiscal é condicionada a requisitos que a entidade deve atender, motivo pelo qual o Conselho Federal de Contabilidade, em seu Manual de Procedimentos para o Terceiro Setor, expressa que os lançamentos tanto no balanço patrimonial quanto na demonstração do resultado devem ser efetuados de forma a evidenciar o beneplácito constitucional, bem como a confirmação do adimplemento das condições estipuladas legalmente para a sua fruição. As imunidades devem ser lançadas como se a entidade não gozasse da exoneração, e, ao final da apuração do exercício a entidade, deve proceder o reconhecimento da renúncia fiscal a que faz jus, ainda que a homologação só venha a ocorrer em prazo futuro pela administração tributária. Reconhecer o tributo como devido fosse equivale ao reconhecimento do passivo tributário, e depois, pela presunção da imunidade, sustentado no cumprimento das obrigações acessórias e demais exigências legais, extingue-se o passivo contra o resultado[35].

35 Exemplo de lançamento de imunidade de ISS:

D – Despesa ISS (Conta de despesa – DRE)

C – Obrigações Tributárias Próprias – ISS a pagar (Conta do PASSIVO)

Lançamento da IMUNIDADE condicionada:

D – Obrigações Tributárias Próprias – ISS a pagar (Conta do PASSIVO)

C – Obrigações Tributárias – IMUNIDADE DE ISS (Conta do PASSIVO)

Reconhecimento da Imunidade que faz jus, ainda que a homologação só venha a ocorrer em prazo futuro pela administração:

D – Obrigações Tributárias – IMUNIDADE DE ISS (Conta do PASSIVO)

C – Obtenção de Imunidade (conta de receita – DRE)

Importante ressaltar que, em que pese o Manual do Conselho Federal de Contabilidade (CFC) descrever os lançamentos concernentes à imunidade tributária, o aludido manual não é de observância obrigatória pelas instituições sem fins lucrativos. Soma-se o fato de que a ITG 2002 (R1) não descreve minunciosamente o lançamento contábil em epígrafe. Nesse sentido, esforços devem ser eivados no sentido de, a exemplo do Manual de Contabilidade Pública, aperfeiçoar e tornar o Manual do Conselho Federal de Contabilidade uma norma de observância obrigatória, de forma a detalhar os lançamentos contábeis da imunidade tributária inserta no artigo 150, VI, "c" da CF/88, bem como auxiliar e facilitar o monitoramento do adimplemento dos requisitos pelas entidades em epígrafe pela administração tributária.

3. IMUNIDADE COMO INSTRUMENTO PARA A EFETIVIDADE DO DIREITO FUNDAMENTAL À EDUCAÇÃO

Convém destacar que, não obstante o esforço que tem sido feito da melhoria do sistema educacional por via da imunidade, ainda há um longo caminho a ser trilhado.

Nesse contexto, merece salientar que, além do valor jurídico, a educação também possui um valor econômico. O valor econômico da educação foi iniciado pelos economistas da escola clássica inglesa, em especial por Adam Smith[36], John Stuart Mill[37] e Alfred

36 Concernente à educação, Smith, no livro 5, afirma que, se o Estado não oferecesse educação pública, só se ensinaria o que tivesse alguma utilidade no mercado de trabalho. Dessa forma, com o avanço da divisão do trabalho na época e a consequente simplificação das tarefas, os conhecimentos necessários a um trabalhador para cumprir sua função tornavam-se cada vez menores, sendo furtado dele a oportunidade para exercitar sua compreensão ou para exercer seu espírito inventivo. (SMITH, Adam. *A Riqueza das Nações: uma investigação sobre a natureza e as causas da riqueza das nações*. São Paulo: Abril Cultural, 1983, p. 119.

37 Para Mill, a educação traria consequências econômicas positivas, uma vez que ajudaria a mudar os hábitos da massa da populaçao, sobretudo no que diz respeito ao controle da natalidade e ao aumento da eficiência econômica. (MILL, John Stuart. *Princípios de Economia Política*. São Paulo: Abril Cultural, 1983, p. 403.)

Marshall[38], que tratavam a educação como uma exceção ao princípio da não interferência Estatal, cabendo ao Estado corrigir as falhas de mercado e estender a educação a todos.

Concernente à educação, cumpre frisar que sua preocupação na teoria econômica aumentou quando esta passou a ser correlacionada com o crescimento econômico. Com a publicação dos estudos de Jacob Mincer[39], Theodore Schultz[40] e Gary Becker[41], constatou-se que, além da atribuição do capital físico à teoria do crescimento econômico, o capital humano deveria ser incorporado como determinante do crescimento econômico. O capital humano dimensionado pelo nível de educação e conhecimento da população surge como uma alternativa para a redução das disparidades econômicas, influenciando ganhos à população, elevando a produtividade do capital humano, servindo de suporte para minimizar os rendimentos decrescentes advindos do capital físico e consequentemente, estimulando cada vez mais o crescimento da economia.

Dessa forma, torna-se possível perceber que a educação pode oferecer externalidades diretas e indiretas na economia. A externalidade direta refere-se aos melhores rendimentos do indivíduo, proporcionando, num caráter coletivo, maior crescimento econômico. Enquanto a externalidade indireta pode vir a proporcionar maior equidade e justiça social. Por fim, pode-se salientar que não basta um aumento quantitativo da educação, é necessário que esse aumento seja também qualitativo para que haja maximização do efeito multiplicativo que o incremento da educação cause no sistema socioeconômico.

38 Marshall, por sua vez, aborda a educação sob o ponto de vista macroeconômico, ao defender que a garantia da provisão da educação a toda população evitaria o risco de desperdício de talentos. (MARSHALL, Alfred. *Princípios de Economia*. São Paulo: Abril, 1982, pp. 191 e 192.)

39 MINCER, Jacob. *Investment in human capital and personal income distribution*. Journal of Political Economy, v. LXVI, nº 4, pp. 281-302, 1958.

40 SCHULTZ, Theodore.W. *O valor econômico da educação*. Rio de Janeiro: Zahar Editores, 1964.

41 BECKER, Gary. S. *Human Capital a theorical and empirical analysis, with special reference to education* New York: Columbia University Press, 1964.

Nesse cenário, tendo em vista a correlação que existe entre educação e desenvolvimento econômico de um país, mister se faz analisar o papel que as instituições de educação sem fins lucrativos devem ocupar na promoção de uma educação de qualidade e inclusiva no Brasil. As instituições de educação sem fins lucrativos são distintas das instituições de educação com fins lucrativos em virtude da responsabilidade social que as primeiras possuem. Segundo a literatura internacional, a distinção pode ser entendida como "retorno para a educação x educação para retorno", "educação para o bem comum x educação para o cliente" ou ainda "educação para benefícios sociais x educação para ganhos privados"[42].

Quanto aos indicadores educacionais, dados da Pesquisa Nacional por Amostra de Domicílios Contínua (PNAD Contínua) 2019[43] evidenciam que a rede pública de ensino tem atendido a maior parte dos estudantes até o ensino médio, enquanto, por outro lado, a rede privada atendeu a maior parte dos estudantes de curso do ensino superior, de especialização, mestrado e doutorado. Nesse sentido, tem-se que a maioria dos estudantes da educação básica, em especial os mais vulneráveis, dependem da rede pública, que é afetada por uma série de fatores como, por exemplo, a condição de trabalho dos professores, a deficiência da infraestrutura e a escassez de recursos pedagógicos e tecnológicos de cada escola, se comparado com a rede privada, cenário esse agravado com a pandemia do novo coronavírus.

Os indicadores sociais publicados pelo IBGE[44] retratam as desigualdades de acesso ao ensino à distância no contexto da pandemia. Segundo dados do monitoramento global do fechamento de

42 KINSER; K.; LEVY, D. C. *For-profit higher education: U. S. tendencies, international echoes. In:* J. F., FORREST, J. F.; ALTBACH, P. G. (eds.), *International handbook of higher education.* New York, NY: Springer, 2007. pp. 107-119.

43 Disponível em: https://biblioteca.ibge.gov.br/visualizacao/livros/liv101736_informativo.pdf. Acesso em: 2 abr. 2022.

44 Disponível em: file:///C:/Users/Novo/Desktop/mestrado/curso/tese/educação%20no%20brasil/liv101892%20-%20ibge.pdf. Acesso em: 2 abr. 2022.

escolas causado pelo novo coronavírus, da Organização das Nações Unidas para a Educação, a Ciência e a Cultura (Unesco) o Brasil, durante o período entre março de 2020 e maio de 2021, estava entre os países que tiveram o maior período de suspensão das aulas presenciais. É importante ressaltar que, concernente à adoção de aulas síncronas pela internet, demonstra-se a menor presença de infraestrutura tecnológica no domicílio dos alunos da rede pública se comparada com os alunos da rede privada. Dessa forma, os resultados evidenciam que os impactos da pandemia da Covid-19 na seara educacional podem intensificar a reconhecida desigualdade de oportunidades no ingresso ao ensino superior e que mecanismos de compensação devem ser adotados no intuito de amenizar a perda educacional, especialmente dos mais vulneráveis.

Quanto aos índices de desigualdade, a pesquisa revela que as pessoas negras ou pardas e a Região Nordeste apresentam índices piores se comparados às pessoas de cor branca e as demais regiões do país.

Concernentemente à taxa de escolarização, qual seja a proporção de estudantes de determinada faixa etária em relação ao total de pessoas dessa mesma faixa etária, percebe-se que as crianças de 6 a 10 anos se mantêm adequadamente na idade/etapa correta nos anos iniciais do ensino fundamental. Em 2019, constatou-se que 95,8% das crianças de 6 a 10 anos estavam frequentando os anos iniciais do ensino fundamental, etapa escolar idealmente estabelecida para esta faixa etária, ficando muito próxima ao patamar de universalização estabelecida pela Meta 2 do Plano Nacional de Educação (PNE). Porém, ao passar para os anos finais do ensino fundamental, o atraso começa a se acentuar. Dados referentes ao ano de 2019 demonstram que 12,5% das pessoas de 11 a 14 anos de idade já estavam atrasadas em relação à etapa de ensino que deveriam estar cursando ou não estavam matriculadas na escola, revelando, dessa forma, que um grupo de crianças chega atrasado ao ensino médio, ou mesmo deixa de estudar no ensino fundamental.

Quanto ao ensino superior, sabe-se que a idade de 18 a 24 anos é a ideal caso as pessoas completassem a educação escolar básica na idade adequada. Contudo, em virtude do atraso e da evasão escolar presentes tanto no ensino fundamental quanto no ensino médio, muitos jovens dessa faixa etária já não frequentavam mais a escola e alguns ainda estavam frequentando as etapas da educação básica obrigatória. Em 2019, constatou-se que 63,5% não frequentavam mais a escola, e 11% estavam atrasados, cursando a educação básica.

Quando o assunto é avaliação educacional, o Brasil ocupou no Programa Internacional de Avaliação de Alunos (PISA) de 2018, publicado em 2019, uma amarga posição, se comparado aos países desenvolvidos. Entretanto, convém salientar que a nota de escolas particulares de elite do Brasil o colocaria na 5ª posição do *ranking* mundial de leitura do PISA, porém, considerando apenas as escolas públicas consideradas isoladamente estariam na 65ª posição entre os 79 países avaliados.

Andreas Schleicher, um dos criadores do PISA, e diretor do Departamento de Educação da Organização para Cooperação e Desenvolvimento Econômico (OCDE), em entrevista à BBC News Brasil, compartilha a preocupação de que o Brasil investe muito pouco em educação básica, afirmando que o país investe três vezes menos em educação básica do que outros países da OCDE, enquanto no ensino superior o investimento governamental equivale ao gasto médio dos países da OCDE. Nas palavras do doutor estatístico: "Aqueles que sobrevivem ao sistema escolar brasileiro têm dificuldade de chegar à universidade. Os brasileiros que vão para boas universidades públicas são os que vêm de famílias mais ricas, isso não é justo"[45].

Isso posto e tendo em vista que os desafios da educação, tanto relativos à universalização quanto à qualidade, afetam principal-

45 Disponível em: https://revistaeducacao.com.br/2021/12/03/investimento-em-educacao-ocde/. Acesso em: 2 abr. 2022.

mente os mais vulneráveis, torna-se fundamental que a busca da melhoria do ensino, em especial da educação básica, leve em conta o princípio da igualdade e seja capaz de desenvolver o educando, de assegurando-lhe a formação comum indispensável para o exercício da cidadania e de fornecendo meios para que ele progrida no trabalho e em estudos posteriores.

Nesse cenário, mister se faz analisar o papel que as instituições de educação sem fins lucrativos devem ocupar na promoção de uma educação de qualidade e inclusiva no Brasil. Entretanto, atualmente, apenas os requisitos insertos no artigo 14 do CTN são as contrapartidas materiais exigidas das instituições sem fins lucrativos para fins de fruição da imunidade inserta no artigo 150, VI, "c" da CF/88, não sendo os mesmos suficientes para assegurar que essas entidades promovam uma educação que impulsione o desenvolvimento do Brasil. Normas regulatórias adicionais devem ser publicadas alinhando os requisitos exigidos à promoção da expansão de oportunidade (acesso e permanência) e à melhoria na qualidade da educação ofertada.

Soma-se o fato de que, sob a ótica econômica, as imunidades tributárias podem interferir nas liberdades de concorrência, haja vista que o efeito imediato do estabelecimento de hipóteses de intributabilidade constitucional é a desoneração fiscal, com a consequente redução de custos das entidades imunes e alterações dos preços relativos do setor. Para que as distorções nas escolhas não conduzam necessariamente à ineficiência, torna-se mister a existência de externalidades marginais positivas no comportamento que se incentiva. Nesse sentido, o Estado deve realizar uma administração diligente das imunidades, fiscalizando o cumprimento pelas instituições de educação sem fins lucrativos dos requisitos constitucionais e infraconstitucionais requeridos para a fruição da imunidade inserta no artigo 150, VI, "c" da CF/88, sob pena de tal exoneração estar causando uma concorrência desleal no setor. Tão somente dessa forma, verificando o adimplemento das finalidades e condições para os quais as imunidades foram concedidas, se pode ter a certeza de que os custos bancados pela perda da receita fiscal foram compensados pelos benefícios gerados pela imunidade em epígrafe.

CONSIDERAÇÕES FINAIS

Na Constituição Federal de 1988, o direito à educação recebeu especial realce, sendo erguido à condição de direito social e fundamental e, como direito subjetivo público, está entre as funções primordiais do Estado. A Carta Magna, prevendo a impossibilidade fática de o Estado desempenhar sozinho todas as atividades que lhe incumbem e no intuito de estimular a participação das entidades do Terceiro Setor, concede, conforme disposto em seu art. 150, VI, "c", a imunidade de impostos sobre o patrimônio, a renda e os serviços para as instituições de educação sem fins lucrativos. Entretanto, convém destacar que o seu gozo é condicionado ao atendimento de contrapartidas materiais cuja compreensão é fundamental para preservação do desenho constitucional tributário e do papel definido para o Terceiro Setor na busca da concretização do Estado Social e Democrático de Direito.

Atualmente, o art. 14 do Código Tributário Nacional (CTN) é a lei complementar vigente que estabelece as contrapartidas materiais para a fruição da imunidade tributária dos impostos em espécie das instituições de educação sem fins lucrativos, quais sejam: não distribuírem qualquer parcela de seu patrimônio ou de suas rendas, a qualquer título; aplicarem integralmente, no país, os seus recursos na manutenção dos seus objetivos institucionais; e manterem escrituração de suas receitas e despesas em livros revestidos de formalidades capazes de assegurar sua exatidão.

O primeiro requisito, apesar de ir ao encontro da premissa constitucional de que somente a instituição sem fins lucrativos faz jus à imunidade tributária, apresenta uma lacuna de reconhecimento diante da indeterminação semântica dos conceitos normativos que se originam não da completude ou da incompletude do direito, mas, sim, de certas propriedades semânticas da linguagem. Assim sendo, os termos "distribuírem", "qualquer parcela" e "qualquer título" devem ser mitigados mediante o processo de elucidação, uma vez que a lacuna de reconhecimento detectada provoca hodiernamente ao aplicador do direito, por vezes, uma atuação eivada de vícios e excessos permeados por discricionariedade exacerbada, que culmina em "soluções inadequadas ou não razoáveis" ao caso concreto. Concernentemente à legislação infraconstitucional, infere-se que ainda existe espaço para que a lei ordinária, em harmonia com a disciplina constitucional, estabeleça disposições que confiram maior concretude ao requisito previsto no inciso I do art. 14 do Código Tributário Nacional.

Quanto ao segundo requisito a ser observado pelas entidades para fazer jus à fruição da imunidade tributária prevista no art. 150, VI, "c" da Constituição Federal de 1988, o inciso II do art. 14 do Código Tributário Nacional é expresso ao afirmar que as instituições de educação devem aplicar integramente, no país, os recursos na manutenção dos seus objetivos institucionais.

O combate à distribuição de lucros de forma disfarçada é um dos motivos da existência do inciso III do art. 14 do Código Tributário Nacional, que obriga as entidades a manterem a escrituração de suas receitas e despesas em livros revestidos de formalidades capazes de assegurar sua exatidão. Soma-se o fato de que as entidades imunizadas nos termos do artigo 194 e parágrafo único do CTN são obrigadas a cumprir as obrigações acessórias, uma vez que as imunidades tributárias alcançam apenas a obrigação principal.

No que tange ao Terceiro Setor, a Contabilidade deve ser pautada na demonstração para toda a sociedade e para o governo do trabalho social que está sendo desenvolvido, de forma que a mensuração de todo o processo operacional da entidade deve ser realizada de forma mais clara, fidedigna e transparente possível.

Atualmente, a base da Contabilidade do Terceiro Setor é definida principalmente por meio da Lei das Sociedades por Ações – Lei nº 6404/1976 e pela Norma Brasileira de Contabilidade – ITG 2002, aprovada pela Resolução CFC nº 1.409/12. Ademais, no intuído de averiguar o atendimento dos aludidos requisitos, devem ser aplicados às instituições de educação sem finalidade de lucros os Princípios Fundamentais de Contabilidade, bem como as Normas Brasileiras de Contabilidade e suas Interpretações Técnicas e Comunicados Técnicos, editados pelo Conselho Federal de Contabilidade.

No caso do lançamento das imunidades tributárias das instituições de educação sem fins lucrativos descrito no art. 150, VI, "c" da Constituição Federal de 1988, em que pese o Manual do Conselho Federal de Contabilidade (CFC) descrever os seus lançamentos, o aludido manual não é de observância obrigatória pelas instituições sem fins lucrativos. Soma-se o fato de que a ITG 2002 (R1) não descreve minunciosamente o lançamento contábil em epígrafe. Nesse sentido, esforços devem ser eivados visando, a exemplo do Manual de Contabilidade Pública, aperfeiçoar e tornar o Manual do Conselho Federal de Contabilidade uma norma de observância obrigatória, de forma a detalhar os lançamentos contábeis da imunidade tributária inserta no artigo 150, VI, "c" da CF/88, bem como auxiliar e facilitar o monitoramento do adimplemento dos requisitos pelas entidades em epígrafe pelas administrações tributárias.

Quanto à correlação existente entre educação no Brasil e a imunidade de impostos das instituições de educação sem fins lucrativas insertas no art. 150, VI, "c" da Constituição Federal de 1988, os indicadores educacionais no Brasil revelam-nos que há espaço para que o ente competente, mediante lei complementar, inove, uma vez que os requisitos previstos no art. 14 do Código Tributário Nacional, por si só, não têm se revelado suficientes para promover uma educação inclusiva de qualidade almejada pelo texto constitucional. Normas regulatórias adicionais devem ser publicadas alinhando os requisitos exigidos à promoção da expansão de oportunidade (acesso e permanência) e à melhoria na qualidade da educação ofertada.

Por fim, o Estado deve realizar uma administração diligente das imunidades, fiscalizando o cumprimento pelas instituições de educação sem fins lucrativos, dos requisitos constitucionais e infraconstitucionais requeridos tanto para o enquadramento como para a fruição da imunidade inserta no art. 150, VI, "c" da Constituição Federal de 1988, sob pena de tal exoneração estar causando uma concorrência desleal no setor. Tão somente dessa forma, verificando o adimplemento das finalidades e condições para os quais as imunidades foram concedidas, se pode ter a certeza de que os custos bancados pela perda da receita fiscal foram compensados pelos benefícios gerados pela imunidade em epígrafe.

REFERÊNCIAS

ADAMY, Pedro Augustin. *As imunidades tributárias e o direito fundamental à educação. In: Revista Tributária e de Finanças Públicas.* São Paulo: Editora Revista dos Tribunais, v. 96, jan. 2011.

ALCHOURRÓN, Carlos; e BULIGYN, Eugenio. *Sistemas normativos: introducción a la metodología de las ciencias jurídicas.* 2 ed. Buenos Aires: Astrea, 2012.

ALVIN, Márcia Cristina de Souza. *A educação e a dignidade da pessoa humana. In:* FERRAZ, Anna Cândida da Cunha e BITTAR, Eduardo C. B. (org.). *Direitos Humanos fundamentais:* positivação e concretização. São Paulo: EDIFIEO, 2006.

BECKER, Gary. S. *Human Capital a theorical and empirical analysis, with special reference to education New York*: Columbia University Press, 1964.

BRASIL. *Código Tributário Nacional.* Lei nº 5.172, de 25 de outubro de 1966. Dispõe sobre o Sistema Tributário Nacional e institui normas gerais de direito tributário aplicáveis à União, Estados e Municípios. Diário Oficial da República Federativa do Brasil, Poder Executivo, Brasília, DF, 31 out. 1966.

______. *Conselho Federal de Contabilidade*. Resolução CFC nº 1.409, de 21 de setembro de 2012. Diário Oficial da União, Brasília, DF, 21 set. 2012.

______. Constituição (1988). *Constituição da República Federativa do Brasil*. Brasília, DF: Senado, 2002.

______. Supremo Tribunal Federal. *Ação Direta de Inconstitucionalidade nº 1.802/DF*. Relator: Ministro Dias Toffoli. 12-04-2018, DJ 20-04-2018.

______. Supremo Tribunal Federal. *Embargos Declaratórios em Recurso Extraordinário nº 183.216*. Relator: Ministro Marco Aurélio. 02-06-2000. DJ 02-06-2000.

BUENO, Rudson Domingos. *O reconhecimento da imunidade tributária do ISS – imposto sobre serviços para as entidades de educação e assistência social: aspectos constitucionais, tributários e administrativos, quanto aos requisitos, alcance e forma de conhecimento*. *In:* PAES, José Eduardo Sabo (coord.). Terceiro Setor e Tributação. Rio de Janeiro: Forense, 2011.

CARVALHO, Paulo de Barros. *Direito Tributário: Linguagem e Método*. 5 ed. São Paulo: Noeses, 2013.

COSTA, Regina Helena. *Imunidades Tributárias – Teorias e Análise da Jurisprudência do STF*, 2 ed. São Paulo: Malheiros, 2001.

FULGENCIO, Paulo Cesar. *Glossário Vade Mecum: Administração Pública, Ciências Contábeis, Direito, Economia e Meio Ambiente*. Rio de Janeiro: Mauad X, 2007.

HABLE, José. *Imunidade Tributária das Entidades de Interesse Social – com ênfase na Remuneração dos dirigentes*. *In:* PAES, Paes (coord.). Terceiro Setor e Tributação. Brasília: Fortium, 2009.

IBGE. *Pesquisa Nacional por Amostra de Domicílios Contínua – PNAD Contínua 2019*. Disponível em: https://biblioteca.ibge.gov.br/visualizacao/livros/liv101736_informativo.pdf

IBGE. *Síntese de Indicadores Sociais: uma análise das condições de vida da população brasileira. 2021*. Disponível em: file:///C:/Users/Novo/Desktop/mestrado/curso/tese/educação%20no%20brasil/liv101892%20-%20ibge.pdf

MALISKA, Marcos Augusto. "Comentário ao art. 206". *In:* CANOTILHO, J.J. Gomes; MENDES, Gilmar F.; SARLET, Ingo W.; STRECK, Lenio L. (Coords.). *Comentários à Constituição do Brasil*. São Paulo: Saraiva/Almedina, 2013.

MARSHALL, Alfred. *Princípios de Economia*. São Paulo: Abril, 1982.

MILL, John Stuart. *Princípios de Economia Política*. São Paulo: Abril Cultural, 1983.

MINCER, Jacob. *Investment in human capital and personal income distribution*. Journal of Political Economy, v. LXVI, nº 4, 1958.

NETO, Celso de Barros Correia. *Os Tributos e os Direitos Fundamentais*. Brasília: REPATS, v. 3, nº 2, 2016.

NUNES, Cleucio Santos. *Equidade e Justiça como fundamentos de um sistema tributário democrático. In: Tributação Temas Atuais*. Coord. OLIVEIRA, Eduardo Alves de; SILVA, Verônica Aparecida Magalhães da. 1 ed. Barueri: Atlas, 2022.

NUNES, Cleucio Santos. *Igualdade como causa central das ações afirmativas*. Disponível em: https://www.conjur.com.br/2015-mai-13/cleucio-nunes-igualdade-causa-central-acoes-afirmativas. Acesso em: 11 set. 2021.

NUNES, Cleucio Santos. *Justiça tributária*. Belo Horizonte: Fórum, 2019, p. 115.

NUNES, Cleucio Santos. *Curso Completo de Direito Processual Tributário*. 2 ed. São Paulo: Saraiva Educação, 2018.

OCDE. *Programa Internacional de Avaliação de Alunos*. Disponível em: file:///C:/Users/Novo/Desktop/mestrado/curso/tese/educação%20no%20brasil/Anuario_21final.pdf.

OLAK, P. A.; NASCIMENTO, D. T. *Contabilidade para entidades sem fins lucrativos:* terceiro setor. 3 ed. São Paulo: Atlas, 2010.

PIOVESAN, Flávia. *Direitos Humanos*. O Princípio da Dignidade da Pessoa Humana e a Constituição Brasileira de 1988. *Revista dos Tribunais*, São Paulo, ano 94, nº 833, pp. 43-45, mar. 2005.

REALE, Miguel. *Filosofia do Direito*. 10 ed. São Paulo: Saraiva, 1983.

RIBEIRO, Osni Moura. *Contabilidade básica*. 30 ed. São Paulo: Saraiva, 2017.

SABO PAES, José Eduardo. *Fundações, Associações e Entidades de Interesse Social: aspectos jurídicos, administrativos, contábeis, trabalhistas e tributários*. 9 ed. Rio de Janeiro: Forense, 2018.

SABO PAES, José Eduardo; VALLE, Maurício Dalri Timm do; SANTOS, Júlio Edstron S. *O posicionamento estratégico do Terceiro Setor na Atualidade. Revista de Estudos e Pesquisas Avançadas do Terceiro Setor*, Brasília, v. 4, nº 2, p. 19, 2017. Disponível em: file:///C:/Users/Novo/Desktop/mestrado/curso/tese/bibliografia%20diversas/O_POSICIONAMENTO_ESTRATEGICO_DO_TERCEIRO.pdf.

SMITH, Adam. *A Riqueza das Nações: uma investigação sobre a natureza e as causas da riqueza das nações*. São Paulo: Abril Cultural, 1983.

SCHULTZ, Theodore. W. *O valor econômico da educação*. Rio de Janeiro: Zahar Editores, 1964.

VALLE, Maurício Dalri Timm do. *Princípios Constitucionais e Regras-Matrizes de Incidência do Imposto Sobre Produtos Industrializados – IPI*. 1 ed. São Paulo: Noeses, 2016.

VIEIRA, José Roberto; VALLE, Maurício Dalri Timm. *Direitos Fundamentais Tributários*: em busca dos fundamentos da sua fundamentalidade. Instituto Brasileiro de Estudos Tributários.

A AMPLIAÇÃO DA IMUNIDADE TRIBUTÁRIA SOBRE OS TEMPLOS DE QUALQUER CULTO E SEUS REFLEXOS APÓS A EMENDA CONSTITUCIONAL Nº 116/2022

ONÍZIA DE MIRANDA AGUIAR PIGNATARO

Mestra em Direito Tributário, Internacional e Econômico pela Universidade Católica de Brasília (UCB). Conselheira da Ordem dos Advogados do Brasil no Distrito Federal (OAB-DF). Advogada Sócia do Escritório SLB Advogados. Membro da Comissão de Assuntos Tributários da OAB-DF. Professora de Direito Tributário e Processo Judicial Tributário do Instituto Brasileiro de Ensino, Desenvolvimento e Pesquisa (IDP). Professora da UPIS de pós-graduação em Direito Tributário e de graduação do curso de Direito na União Pioneira de Integração Social (UPIS). Professora da Escola Superior de Advocacia (ESA-OABDF). Professora do Centro Universitário de Brasília (UniCEUB). Pesquisadora do Núcleo de Estudos e Pesquisas Avançadas no Terceiro Setor (NEPATS). Autora de diversos livros e artigos científicos. *E-mail*: onizia@gmail.com

MAYARA ANDRIOLI CAMPOS

Advogada. Pós-graduanda em Direito Médico e da Saúde pela UniAmérica. Consultora Técnica da Secretaria de Atenção Primária à Saúde, do Ministério da Saúde. *E-mail*: mayaraandrioli.adv@gmail.com

HADASSAH LAÍS S. SANTANA

Professora do mestrado em Políticas Públicas e Governo da Fundação Getúlio Vargas, (FGV). Pós-doutora em Direito Tributário. Pesquisadora do Núcleo de Estudos e Pesquisas Avançadas no Terceiro Setor (NEPATS). Coordenadora do grupo de Pesquisas Tributação 4.0. Vice-presidente da Comissão de Reforma Tributária da Ordem dos Advogados do Brasil no Distrito Federal (OAB-DF). *E-mail*: hadassah.santana@gmail.com

SUMÁRIO

Introdução – 1. A Constituição Federal e sua evolução histórica; 1.1. Conceito de Constituição; 1.2. Classificação; 1.3. Proposta de Emenda à Constituição Federal de 1988 – 2. Imunidade Tributária; 2.1. Conceito; 2.2. Distinção entre Imunidade e Isenção – 3. Imunidade Tributária sobre os templos de qualquer culto – 4. Emenda Constitucional nº 116/2022 – 5. A Lei do Inquilinato e a Súmula 614 do STJ – Considerações finais – Referências.

PALAVRAS-CHAVE

Imunidade Tributária; templos de qualquer culto; Emenda Constitucional 116/2022; Constituição.

INTRODUÇÃO

O presente trabalho analisa a Emenda Constitucional (EC) nº 116/2022, que acrescentou o §1º-A ao artigo 156 da Constituição Federal, o qual prevê a não incidência do Imposto sobre

Propriedade Predial e Territorial Urbana (IPTU) sobre templos de qualquer culto, ainda que tais entidades religiosas sejam apenas locatárias do bem imóvel.

O referido parágrafo acrescentado ao art. 156 da CF/88 possui a seguinte redação: "O imposto previsto no inciso I do *caput* deste artigo não incide sobre templos de qualquer culto, ainda que as entidades abrangidas pela imunidade de que trata a alínea "b" do inciso VI do *caput* do art. 150 desta Constituição sejam apenas locatárias do bem imóvel".

Antes da alteração supracitada, a imunidade tributária sobre os templos de qualquer culto, também chamada de imunidade religiosa, era aplicada considerando somente o contribuinte de direito, portanto os proprietários dos imóveis. Essa leitura era feita a partir da Constituição Federal, que previa a imunidade de impostos para templos de qualquer culto, em conjunto com o Código Tributário Nacional, o qual estabelece que somente a lei poderia dizer quem seria o sujeito da obrigação tributária, sendo definido o sujeito passivo da incidência do IPTU o proprietário. Diante disso, para que a entidade religiosa pudesse gozar da imunidade que lhe era conferida pela Constituição, esta precisava ser proprietária do imóvel, o que gerava, na prática, um desalinhamento com a natureza do preceito constitucional. Assim, a entidade religiosa que tivesse maior condição financeira e, portanto, fosse a proprietária do imóvel teria direito à imunidade, mas a entidade religiosa que não possuía condições financeiras de ser a proprietária, e que somente alugava o espaço, pagava o IPTU como sujeito de fato, apesar de não ser parte da relação jurídico-tributária e, por isso, não ter o direito à imunidade.

Hoje, com a EC 116/2022, a referida imunidade passa a ser aplicada também aos imóveis urbanos de propriedade de terceiros alugados pelas instituições religiosas. Logo, a EC 116/2022 ampliou a imunidade tributária, fazendo com que ela ocorra também em relação aos imóveis em que a entidade religiosa é locatária.

Diante disso, é feito breve estudo sobre a possibilidade de aplicação do art. 22, VIII, da Lei nº 8.245/91 – Lei do Inquilinato, bem como da Súmula 614 do STJ, a qual estabelece que "o locatário não possui legitimidade ativa para discutir a relação jurídico-tributária de IPTU e de taxas referentes ao imóvel alugado nem para repetir indébito desses tributos".

O artigo tem por objetivo discorrer acerca da seguinte questão: tais entidades religiosas possuem legitimidade ativa para reaver o IPTU pago indevidamente por meio de uma ação de repetição de indébito tributário, considerando que passaram a ter interesse jurídico para pleitear a aplicação da norma constitucional de imunidade tributária prevista na EC 116/2022. O presente estudo traz um estudo sobre o objeto da referida emenda e considera sua repercussão no mundo jurídico e na sociedade.

1. A CONSTITUIÇÃO FEDERAL E SUA EVOLUÇÃO HISTÓRICA

1.1. CONCEITO DE CONSTITUIÇÃO

O conceito de Constituição é dividido em concepções diversas, entre elas destacam-se: i) a concepção sociológica, por Ferdinand Lassale, que entende que a Constituição nada mais é do que a soma dos fatores reais do poder, ou seja, somente será legítima se demonstrar as forças sociais que constituem o poder; ii) a concepção política, firmada na ideia de Carl Schmitt, em que a Constituição nasce como uma decisão política fundamental, a qual decorre do Poder Constituinte, concretizada em normas que reflitam a unidade política do povo; e iii) concepção jurídica, fundamentada em Hans Kelsen, que consiste na prerrogativa de que a Constituição é uma norma pura a qual se encontra no mundo do dever-ser, caracterizando-se como fruto da vontade racional do homem – podendo ser dividida em lógico-jurídico (norma fundamental hipotética) e jurídico-positiva (corporificada pelas normas positivadas).

Além dessas concepções, podemos acrescentar a concepção material (substancial) e formal, que se aproxima muito da classificação proposta por Schmitt.

Nas palavras de Paulo Gustavo Gonet Branco,

> fala-se em Constituição no sentido substancial quando o critério definidor se atém ao conteúdo das normas examinadas. A Constituição será, assim, o conjunto de normas que instituem e fixam as competências dos principais órgãos do Estado, estabelecendo como serão dirigidos e por quem, além de disciplinar as interações e controles recíprocos entre tais órgãos. Compõem a Constituição também, sob esse ponto de vista, as normas que limitam a ação dos órgãos estatais, em benefício da preservação da esfera de autodeterminação dos indivíduos e grupos que se encontram sob a regência desse Estatuto Político. Essas normas garantem às pessoas uma posição fundamental ante o poder público (direitos fundamentais)[1].

Portanto, na concepção substancial, o que será analisado para declarar uma norma constitucional ou não será necessariamente o seu conteúdo. Ademais, não interessa o processo de elaboração, tampouco a natureza do documento que contém.

Gonet Branco explica que

> a Constituição, em sentido formal, é o documento escrito e solene que positiva as normas jurídicas superiores da comunidade do Estado, elaboradas por um processo constituinte específico. São constitucionais, assim, as normas que aparecem no Texto Magno, que resultam das fontes do direito constitucional, independentemente do seu conteúdo. Em suma, participam do conceito de Constituição formal todas as normas que forem tidas

1 MENDES, Gilmar Ferreira. *Curso de Direito Constitucional* / Gilmar Ferreira Mendes, Paulo Gustavo Gonet Branco. 9 ed. revista e atualizada. São Paulo: Saraiva, 2014, pp. 55/56.

> pelo poder constituinte originário ou de reforma como normas constitucionais, situadas no ápice da hierarquia das normas jurídicas[2].

Destarte, na concepção formal, a única coisa que importa é a forma de elaboração da norma, ou seja, o processo de criação deve ser especial (mais rígido que o processo de criação das normas infraconstitucionais). Diante disso, não interessa o conteúdo da norma.

Além do conceito de Constituição, faz-se necessário um breve estudo sobre a classificação das constituições, a fim de podermos determinar em quais destas a atual Constituição se enquadra. Portanto, vejamos agora quais são as classificações.

1.2. CLASSIFICAÇÃO

As Constituições podem ser classificadas basicamente em cinco critérios, os quais são: quanto à forma; quanto ao modo de elaboração; quanto à origem; quanto à estabilidade (alterabilidade); e quanto à extensão.

No que diz respeito à classificação quanto à forma, esta se divide em escritas (instrumental) e não escritas (consuetudinária/costumeira). A Constituição escrita é aquela em que todas as suas normas e regulamentos estão sistematizados e organizados em um único documento. Em contrapartida, a Constituição não escrita é formada por leis esparsas, as quais são reconhecidas pela sociedade como fundamentais, e tem por base os usos e costumes, bem como a jurisprudência e as convenções.

Quanto ao modo de elaboração, as Constituições podem ser: i) dogmáticas, ou seja, são elaboradas por um órgão constituinte em consonância com o contexto político do momento, sistematizando os dogmas ou as ideias fundamentais, são sempre escritas; e

2 MENDES, Gilmar Ferreira. *Curso de Direito Constitucional* / Gilmar Ferreira Mendes, Paulo Gustavo Gonet Branco. 9 ed. revista e atualizada. São Paulo: Saraiva, 2014, p. 57.

ii) históricas, as quais decorrem de um longo e contínuo processo histórico e de formação em face do fortalecimento dos costumes e das tradições, e não são escritas.

De acordo com a classificação quanto à origem, as Constituições serão: i) outorgadas, isto é, elaboradas sem a participação popular e impostas de forma unilateral pelo detentor do poder; ii) promulgadas, também conhecidas por democrática, são elaboradas por uma Assembleia Nacional Constituinte, cujos representantes foram eleitos diretamente pelo povo, nascendo, portanto, da representação legítima popular; e iii) cesaristas, que são as Constituições outorgadas, mas que dependem de ratificação popular por meio de referendo.

No que tange à estabilidade da Constituição, inicialmente é importante frisar que tal critério de classificação firma no grau de formalidade do procedimento requerido para alterar a Lei Maior. Portanto, a Constituição pode ser dividida em rígida, flexível e semirrígida (ou semiflexível). A Constituição será rígida quando for exigido para sua alteração um processo legislativo mais dificultoso do que o processo para alteração de normas não constitucionais. Flexível é a Constituição que permite sua modificação pelo mesmo processo legislativo que altera as demais leis do ordenamento jurídico. Por outro lado, será semirrígida (ou semiflexível) a Constituição que contempla um processo legislativo rígido para determinadas matérias enquanto para outras não é necessária tal formalidade.

Por fim, no que se refere à classificação quanto à extensão, podemos dizer que as Constituições podem ser sintéticas (concisas) ou analíticas (prolixas). São sintéticas aquelas que tratam apenas de princípios gerais ou regras básicas concernentes à organização e ao funcionamento do Estado. Por serem assim, elas facilitam sua dinamização, podendo, portanto, acompanhar com mais rapidez a evolução da sociedade. Já as analíticas regulamentam o máximo de assuntos possíveis, inclusive trazendo em seu texto matérias de cunho não constitucional que poderiam ser regulamentadas por norma infraconstitucional.

Com base nessa classificação, podemos verificar o processo de elaboração de cada Constituição, bem como suas principais características e como afetam o nosso dia a dia.

PROPOSTA DE EMENDA À CONSTITUIÇÃO FEDERAL DE 1988

Como vimos, a Constituição Federal de 1988 é rígida, ou seja, para que seja alterada é necessário um processo legislativo mais dificultoso do que o processo para alteração de normas não constitucionais. É importante ressaltar que a rigidez está ligada ao princípio da Supremacia da Constituição, e essa "supremacia fixa o *status* hierárquico máximo da Constituição no conjunto das normas do ordenamento jurídico"[3].

A rigidez constitucional da Carta Magna de 1988 está prevista em seu artigo 60, que dispõe:

> Art. 60. A Constituição poderá ser emendada mediante proposta:
> I – de um terço, no mínimo, dos membros da Câmara dos Deputados ou do Senado Federal;
> II – do Presidente da República;
> III – de mais da metade das Assembleias Legislativas das unidades da Federação, manifestando-se, cada uma delas, pela maioria relativa de seus membros.
> § 1º A Constituição não poderá ser emendada na vigência de intervenção federal, de estado de defesa ou de estado de sítio.
> § 2º A proposta será discutida e votada em cada Casa do Congresso Nacional, em dois turnos, considerando-se aprovada se obtiver, em ambos, três quintos dos votos dos respectivos membros.

3 MENDES, Gilmar Ferreira. *Curso de Direito Constitucional* / Gilmar Ferreira Mendes, Paulo Gustavo Gonet Branco. 9 ed. revista e atualizada. São Paulo: Saraiva, 2014, p. 62.

> § 3º A emenda à Constituição será promulgada pelas Mesas da Câmara dos Deputados e do Senado Federal, com o respectivo número de ordem.
> § 4º Não será objeto de deliberação a proposta de emenda tendente a abolir:
> I – a forma federativa de Estado;
> II – o voto direto, secreto, universal e periódico;
> III – a separação dos Poderes;
> IV – os direitos e garantias individuais.
> § 5º A matéria constante de proposta de emenda rejeitada ou havida por prejudicada não pode ser objeto de nova proposta na mesma sessão legislativa. (grifo nosso)

Portanto, conforme o artigo citado, a Proposta de Emenda à Constituição (PEC) pode ser apresentada por um terço dos deputados ou dos senadores, pelo presidente da República ou por mais da metade das Assembleias Legislativas, desde que cada uma delas se manifeste pela maioria relativa de seus membros. Entretanto, não poderão ser apresentadas PECs que tenham como finalidade abolir as chamadas cláusulas pétreas (art. 60, § 4º, CF/88). A Proposta de Emenda à Constituição será discutida e votada em dois turnos, em cada Casa do Congresso, e será aprovada se obtiver três quintos dos votos na Câmara e no Senado.

Logo, o objeto de uma PEC deve respeitar os limites legais impostos pela Constituição Federal previstos no parágrafo 4º, do art. 60; ou seja, nas hipóteses ali elencadas não poderá haver Proposta de Emenda, uma vez que diz respeito a cláusulas pétreas, e essas não podem ser alteradas, muito menos suprimidas.

No presente estudo, é importante ressaltar que a Proposta de Emenda à Constituição nº 133/2015 foi aprovada observando os requisitos supracitados. Assim, a EC 116/2022 decorre da PEC 133/2015, no qual acrescentou o § 1º A ao artigo 156 da Constituição Federal a fim de prever a não incidência do Imposto sobre a Propriedade Predial e Territorial Urbana (IPTU) sobre os templos de qualquer culto, ainda que as entidades abrangidas pela imunidade tributária estejam na condição de locatária do bem imóvel.

2. IMUNIDADE TRIBUTÁRIA

2.1. CONCEITO

A imunidade tributária consiste na limitação do poder de tributar imposta pela Constituição Federal aos entes federados, ou seja, trata-se de uma delimitação negativa da competência tributária.

O professor Paulo Barros de Carvalho conceitua imunidade

> como a classe finita e imediatamente determinável de normas jurídicas, contidas no texto da Constituição Federal, e que estabelecem, de modo expresso, a incompetência das pessoas políticas de direito constitucional interna para expedir regras instituidoras de tributos que alcancem situações específicas e suficientemente caracterizadoras[4].

Ainda no que tange ao conceito de imunidade, Hugo Brito Machado diz que "imunidade é o obstáculo decorrente de regra da Constituição à incidência de regra jurídica de tributação. O que é imune não pode ser tributado. A imunidade impede que a lei defina como hipótese de incidência tributária aquilo que é imune. É limitação da competência tributária" [5].

Ademais, Alexandre Mazza afirma que "as imunidades têm natureza jurídica dúplice na medida em que são, ao mesmo tempo, limitações constitucionais ao poder de tributar, restringindo o po-

4 CARVALHO, Paulo de Barros. *Curso de Direito Tributário*. 18 ed. revista e atualizada. São Paulo: Saraiva, 2007, p. 117.

5 MACHADO, Hugo de Brito. *Curso de Direito Tributário* 23 ed. São Paulo: Malheiros, 2003, p. 266.

der do Fisco de instituir tributos, e também garantias fundamentais do contribuinte"[6].

Diante disso, podemos notar um "efeito reflexo" da norma que imuniza a tributação, uma vez que, de um lado, ela impede o ente federado de tributar de forma relativamente livre, o que poderia prejudicar o contribuinte; e, de outro, ela confere um direito público subjetivo, o qual garante aos beneficiários a certeza de não serem surpreendidos com um tributo.

Ainda nesse sentido, o Supremo Tribunal Federal entende que tanto as imunidades quanto os princípios tributários são limitações constitucionais ao poder de tributar, situação que dá a elas estatura de cláusulas pétreas, ou seja, não podem ser suprimidas por emenda à Constituição em consonância com o disposto no art. 60, § 4º, IV, da CF/88.

Portanto, as imunidades consistem em uma "incompetência tributária", regulada pela Constituição Federal, que afasta a incidência de tributos sobre determinados bens ou pessoas.

2.2. DISTINÇÃO ENTRE IMUNIDADE E ISENÇÃO

O instituto da imunidade tributária não se confunde com o da isenção, ainda que do ponto de vista extrajurídico os dois sejam semelhantes, porque ambos os institutos liberam o contribuinte de pagar o tributo.

Ricardo Alexandre explica que "a isenção opera no âmbito do exercício da competência, enquanto a imunidade, como visto, opera no âmbito da própria delimitação de competência"[7]. Logo, a imunidade tributária consiste em uma proibição constitucional proposta às entidades políticas que detêm a competência tributária; já a isenção é a exclusão, por lei, de parcela da hipótese de incidência, ou seja, uma dispensa legal do pagamento do tributo.

6 MAZZA, Alexandre. *Manual de Direito Tributário*. 1 ed. São Paulo: Saraiva, 2015, p. 346.

7 ALEXANDRE, Ricardo. *Direito tributário esquematizado*. 9 ed. revista, atualizada e ampliada. Rio de Janeiro: Forense; São Paulo: Método, 2015, p. 183.

Desse modo, podemos concluir que a imunidade é uma limitação constitucional da competência tributária que afasta a incidência de tributos sobre determinados bens ou pessoas, ou seja, "a imunidade opera no plano constitucional interagindo com as regras que definem a competência para instituição de tributos antes que o fato gerador ocorra"[8]. Em contrapartida, a isenção é um benefício legal concedido por lei específica a fim de liberar o contribuinte do pagamento de tributo mesmo após a ocorrência do fato gerador.

3. IMUNIDADE TRIBUTÁRIA SOBRE OS TEMPLOS DE QUALQUER CULTO

A imunidade tributária dos templos de qualquer culto, também chamada de imunidade tributária religiosa, tem por finalidade impedir que o Estado se utilize do poder de tributar como forma de obstruir o funcionamento das entidades religiosas, ou seja, tal imunidade visa proteger as entidades religiosas, a fim de que essas não sejam submissas ao Estado. Ademais, o vetor axiológico está previsto no art. 5º, VI ao VIII, da CF/88, que consiste na liberdade de crença, bem como no art. 19, I, da CF/88, que diz respeito à laicidade do Estado.

Importante destacar, porém, que a referida liberdade religiosa também é protegida pelo Código Civil, que no art. 44, § 1º, assim dispõe: "São livres a criação, a organização, a estruturação interna e o funcionamento das organizações religiosas, sendo vedado ao poder público negar-lhes reconhecimento ou registro dos atos constitutivos e necessários ao seu funcionamento".

A imunidade tributária religiosa está prevista no art. 150, VI, b, da CF/88.Vejamos:

8 MAZZA, Alexandre. *Manual de Direito Tributário*. 1 ed. São Paulo: Saraiva, 2015, p. 351.

> Art. 150. Sem prejuízo de outras garantias asseguradas ao contribuinte, é vedado à União, aos Estados, ao Distrito Federal e aos Municípios:
> (...)
> VI – instituir impostos sobre:
> (...)
> b) templos de qualquer culto;
> § 4º As vedações expressas no inciso VI, alíneas "b" e "c", compreendem somente o patrimônio, a renda e os serviços, relacionados com as finalidades essenciais das entidades nelas mencionadas. (grifo nosso)

Como vimos no dispositivo transcrito, a imunidade recai sobre os templos de qualquer culto. Eduardo Sabbag conceitua culto como:

> a manifestação religiosa cuja liturgia adstringe-se a valores consonantes com o arcabouço valorativo que se estipula, programática e teleologicamente, no texto constitucional. Assim, o culto deve prestigiar a fé e os valores transcendentais que a circundam, sem colocar em risco a dignidade das pessoas e a igualdade entre elas, além de outros pilares de nosso Estado[9].

Portanto, conforme podemos notar, a ideia de "qualquer culto" fundamenta-se não em uma religião específica, mas, sim, em valores morais e religiosos que são ensinados durante o culto, sendo vedada, na visão de alguns doutrinadores, a imunidade aos templos que fazem cultos satânicos, porque, apesar de o Brasil ser um país laico (sem religião predominante), é um país que crê em Deus, tanto é que tal afirmação consta no preâmbulo da Constituição.

No que diz respeito ao conceito de templo, adotamos a Teoria Moderna (Concepção do Templo-entidade) que está em consonância com o entendimento da Suprema Corte proferido no julgamento do RE 325.822, Rel. Min. Ilmar Galvão, redator do

9 SABBAG, Eduardo. *Manual de Direito Tributário*. 7 ed. São Paulo: Saraiva, 2015, p. 338.

acórdão Min. Gilmar Mendes, Plenário, DJ de 18/12/2002, que firmou orientação no sentido de que a imunidade tributária concedida aos templos não abrange apenas os prédios destinados ao culto, mas também o patrimônio, a renda e os serviços relacionados com as finalidades essenciais das instituições religiosas, em decorrência do § 4º do artigo 150 da Constituição Federal, que equiparou as alíneas "b" e "c" do inciso VI.

Diante disso, a ideia de "templo" previsto na Constituição diz respeito não apenas ao local onde os cultos são realizados, mas também às áreas contíguas ao templo, como, por exemplo: creches, quadras esportivas, estacionamentos, cemitérios, salões sociais etc.

É importante salientar que a imunidade religiosa diz respeito apenas aos impostos. Logo, os demais tributos, como taxas, contribuições de melhoria, empréstimos compulsórios e contribuições sociais, irão incidir normalmente.

Ademais, conforme disposto no § 4º do artigo 150 da Constituição Federal, a não incidência de tributação se estende ao patrimônio, renda e serviços dos templos religiosos, desde que a renda esteja relacionada com as suas finalidades essenciais. Destarte, não deve haver a incidência de imposto sobre o templo, o veículo utilizado no trabalho eclesiástico, a aquisição de prédio destinado aos templos, as doações e dízimos e os serviços religiosos.

Ainda sobre esse assunto, o Supremo Tribunal Federal entende que a imunidade tributária religiosa também recai sobre os imóveis pertencentes ao ente que estão alugados a terceiro, visto que tal situação não se desvincula das finalidades essenciais da entidade religiosa.

Ou seja, ainda quando alugado a terceiros, permanece imune ao IPTU o imóvel pertencente às entidades religiosas, desde que o valor dos aluguéis seja aplicado nas atividades para as quais tais entidades foram constituídas (Súmula Vinculante 52 do STF).

Por fim, é importante ressaltar que as entidades religiosas gozam da presunção de que seu patrimônio, renda e serviços são destinados às suas finalidades essenciais, de modo que o afastamento da imunidade só pode ocorrer mediante prova em contrário produzida pela administração tributária, não sendo suficiente a mera alegação de desvio de finalidade, conforme entendimento esboçado pelo Supremo Tribunal Federal no RE 385.091, Rel. Min. Dias Toffoli, Primeira Turma, DJe de 18/10/2013.

4. EMENDA CONSTITUCIONAL Nº 116/2022

A Emenda à Constituição nº 116/2022 acrescentou o § 1º-A ao artigo 156 da Constituição Federal para afastar a cobrança do Imposto sobre a Propriedade Predial e Territorial Urbana (IPTU) sobre os templos de qualquer culto, ainda que as entidades abrangidas pela imunidade tributária estejam na condição de locatária do bem imóvel.

Assim, até a publicação da referida emenda, a imunidade ao IPTU era restrita apenas aos imóveis urbanos de propriedade da instituição religiosa. Ou seja, não se aplicava aos imóveis locados (alugados) pela igreja que eram de propriedade de terceiros.

Atualmente, com a edição da EC nº 116/22, de 17/02/2022, que acrescentou o § 1º-A ao art. 156 da CF/88, a imunidade tributária religiosa protegeu também da incidência de IPTU àqueles imóveis urbanos de propriedade de terceiros alugados pelas instituições religiosas.

Logo, podemos afirmar que a referida emenda ampliou a imunidade tributária sobre os templos de qualquer culto a fim de beneficiar as entidades religiosas que não são proprietárias de imóveis, mas, sim, locatárias.

Portanto, não se pode negar que as entidades religiosas exercem um papel importante junto à sociedade, uma vez que buscam implementar valores morais nas comunidades, projetos sociais que visam suprir as necessidades físicas e emocionais da população.

Ademais, a religião faz parte da cultura brasileira, ou seja, está no hábito, no cotidiano da grande maioria.

No entanto, não podemos negar que no Brasil houve uma proliferação de templos religiosos que infelizmente desvirtuam o verdadeiro papel que uma entidade religiosa deveria ter. Muitas igrejas são criadas com a finalidade de mascarar atividades ilícitas, tanto é que podemos ver constantemente os noticiários abordando temas relacionados a fraudes, abuso de menores e até mesmo enriquecimento ilícito por parte dos fundadores de determinadas religiões.

Por conta desses e de outros fatores, a imunidade tributária religiosa vem sendo questionada ao longo dos anos. Em 1993, o deputado Eduardo Jorge tramitou no Congresso Nacional uma Proposta de Emenda à Constituição que tinha por objetivo suprimir tal imunidade, mas não foi aprovada com base em dois motivos: i) que a extinção do benefício violaria o princípio da liberdade religiosa previsto no art. 5º, VI, da Constituição Federal; e ii) que a fiscalização estatal poderia esbarrar no possível fanatismo religioso de alguns servidores que tenderiam a prejudicar determinadas religiões.

Nesse sentido, a imunidade tributária religiosa veio a ser alvo de novo questionamento, por meio da Sugestão Popular (SUG) 2/2015, que foi incluída na página Ideia Legislativa do portal e-Cidadania pela cidadã do Estado do Espírito Santo Gisèle Suhett Helmer, no começo de março de 2015.

A ideia central da SUG 2/2015 é o fim da imunidade tributária para as entidades religiosas. A autora da ideia defende que, em decorrência dos inúmeros escândalos financeiros envolvendo líderes religiosos, bem como de o Estado ser uma instituição laica, qualquer organização que permite o enriquecimento de seus líderes e membros deve ser tributada.

A proposta está aberta para consulta pública no *site* do Senado. A ideia legislativa será analisada pelo Senado Federal, que poderá transformá-la em uma PEC.

Destarte, percebemos que há um forte conflito entre a EC 116/2022, que ampliou a imunidade tributária religiosa, e a SUG 2/2015, que almeja o fim da referida imunidade.

No entanto, no que diz respeito à EC 116/2022, é importante que o Poder Executivo, em parceria com o Legislativo, pense em meios de controlar e fiscalizar as entidades beneficiárias. Ademais, é imprescindível a estipulação de critérios específicos para a concessão do benefício, e tais requisitos poderão ser estabelecidos em Lei Complementar (art. 146, II, CF).

Além disso, é necessário que se estabeleça penalidades àquelas entidades que fraudarem o contrato de locação, ou seja, assinarem um contrato como entidade religiosa, entretanto o imóvel não for utilizado para nenhuma finalidade essencial do templo religioso. Tais penalidades podem ser a estipulação de multa e a perda da imunidade tributária.

Como sabemos, incumbe ao Poder Público provar que o patrimônio, a renda e os serviços são efetivamente destinados às suas finalidades essenciais. Desse modo, a fiscalização e o controle são meios indispensáveis para evitar fraudes ou desvios de finalidades.

Assim, verifica-se que a intenção do Legislador Constituinte foi boa ao aprovar a EC 116/2022 e beneficiar as instituições religiosas que hoje são locatárias de imóveis urbanos. No entanto, o que nos preocupa são os possíveis desvios de finalidade que poderão surgir em decorrência da grande "brecha" legislativa, situação que poderá ocasionar um dano irreparável tanto aos cofres públicos quanto à sociedade.

Por fim, verifica-se que todas as instituições religiosas gozam de imunidade tributária ao IPTU, pouco importando se o imóvel é próprio ou alugado. No entanto, para obtenção da imunidade, é necessário que os responsáveis pelas igrejas façam o requerimento do benefício, ou seja, da dispensa do pagamento do IPTU (EC 116/2022), junto às secretarias de fazenda/finanças dos municípios ou do Distrito Federal, munidos do estatuto da entidade religiosa, bem como do contrato de locação.

Note-se, desde logo, que o § 1º-A do art. 156 da CF/88 ampliou a imunidade tributária apenas ao IPTU (Imposto Predial e Territorial Urbano) de competência dos municípios e também do DF, ou seja, tal benefício constitucional não abrange as taxas de coleta de lixo, e muito menos o ITR (Imposto Territorial Rural), que é de competência da União.

5. A LEI DO INQUILINATO (ART. 22, VIII, DA LEI Nº 8.245/91) E A SÚMULA 614 DO STJ

Em regra, a responsabilidade pelo pagamento do IPTU (Imposto Predial e Territorial Urbano) é do proprietário do imóvel (art. 34, CTN) ou do possuidor com *animus domini* (intenção de ser dono do imóvel) localizado em zona urbana ou de expansão urbana.

Lembrando que cabe à lei municipal definir se aquela zona é urbana ou de expansão urbana (ainda que não dotada dos melhoramentos previstos no art. 32, § 1º, do CTN), como, por exemplo, meio-fio, abastecimento de água, sistema de esgoto, rede de iluminação, entre outros.

No entanto, os Tribunais Superiores (STJ e STF) têm entendimento de que, se a lei municipal torna uma área urbanizável ou de expansão urbana, a cobrança do Imposto Predial e Territorial Urbano (IPTU) é válida, mesmo que os melhoramentos supracitados venham em momento posterior.

Por sua vez, a Lei do Inquilinato (Lei nº 8.245/91) estabelece em seu art. 22, VIII, que o locador (o proprietário do imóvel) é obrigado a pagar os impostos e as taxas (...), salvo disposição expressa em contrário no contrato.

Ou seja, de acordo com a Lei do Inquilinato, poderá haver a transferência do pagamento do IPTU ao locatário/inquilino por meio do contrato de aluguel. Com isso, é possível repassar o custo do pagamento do IPTU para o locatário/inquilino, devendo, para tanto, definir essa obrigação no contrato de locação. Entretanto, sendo omisso o contrato de locação, prevalece a regra geral, ou seja, o dever de o proprietário do imóvel pagar os impostos e as taxas.

De fato, a Lei do Inquilinato, em seu art. 22, VIII, autoriza o locador a repassar ao locatário a responsabilidade quanto ao pagamento do IPTU. Porém, é importante destacar que isso não se aplica quando o locatário do imóvel for uma instituição religiosa; ou seja, quando uma igreja configurar como locatária, o locador/proprietário do imóvel não poderá mais transferir a responsabilidade do pagamento do IPTU à instituição religiosa. Isso se dá porque a Emenda à Constituição nº 116/2022 acrescentou o § 1º-A ao artigo 156 da Constituição Federal para afastar a cobrança do Imposto sobre a Propriedade Predial e Territorial Urbana (IPTU) sobre os templos de qualquer culto, ainda que as entidades abrangidas pela imunidade tributária estejam na condição de locatária do bem imóvel.

Evidentemente que, perante o fisco, quem é responsável pelo pagamento do IPTU é o proprietário do imóvel. Logo, em caso de atraso no pagamento do referido imposto, é o proprietário do imóvel quem será acionado pela Fazenda Pública. Ou seja, será o proprietário do imóvel que terá o nome inscrito em dívida ativa, e será o proprietário do imóvel quem sofrerá execução fiscal (cobrança judicial) relativa ao IPTU perante a Fazenda Pública, e não o locatário/inquilino.

Nesse sentido, os contratos entre particulares, como, por exemplo, o contrato de locação entre o proprietário do imóvel/locador e o locatário/inquilino, relativos à responsabilidade pelo pagamento de tributos, não podem ser opostas à Fazenda Pública, para modificar a definição legal do sujeito passivo das obrigações tributárias correspondentes (art. 123, CTN). Isso porque, perante a Fazenda Pública, a responsabilidade pelo pagamento do IPTU é do proprietário do imóvel (art. 34, CTN).

Sendo assim, no caso de o locatário ser uma instituição religiosa, é imprescindível que os seus responsáveis façam o requerimento da imunidade tributária relativa ao IPTU junto às secretarias de fazenda/finanças dos municípios ou do DF. A título de sugestão, é interessante que exista uma previsão expressa no contrato de locação estabelecendo um prazo para que a entidade religiosa realize tal requerimento e regularize a situação junto ao fisco, a fim de evitar prejuízos futuros ao locador.

Por outro lado, caso o locatário pague o IPTU em duplicidade ou indevidamente, o mesmo não terá legitimidade ativa para ingressar com a ação de repetição de indébito, isso porque o locatário, perante a fazenda pública, não é considerado contribuinte do referido imposto, ou seja, o mesmo não possui legitimidade ativa para discutir a relação jurídico-tributária de IPTU e de taxas referentes ao imóvel alugado nem para repetir indébito desses tributos, consoante análise da Súmula 614 do STJ.

No entanto, deve-se destacar que, em função da ampliação dos efeitos da norma imunizante trazida pela EC 116/2022, o enunciado da Súmula 614 do STJ não se aplica à presente situação, uma vez que as instituições religiosas passam a ter interesse jurídico para pleitearem a aplicação da norma constitucional de imunidade.

Especificamente quanto à observância da imunidade ao IPTU da igreja que é locatária, a mesma teria, sim, legitimidade ativa para pleitear a restituição do indébito em casos de pagamento indevido do IPTU por parte daquela entidade imune, ou seja, apenas nesta hipótese a Súmula 614 do STJ não deve ser aplicada.

Trata-se, então, de uma mitigação da súmula supracitada. No entanto, para evitar o pagamento indevido relativo ao IPTU daquelas igrejas que são locatárias de imóveis de terceiros, é de todo conveniente que o responsável pela referida entidade ou aquele proprietário que fizer a locação de seu imóvel para uma entidade religiosa (pessoa jurídica de direito privado sem finalidade lucrativa) faça o requerimento da imunidade junto ao município competente, ou seja, junto ao ente onde está localizado o imóvel alugado para igreja.

CONSIDERAÇÕES FINAIS

A Constituição Federal de 1988 foi uma verdadeira conquista, tendo em vista que ela surgiu como forma de consolidar a transição de um regime autoritário para um regime democrático. Ademais, um país que possuía como religião oficial a Católica Apostólica Romana passar a ser um país laico, ou seja, sem uma religião predominante, e a liberdade de crença religiosa se tornar um direito fundamental, além de muitos direitos que passaram a ser garantidos, tornam, de fato, a Constituição deste, uma "Constituição Cidadã".

Com a finalidade de que a Constituição não fosse alterada ao bel-prazer dos legisladores, foram instituídas cláusulas pétreas, que não podem ser alteradas ou suprimidas, e uma rigidez quanto ao processo de alterabilidade constitucional. Isso quer dizer que a Constituição Federal passou a ser rígida, ou seja, para ser alterada é necessário um processo legislativo mais dificultoso do que o processo para alteração de normas não constitucionais. Essa rigidez está ligada ao princípio da Supremacia da Constituição.

Além disso, a Constituição Federal de 1988 trouxe uma limitação ao poder de tributar dos entes federados. Tal limitação é chamada de imunidade tributária. Então, pode-se dizer que a imunidade tributária é uma "incompetência tributária" regulada pela Constituição, que afasta a incidência de tributos sobre determinados bens ou pessoas.

Para o Supremo Tribunal Federal, tanto as imunidades quanto os princípios tributários são limitações ao poder de tributar, situação que dá a elas estatura de cláusulas pétreas, ou seja, não podem ser suprimidas por emendas à Constituição conforme o art. 60, § 4º, IV, da CF/88.

A imunidade tributária dos templos de qualquer culto, também chamada de imunidade tributária religiosa, tem como finalidade proteger as entidades religiosas a fim de que essas não sejam submissas ao Estado, impedindo, portanto, que o Estado se utilize do poder de tributar como forma de obstruir o funcionamento das entidades religiosas. O vetor axiológico da imunidade tributária religiosa está previsto no art. 5º, VI ao VIII, da CF/88, que consiste na liberdade de crença, bem como no art. 19, I, da CF/88, que diz respeito à laicidade do Estado.

Tal imunidade refere-se unicamente aos impostos; logo, as demais espécies tributárias poderão incidir normalmente sobre a entidade religiosa. O Supremo Tribunal Federal (Súmula Vinculante 52) entende que a imunidade tributária religiosa também recai sobre os imóveis pertencentes à entidade, mas que estão alugados a terceiros, desde que a receita decorrente do aluguel seja aplicada em favor dos seus objetivos institucionais, visto que tal situação não se desvincula das finalidades essenciais da entidade religiosa.

Com a Emenda à Constituição nº 116/2022, que acrescentou o § 1º-A ao artigo 156 da Constituição Federal, uma nova imunidade foi inserida, ou seja, a não incidência do Imposto sobre a Propriedade Predial e Territorial Urbana (IPTU) sobre os templos de qualquer culto, ainda que as entidades abrangidas pela imunidade tributária estejam na condição de locatária do bem imóvel.

Sendo assim, a EC nº 116/2022 ampliou a imunidade tributária religiosa, e com isso todas as instituições religiosas terão direito à imunidade tributária ao IPTU, pouco importando se o imóvel é próprio ou alugado. Verifica-se, portanto, que a ampliação da imunidade tributária visa conceder às entidades religiosas, sendo ela proprietária ou não de imóvel, tal benefício, pois não faz sentido existir uma previsão de imunidade e o benefício não ser repassado aos seus interessados de fato, ou seja, às igrejas.

No entanto, em relação à entidade que é locatária, para obtenção do referido benefício, é necessário que os responsáveis pelas igrejas façam o requerimento da referida imunidade junto às secretarias de fazenda/finanças dos municípios ou do DF onde estão localizados os imóveis.

De modo geral, a Secretaria de Fazenda Municipal possui documentação específica a ser enviada junto com o requerimento. Alguns solicitam que a entidade faça um cadastro de templo religioso, com vistas a facilitar o reconhecimento do direito à imunidade. Em outros municípios, o requerimento é feito exclusivamente pelo atendimento virtual com o uso de certificado digital do contribuinte.

Ademais, a Lei do Inquilinato, em seu art. 22, VIII, autoriza o locador a repassar ao locatário a responsabilidade quanto ao pagamento do IPTU. Entretanto, caso a locatária do imóvel seja uma instituição religiosa, como, por exemplo, uma igreja, o locador/proprietário do imóvel não poderá mais transferir a responsabilidade do pagamento do IPTU à instituição religiosa, sob pena de nulidade. Isso porque a Emenda à Constituição nº 116/2022 acrescentou o § 1º-A ao artigo 156 da Constituição Federal para afastar a cobrança do Imposto sobre a Propriedade Predial e Territorial Urbana (IPTU) sobre os templos de qualquer culto, ainda que as entidades abrangidas pela imunidade tributária estejam na condição de locatária do bem imóvel.

Contudo, caso haja o pagamento indevido relativo ao IPTU da igreja que é locatária do imóvel, esta poderá ajuizar Ação de Repetição de Indébito contra a Fazenda Pública Municipal ou Distrital que recebeu indevidamente o referido imposto. Isso porque, em função da ampliação dos efeitos da norma imunizante trazida pela EC 116/2022, o enunciado da Súmula 614 do STJ não se aplica à presente situação, uma vez que as instituições religiosas passam a ter interesse jurídico para pleitearem a aplicação da norma constitucional de imunidade.

Portanto, especificamente quanto à observância da imunidade ao IPTU da igreja que é locatária, esta passa a ter legitimidade ativa, sim, para pleitear a restituição do indébito em casos de pagamento indevido do referido imposto (Art. 165 do CTN).

Conforme se vê, as entidades religiosas desempenham um papel importante perante a sociedade, pois buscam implementar valores morais nas comunidades, projetos sociais para auxiliar suprir as necessidades físicas e emocionais da população. Ademais, a religião é algo que faz parte da cultura brasileira, ou seja, está no hábito, no cotidiano da grande maioria.

No entanto, houve uma proliferação de templos religiosos, e muitos deles desvirtuam o verdadeiro papel que uma entidade religiosa deveria desempenhar e fazem isso ao criar templos com a finalidade de mascarar atividades ilícitas.

Essa situação gera uma grande revolta na população, porque a imunidade tributária religiosa está sendo usada para enriquecer seus fundadores. A insatisfação pode ser vista na Sugestão Popular 2/2015, a qual requer o fim da imunidade tributária para as entidades religiosas em decorrência dos inúmeros escândalos financeiros envolvendo líderes religiosos, bem como de o Estado ser uma instituição laica. Segundo a Sugestão Popular, qualquer organização que permite o enriquecimento de seus líderes e membros deve ser tributada.

Entretanto, como vimos, a imunidade tributária é considerada pelo STF como cláusula pétrea, logo, não poderá ser suprimida por uma PEC. Portanto, no que tange à EC 116/2022, é necessário que o fisco encontre meios de fiscalizar e controlar as entidades que serão beneficiadas.

Ademais, sabemos que incumbe ao Poder Público provar que o patrimônio, a renda e os serviços são efetivamente destinados às suas finalidades essenciais. Desse modo, a fiscalização e o controle são meios indispensáveis para evitar fraudes ou desvios de finalidades.

Mas, além de uma fiscalização e um controle eficaz, é necessário que sejam estabelecidas penalidades àquelas entidades que fraudarem o contrato de locação, ou seja, aquelas que assinam um contrato como entidade religiosa, mas não utilizam o imóvel para as finalidades essenciais do templo religioso; tais penalidades podem ser a estipulação de multa e a perda da imunidade tributária.

Por fim, é imprescindível que todas essas questões levantadas sejam analisadas tanto pelo legislativo quanto pelo executivo. Caso contrário, os cofres públicos e a sociedade sofrerão danos irreparáveis, tendo em vista que as finalidades das entidades religiosas poderão ser desvirtuadas com maior facilidade e consequentemente os cofres públicos deixarão de arrecadar receitas.

REFERÊNCIAS

AGÊNCIA SENADO. Disponível em: <http://www12.senado.leg.br/noticias/glossario-legislativo/emenda-constitucional>. Acesso em: 29 out. 2016.

______. Disponível em: <http://www12.senado.leg.br/noticias/materias/2016/11/03/fim-da-imunidade-tributaria-para-igrejas-aguarda-parecer-na-cdhl>. Acesso em: 3 nov. 2016.

_______. Disponível em: <http://www12.senado.leg.br/ecidadania/visualizacaomateria?id=122096>. Acesso em: 3 nov. 2016.

______. Disponível em: <http://www.senado.gov.br/atividade/materia/getPDF.asp?t=195892&tp=1>. Acesso em: 3 nov. 2016.

______. Disponível em: <http://www12.senado.leg.br/ecidadania/visualizacaoideia?id=63016>. Acesso em: 3 nov. 2016.

ALEXANDRE, Ricardo. *Direito tributário esquematizado*. 9 ed. revista, atualizada e ampliada. Rio de Janeiro: Forense; São Paulo: Método, 2015.

AMARO, Luciano. *Direito Tributário Brasileiro*. 16 ed. São Paulo: Saraiva, 2010.

BRASIL. Constituição (1988). *Constituição da República Federativa do Brasil.* Brasília, DF: Senado, 1988.

BARROSO, Luís Roberto. *Neoconstitucionalismo e constitucionalização do Direito.* Disponível em: <http://www.luisrobertobarroso.com.br/wp-content/themes/LRB/pdf/neoconstitucionalismo_e_constitucionalizacao_do_direito_pt.pdf>. Acessado em: 9 de set. 2016.

CARVALHO, Paulo de Barros. *Curso de Direito Tributário.* 18 ed. revista e atualizada. São Paulo: Saraiva, 2007.

LENZA, Pedro. *Direito Constitucional Esquematizado.* 16 ed. revista, atualizada e ampliada. São Paulo: Saraiva, 2012.

MACHADO, Hugo de Brito. *Curso de Direito Tributário.* 23 ed. São Paulo: Malheiros, 2003.

MAZZA, Alexandre. *Manual de Direito Tributário.* 1 ed. São Paulo: Saraiva, 2015.

MENDES, Gilmar Ferreira. *Curso de Direito Constitucional* / Gilmar Ferreira Mendes, Paulo Gustavo Gonet Branco. 9 ed. revista e atualizada. São Paulo: Saraiva, 2014.

PAULO, Vicente. *Resumo de Direito Constitucional Descomplicado* / Vicente Paulo, Marcelo Alexandrino. 3 ed. Rio de Janeiro: Forense; São Paulo: Método, 2010.

SABBAG, Eduardo. *Manual de Direito Tributário.* 7 ed. São Paulo: Saraiva, 2015.

O TERCEIRO SETOR E O PROCESSO ADMINISTRATIVO FISCAL (PAF)

Análise do princípio da decorrência no PAF

JOSÉ HABLE

Mestre em Direito Internacional Econômico (UCB). Pós-graduado em Direito Tributário (ICAT/AEUDF). Graduado em Direito (CEUB/DF), Administração de Empresas (FAE/PR) e Agronomia (UFPR). Professor de pós-graduação e de graduação de Direito. Auditor Fiscal do Distrito Federal. Assessor especial, da Assessoria Jurídico-Legislativa da Secretaria de Fazenda do DF (SEF/DF). Ex-conselheiro e presidente do Tribunal Administrativo de Recursos Fiscais (TARF/DF). *E-mail*: johable@gmail.com

SUMÁRIO

PALAVRAS-CHAVE
Processo Administrativo Fiscal; jurisdição contenciosa e voluntária; autuação; benefício fiscal; princípio da decorrência.

INTRODUÇÃO

O processo administrativo, tendo como ponto de partida a Constituição Federal de 1988 (CF/1988), consagra de forma explícita, em seu art. 5º, LV, o princípio do devido processo legal, ao estabelecer que são assegurados o contraditório e ampla defesa aos litigantes e aos acusados em geral, em *processo* judicial e *administrativo*.

Nesse caminhar, em homenagem ao princípio do *contraditório e ampla defesa*, todo contribuinte tem o direito de defender-se, caso seja autuado pela fiscalização tributária, sem necessariamente ter que recorrer ao órgão judiciário, podendo fazê-lo de forma administrativa nas próprias repartições fiscalizadoras, segundo o que prescrevem as legislações tributárias de cada ente tributante, que regulam o Processo Administrativo Fiscal (PAF)[1].

O PAF, no Distrito Federal, assim como em vários entes federativos, envolve o julgamento administrativo de processos sujeitos tanto à jurisdição *contenciosa* quanto à *voluntária*.

Considera-se jurisdição *contenciosa* no PAF do Distrito Federal o julgamento de processos referentes à exigência de crédito tributário formalizada por meio de Auto de Infração (AI), Auto de Infração e Apreensão (AIA) ou Notificação de Lançamento (Lei nº 4.567/2011, art. 24), resultado, em grande parte, de autuações fiscais relacionadas a infrações tributárias referentes aos impostos estaduais e municipais, em especial de ICMS e ISS.

1 HABLE, José. *O Processo Administrativo Fiscal. Aspectos polêmicos e relevantes. In:* Sergio Luiz de Moraes Pinto, Alberto Macedo e Wilson José de Araújo. (Org.) Gestão Tributária Municipal e Tributos Municipais. São Paulo: Editora Quartier Latin do Brasil, 2014, v. 4, p. 354.

Assim, a etapa *contenciosa* caracteriza-se pelo aparecimento formalizado do conflito de interesses, por meio da impugnação ao lançamento, momento em que o contribuinte registra seu inconformismo com o ato praticado pela administração[2].

Desse modo, o PAF, nos processos sujeitos à jurisdição *contenciosa*, instaura-se no exato momento em que o lançamento tributário é impugnado pelo sujeito passivo.

É assim que dispõem as legislações regentes dos entes tributantes, a exemplo do Decreto Federal nº 70.235/1972, art. 14: *"A impugnação da exigência instaura a fase litigiosa do procedimento"*; da Lei do Estado de Goiás nº 16.469/2009, art. 26: "A fase contenciosa do Processo Contencioso Fiscal inicia-se com a apresentação de impugnação..."; e da Lei Distrital nº 4.567/2011, em seu art. 39: "A interposição tempestiva de impugnação pelo sujeito passivo regularmente intimado da exigência do crédito fiscal inicia o contencioso administrativo fiscal e suspende a exigibilidade do crédito fiscal".

Por sua vez, os processos de jurisdição *voluntária* referem-se a temas relacionados à *consulta* sobre dispositivos da legislação tributária, ao *reconhecimento de benefícios fiscais de caráter não geral*, à *autorização de adoção de regime especial* e à *restituição de tributos*.

Relevante destacar que o PAF existe justamente para facultar ao contribuinte o exercício do contraditório e da ampla defesa, assim como oportuniza à administração tributária o saneamento e a correção eventual de ilegalidades ou irregularidades do ato por ela praticado, pelo princípio da autotutela, em que ela exerce o controle sobre seus próprios atos, *desde que não ocorrida preclusão administrativa* (Lei Federal nº 9.784/1999, art. 63, § 2º). Tem-se no PAF o intuito de viabilizar o exercício do *controle da legalidade* dos atos administrativos, mormente o lançamento tributário[3].

2 MARINS, James. *Direito Processual Tributário Brasileiro: administrativo e judicial*, 11 ed. revista e atualizada. São Paulo: Editora Revista dos Tribunais, 2018, p. 150.

3 HABLE. José. *Curso de Processo Administrativo Fiscal: Teoria e Prática, com Ênfase nas Decisões do Tribunal Administrativo de Recursos Fiscais*. Rio de Janeiro: Lumen Juris, 2020, p. 92.

No Distrito Federal, o julgamento em primeira instância administrativa dos processos de jurisdição *contenciosa* compete ao subsecretário da Receita da Subsecretaria da Receita (SUREC), que é delegada à Gerência de Julgamento (GEJUC), subordinada à Coordenação de Tributação (COTRI) da SUREC. Em segunda instância, compete ao Tribunal Administrativo de Recursos Fiscais (TARF/DF) (Lei nº 4.567/2011, art. 43).

Já quanto aos processos de jurisdição *voluntária* – que tratam do *reconhecimento de benefícios fiscais de caráter não geral*, *autorização de adoção de regime especial* e *restituição* –, a competência, em primeira instância, também cabe ao subsecretário da Receita e é delegada à Gerência de Controle e Acompanhamento de Processos Especiais (GEESP), subordinada à mesma COTRI, nos termos dos arts. 69, 72 e 84 da Lei nº 4.567/2011, respectivamente. Da mesma forma, o julgamento em segunda instância compete ao TARF/DF, nos dizeres do art. 89 da Lei nº 4.567/2011, com exceção do *processo de consulta*, que está na competência do secretário da pasta (Lei nº 4.567/2011, art. 59, II), no caso, do secretário de Estado de Fazenda do Distrito Federal.

Como o PAF envolve o julgamento administrativo de processos sujeitos tanto à jurisdição contenciosa quanto à voluntária, podem ocorrer situações em que um mesmo contribuinte tenha processos tramitando nas duas jurisdições a um só tempo, dando ensejo à criação dos denominados "processo principal" e "processo decorrente".

Isso acontece, por exemplo, quando o contribuinte tem a seu favor o reconhecimento de um benefício fiscal – *imunidade* ou *isenção tributária* –, ou a autorização de adoção de um regime especial, que estão sujeitos à jurisdição voluntária, e a fiscalização, ao detectar alguma irregularidade, por descumprimento de obrigação tributária, realiza a "cassação" ou suspensão do benefício fiscal ou regime especial, tendo como consequência uma autuação fiscal, com a constituição do crédito tributário, agora sujeito à jurisdição contenciosa.

Aqui cabe uma observação quanto ao termo "cassação" de benefício fiscal ou regime especial utilizado na legislação do Distrito Federal (Lei nº 4.567/2011, arts. 68 e 74, parágrafo único, e Decreto nº 33.269/2011, arts. 97, 103, § 1º, e 109, I). Em realidade, o termo "cassação" deve ser interpretado como *suspensão* do benefício ou regime já existentes, dos quais, após sanadas as irregularidades, ou quando estas deixarem de existir, pode o interessado continuar a usufruir, sujeitando, a qualquer momento, a novas análises pelo setor responsável[4].

Pelo Decreto Distrital nº 36.000/2014, deixou-se de utilizar o termo *cassação* da imunidade e passou a ser usada a palavra *suspensão* (Decreto nº 33.269/2011, art. 92, § 2º), estando agora em conformidade com o que já dispõe o Código Tributário Nacional (CTN), no § 1º do art. 14. Contudo, na Lei Distrital nº 4.567/2011, em seu art. 68, permanece a expressão *cassação*.

Polêmicas surgem quando, por exemplo, uma instituição de educação ou de assistência social tem a seu favor o reconhecimento de um benefício fiscal, no caso *imunidade* ou *isenção tributária*, que estão sujeitos à jurisdição voluntária, e a fiscalização, em auditoria fiscal, detecta alguma irregularidade fiscal, que resulta em uma autuação fiscal, que está sujeira à jurisdição contenciosa. Numa situação dessa, indaga-se:

a) estando amparada com ato declaratório de benéfico fiscal, pode a entidade ser autuada?
b) pode ser "cassado" ou suspenso o benefício fiscal, tendo como consequência uma autuação fiscal?

4 HABLE, J. *Os Procedimentos Administrativos Para o Reconhecimento da Imunidade Tributária: Necessidade de Requerimento prévio do Interessado e do Ato Declaratório do Poder Público. In:* José Eduardo Sabo Paes; Marcia Lopes Condes. (Org.). Terceiro Setor e Tributação 5. 1 ed. Rio de Janeiro: Editora Forense, v. 5, p. 133-155, 2012.

c) havendo um processo sob análise de reconhecimento de benefício fiscal (imunidade ou isenção tributária), pode a entidade ser autuada, se constatada alguma irregularidade?
d) como se procede quanto à análise dos processos, quando um mesmo contribuinte tenha processos tramitando nas duas jurisdições – contenciosa e voluntária – a um só tempo?

1. A DECORRÊNCIA DE PROCESSOS NO PROCESSO ADMINISTRATIVO FISCAL

O PAF, no Distrito Federal, envolve o julgamento administrativo de processos sujeitos tanto à jurisdição contenciosa quanto à voluntária. E assim pode uma instituição de educação ou de assistência social ter a seu favor o reconhecimento de um benefício fiscal, a exemplo da *imunidade* ou *isenção tributárias*, que estão sujeitas à jurisdição voluntária, e ao mesmo tempo ser autuada, pela fiscalização tributária, ao se detectar alguma irregularidade, por descumprimento de obrigação tributária, agora sujeito à jurisdição contenciosa.

Nesse sentido, podem ocorrer situações em que um mesmo contribuinte tenha processos tramitando nas duas jurisdições a um só tempo, dando ensejo à criação dos denominados "processo principal" e "processo decorrente".

Quanto a processo *principal* e *decorrente*, doutrina Cabral[5] que o *principal* "é o que abrange a matéria principal e que supõe sua apreciação em primeiro lugar"; já o *decorrente*, também conhecido como processo *reflexo*, resulta daquilo que ficar decidido no processo principal, dependendo assim do julgamento deste.

5 CABRAL, Antônio da Silva. *Processo administrativo fiscal*. São Paulo: Saraiva, 1993, pp. 210 e 213.

Na legislação processual fiscal, segundo o autor[6], "não se faz alusão, em parte alguma, a *processo decorrente*. Foi a prática processual que adotou tal nomenclatura para significar", entre outros, "o processo que é tido como resultado, conclusão ou dedução do que foi apurado em processo principal".

Cabral[7], ainda, em um estudo detalhado, analisa a decorrência no PAF, afirmando que não se trata do *princípio da causalidade*, em que se exige um nexo de necessidade, pois na decorrência não há necessidade, mas mero *nexo lógico*, com o seguinte raciocínio: "Se *P*, pela lógica supõe-se que *S*".

Defende também o doutrinador[8] que o processo decorrente não é *processo acessório*. Se o decorrente fosse acessório do principal, ele só existiria enquanto o principal existir; o decorrente só tem sua origem no principal, mas após existir não mais depende do principal, passando a ter existência própria. Há três razões que impedem de o processo decorrente ser acessório: o *objeto* é diverso em ambos os processos; as *partes processuais* podem ser diversas; e a *causa de pedir* é diversa em ambos os processos.

O *processo principal* "pode assemelhar-se a uma questão prejudicial que precisa ser analisada antes de se apreciar o processo decorrente" e, assim, "os tribunais administrativos mandam sobrestar o andamento do processo decorrente até que o principal seja julgado"[9].

No Código de Processo Civil de 2015, que serve de suporte para o PAF, disciplina-se no art. 313, V, que se *suspende o processo* quando a sentença de mérito "depender do julgamento de outra causa ou da declaração de existência ou de inexistência de relação jurídica que constitua o objeto principal de outro processo pendente", ou ainda "tiver de ser proferida somente após a verificação

6 Obra citada, p. 212.
7 Obra citada, pp. 201/211.
8 Obra citada, pp. 213/214.
9 Obra citada, p. 214.

de determinado fato ou a produção de certa prova, requisitada a outro juízo". Nesse sentido, doutrina Cabral[10] que "o principal efeito da decorrência consiste na suspensão do processo".

Desse modo, quando o contribuinte tem suspenso o benefício fiscal – imunidade ou isenção tributárias – e a fiscalização lavra contra ele um auto de infração, há o princípio da decorrência, porquanto o processo de jurisdição contenciosa referente ao auto de infração tem lugar como decorrência lógica do processo principal, que analisa o reconhecimento do benefício fiscal no processo de jurisdição voluntária.

Em realidade, os dois processos são interligados e, ao mesmo tempo, independentes. Assim, o processo de jurisdição voluntária (benefício fiscal) é diverso do processo de jurisdição contenciosa (auto de infração), porém este último depende do que ficar decidido no primeiro.

1.1. O EFEITO SUSPENSIVO DO RECURSO CONTRA DECISÃO ADMINISTRATIVA

No processo de jurisdição voluntária, na hipótese de haver "cassação"/suspensão do benefício fiscal (Lei nº 4.567/2011, art. 70, parágrafo único), o **recurso** interposto pelo contribuinte *será* ou *poderá ser* **recebido** pela autoridade competente, no caso, o presidente do TARF/DF, com a *concessão de efeito suspensivo.*

Esse tema tem provocado muitas discussões no âmbito administrativo, e há quem defenda que, como o recurso foi recebido com efeito suspensivo, não poderá a fiscalização lavrar qualquer auto de infração referente à matéria resultante da "cassação" ou suspensão do benefício fiscal antes de concluído o processo de "cassação" ou suspensão, até porque a razão do crédito tributário estaria na existência da obrigação tributária, que está a depender da análise e conclusão dos autos de jurisdição voluntária.

10 Obra citada, p. 219.

Nesse sentido, lembra Cabral[11] que "certas decisões do Judiciário chegam, mesmo, a negar a possibilidade de se proceder ao lançamento relativo ao processo decorrente antes de encerrado o processo principal".

Importante, assim, analisar inicialmente qual o significado e alcance do *efeito suspensivo* concedido ao recurso pela autoridade competente quando do recebimento do Recurso de Jurisdição Voluntária, denominado RJV.

Dispõe o Código Tributário Nacional (CTN), art. 151, III, que "suspendem a exigibilidade do crédito tributário as reclamações e os recursos, nos termos das leis reguladoras do processo tributário administrativo".

Por esse dispositivo legal está clarividente que a suspensão se refere tão somente à ***exigibilidade*** do crédito tributário, e não à ***constituição*** do crédito tributário. Nesse sentido, é relevante chamar a atenção para dois atos distintos da administração tributária que ocorrem em diferentes momentos: o *ato de constituir* e o *ato de cobrar/exigir* o crédito tributário.

1.1.1. O ATO DE CONSTITUIR O CRÉDITO TRIBUTÁRIO

O ato de constituir o crédito tributário, sujeito ao prazo de decadência (CTN, art. 173, I), é um ato privativo da autoridade administrativa consignada no art. 37, XVIII, da CF/1988, e no art. 142 do CTN, personalizada no agente público fiscal do órgão de fiscalização tributária, comumente denominado de auditor fiscal.

Por sua vez, a obrigação tributária advém da lei, quer dizer, o seu nascimento não depende da manifestação de vontade da parte que se obriga, nem do seu conhecimento, dizendo-se assim ser uma obrigação *ex lege*. Basta a ocorrência do fato previamente descrito na lei, em abstrato, denominado *hipótese de incidência*, para que surja a obrigação[12].

11 Obra citada, p. 217.

12 AMARO, Luciano da Silva. *Direito tributário brasileiro.* 12 ed. São Paulo: Saraiva, 2006, pp. 246-247.

Apesar de a redação do art. 142, *caput*, do CTN tratar o lançamento como um *procedimento*, é ele um ato administrativo, vinculado e obrigatório (CTN, art. 142, parágrafo único). *Vinculado* porque, na sua realização, não resta espaço para conveniência e oportunidade à autoridade administrativa, tendo esta que atuar nos estritos termos da lei. E *obrigatório* em razão do princípio da indisponibilidade do interesse público[13].

Ao contribuinte, notificado do lançamento tributário, é facultado impugná-lo, ficando, a partir de então, o ato sujeito ao controle de legalidade, tal como acontece com toda atividade da Administração Pública, porém com a ***exigibilidade*** do crédito tributário suspensa (CTN, art. 151, III).

Doutrina Cabral[14] que "a obrigação é sempre *ex lege*", porém as circunstâncias que impedem ou suspendem a cobrança do crédito dependem da vontade das partes. Lançado o tributo por um ato administrativo, "por depender do concurso da Administração, que pode agir ilegalmente ou de forma incorreta, o crédito está sujeito à *revisibilidade*, de acordo com as hipóteses do art. 145 do CTN, e está sujeito à suspensão da *exigibilidade*, nas hipóteses do art. 151 do CTN"[15].

1.1.2. O ATO DE COBRAR/EXIGIR O CRÉDITO TRIBUTÁRIO

O ato de cobrar/exigir o crédito tributário, sujeito agora ao prazo de prescrição (CTN, art. 174), é de competência, em regra, de servidor público denominado procurador da Fazenda, que atua perante o Poder Judiciário, podendo, contudo, antes ocorrer a cobrança amigável, ainda na esfera administrativa.

13 FARIAS JÚNIOR, Manoel Omena. *A constituição definitiva do crédito tributário, marco entre os prazos decadencial e prescricional tributários. Revista Jus Navigandi*, ISSN 1518-4862, Teresina, ano 14, n. 2172, 12 jun. 2009. Disponível em: https://jus.com.br/artigos/12963. Acesso em: 19 ago. 2022.

14 CABRAL, A. S. Obra citada, pp. 549/550.

15 HABLE. José. *Curso de Processo Administrativo Fiscal: Teoria e Prática, com Ênfase nas Decisões do Tribunal Administrativo de Recursos Fiscais*. Rio de Janeiro: Lumen Juris, 2020, p. 237.

Diz-se que, uma vez constituído o crédito tributário e notificado o contribuinte, passa ele a ser exigível, podendo essa exigibilidade ser suspensa, conforme os casos previstos no art. 151 do CTN.

Não obstante as discussões sobre se a *exigibilidade* já existiria ou não a partir da ocorrência do fato gerador, e se a *exigibilidade* está adstrita à cobrança administrativa, bem como a *exequibilidade*, à cobrança judicial[16], comungamos o entendimento de que:

a) **exigibilidade** é a qualidade de exigível. Assim, o crédito tributário é exigível quando não estiver mais submetido a qualquer condição, termo ou encargo, e isso normalmente ocorre com o término do prazo para o seu pagamento, nas seguintes situações:

1) com a entrega da declaração fiscal do tributo devido, quando não pago, o que constitui confissão de dívida, tornando-o *exigível* (no lançamento por homologação);

2) com o ato do lançamento tributário de ofício, após 30 dias para pagar ou impugnar, se não pago ou impugnado; ou

3) com a decisão definitiva na esfera administrativa, após os 30 dias para pagar, momento em que termina a suspensão da exigibilidade do crédito tributário e ocorre a sua constituição definitiva, com o início do prazo prescricional (CTN, art. 174).

Christiano Valente[17] explica que, "vencida a dívida, surge para o credor a exigibilidade. (...) Negado o pagamento, tem-se a violação da exigibilidade, o que põe à disposição do credor o uso da ação (...) para obter o cumprimento da obrigação mesmo contra a vontade do devedor".

16 CABRAL, A. S. Obra citada, p. 549.

17 VALENTE, Christiano Mendes Wolney. *Parecer nº 877/2003* – PGFN/CDA, DOU de 2/9/2003, da lavra do ilustre Procurador da Fazenda Nacional. Disponível em: http://www.pgfn.fazenda.gov.br/acesso-a-informacao/atos-da-pgfn-1/pareceres-da-pgfn-aprovados-pelo-ministro-da-fazenda/2003/PARECER%20PGFN-CDA%20No%20877-2003.pdf Acesso em: 19 ago. 2022.

O ato de cobrar/exigir o crédito tributário pode ocorrer tanto na *esfera administrativa* quanto na *judicial*. A cobrança na esfera administrativa, denominada de "cobrança amigável", é uma fase na qual ainda se dá a oportunidade para o sujeito passivo saldar o débito, com descontos, perante a Administração, sem a interferência do Poder Judiciário, que se dá antes de sua inscrição em dívida ativa (em alguns casos, pode ocorrer após, nos termos da legislação).

Vencida a fase administrativa, ocorre a inscrição do débito em dívida ativa, e então se acrescenta à exigibilidade a exequibilidade do crédito tributário.

b) ***exequibilidade*** é a qualidade de exequível, ou seja, tem a "aptidão para ensejar um rito processual de execução forçada. Trata-se de uma eficácia a mais àquilo que já era exigível", que apenas "ocorre com a extração da certidão de inscrição em Dívida Ativa (título executivo extrajudicial)"[18]. Assim, nas palavras de Christiano Valente, "enquanto exigibilidade é conceito de direito material, exequibilidade é conceito de direito processual".

Com a inscrição em dívida ativa, para apurar a liquidez e certeza do crédito (Lei nº 6.830/1980, art. 2º, § 3º), além de continuar sendo exigível, o crédito tributário torna-se também exequível[19].

18 VALENTE, Christiano Mendes Wolney. *Parecer nº 877/2003* – PGFN/CDA, DOU de 2/9/2003, da lavra do ilustre Procurador da Fazenda Nacional. Disponível em: http://www.pgfn.fazenda.gov.br/acesso-a-informacao/atos-da-pgfn-1/pareceres-da-pgfn-aprovados-pelo-ministro-da-fazenda/2003/PARECER%20PGFN-CDA%20No%20877-2003.pdf Acesso em: 19 ago. 2022.

19 HABLE. José. *Curso de Processo Administrativo Fiscal: Teoria e Prática, com Ênfase nas Decisões do Tribunal Administrativo de Recursos Fiscais*. Rio de Janeiro: Lumen Juris, 2020, pp. 238-239.

2. O PROCESSO DE JURISDIÇÃO VOLUNTÁRIA E O DECORRENTE PROCESSO DE JURISDIÇÃO CONTENCIOSA

Nos termos da legislação do Distrito Federal, "o reconhecimento de benefícios fiscais de caráter não geral dependerá de requerimento formulado pelo interessado ou por seu representante, no qual se comprovem os requisitos legais exigidos", e "se dará por Ato Declaratório ou por Despacho de Reconhecimento, na forma da legislação" (Lei nº 4.567/2011, arts. 64 e 67).

Contudo, o benefício fiscal será *"cassado"* sempre que se verificar o descumprimento das condições para a sua fruição (Lei nº 4.567/2011, art. 68).

Diante da expedição do ato administrativo de *"cassação"* do benefício tributário pela autoridade fiscal distrital, no processo de jurisdição voluntária, surge, de um lado, o direito de o sujeito passivo recorrer desse ato, por meio do RJV; porém, do mesmo modo surge o aparecimento da pretensão do Estado, nascida em abstrato, de exigir a satisfação da obrigação tributária, pela concretização da hipótese de incidência tributária descrita em lei (CTN, art. 114), por não estar mais o contribuinte sob o manto de proteção de benefício fiscal, ainda que provisoriamente.

A obrigação tributária é uma *situação juridicizada* que, ao ocorrer, traz a obrigação e aponta o seu objeto, mas ainda de maneira abstrata, necessitando apenas ser concretizada pelo lançamento tributário, para que a obrigação tome forma e seja qualificada, surgindo a partir daí a exigência fiscal[20].

Relevante ressaltar então que, com a interposição do recurso (RJV), no Processo de Jurisdição Voluntária, em sendo dado efeito suspensivo ao recurso no seu recebimento, **a referida suspensão não tem o condão de impedir ou suspender a constituição do**

20 CABRAL, A. S. Obra citada. pp. 284 e 549.

crédito tributário por meio de Auto de Infração (AI). Isso porque:

a) conforme estabelece o CTN, em seu art. 151, III, *"as reclamações e os recursos, nos termos das leis reguladoras do processo tributário administrativo"*, apenas suspendem a *exigibilidade* do crédito tributário, e não a sua constituição;

b) o lançamento tributário está sujeito à *revisibilidade*, de acordo com as hipóteses do art. 145 do CTN;

c) a jurisprudência do Superior Tribunal de Justiça (STJ)[21] já firmou entendimento de que "o prazo para lançar não se sujeita a suspensão ou interrupção, sequer por ordem judicial"; e

d) o próprio STJ[22] já pacificou jurisprudência, nestes temos:

> (...) 3. A **suspensão da exigibilidade do crédito tributário** na via judicial **impede o Fisco de praticar qualquer ato** contra o contribuinte **visando à cobrança de seu crédito**, tais como inscrição em dívida, execução e penhora, **mas não impossibilita a Fazenda de proceder à regular constituição do crédito tributário para prevenir a decadência do direito de lançar**. (Os grifos não são do original)

Desse modo, na hipótese de haver "cassação"/suspensão de benefício fiscal pela autoridade fiscal, "é dever da autoridade fazendária efetuar o lançamento tributário, com sua regular notificação, nos termos do que dispõe o art. 142, *caput* e parágrafo único, c/c o art. 145, todos do CTN"[23], pois, além de nada impedir a constituição do crédito, o lançamento tributário é um ato vinculado e

21 BRASIL. STJ. *REsp 119986/SP,* Rel. Min. Eliana Calmon, 2.ª T, Data do Julgamento 15/2/2001, DJ 9/4/2001, p. 337. Disponível em: http://www.stj.jus.br. Acesso em: 19 ago. 2022.

22 BRASIL. *STJ. EREsp 572603/PR*, Rel. Min. Castro Meira, 1.ª Seção, Data do Julgamento 8/6/2005, DJ 5/9/2005, p. 199. Disponível em: http://www.stj.jus.br Acesso em: 19 ago. 2022.

23 HABLE, José. *A decadência na suspensão por decisão judicial da constituição do crédito tributário. Revista Jus Navigandi*, ISSN 1518-4862, Teresina, ano 13, n. 1779, 15 maio 2008. Disponível em: <https://jus.com.br/artigos/11269>. Acesso em: 19 ago. 2022.

obrigatório, não restando espaço para conveniência e oportunidade à autoridade administrativa, em razão do princípio da indisponibilidade do interesse público.

Importante frisar que a análise e o desfecho do processo de jurisdição voluntária podem demandar um prazo por vezes superior a cinco anos. Nesse sentido, a lavratura do AI tem como objetivos, além da constituição do crédito tributário, a prevenção para que não ocorra a decadência tributária, evitando-se assim a extinção do crédito tributário pelo decurso de prazo (CTN, arts. 156, V, e 173, I).

Por outro lado, a instituição de educação ou de assistência social, beneficiária recorrente, permanece usufruindo do benefício fiscal até o trânsito em julgado do Processo de Jurisdição Voluntária, mesmo tendo sido "cassado"/suspenso o benefício; mas, ressalte-se: o efeito suspensivo concedido pela autoridade administrativa, no caso Presidente do Tribunal, refere-se tão somente à exigibilidade do crédito tributário, e não à sua constituição.

É de se destacar ainda que o processo decorrente – que trata do AI –, sujeito à jurisdição contenciosa, após notificado o contribuinte para impugnar, deverá ter seu andamento sobrestado até que ocorra a decisão do processo principal, o de jurisdição voluntária – que se refere à "cassação"/suspensão do benéfico fiscal; ou, a depender do caso, poderá ter o seu seguimento normal, com a execução de todos os procedimentos administrativos pertinentes, exceção feita apenas aos atos executórios (exigibilidade do crédito).

Por mais tempo que demande a análise do processo principal (de jurisdição voluntária), é cediço que no âmbito do PAF, referente ao processo decorrente (de jurisdição contenciosa), entre o lançamento tributário efetuado e contestado (impugnado) e a decisão final do contencioso administrativo, independentemente do período transcorrido, não há qualquer modalidade de extinção de crédito tributário pelo decurso do prazo, nem decadência, nem prescrição[24].

Isso porque, com a constituição do crédito tributário, pelo lançamento regularmente notificado ao sujeito passivo, cessa a *inércia* do Fisco, não se falando mais em decadência, e o prazo de prescrição apenas tem seu início com a constituição definitiva do crédito tributário (CTN, art. 174), isto é, com o trânsito em julgado administrativo (decisão final do contencioso administrativo), o que ainda não ocorreu[25].

Para o contribuinte que está demandando no Processo de Jurisdição Voluntária, caso não lhe seja concedido o efeito suspensivo, não há qualquer prejuízo a ser alegado quanto à constituição do crédito tributário por meio de AI, porquanto a exigibilidade do crédito constituído estará suspensa, pela impugnação tempestiva (CTN, art. 151, III), nada podendo ser exigido.

Pode também, quando da análise do processo principal, o de jurisdição voluntária, resultar uma alteração no valor do montante do crédito tributário constituído no AI que pertence ao processo decorrente. Em assim ocorrendo, nos termos da legislação distrital, se for necessário alterar o AI, caberá à unidade responsável pelo lançamento promover as retificações pertinentes valendo-se de *Termo Aditivo*, quando resultar em agravamento da exigência (Decreto nº 33.269/2011, art. 52, § 3º).

Nos casos de agravamento da exigência, para a lavratura do Termo Aditivo é necessário inicialmente obedecer às regras do prazo decadencial (CTN, art. 173, I), devendo o autuado ser cientificado da alteração, fato que reabre o prazo para impugnação no

24 Nesse sentido, STJ. *REsp 822705/RS*, Rel. Min. Castro Meira, 2.ª T, Data do Julgamento 20/4/2006, DJ 2/5/2006, p. 297: "(...) Antes de haver ocorrido esse fato, não existe 'dies a quo' do prazo prescricional, pois, na fase **entre a notificação do lançamento e a solução do processo administrativo, não ocorrem nem a prescrição nem a decadência** (art. 151, III, do CTN) (...)." (grifamos). Disponível em: http://www.stj.jus.br Acesso em: 23 ago. 2022.

25 HABLE, José. *Extinção do Crédito Tributário por Decurso de Prazo. Decadência e Prescrição Tributárias*, 4 ed. São Paulo: Editora Método, 2014, p. 74.

que concerne à matéria modificada (Decreto nº 33.269/2011, art. 52, § 4º).

Contudo, caso não haja agravamento, mas, sim, diminuição da exigência fiscal, não há determinação legal para a cientificação do autuado; porém, se o contribuinte apresentar impugnação a essa alteração, deve a impugnação ser recebida, em homenagem ao princípio do contraditório e ampla defesa, mesmo que não tenha sido impugnado o AI original. Isso porque, com a alteração do AI pela autoridade fiscal, deixa de prevalecer a natureza de constituição definitiva do crédito, reabrindo-se o prazo para a impugnação da revisão efetuada do ato.

Por fim, matérias analisadas e julgadas no processo de jurisdição voluntária não podem ser reanalisadas e julgadas no processo de jurisdição contenciosa, conforme o próprio TARF/DF já se manifestou (*Consultar Acórdãos TARF*. Disponível em: http://www.fazenda.df.gov.br//aplicacoes/legislacao/tarf/TelaConsulta.cfm

> **ACÓRDÃO DA 1.ª CÂMARA Nº 35/2019**
> Data do Julgamento: 24 de janeiro de 2019
> Decisão não unânime para rejeitar a preliminar de nulidade por incompetência da Câmara do TARF para analisar se o contribuinte é ou não beneficiário do Regime Especial sob exame
> **EMENTA: ICMS. AUTO DE INFRAÇÃO. PRELIMINARES DE NULIDADE. VÍCIO MATERIAL. REGIME ESPECIAL. ANÁLISE. INCOMPETÊNCIA DO TARF. REJEIÇÃO.** Constatada que a alegação de vício material de forma por inobservância de procedimento legal específico para a exclusão do contribuinte do regime especial não se aplica ao caso dos autos, haja vista que ele não foi excluído do regime especial, e considerando **que compete ao TARF julgar as infrações imputadas no Auto de Infração**, o que exige a análise do regime especial em face das operações comerciais por ele alcançadas, as preliminares de nulidade arguidas em sessão por Conselheiro não merecem acolhimento. (Sublinhados não do original)
> JOSÉ HABLE – Presidente
> ADALBERTO PINTO DE BARROS NETO – Redator

ACÓRDÃO DA 1ª CÂMARA Nº 125/2017
Data do Julgamento: 19 de maio de 2017
Decisão unânime para rejeitar a preliminar de nulidade do auto de infração
EMENTA: ICMS. AUTO DE INFRAÇÃO. NULIDADE. TARE. TERMO DE CASSAÇÃO. VÍCIOS. TARF. INCOMPETÊNCIA. DEC. Nº 25.372/2004. PRELIMINAR. REJEIÇÃO. Não merece acolhimento a preliminar de nulidade do auto de infração, arguida sob o fundamento de existência de vícios no Termo de Cassação do Termo de Acordo de Regime Especial (TARE), a que fazia jus o recorrente e que teria motivado a lavratura do auto de infração, haja vista que **não compete ao Tribunal Administrativo de Recursos Fiscais (TARF) julgar o referido Termo de Cassação**. De acordo com o Dec. nº 25.372/2004, art. 5º, § 11, a **competência para julgar termo de cassação de TARE é do Secretário de Estado de Fazenda do DF**. (Sublinhados não do original)
JOSÉ HABLE – Presidente
ADALBERTO PINTO DE BARROS NETO – Redator

ACÓRDÃO DO TRIBUNAL PLENO Nº 37/2017
Data do Julgamento: 19 de agosto de 2016
Decisão unânime para negar provimento ao recurso
EMENTA: PROCESSUAL. RECURSO CONTRA DECISÃO DO PRESIDENTE. DECISÃO COLEGIADA. CASSAÇÃO. INCOMPETÊNCIA. O Presidente do TARF não possui competência para cassar decisão já proferida pelo órgão colegiado deste Tribunal, independentemente de a recorrente ter celebrado Termo de Acordo de Regime Especial com o Distrito Federal.
JOSÉ HABLE – Presidente
ALEXANDER ANDRADE LEITE – Redator

ACÓRDÃO DA 1ª CÂMARA Nº 15/2017
Data do Julgamento: 13 de dezembro de 2016
Decisão unânime para negar provimento ao recurso
EMENTA: ICMS. TERMO DE CASSAÇÃO. TARF. INCOMPETÊNCIA. De acordo com o Decreto nº 25.372/2004,

art. 5º, § 11, **compete ao Secretário de Estado de Fazenda do DF – e não ao TARF – apreciar recurso contra termo de cassação de TARE**.
JOSÉ HABLE – Presidente
CEJANA DE QUEIROS VALADÃO – Redatora

ACÓRDÃO DA 2.ª CÂMARA Nº 89/2010
Data do Julgamento: 6 de abril de 2010
Decisão não unânime para negar provimento ao recurso
EMENTA: PRELIMINAR DE NÃO CONHECIMENTO. IMUNIDADE TRIBUTÁRIA. MATÉRIA ALHEIA À COMPETÊNCIA DO TARF PARA DELIBERAR. ACOLHIMENTO. Sendo a imunidade tributária relativa à prestação de serviços de instituição de ensino e instrução **matéria alheia à competência do TARF para deliberar**, nesta parte, não merece ser conhecido o Recurso Voluntário. **PRESUNÇÃO DE NÃO MERECIMENTO DA REGALIA ENQUANTO NÃO RECONHECIDA A IMUNIDADE PELO ÓRGÃO COMPETENTE EM PROCESSO ESPECÍFICO – LEGITIMIDADE DA EXIGÊNCIA FISCAL – Ausente o reconhecimento, em processo específico, do benefício da imunidade tributária** alegado, prevalece a presunção de não merecimento da regalia fiscal e, por conseguinte, da legitimidade da exigência do Imposto Sobre Serviços. (Sublinhados não do original)
MARIA HELENA LIMA PONTES – Presidente
EDILENE BARROS SOARES DE BRITO – Redatora

CONSIDERAÇÕES FINAIS

No Distrito Federal, o Processo Administrativo Fiscal (PAF) envolve o julgamento administrativo de processos sujeitos tanto à jurisdição contenciosa quanto à voluntária, podendo assim uma instituição de educação ou de assistência social ter a seu favor o reconhecimento de um benefício fiscal, que está sujeito à jurisdição voluntária, e ao mesmo tempo sofrer uma autuação fiscal por descumprimento de obrigação tributária, agora sujeito à jurisdição contenciosa. Nessa situação, um mesmo contribuinte terá processos tramitando nas duas jurisdições a um só tempo, dando ensejo à criação dos denominados "processo principal" e "processo decorrente".

Quando o contribuinte tem suspenso um benefício fiscal, a exemplo da imunidade ou isenção tributárias, e a autoridade fiscal lavra contra ele um auto de infração, ocorre o princípio da decorrência. Em realidade, os dois processos são interligados e, ao mesmo tempo, independentes, sendo o processo de jurisdição voluntária (benefício fiscal) diverso do processo de jurisdição contenciosa (auto de infração), porém este último depende do que ficar decidido no primeiro.

O contribuinte, na hipótese de ser "cassado"/suspenso o seu benefício fiscal, pode interpor recurso, que poderá ser recebido pela autoridade competente, com a concessão de efeito suspensivo.

No âmbito administrativo, há quem defenda que, como o recurso foi recebido com efeito suspensivo, não poderia a fiscalização lavrar qualquer auto de infração referente à matéria resultante da "cassação" ou suspensão do benefício fiscal antes de concluída a análise do processo, até porque a razão do crédito tributário estaria na existência da obrigação tributária, que está a depender da análise e conclusão dos autos de jurisdição voluntária.

Porém, importante verificar o significado e alcance do *efeito suspensivo* concedido ao recurso quando do recebimento do RJV. Pelo art. 151, III, do CTN, a suspensão se refere tão somente à ***exigibilidade*** do crédito tributário, e não à ***constituição*** do crédito tributário.

É cediço que diante da expedição do ato administrativo de *"cassação"*/suspensão do benefício tributário, no processo de jurisdição voluntária, surge, de um lado, o direito de o sujeito passivo recorrer desse ato, por meio do RJV; todavia, do mesmo modo surge o aparecimento da pretensão do Estado, nascida em abstrato, de exigir a satisfação da obrigação tributária, pela concretização da hipótese de incidência tributária descrita em lei, por não estar mais o contribuinte sob o manto de proteção de benefício fiscal, ainda que provisoriamente.

Assim, com a interposição do recurso (RJV), no Processo de Jurisdição Voluntária, em sendo dado efeito suspensivo ao recurso no seu recebimento, a referida suspensão não tem o condão de impedir ou suspender a constituição do crédito tributário por meio de AI, pois apenas se suspende a *exigibilidade* do crédito tributário, e não a sua constituição, e a jurisprudência do STJ já firmou entendimento de que "o prazo para lançar não se sujeita à suspensão ou interrupção, sequer por ordem judicial", até para prevenir a decadência do direito de lançar.

Dessa forma, na hipótese de haver *"cassação"*/suspensão de benefício fiscal, "é dever da autoridade fazendária efetuar o lançamento tributário, com sua regular notificação, pois, além de nada impedir a constituição do crédito, o lançamento tributário é um ato vinculado e obrigatório, não restando espaço para conveniência e oportunidade à autoridade administrativa, em razão do princípio da indisponibilidade do interesse público.

Importante frisar que a análise e o desfecho do processo de jurisdição voluntária pode demandar um prazo por vezes superior a cinco anos, e a lavratura do AI tem como objetivos além da constituição do crédito tributário, a prevenção para que não ocorra a decadência tributária, evitando-se, assim, a extinção do crédito tributário pelo decurso de prazo.

Por outro lado, o contribuinte, beneficiário recorrente, permanece usufruindo do benefício fiscal até o trânsito em julgado do processo, mesmo tendo sido "cassado"/suspenso o benefício; mas, ressalte-se: o efeito suspensivo concedido pela autoridade administrativa refere-se tão somente à exigibilidade do crédito tributário, e não à sua constituição.

Por fim, o processo decorrente – que trata do AI –, sujeito à jurisdição contenciosa, após notificado o contribuinte para impugnar, deverá ter seu andamento sobrestado até que ocorra a decisão do processo principal, o de jurisdição voluntária – que se refere à "cassação"/suspensão do benéfico fiscal; ou, a depender do caso, poderá ter o seu seguimento normal, com a execução de todos os procedimentos administrativos pertinentes, exceção feita apenas aos atos executórios (exigibilidade do crédito).

Destarte, respondendo às indagações levantadas na introdução:

a) *Estando amparada com ato declaratório de benéfico fiscal, pode a entidade ser autuada?*

R: Sim, mesmo estando amparada com ato declaratório de benéfico fiscal, a entidade beneficiária pode ser autuada, caso haja uma irregularidade fiscal sujeita à autuação;

b) *Pode ser "cassado" ou suspenso o benefício fiscal, tendo como consequência uma autuação fiscal?*

R: Sim, pode ser "cassado" ou suspenso o benefício fiscal, tendo como consequência uma autuação fiscal;

c) Havendo um processo sob análise de reconhecimento de benefício fiscal (imunidade ou isenção tributária), pode a entidade ser autuada, se constatada alguma irregularidade?

R: Mesmo havendo um processo sob análise de reconhecimento de benefício fiscal, pode a entidade ser autuada se constatada alguma irregularidade, porquanto é dever da autoridade fazendária efetuar o lançamento tributário, com sua regular notificação; e

d) Como se procede quanto à análise dos processos, quando um mesmo contribuinte tenha processos tramitando nas duas jurisdições – contenciosa e voluntária – a um só tempo?

R: Quanto à forma de se proceder na análise dos processos, quando um mesmo contribuinte tenha processos tramitando nas duas jurisdições – contenciosa e voluntária – a um só tempo, o processo decorrente, sujeito à jurisdição contenciosa, após notificado o contribuinte para impugnar, deverá ter seu andamento sobrestado até que ocorra a decisão do processo principal, o de jurisdição voluntária – que se refere à "cassação"/suspensão do benéfico fiscal. Contudo, a depender do caso, o processo decorrente poderá ter o seu seguimento normal, com a execução de todos os procedimentos administrativos pertinentes, exceção feita apenas aos atos executórios (exigibilidade do crédito).

REFERÊNCIAS

AMARO, Luciano da Silva. *Direito tributário brasileiro.* 12 ed. São Paulo: Saraiva, 2006.

CABRAL, Antônio da Silva. *Processo administrativo fiscal.* São Paulo: Saraiva, 1993.

FARIAS JÚNIOR, Manoel Omena. *A constituição definitiva do crédito tributário, marco entre os prazos decadencial e prescricional tributários. Revista Jus Navigandi,* ISSN 1518-4862, Teresina, ano 14, n. 2172, 12 jun. 2009. Disponível em: https://jus.com.br/artigos/12963.

HABLE. José. *Curso de Processo Administrativo Fiscal: Teoria e Prática, com Ênfase nas Decisões do Tribunal Administrativo de Recursos Fiscais.* Rio de Janeiro: Lumen Juris. 2020.

_______. *Extinção do Crédito Tributário por Decurso de Prazo. Decadência e Prescrição Tributárias,* 4 ed. São Paulo: Editora Método, 2014.

_______. *O Processo Administrativo Fiscal. Aspectos polêmicos e relevantes. In:* Sergio Luiz de Moraes Pinto, Alberto Macedo e Wilson José de Araújo. (Org.) Gestão Tributária Municipal e Tributos Municipais. São Paulo: Editora Quartier Latin do Brasil, 2014, v. 4.

_______. *Os Procedimentos Administrativos Para o Reconhecimento da Imunidade Tributária: Necessidade de Requerimento prévio do Interessado e do Ato Declaratório do Poder Público. In:* José Eduardo Sabo Paes; Marcia Lopes Condes. (Org.). Terceiro Setor e Tributação 5. 1. ed. Rio de Janeiro: Editora Forense, v. 5, 2012.

_______. *A decadência na suspensão por decisão judicial da constituição do crédito tributário. Revista Jus Navigandi,* ISSN 1518-4862, Teresina, ano 13, n. 1779, 15 maio 2008. Disponível em: <https://jus.com.br/artigos/11269>.

MARINS, James. *Direito Processual Tributário Brasileiro: administrativo e judicial,* 11 ed. revista e atualizada. São Paulo: Editora Revista dos Tribunais, 2018.

VALENTE, Christiano Mendes Wolney. *Parecer nº 877/2003* – PGFN/CDA, DOU de 2/9/2003, da lavra do ilustre Procurador da Fazenda Nacional. Disponível em: <http://www.pgfn.fazenda.gov.br/acesso-a-informacao/atos-da-pgfn-1/pareceres-da-pgfn-aprovados-pelo-ministro-da-fazenda/2003/PARECER%20PGFN-CDA%20No%20877-2003.pdf>.

- PARTE III -

ASPECTOS PRÁTICOS VINCULADOS AO TERCEIRO SETOR

REGULAMENTO DE COMPRAS E LICITAÇÕES NO TERCEIRO SETOR

Como garantir transparência e eficiência na gestão de recursos

TÚLIO BELCHIOR MANO DA SILVEIRA

Doutorando em Direito (FADISP). Mestre em Direito pela Universidade Católica de Brasilia (UCB). Pesquisador do Direito. Advogado. Professor e escritor. Membro do NEPATS. *E-mail*: contato@tuliosilveira.com.br

SUMÁRIO

PALAVRAS-CHAVE

Terceiro Setor; regulamento de compras e licitações; transparência; eficiência; legalidade; Lei nº 13.019/2014; Marco Regulatório das Organizações da Sociedade Civil; normas e procedimentos; tipos de licitação; critérios de seleção; prazos e responsabilidades; fiscalização; monitoramento; sanções; advogado especializado; gestão de recursos; processos de aquisição; *stakeholders*; auditoria; atualização.

INTRODUÇÃO

O Terceiro Setor é uma parte importante da sociedade brasileira e desempenha um papel fundamental na promoção do desenvolvimento social e na realização de objetivos de interesse público. Essas organizações são gerenciadas por pessoas dedicadas e comprometidas, muitas vezes voluntárias, que trabalham incansavelmente para melhorar as condições de vida das pessoas em suas comunidades.

No entanto, como em qualquer organização, as entidades do Terceiro Setor precisam garantir a transparência e a eficiência em seus processos de gestão. Uma das áreas em que isso é particularmente importante é a de aquisição de bens e serviços. Para garantir que os recursos sejam utilizados de maneira eficaz e que a aquisição de bens e serviços seja realizada de forma justa e equitativa, é fundamental que as entidades do Terceiro Setor adotem um regulamento de compras e licitações adequado à sua especificidade.

Um regulamento de compras e licitações bem elaborado pode ajudar as entidades do Terceiro Setor a evitar problemas, como a falta de transparência e o favorecimento de fornecedores. Além disso, pode contribuir para a melhoria da eficiência na gestão de recursos e para o fortalecimento da imagem institucional dessas organizações.

Neste artigo, vamos apresentar as principais informações que as entidades do Terceiro Setor precisam conhecer para elaborar um regulamento de compras e licitações que atenda às suas necessidades. Vamos destacar as normas legais que regem a aquisição de bens e serviços no Terceiro Setor, bem como as melhores práticas de gestão para garantir a transparência e a eficiência em todo o processo.

Ao longo deste artigo, vamos discutir os principais elementos que devem ser considerados na elaboração de um regulamento de compras e licitações para as entidades do Terceiro Setor. Entre esses elementos, podemos destacar a definição das normas e dos procedimentos para a aquisição de bens e serviços, a especificação dos tipos de licitação, a definição dos critérios de seleção dos fornecedores, o estabelecimento de prazos e responsabilidades e a fiscalização e o monitoramento do cumprimento do regulamento.

A Lei nº 13.019/2014 e o Marco Regulatório das Organizações da Sociedade Civil (MROSC) estabelecem regras e procedimentos para a celebração de parcerias entre as OSCs e o poder público. Essas leis também estabelecem a necessidade de as entidades do Terceiro Setor adotarem práticas de transparência e eficiência na gestão de seus recursos, incluindo a aquisição de bens e serviços.

Por isso, a elaboração de um regulamento de compras e licitações é um passo importante para que as entidades do Terceiro Setor possam cumprir suas obrigações legais e atender às demandas da sociedade de forma ética e responsável. Por meio da implementação de um regulamento adequado, as entidades do Terceiro Setor podem garantir a transparência e a equidade nos processos de aquisição de bens e serviços, além de contribuir para a sua própria sustentabilidade financeira e para o fortalecimento do Terceiro Setor como um todo.

Portanto, convidamos você a continuar a leitura deste artigo para saber mais sobre as melhores práticas de gestão e as normas legais que regem a elaboração de um regulamento de compras e licitações para as entidades do Terceiro Setor.

1. FUNDAMENTOS PARA UM REGULAMENTO DE CONTRATAÇÕES

A elaboração de um regulamento de compras e contratações pelas entidades do Terceiro Setor é essencial para garantir a eficiência e a transparência na gestão dos recursos públicos e privados destinados às organizações sem fins lucrativos. Dentre os principais argumentos que reforçam a importância desse regulamento, podemos destacar:

1. **Garantia da legalidade:** um regulamento de compras e contratações bem elaborado contribui para garantir a legalidade dos processos de aquisição de bens e serviços pelas entidades do Terceiro Setor, evitando possíveis sanções legais.
2. **Transparência na gestão dos recursos:** o regulamento de compras e contratações promove a transparência na gestão dos recursos públicos e privados destinados às organizações sem fins lucrativos, possibilitando a fiscalização pelos órgãos competentes e pela sociedade.
3. **Eficiência na aquisição de bens e serviços:** um regulamento bem elaborado contribui para a eficiência na aquisição de bens e serviços pelas entidades do Terceiro Setor, permitindo a escolha dos melhores fornecedores e prestadores de serviços, com o melhor custo-benefício.
4. **Padronização dos processos:** a elaboração de um regulamento de compras e contratações padroniza os processos de aquisição de bens e serviços pelas entidades do Terceiro Setor, tornando-os mais eficientes, ágeis e transparentes.

5. **Redução de riscos e prejuízos:** a implementação de um regulamento de compras e contratações minimiza os riscos e prejuízos para as entidades do Terceiro Setor, evitando erros e fraudes nas aquisições de bens e serviços.

É preciso entender que os fundamentos de um determinado sistema se referem aos princípios, conceitos, regras e diretrizes que orientam o seu funcionamento e estruturação. Esses fundamentos podem ser firmados em leis, normas, regulamentos, práticas, procedimentos, tecnologias e outras referências que definem as bases para a criação, manutenção e evolução desse sistema de coisas.

Por exemplo, os fundamentos de um sistema complexo de computação, como um programa de computador, podem envolver conceitos de programação, algoritmos, estruturas de dados, metodologias de desenvolvimento, padrões de codificação, requisitos de segurança e outros elementos que definem a base para o seu funcionamento e uso eficiente. Já os fundamentos de um sistema de procuração, como um processo produtivo, podem envolver conceitos de gestão de qualidade, gestão de riscos, normas técnicas, tecnologias de produção, segurança do trabalho e outros elementos que garantem a sua eficiência, segurança e conformidade com as normas e regulamentos aplicáveis.

Já os fundamentos de um sistema jurídico são as bases que orientam a estruturação, o funcionamento e a aplicação das leis e normas de um país ou região. Esses fundamentos podem ser expressos em princípios, valores, conceitos e regras que norteiam a elaboração e a aplicação das normas jurídicas. Os fundamentos de um sistema jurídico podem variar de acordo com a cultura, a história, as tradições e os valores do país ou da região em que estão inseridos.

Aqui o contexto de fundamentos deve ser compreendido pelo leitor como condição para garantir a eficiência, transparência e legalidade nos processos de aquisição de bens e serviços pelas entidades do Terceiro Setor. Para isso, é necessário considerar alguns fundamentos essenciais para a elaboração de um regulamento eficiente.

Entre os fundamentos que devem ser considerados, podemos destacar a definição das normas e procedimentos, a especificação dos tipos de licitação, a definição dos critérios de seleção dos fornecedores e o estabelecimento dos prazos e responsabilidades.

Além disso, é importante que o regulamento de compras e contratações das entidades do Terceiro Setor esteja alinhado com a legislação pertinente, como a Lei nº 13.019/2014 e o Marco Regulatório das Organizações da Sociedade Civil. Isso garante a sua legalidade e efetividade na gestão dos recursos destinados às entidades sem fins lucrativos.

Em resumo, a elaboração de um regulamento de compras e contratações pelas entidades do Terceiro Setor é fundamental para garantir a eficiência, transparência e legalidade nos processos de aquisição de bens e serviços, contribuindo para a gestão eficiente dos recursos destinados às organizações sem fins lucrativos.

1.1 COMPREENSÃO DAS LEIS E NORMAS APLICÁVEIS

A elaboração de um regulamento de contratações é uma etapa fundamental para garantir a eficiência, transparência e legalidade nos processos de aquisição de bens e serviços pelas entidades do Terceiro Setor. Para isso, é preciso compreender as leis e normas aplicáveis ao Terceiro Setor.

A Lei nº 13.019/2014 é uma das principais normas que regem as parcerias entre a administração pública e as Organizações da Sociedade Civil (OSC). Essa lei estabelece o regime jurídico das parcerias e traz importantes exigências quanto à prestação de contas e à transparência nas contratações. Além disso, é importante considerar outras leis e regulamentações que regem as contratações públicas, como a Lei nº 14.133/2021, que estabelece normas gerais sobre licitações e contratos administrativos.

Para elaborar um regulamento de contratações eficiente, é importante que as entidades do Terceiro Setor entendam a aplicabilidade dessas leis e normas em suas atividades. Isso envolve a análise de sua relação com o poder público e o tipo de recursos que recebem. Por essa razão, é necessário que as entidades busquem orientação jurídica especializada para garantir que suas contratações estejam em conformidade com a legislação vigente.

Além disso, vale destacar que o regulamento de compras e contratações deve estar em sintonia com os princípios da administração pública, tais como legalidade, impessoalidade, moralidade, publicidade e eficiência. Esses princípios devem estar presentes na elaboração do regulamento, nas contratações realizadas e na fiscalização dos contratos, para garantir a transparência e a eficiência na gestão dos recursos públicos.

Uma ONG que trabalha com projetos sociais na área da Saúde e recebe recursos públicos para sua execução precisa elaborar um regulamento de compras e contratações que esteja em conformidade com a Lei nº 13.019/2014 e demais normas aplicáveis. Para isso, é necessário buscar orientação jurídica especializada e compreender a aplicabilidade dessas leis e normas em suas atividades. É importante ainda que o regulamento esteja em sintonia com os princípios da administração pública e que haja um esforço conjunto para garantir sua efetividade e aplicação eficiente na gestão das contratações. Esse é um exemplo a ser seguido.

Uma organização sem fins lucrativos que atua na área cultural e recebe recursos públicos para realização de projetos precisa elaborar um regulamento de compras e contratações que esteja em conformidade com a Lei nº 14.133/2021 e outras normas aplicáveis. É essencial que a organização entenda a aplicabilidade dessas leis em suas atividades e busque orientação jurídica para elaboração do regulamento. Além disso, é fundamental que os princípios da administração pública estejam presentes na elaboração do regulamento e nas contratações realizadas, garantindo transparência e eficiência na gestão dos recursos públicos. O acompanhamento e o monitoramento constante dos processos de contratação e o aprimoramento contínuo do regulamento são necessários para garantir a melhoria contínua do processo de compras e contratações da organização. Essa é uma boa estratégia para uma boa gestão.

Por fim, é necessário que as entidades do Terceiro Setor tenham em mente que a elaboração de um regulamento de contratações não é uma tarefa simples. É necessário um esforço conjunto de todos os envolvidos para garantir a efetividade do regulamento e sua aplicação eficiente na gestão das contratações. O acompanhamento e o monitoramento constante dos processos de contratação e o aprimoramento incessante do regulamento são essenciais para garantir a melhoria contínua do processo de compras e contratações da entidade.

1.2. ESTABELECIMENTO DE NORMAS E PROCEDIMENTOS

A elaboração de um regulamento de contratações eficiente é um importante instrumento para garantir a transparência e eficiência na gestão dos recursos públicos e privados destinados às entidades do Terceiro Setor. Este, composto por organizações sem fins lucrativos e que possuem um relevante papel social na promoção de direitos e no desenvolvimento humano, tem recebido cada vez mais recursos públicos e privados para a realização de seus projetos e programas.

Porém, a utilização desses recursos requer a observância de normas e procedimentos específicos, principalmente quando se trata de recursos públicos. Nesse contexto, a Lei nº 13.019/2014 e o Marco Regulatório das Organizações da Sociedade Civil foram criados para estabelecer regras e normas para as parcerias entre o Estado e as organizações da sociedade civil.

Dentre as normas estabelecidas, destaca-se a obrigatoriedade da elaboração de um regulamento de contratações pelas entidades do Terceiro Setor que recebem recursos públicos. Esse regulamento deve estabelecer normas e procedimentos para aquisição de bens e serviços, garantindo a transparência, a eficiência e a legalidade nos processos de contratação.

Para isso, é importante considerar alguns fundamentos para a elaboração de um regulamento eficiente. Dentre eles, destaca-se a compreensão das leis e normas aplicáveis, que permitirá a criação de normas e procedimentos claros e objetivos em conformidade com a legislação. É essencial também estabelecer critérios objetivos e transparentes para seleção de fornecedores, bem como definir as obrigações das partes, as metas e os prazos, formas de pagamento e fiscalização da execução do contrato.

Além disso, é preciso estabelecer normas para a gestão dos fornecedores e prestadores de serviços, como a verificação de sua regularidade fiscal e trabalhista, a avaliação de sua capacidade técnica e financeira, a exigência de garantias contratuais, entre outros aspectos relevantes.

No que se refere aos prazos, é necessário estabelecer um cronograma claro e realista para as contratações, com prazos suficientes para a realização de cada etapa do processo e para a análise e seleção dos fornecedores. Isso é fundamental para garantir a eficiência e a transparência das contratações, evitando atrasos e problemas na execução dos contratos.

Por fim, a definição de responsabilidades é um aspecto crucial para o sucesso das contratações. É crucial indicar claramente quem são os responsáveis pelas etapas do processo, desde a determinação das necessidades até a gestão dos contratos. Além disso, é vital implantar mecanismos de controle e fiscalização para garantir o cumprimento das normas e dos procedimentos estabelecidos.

Em resumo, a elaboração de um regulamento de contratações eficiente é essencial para garantir a transparência, a eficiência e a legalidade nos processos de aquisição de bens e serviços pelas entidades do Terceiro Setor. Para isso, é necessário compreender as leis e normas aplicáveis, estabelecer normas e procedimentos claros e objetivos, definir prazos realistas, definir responsabilidades e mecanismos de controle e fiscalização. Com um regulamento bem elaborado e implementado, as entidades do Terceiro Setor poderão realizar suas contratações de forma segura, eficiente e transparente, garantindo o melhor uso dos recursos disponíveis e o alcance dos objetivos institucionais.

Além disso, a capacitação de todos os envolvidos no processo de contratação é fundamental para garantir o cumprimento das normas e dos procedimentos estabelecidos. A contratação de uma consultoria jurídica especializada em licitações é recomendada para assegurar a adequação do regulamento à legislação aplicável e para orientar a entidade em caso de dúvidas ou impasses no processo de contratação.

Por fim, o monitoramento constante dos processos de contratação e do próprio regulamento é essencial para avaliar a adequação e a efetividade das normas e procedimentos estabelecidos. A realização de avaliações periódicas do desempenho dos fornecedores, a análise dos custos e benefícios das contratações realizadas e o aprimoramento do regulamento em casos de necessidade são algumas das práticas recomendadas para garantir a eficiência na gestão das contratações.

1.3. ESPECIFICAÇÃO DOS CRITÉRIOS DE SELEÇÃO DOS FORNECEDORES

Os critérios de seleção de fornecedores são um conjunto de requisitos e condições que uma organização estabelece para selecionar o melhor fornecedor de bens ou serviços que atenda às suas necessidades. Esses critérios podem ser objetivos e subjetivos, variando de acordo com as necessidades e prioridades da organização. Geralmente, eles levam em consideração aspectos como a capacidade técnica e financeira do fornecedor, a qualidade dos produtos ou serviços oferecidos, a sua experiência e reputação no mercado, o preço praticado e as condições de pagamento. O objetivo é escolher o fornecedor que apresente as melhores condições e ofereça a melhor relação custo-benefício para a organização.

Duas boas práticas para estabelecer critérios de seleção de fornecedores são:

1ª) **Definir critérios objetivos e claros:** É importante determinar critérios claros e objetivos, firmados em informações concretas e mensuráveis. Por exemplo, em vez de estabelecer a "reputação do fornecedor", pode-se especificar critérios objetivos, como número de anos de experiência na área, número de clientes atendidos, certificações obtidas, entre outros.

2ª) **Considerar o valor total da compra:** O preço praticado pelo fornecedor não deve ser o único critério considerado na escolha do fornecedor. É essencial avaliar também outros fatores, como a qualidade dos produtos ou serviços, a pontualidade na entrega, a flexibilidade em atender às demandas da organização, a disponibilidade de suporte técnico e o histórico de relacionamento com outras empresas. Isso permitirá que a organização escolha o fornecedor que ofereça a melhor relação custo-benefício, e não apenas o mais barato.

A especificação dos critérios de seleção dos fornecedores é um aspecto fundamental para a elaboração de um regulamento de contratações eficiente pelas entidades do Terceiro Setor. Trata-se de um processo crucial que garante que as necessidades da organização sejam atendidas com qualidade, eficiência e transparência. Por essa razão, é necessário definir critérios objetivos de seleção, que devem ser claros e específicos.

Entre os critérios mais comuns para a seleção de fornecedores estão a experiência na área, a capacidade técnica e financeira e a qualidade dos produtos ou serviços oferecidos. É importante que esses critérios estejam em conformidade com a legislação aplicável, como as Leis nº 13.019/2014 e nº 14.133/2021, além de serem adequados às necessidades e objetivos da entidade.

Outro aspecto importante é a definição de critérios de desempate, que são utilizados quando dois ou mais fornecedores atendem aos mesmos requisitos de seleção. Esses critérios podem ser variados, como o desconto oferecido, o prazo de entrega, a qualidade do produto ou serviço, entre outros. Além disso, é preciso considerar a possibilidade de análise de propostas técnicas e comerciais, para garantir que a seleção do fornecedor seja feita de forma transparente e justa.

Em suma, a especificação dos critérios de seleção dos fornecedores é um ponto crucial para a elaboração de um regulamento de contratações eficiente pelas entidades do Terceiro Setor. É indispensável que esses critérios sejam definidos de forma clara e objetiva, em conformidade com a legislação aplicável, e que sejam adequados às necessidades e aos objetivos da organização. Ademais, a definição de critérios de desempate e a possibilidade de análise de propostas técnicas e comerciais são aspectos relevantes para garantir que a seleção do fornecedor seja feita de forma justa e transparente.

1.4. FISCALIZAÇÃO E MONITORAMENTO DA EXECUÇÃO DOS CONTRATOS

A fiscalização e o monitoramento da execução dos contratos são etapas essenciais do processo de contratação de bens e serviços pelas entidades do Terceiro Setor. Isso ocorre porque elas são cruciais para garantir que o fornecedor cumpra com todas as obrigações estabelecidas no contrato e que a organização do Terceiro Setor receba os bens ou serviços contratados de acordo com as especificações estabelecidas. Dessa forma, é possível evitar possíveis prejuízos financeiros ou de imagem para a entidade do Terceiro Setor.

Para assegurar a efetividade da fiscalização e do monitoramento, é importante que a entidade designe um agente responsável pela fiscalização do contrato, que pode ser um servidor ou um terceirizado. Esse agente deve ter conhecimentos técnicos sobre o objeto do contrato e ser capacitado para acompanhar a execução do contrato de forma eficiente. Além disso, é necessário que ele esteja em constante diálogo com os demais departamentos envolvidos na fiscalização, como a comissão de fiscalização, o departamento financeiro e o departamento técnico.

Outra boa prática é estabelecer uma comissão de fiscalização composta por membros da própria entidade, que acompanhará de perto a execução do contrato e tomará decisões em caso de descumprimento das obrigações por parte do fornecedor. Essa comissão deve ter autonomia e independência para agir em defesa dos interesses da entidade do Terceiro Setor. A comissão deve se reunir regularmente para discutir a execução do contrato e tomar decisões, como a aplicação de multas em caso de descumprimento das obrigações.

Também é fundamental que a entidade estabeleça um departamento financeiro que seja responsável pelo acompanhamento dos pagamentos e pelo controle dos recursos financeiros destinados à execução do contrato. Esse departamento deve estar em constante diálogo com o agente de fiscalização e com a comissão de fiscalização, para garantir que os pagamentos sejam efetuados apenas quando o fornecedor cumprir com todas as obrigações previstas no contrato. Dessa forma, é possível evitar o pagamento antecipado ou o pagamento de valores indevidos.

Por fim, é primordial criar um departamento técnico que seja responsável por avaliar a qualidade dos bens ou serviços entregues pelo fornecedor. Esse setor deve realizar inspeções e testes para verificar se os bens ou serviços estão de acordo com as especificações estabelecidas no contrato. Caso seja identificada alguma não conformidade, a comissão de fiscalização deverá tomar as medidas cabíveis para garantir que o fornecedor cumpra com todas as obrigações previstas no contrato. O departamento técnico deve estar em constante diálogo com o agente de fiscalização e com a comissão de fiscalização a fim de assegurar que o fornecedor entregue os bens ou serviços de acordo com as especificações firmadas no contrato.

Em resumo, a fiscalização e o monitoramento da execução dos contratos são etapas cruciais do processo de contratação de bens e serviços pelas entidades do Terceiro Setor. Para garantir a efetividade dessas etapas, é vital designar um agente responsável pela fiscalização do contrato e elencar as atribuições para o responsável pelo acompanhamento.

Outro aspecto a ser considerado na fiscalização e no monitoramento da execução dos contratos é a comunicação com o fornecedor. A entidade do Terceiro Setor deve abrir um canal de comunicação claro e objetivo com o fornecedor, para que este possa esclarecer eventuais dúvidas e apresentar soluções em caso de problemas na execução do contrato. É importante que a comunicação seja realizada de forma clara e documentada, para que seja possível registrar todas as etapas do processo.

Além disso, é fundamental que a entidade do Terceiro Setor estabeleça prazos para a execução do contrato e para a entrega dos bens ou serviços contratados. Esses prazos devem estar estipulados no contrato e devem ser cumpridos rigorosamente pelo fornecedor. Caso haja descumprimento dos prazos, a comissão de fiscalização deverá tomar medidas cabíveis, como a aplicação de multas ou a rescisão do contrato.

Outra boa prática na fiscalização e no monitoramento da execução dos contratos é o estabelecimento de indicadores de desempenho, que permitirão avaliar a qualidade dos serviços ou bens entregues pelo fornecedor. Esses indicadores devem ser definidos de forma clara e objetiva e devem estar relacionados às especificações do contrato. A avaliação dos indicadores de desempenho permitirá que a entidade do Terceiro Setor identifique eventuais problemas na execução do contrato e tome as medidas necessárias para corrigi-los.

Por fim, é importante que a entidade do Terceiro Setor realize uma avaliação final da execução do contrato, a fim de verificar se todas as obrigações foram cumpridas pelo fornecedor. Essa avaliação deve ser realizada de forma criteriosa e documentada, pela comissão de fiscalização, em conjunto com o departamento técnico e financeiro. Caso seja identificado algum descumprimento das obrigações por parte do fornecedor, a entidade do Terceiro Setor deve tomar as medidas cabíveis para garantir que os prejuízos sejam minimizados e que o fornecedor seja responsabilizado.

Em resumo, a fiscalização e o monitoramento da execução dos contratos são etapas fundamentais do processo de contratação de bens e serviços pelas entidades do Terceiro Setor. Para assegurar a efetividade dessas etapas, é necessário abrir um canal de comunicação com o fornecedor, definir prazos para a execução do contrato, definir indicadores de desempenho e realizar uma avaliação final da execução do contrato. Essas medidas permitirão que a entidade do Terceiro Setor receba os bens ou serviços contratados de acordo com as especificações estabelecidas e que o fornecedor cumpra com todas as obrigações previstas no contrato.

1.5. ATUALIZAÇÃO PERIÓDICA DO REGULAMENTO

A atualização periódica do regulamento de contratações é uma etapa fundamental para as entidades do Terceiro Setor que buscam garantir a eficiência, a transparência e a legalidade nos processos de aquisição de bens e serviços. Essa atualização deve ser realizada sempre que necessário, levando em consideração as mudanças na legislação e nas práticas do mercado.

Uma das principais razões para atualizar o regulamento é a necessidade de adequação às novas leis e normas aplicáveis. Como exemplo, a Lei nº 13.019/2014 e a Lei nº 14.133/2021 estabelecem normas gerais para as contratações públicas e parcerias entre a administração pública e as organizações da sociedade civil, respectivamente. É preciso que o regulamento esteja em conformidade com essas leis e outras que possam impactar as contratações das entidades do Terceiro Setor.

Outro motivo para atualizar o regulamento é a necessidade de incorporar novas práticas e tecnologias do mercado. A tecnologia está mudando rapidamente, e as entidades do Terceiro Setor devem acompanhar essas mudanças para garantir a eficiência e a transparência nos processos de contratação. Por exemplo, a utilização de plataformas eletrônicas para realização de pregões e contratações pode ser incorporada ao regulamento para facilitar e agilizar o processo.

Além disso, a atualização do regulamento pode ser necessária para aprimorar a gestão dos contratos e evitar problemas futuros. O regulamento pode ser atualizado para incluir novas cláusulas contratuais, como a definição de penalidades em caso de descumprimento das obrigações por parte do fornecedor ou a definição de prazos para a entrega dos bens ou serviços contratados.

Outra razão para a atualização do regulamento é a necessidade de garantir a transparência nos processos de contratação. A transparência é fundamental para assegurar a confiança dos parceiros, doadores e da sociedade em geral nas atividades das entidades do Terceiro Setor. A atualização do regulamento pode incluir a definição de regras claras para a divulgação de informações sobre as contratações, como os editais de licitação, as atas de reunião da comissão de licitação e as informações sobre os fornecedores contratados.

Por fim, a atualização do regulamento pode ser necessária para melhorar a eficiência dos processos de contratação. A revisão do regulamento pode levar à eliminação de etapas desnecessárias e à simplificação dos procedimentos, o que pode resultar em uma redução dos prazos e dos custos das contratações.

Em suma, a atualização periódica do regulamento de contratações é uma etapa crucial para as entidades do Terceiro Setor que buscam garantir a eficiência, a transparência e a legalidade nos processos de aquisição de bens e serviços. Essa atualização deve levar em consideração as mudanças na legislação, nas práticas do mercado e nas necessidades da organização. Com um regulamento atualizado e eficiente, as entidades do Terceiro Setor poderão realizar suas contratações de forma mais eficiente.

2. OBJETIVOS DO REGULAMENTO

Um regulamento de contratações é uma ferramenta fundamental para atestar a eficiência, a transparência e a legalidade nos processos de aquisição de bens e serviços pelas entidades do Terceiro Setor. Essa regulamentação estabelece as regras e os procedimentos que devem ser seguidos em todas as etapas do processo de contratação, desde a elaboração do termo de referência até a execução do contrato.

O principal objetivo de um regulamento de contratações é assegurar que estas sejam feitas de forma justa e transparente, com base em critérios objetivos e previamente estabelecidos. Isso é essencial para evitar qualquer tipo de favorecimento ou direcionamento indevido dos processos de contratação, além de garantir a igualdade de oportunidades para os fornecedores interessados em participar das licitações ou concorrências.

Outro objetivo importante é garantir que as contratações sejam feitas de modo eficiente e econômico, buscando sempre a melhor relação custo-benefício para a entidade do Terceiro Setor. Isso significa que o regulamento deve estipular critérios claros e objetivos para a seleção dos fornecedores, de forma a garantir a escolha daqueles que apresentem as melhores condições de atendimento às necessidades da organização.

Além disso, o regulamento deve ser elaborado de forma a garantir o cumprimento de todas as leis e normas aplicáveis às contratações públicas, como as Leis nº 13.019/2014 e nº 14.133/2021. Isso é fundamental para certificar a legalidade e a transparência dos processos de contratação, bem como evitar qualquer tipo de sanção ou penalidade por descumprimento da legislação.

Outro objetivo importante é estabelecer normas e procedimentos para a gestão dos contratos, incluindo a definição das obrigações das partes, o estabelecimento de metas e prazos, a forma de pagamento e a fiscalização da execução do documento. Isso faz com que o fornecedor cumpra com todas as obrigações previstas no contrato e que a entidade do Terceiro Setor receba os bens ou serviços contratados de acordo com as especificações estabelecidas.

O regulamento de contratações igualmente pode ser uma ferramenta importante para promover a transparência e a prestação de contas da entidade do Terceiro Setor. Ao estabelecer normas claras e objetivas para as contratações, a organização pode demonstrar para a sociedade e para seus parceiros o compromisso com a legalidade, a eficiência e a transparência em suas atividades.

Por fim, um regulamento de contratações bem redigido pode contribuir para a melhoria da gestão da entidade do Terceiro Setor, ao definir normas e procedimentos que promovam a eficiência e a otimização dos recursos. Isso pode trazer benefícios significativos para a organização, como a redução de custos e o aumento da qualidade dos serviços prestados.

Outro propósito do regulamento de contratações é a transparência e a publicidade dos processos de aquisição de bens e serviços. A publicidade dos procedimentos permite que a sociedade acompanhe a aplicação dos recursos públicos e possa fiscalizar a atuação das entidades do Terceiro Setor. Já a transparência contribui para a prevenção de atos de corrupção e a garantia da legalidade dos processos de contratação.

Um terceiro objetivo do regulamento de contratações é a eficiência e a qualidade na execução dos contratos. Com a definição clara de normas e procedimentos, critérios de seleção de fornecedores e fiscalização da execução dos contratos, é possível afiançar que as necessidades da organização sejam atendidas de forma eficiente e com a qualidade desejada. Isso contribui para a maximização do uso dos recursos disponíveis e para a entrega de bens e serviços de qualidade à sociedade.

Além disso, o regulamento de contratações pode contribuir para o desenvolvimento do mercado de fornecedores de bens e serviços para as entidades do Terceiro Setor. Com a definição clara de critérios objetivos de seleção, os fornecedores são incentivados a melhorar seus processos e a oferecer produtos e serviços de qualidade, o que contribui para o desenvolvimento do setor e para a concorrência saudável entre os concorrentes.

Por fim, o regulamento de contratações colabora para a profissionalização da gestão das entidades do Terceiro Setor. Ao estabelecer normas e procedimentos claros para as contratações, a organização passa a agir de forma mais estruturada e profissional, o que coopera para a sua credibilidade e para a conquista de novos parceiros e recursos.

Em resumo, o regulamento de contratações é fundamental para as entidades do Terceiro Setor. Ele contribui para a legalidade, a transparência, a eficiência e a qualidade na execução dos contratos, além de fomentar o desenvolvimento do mercado de fornecedores e a profissionalização da gestão das organizações. É importante que as entidades se dediquem à elaboração e à atualização periódica do regulamento, a fim de os objetivos sejam alcançados e que a organização possa desempenhar seu papel de forma eficiente e ética na sociedade.

2.1. ATENDIMENTO À LEGISLAÇÃO APLICÁVEL

As entidades do Terceiro Setor têm a relevante missão de atuar em prol do bem social, promovendo ações que visam beneficiar a comunidade em que estão inseridas. Para isso, muitas vezes é necessário adquirir bens, contratar serviços ou realizar obras, o que requer a observância das normas aplicáveis às compras e contratações.

Nesse sentido, é fundamental que as entidades do Terceiro Setor estejam atentas à legislação aplicável, visando garantir a transparência, a eficiência e a legalidade em todos os processos de aquisição de bens e serviços. Para tanto, é necessário observar os princípios do art. 5º da Lei nº 14.133/2021, que estabelece as normas gerais sobre licitações e contratos administrativos.

Dentre os princípios que devem ser observados pelas entidades do Terceiro Setor, destacam-se a legalidade, a impessoalidade, a moralidade, a igualdade, a publicidade, a eficiência e a probidade administrativa. A legalidade, por exemplo, implica que todas as ações devem ser pautadas pelas normas e regulamentos vigentes, garantindo a segurança jurídica e a transparência nas contratações.

Já a impessoalidade, determina que os procedimentos sejam conduzidos de maneira objetiva, sem distinção ou preferência por fornecedores ou prestadores de serviço. A igualdade, por sua vez, assegura que todos os interessados em prestar serviços às entidades do Terceiro Setor tenham as mesmas oportunidades, sem qualquer tipo de discriminação.

A publicidade é outro princípio vital que possibilita que todos os procedimentos de contratação sejam transparentes e acessíveis a qualquer interessado. A eficiência, por outro lado, determina que os processos sejam conduzidos de forma ágil e econômica, permitindo a otimização dos recursos públicos. Por fim, a probidade administrativa implica que todos os envolvidos no processo de contratação devem agir de forma ética e transparente, afiançando a lisura e a integridade dos procedimentos.

Vale ressaltar que as entidades do Terceiro Setor não são obrigadas a seguir a Lei nº 14.133/2021 em sua integralidade, mas devem observar seus princípios gerais, de forma a zelar pela uniformização dos procedimentos e pelo tratamento isonômico a todos os interessados em prestar serviços. Isso garante que as contratações sejam realizadas de forma justa e transparente, impactando a qualidade dos serviços e a satisfação dos objetivos da entidade do Terceiro Setor.

Para tanto, é importante que as entidades do Terceiro Setor estejam sempre atualizadas sobre as normas e os regulamentos aplicáveis às compras e contratações, de forma a atestar a efetividade e a legalidade dos processos. A contratação de um profissional ou empresa especializada em consultoria jurídica pode ser uma medida eficaz para assegurar a conformidade dos procedimentos com a legislação aplicável, visando à segurança jurídica e à transparência nas contratações.

2.2. SIMPLIFICAÇÃO DOS PROCESSOS DE CONTRATAÇÃO

Simplificação dos processos de contratação é um conjunto de medidas que visam tornar mais ágeis e eficientes as atividades relacionadas à contratação de bens, serviços e obras pelas entidades do Terceiro Setor. Essas medidas podem envolver desde a simplificação da documentação exigida para participação nas licitações até a adoção de procedimentos eletrônicos nas contratações.

O objetivo da simplificação dos processos de contratação é reduzir a burocracia e os custos envolvidos nas contratações, sem abrir mão da transparência e da competitividade. Com a simplificação, é possível ampliar o acesso das empresas e organizações do Terceiro Setor às oportunidades de contratação, além de facilitar o trabalho dos gestores públicos responsáveis pelas compras.

Entre as medidas de simplificação dos processos de contratação, podemos citar a utilização de pregão eletrônico para aquisição de bens e serviços comuns, que permite a realização da licitação de forma mais rápida e com menor custo. Também é possível adotar o sistema de registro de preços, que autoriza a compra de bens ou serviços por meio de ata de registro de preços, simplificando o processo licitatório.

Além disso, a simplificação dos processos de contratação também pode envolver a unificação de exigências e documentos em licitações de mesmo objeto, a adoção de regras claras e objetivas para a participação nas licitações e a ampliação da divulgação dos editais de licitação, para que mais fornecedores possam participar.

Vale destacar que a simplificação dos processos de contratação não deve ser confundida com a flexibilização dos requisitos legais e regulamentares para a realização das contratações. É importante que as entidades do Terceiro Setor observem a legislação aplicável e garantam a transparência e a competitividade nos processos de contratação.

A simplificação dos processos de compras é uma prática cada vez mais adotada pelas entidades do Terceiro Setor como forma de trazer efetividade para as aquisições e facilitar o processo de prestação de contas. Essa simplificação envolve a definição de condições objetivas, prazos predefinidos, canais de comunicação e mapeamento de processos.

Ao simplificar os processos de compras, as entidades do Terceiro Setor conseguem agilizar o processo de aquisição de bens e serviços, reduzindo o tempo necessário para a conclusão de cada etapa. Isso é possível por meio da definição clara dos requisitos necessários para cada contratação, permitindo que os fornecedores interessados possam se preparar adequadamente e apresentar suas propostas de forma mais rápida e precisa.

Além disso, a simplificação dos processos de compras possibilita que as entidades do Terceiro Setor trabalhem eficientemente, com menor burocracia e menos retrabalho. Com prazos definidos e canais de comunicação claros, as organizações podem monitorar de perto cada etapa do processo de compras e tomar decisões com maior rapidez e assertividade.

Outro benefício da simplificação dos processos de compras é a redução dos riscos de erros e fraudes. Com a definição clara dos requisitos necessários para cada contratação, a entidade pode evitar o surgimento de problemas decorrentes da falta de clareza e transparência nas etapas do processo. Além disso, com a definição de prazos predefinidos e canais de comunicação adequados, é possível identificar e corrigir rapidamente eventuais desvios que possam ocorrer durante o processo.

Por fim, a simplificação dos processos de compras também facilita o processo de prestação de contas, uma vez que permite uma melhor organização dos documentos e das informações necessários para a comprovação da regularidade e efetividade das aquisições realizadas. Com processos claros e bem definidos, as entidades do Terceiro Setor conseguem comprovar de maneira mais rápida e precisa a aplicação dos recursos públicos recebidos, garantindo a transparência e a prestação de contas adequada aos órgãos de controle e fiscalização.

Em resumo, a simplificação dos processos de compras é uma prática cada vez mais adotada pelas entidades do Terceiro Setor como forma de trazer efetividade para as aquisições e facilitar o processo de prestação de contas. Com a definição clara de requisitos, prazos, canais de comunicação e mapeamento de processos, as entidades conseguem agilizar as compras, trabalhar com eficiência, reduzir riscos de erros e fraudes e viabilizar a prestação de contas aos órgãos de controle e fiscalização.

2.3. TRANSPARÊNCIA NOS PROCESSOS DE AQUISIÇÃO

A transparência é um dos pilares fundamentais para as aquisições feitas pelas entidades do Terceiro Setor. Ela é responsável por garantir que todos os processos sejam realizados de forma ética e justa, sem favorecimentos e privilégios a determinados fornecedores. Neste texto, elencamos três elementos de transparência que devem ser levados em consideração pelas entidades do Terceiro Setor.

Publicidade das aquisições: O primeiro elemento de transparência é a publicidade das aquisições. Isso significa que a entidade do Terceiro Setor deve tornar públicos os editais de licitação ou os processos de seleção de fornecedores. É importante que esses editais contenham todas as informações necessárias, como o objeto da contratação, os critérios de seleção, as condições de pagamento e as exigências técnicas. A publicidade das aquisições é fundamental para que todos os fornecedores tenham acesso às informações e possam participar do processo de forma isonômica.

Além da publicidade dos editais de licitação ou seleção de fornecedores, é importante que as entidades do Terceiro Setor também publiquem em seus *sites* ou em outros meios de comunicação os resultados das licitações ou seleções realizadas. Dessa forma, os fornecedores poderão verificar se foram selecionados ou não e terão acesso às informações sobre os critérios utilizados na seleção.

Outro aspecto importante da publicidade das aquisições é a possibilidade de questionamento por parte dos fornecedores. É necessário que a entidade do Terceiro Setor estabeleça prazos para que os fornecedores possam questionar eventuais irregularidades ou inconsistências nos editais ou no processo de seleção. Isso faz com que o processo seja transparente e que todos os interessados possam ter seus direitos resguardados.

Além disso, é importante que as entidades do Terceiro Setor publiquem os contratos firmados com os fornecedores. Essa publicação deve conter todas as informações relevantes, como o objeto do contrato, o prazo de vigência, o valor contratado, as condições de pagamento. Dessa forma, os fornecedores e a sociedade em geral poderão ter acesso às informações sobre as aquisições da organização.

Por fim, vale destacar que a publicidade das aquisições não se limita à divulgação das informações necessárias. É fundamental que as entidades do Terceiro Setor também sejam transparentes quanto aos critérios utilizados na seleção dos fornecedores e na gestão dos contratos. Para isso, é primordial que as informações estejam disponíveis de forma clara e acessível, de modo que os fornecedores e a sociedade em geral possam acompanhar e avaliar a gestão dos recursos públicos.

Acesso aos documentos: O segundo elemento de transparência é o acesso aos documentos. A entidade do Terceiro Setor deve disponibilizar os documentos referentes às aquisições, como os editais de licitação, as atas de julgamento e os contratos firmados. Isso permite que os fornecedores e a sociedade em geral possam acompanhar todo o processo e verificar se tudo está ocorrendo de forma ética e transparente. Além disso, o acesso aos documentos é indispensável para que os órgãos de controle possam fiscalizar a execução dos contratos e a efetividade das aquisições.

Outra forma de garantir a transparência nas aquisições é por meio da criação de um portal de transparência específico para as compras realizadas pelas entidades do Terceiro Setor. Nesse portal, devem constar todas as informações relativas às aquisições, desde a publicação do edital até a execução do contrato, incluindo os valores envolvidos e os fornecedores contratados. A disponibilização dessas informações de forma clara e acessível permite que a sociedade acompanhe o uso dos recursos públicos pela entidade, contribuindo para a transparência e a *accountability*.

Além disso, as entidades do Terceiro Setor devem assegurar a competitividade nas aquisições, assegurando a participação de um número significativo de fornecedores nos processos de seleção. As cotações prévias, a publicidade dos processos seletivos e a divulgação de informações claras e objetivas sobre as condições de contratação são estratégias que podem fornecer maior competitividade nas aquisições. Assim, a entidade pode escolher o fornecedor que apresenta a melhor relação custo-benefício, de forma transparente e ética.

Por fim, as entidades do Terceiro Setor devem investir na capacitação dos seus colaboradores, de modo que todos estejam aptos a realizar corretamente as aquisições. Os colaboradores devem ter conhecimento das leis e normas aplicáveis às compras públicas, além de saber identificar situações de conflito de interesse e de garantir a segurança jurídica do processo. A capacitação também pode contribuir para aprimorar as habilidades de negociação e de gestão de contratos, fornecendo uma maior efetividade nas aquisições.

Em resumo, a publicidade das aquisições, o acesso aos documentos, a criação de um portal de transparência específico, a garantia de competitividade nas aquisições e a capacitação dos colaboradores são elementos de transparência que podem ser adotados pelas entidades do Terceiro Setor para manter a ética e a transparência nas aquisições. Essas medidas podem contribuir para aumentar a confiança da sociedade na atuação dessas entidades e na gestão dos recursos públicos, além de promover a efetividade das aquisições e facilitar o processo de prestação de contas.

Controle interno: O terceiro elemento de transparência é o controle interno. A entidade do Terceiro Setor deve estabelecer mecanismos de controle interno para verificar se os processos de aquisição estão sendo realizados de forma ética e transparente. Esses mecanismos podem incluir a realização de auditorias internas, o acompanhamento da execução dos contratos e a verificação da conformidade com as leis e normas aplicáveis. O controle interno é fundamental para que a entidade esteja em conformidade com as regras e para evitar fraudes e desvios de recursos.

O controle interno é essencial para a integridade das aquisições feitas pelas entidades do Terceiro Setor. Ele ajuda a prevenir erros, fraudes e desvios, além de assegurar que os recursos públicos estejam sendo utilizados de modo eficiente e transparente. O controle interno também permite que a organização identifique e corrija falhas e deficiências em seus processos, garantindo a melhoria contínua de suas práticas e procedimentos.

Uma forma eficaz de implementar o controle interno nas aquisições é por meio de um sistema de gestão integrada. Esse sistema permite que a entidade gerencie todos os aspectos de suas aquisições de forma integrada e padronizada, estabelecendo processos e procedimentos claros e bem definidos. Além disso, o sistema de gestão integrada possibilita a identificação de possíveis riscos e a implementação de medidas preventivas para minimizá-los.

Outra prática importante para garantir o controle interno é a instalação de auditorias internas periódicas, as quais permitem que a entidade avalie sua própria eficácia e eficiência em relação aos processos de aquisição, identificando possíveis problemas e propondo soluções. As auditorias internas servem para avaliar a conformidade da entidade com as leis e normas aplicáveis, afiançando que as aquisições sejam concluídas de forma ética e transparente.

Por fim, é importante destacar que o controle interno nas aquisições das entidades do Terceiro Setor deve ser um esforço conjunto de todos os envolvidos, incluindo gestores, servidores, fornecedores e órgãos de controle. Todos devem estar comprometidos com a ética e a transparência, assegurando que os recursos públicos sejam utilizados de forma eficiente e em benefício da sociedade como um todo.

Em suma, a transparência é um elemento crucial para as aquisições feitas pelas entidades do Terceiro Setor. A publicidade das aquisições, o acesso aos documentos e o controle interno são elementos fundamentais para possibilitar que todo o processo ocorra de forma ética e transparente. As entidades do Terceiro Setor devem adotar esses elementos a fim de que suas aquisições sejam efetivas e de prestar contas à sociedade.

2.4. EFICIÊNCIA NA GESTÃO DOS RECURSOS

A eficiência na gestão dos recursos pode ser definida como a capacidade de uma entidade do Terceiro Setor em empregar seus recursos de maneira eficaz, econômica e eficiente, com o objetivo de maximizar o impacto social positivo de suas ações. Isso implica gerir de forma planejada e estratégica os recursos disponíveis, sejam eles financeiros, humanos, materiais ou tecnológicos, de forma a utilizá-los e obter os melhores resultados possíveis com o menor custo e menor desperdício possível. A eficiência na gestão dos recursos é essencial para garantir a sustentabilidade e a continuidade das atividades da entidade, bem como para garantir a confiança e o engajamento da sociedade.

O regulamento de compras e licitações também deve ter como objetivo a eficiência na gestão dos recursos da entidade do Terceiro Setor. Isso inclui a definição de critérios objetivos para a seleção de fornecedores e prestadores de serviços, como a capacidade técnica e financeira, bem como a certeza da entrega dos bens e serviços dentro dos prazos e especificações estabelecidos.

A eficiência na gestão dos recursos contribui para a maximização do impacto social da entidade do Terceiro Setor, além de garantir a qualidade dos bens e serviços adquiridos e a satisfação dos beneficiários.

2.5. LEGALIDADE NA CONTRATAÇÃO

Por fim, um dos principais objetivos do regulamento de compras e licitações é assegurar a legalidade na contratação. Isso inclui a observância das normas e dos procedimentos estabelecidos na legislação aplicável, bem como a garantia da seleção de fornecedores e prestadores de serviços idôneos e qualificados.

A legalidade na contratação contribui para a segurança jurídica da entidade do Terceiro Setor, além de evitar possíveis questionamentos ou denúncias sobre irregularidades no processo de contratação.

A legalidade na contratação é um dos principais princípios que regem a gestão das entidades do Terceiro Setor. Isso significa que todas as aquisições devem ser realizadas de acordo com as normas e os procedimentos estabelecidos na legislação aplicável, com o objetivo de garantir a integridade e a transparência dos processos de contratação. A legalidade na contratação também tem como meta evitar possíveis sanções e punições às entidades do Terceiro Setor, como multas, rescisão de contratos e até mesmo ações judiciais.

Para isso, as entidades do Terceiro Setor devem seguir uma série de procedimentos, como a elaboração de editais de licitação ou a escolha de fornecedores por meio de processos seletivos. Além disso, é importante que a entidade verifique a idoneidade e a qualificação dos fornecedores, por meio da análise de documentos como certidões negativas de débitos fiscais, trabalhistas e previdenciários, além de certidões de regularidade junto aos órgãos de fiscalização e controle.

Outra medida necessária é a elaboração de contratos claros e objetivos, que estabeleçam todas as obrigações e responsabilidades das partes envolvidas. É importante que o contrato seja elaborado de forma clara e precisa, evitando ambiguidades a fim de que todas as condições sejam cumpridas pelas partes envolvidas, bem como fiscalizadas e monitoradas de forma eficiente, para garantir que todas as obrigações sejam cumpridas pelas partes envolvidas, atingindo os mesmos objetivos.

Por fim, a legalidade na contratação também envolve a observância de todas as normas e procedimentos estabelecidos pelas leis e regulamentos aplicáveis. Isso inclui a realização de licitações ou processos seletivos, a observância dos critérios de seleção estabelecidos no edital, a verificação da habilitação dos fornecedores, a elaboração de contratos claros e objetivos e o controle e fiscalização eficientes dos contratos. Ao garantir a legalidade na contratação, as entidades do Terceiro Setor demonstram a transparência, a integridade e a efetividade das aquisições realizadas, contribuindo para a melhoria da gestão dos recursos e para o alcance dos objetivos institucionais da entidade.

Em conclusão, o regulamento de compras e licitações é uma ferramenta fundamental para as entidades do Terceiro Setor garantirem a transparência, a eficiência e a legalidade nos processos de aquisição de bens e serviços. Os objetivos apresentados neste artigo, como o atendimento à legislação aplicável, a simplificação dos processos de contratação, a transparência nos processos de aquisição, a eficiência na gestão dos recursos e a legalidade na contratação, devem ser considerados na elaboração do regulamento para garantir uma gestão eficiente e transparente dos recursos da entidade.

Portanto, a elaboração do regulamento de compras e licitações deve ser uma das principais preocupações das entidades do Terceiro Setor, buscando sempre aprimorar e atualizar as suas normas e procedimentos de acordo com as leis e normas aplicáveis. Para isso, é importante contar com o suporte de profissionais especializados, como advogados com experiência em licitações e contratações públicas, a fim de garantir a adequação e efetividade do regulamento.

3. ELABORAÇÃO DO REGULAMENTO

O regulamento de compras e licitações é uma ferramenta fundamental para as entidades do Terceiro Setor conquistarem a transparência, a eficiência e a legalidade nos processos de aquisição de bens e serviços. Nesse sentido, é importante destacar alguns passos fundamentais para a construção do regulamento, que serão apresentados a seguir.

3.1. DEFINIÇÃO DAS NORMAS E PROCEDIMENTOS

O primeiro passo para a elaboração do regulamento de compras e licitações é a definição das normas e procedimentos que devem ser seguidos pelas entidades do Terceiro Setor em seus processos de aquisição de bens e serviços. Essas normas devem estar em conformidade com a legislação aplicável, em especial a Lei nº 13.019/2014, que estabelece as normas para as parcerias entre a administração pública e as organizações da sociedade civil.

As normas e os procedimentos devem ser claros, objetivos e de fácil entendimento, a fim de garantir a sua efetividade na gestão dos recursos da entidade do Terceiro Setor.

3.2. ESPECIFICAÇÃO DOS TIPOS DE SELEÇÃO

O segundo passo é a especificação dos tipos de seleção que podem ser utilizados pela entidade do Terceiro Setor em seus processos de aquisição de bens e serviços. Entre os tipos de seleção mais comuns, destacam-se a concorrência, a tomada de preços, o convite e o pregão.

Cada tipo de seleção possui características específicas e deve ser empregado de acordo com a natureza e o valor dos bens e serviços a serem contratados, bem como com os critérios de seleção definidos no regulamento.

Existem diversos tipos de seleção de fornecedores que podem ser adotados pelas entidades do Terceiro Setor, a depender das necessidades e objetivos específicos de cada contratação. Alguns exemplos são:

1. **Cotação de Preços:** nesse tipo de seleção, a entidade solicita orçamentos de pelo menos três fornecedores para um determinado produto ou serviço e seleciona o que apresentar o melhor preço.
2. **Chamada Local:** essa modalidade é utilizada para compras ou contratações de valores mais elevados, destinada aos fornecedores locais. A entidade realiza uma divulgação pública para que os fornecedores interessados apresentem suas propostas, seguindo as especificações e exigências contempladas no edital.
3. **Chamada Ampla:** é a modalidade mais complexa de seleção, utilizada para contratações de valores ainda maiores, com a participação em âmbito regional ou nacional de interessados. A entidade publica um edital com todas as informações relevantes, como o objeto da contratação, as exi-

gências técnicas, as condições de pagamento e os critérios de seleção. Nesse caso, a seleção se dá por meio de propostas técnicas e de preços, sendo escolhido o fornecedor que apresentar a melhor combinação entre esses dois critérios.

4. **Chamamento Público:** essa modalidade é empregada para a celebração de parcerias com organizações da sociedade civil. A entidade publica um edital para que as organizações interessadas apresentem seus projetos e planos de trabalho, selecionando a que melhor se adequar aos objetivos da entidade.
5. **Contratação Direta:** essa modalidade é aplicada quando há apenas um fornecedor ou quando a contratação é direcionada a uma empresa específica por possuir a capacidade técnica ou os conhecimentos especializados necessários para realizar o serviço, ou ainda em relação a um determinado valor.
6. **Fundo de Caixa:** Destinada a pequenas contratações, que podem ser classificadas, por exemplo, para pequenas despesas não enumeradas nos demais tipos de seleção.

É importante ressaltar que, independentemente da modalidade adotada, a entidade do Terceiro Setor deve sempre observar as normas e os procedimentos estabelecidos na legislação aplicável, bem como garantir a seleção de fornecedores e prestadores de serviços idôneos e qualificados.

3.3. DEFINIÇÃO DOS CRITÉRIOS DE SELEÇÃO DOS FORNECEDORES

O terceiro passo é a definição dos critérios de seleção dos fornecedores, que devem ser fixados de acordo com as especificidades de cada processo de aquisição. Entre os critérios mais comuns, destacam-se a capacidade técnica e financeira, a experiência e a qualificação dos fornecedores, bem como o preço oferecido pelos bens e serviços.

Os critérios de seleção devem ser objetivos, transparentes e de fácil compreensão, a fim de garantir a eficiência na gestão dos recursos da entidade do Terceiro Setor.

A definição dos critérios de seleção dos fornecedores é um aspecto fundamental no processo de aquisição de bens e contratação de serviços pelas entidades do Terceiro Setor. Esses critérios devem ser objetivos, claros e precisos, visando selecionar os fornecedores mais qualificados e que ofereçam as melhores condições para atender às necessidades da entidade.

Entre os critérios mais comuns para a seleção de fornecedores estão:

1. **Capacidade técnica:** avaliação das habilidades técnicas e da experiência do fornecedor para fornecer os bens ou serviços necessários. Isso pode incluir a avaliação de currículos, portfólio de trabalhos anteriores e certificações técnicas.
2. **Capacidade financeira:** avaliação da saúde financeira do fornecedor, incluindo sua capacidade de honrar contratos e de cumprir suas obrigações financeiras.
3. **Preço:** avaliação do preço proposto pelo fornecedor para os bens ou serviços. É importante que o preço seja competitivo e esteja de acordo com as condições do mercado.
4. **Prazo de entrega:** avaliação da capacidade do fornecedor em cumprir os prazos estabelecidos para a entrega dos bens ou serviços.
5. **Qualidade:** avaliação da qualidade dos bens ou serviços oferecidos pelo fornecedor, incluindo sua capacidade de atender às especificações técnicas e de certificar a qualidade dos produtos entregues.
6. **Sustentabilidade:** avaliação do compromisso do fornecedor com práticas sustentáveis, incluindo a proteção do meio ambiente e a responsabilidade social.

É importante que os critérios de seleção sejam definidos de forma clara e transparente, evitando a subjetividade e a possibilidade de interpretações divergentes. Além disso, é necessário que os critérios estejam alinhados com os objetivos e as necessidades da entidade do Terceiro Setor, garantindo que os fornecedores selecionados possam atender às demandas da organização.

3.4. FORMAS DE CONTRATAÇÃO, COM PREFERÊNCIA PARA COMPRAS ELETRÔNICAS

O quarto passo é a definição das formas de contratação que podem ser utilizadas pela entidade do Terceiro Setor em seus processos de aquisição de bens e serviços. Entre as mais comuns, destacam-se a compra direta, a contratação por pregão, a contratação por registro de preços e a contratação por meio de compras eletrônicas.

É recomendável dar preferência para as compras eletrônicas, que, além de assegurarem a eficiência e transparência nos processos de aquisição, permitem a ampliação da concorrência e a redução de custos.

As compras eletrônicas são efetuadas por meio de plataformas *on-line*, nas quais os fornecedores cadastrados podem apresentar suas propostas de maneira transparente e concorrerem entre si. Esse processo traz agilidade e transparência na escolha do fornecedor, além de possibilitar a comparação entre as propostas apresentadas.

3.5. GARANTIA DA TRANSPARÊNCIA E EFICIÊNCIA NOS PROCESSOS DE AQUISIÇÃO

Por fim, o objetivo principal do regulamento de compras e licitações é garantir a transparência e a eficiência nos processos de aquisição de bens e serviços pelas entidades do Terceiro Setor. Isso significa que todas as etapas do processo de aquisição devem ser acompanhadas e documentadas, desde a elaboração do edital até a contratação dos fornecedores.

A transparência e a eficiência nos processos de aquisição são fundamentais para a gestão eficiente dos recursos da entidade do Terceiro Setor, assegurando a qualidade dos bens e serviços adquiridos e a satisfação dos beneficiários.

Portanto, a elaboração do regulamento de compras e licitações é um processo fundamental para as entidades do Terceiro Setor, visando garantir a transparência, a eficiência e a legalidade nos processos de aquisição de bens e serviços. As normas e os procedimentos, a especificação dos tipos de seleção, a definição dos critérios de seleção dos fornecedores e as formas de contratação, com preferência para compras eletrônicas além da transparência e da eficiência nos processos de aquisição, são passos fundamentais para a elaboração de um regulamento efetivo e eficiente.

Assim, é fundamental que as entidades do Terceiro Setor contem com profissionais especializados na área de licitações e contratações públicas, para afiançar a adequação e a efetividade do regulamento. Com a elaboração e a aplicação do regulamento, as entidades do Terceiro Setor poderão fazer uma gestão mais eficiente, transparente e legal dos seus recursos, contribuindo para o alcance dos seus objetivos sociais.

4. FISCALIZAÇÃO E MONITORAMENTO

A fiscalização e o monitoramento dos contratos são elementos fundamentais para a efetividade do regulamento de compras e licitações e a transparência na gestão dos recursos das entidades do Terceiro Setor. Nesse sentido, é importante destacar alguns pontos para a fiscalização e o monitoramento dos contratos.

Os procedimentos para fiscalização de um contrato podem ser divididos em diversas etapas. A seguir, apresentamos uma sugestão de procedimentos:

1. **Designação do agente de fiscalização:** A entidade do Terceiro Setor deve designar um agente responsável pela fiscalização do contrato, que pode ser um servidor ou um terceirizado. Esse agente deve ter conhecimentos técnicos sobre o objeto do contrato e ser capacitado para acompanhar a execução do contrato de forma eficiente.
2. **Criação de uma comissão de fiscalização:** A entidade do Terceiro Setor pode estabelecer uma comissão de fiscalização, composta por membros da própria entidade, que acompanhará de perto a execução do contrato e tomará decisões em caso de descumprimento das obrigações por parte do fornecedor. Essa comissão deve ter autonomia e independência para agir em defesa dos interesses da entidade do Terceiro Setor.
3. **Estabelecimento de um departamento financeiro:** É fundamental que a entidade estabeleça um departamento financeiro que seja responsável pelo acompanhamento dos pagamentos e pelo controle dos recursos financeiros destinados à execução do contrato. Esse departamento deve estar em constante diálogo com o agente de fiscalização e com a comissão de fiscalização, a fim de que os pagamentos sejam efetuados apenas quando o fornecedor cumprir com todas as obrigações previstas no contrato.
4. **Criação de um departamento técnico:** A entidade deve estabelecer um departamento técnico que seja responsável por avaliar a qualidade dos bens ou serviços entregues pelo fornecedor. Esse departamento deve realizar inspeções e testes para verificar se os bens ou serviços estão de acordo com as especificações estabelecidas no contrato. Caso seja

identificada alguma não conformidade, a comissão de fiscalização deverá tomar as medidas cabíveis para garantir que o fornecedor cumpra com todas as obrigações previstas no contrato.

5. **Registro de todas as informações:** Todos os procedimentos de fiscalização devem ser registrados em documentos e relatórios, incluindo a data da inspeção, os resultados dos testes e as observações sobre o cumprimento ou não das obrigações por parte do fornecedor. Esses registros são fundamentais para a tomada de decisões em caso de descumprimento das obrigações por parte do fornecedor.
6. **Verificação dos prazos de execução:** A entidade deve monitorar de perto o cumprimento dos prazos de execução estabelecidos no contrato. Em caso de atrasos, é importante que a comissão de fiscalização tome as medidas cabíveis para que o fornecedor cumpra com suas obrigações.
7. **Acompanhamento das garantias oferecidas:** Caso o contrato preveja a apresentação de garantias pelo fornecedor, a entidade deve acompanhar de perto a apresentação e renovação delas, visando à segurança financeira da entidade.

Esses são alguns dos procedimentos que podem ser adotados para garantir a efetividade da fiscalização de contratos. É importante que a entidade do Terceiro Setor adapte esses procedimentos à sua realidade e às suas necessidades específicas.

4.1. FISCALIZAÇÃO DO CONTRATO

A fiscalização do contrato é uma das principais atividades quanto à efetividade do regulamento de compras e licitações. Ela consiste em acompanhar a execução do contrato firmado com o fornecedor de bens e serviços, verificando se as obrigações contratuais estão sendo cumpridas de acordo com as especificações técnicas, prazos e valores estabelecidos.

A fiscalização do contrato pode ser realizada por um agente de fiscalização ou por uma comissão de fiscalização, conforme será detalhado nos próximos tópicos.

4.2. AGENTE DE FISCALIZAÇÃO

O agente de fiscalização é o responsável por acompanhar a execução do contrato, verificando o cumprimento das obrigações contratuais pelo fornecedor de bens e serviços. Ele deve possuir conhecimento técnico na área de atuação do contrato e estar capacitado para acompanhar e fiscalizar as atividades previstas no contrato.

O agente de fiscalização deve estar atento aos prazos e valores estabelecidos no contrato, bem como às especificações técnicas dos bens e serviços contratados, a fim de garantir a qualidade e a eficiência na execução do contrato.

4.3. COMISSÃO DE FISCALIZAÇÃO

A comissão de fiscalização é um grupo de servidores designado pela entidade do Terceiro Setor para acompanhar a execução do contrato e deve ser composta por servidores com conhecimento técnico na área de atuação do contrato, bem como deve possuir as competências necessárias para fiscalizar e observar as atividades previstas no contrato.

A comissão de fiscalização deve realizar visitas técnicas ao fornecedor de bens e serviços, verificar o cumprimento das obrigações contratuais, analisar os documentos e relatórios apresentados pelo fornecedor e emitir relatórios de fiscalização para a entidade do Terceiro Setor.

4.4. DEPARTAMENTO FINANCEIRO

O departamento financeiro da entidade do Terceiro Setor é responsável por acompanhar e fiscalizar os aspectos financeiros do contrato, tais como o cumprimento dos prazos de pagamento, a correta aplicação dos recursos e o controle dos valores previstos no contrato.

Essa área deve, ainda, estar atenta aos prazos e valores firmados no contrato, bem como às especificações técnicas dos bens e serviços contratados, a fim de garantir a correta utilização dos recursos financeiros.

4.5. DEPARTAMENTO TÉCNICO

O departamento técnico da entidade do Terceiro Setor é responsável por acompanhar e fiscalizar os aspectos técnicos do contrato, tais como a correta aplicação das especificações técnicas, o controle de qualidade dos bens e serviços e o cumprimento dos prazos previstos no contrato.

Deve igualmente estar atento às especificações técnicas previstas no contrato, bem como aos prazos e valores estabelecidos, a fim de garantir a efetividade na execução do contrato.

Em conclusão, a fiscalização e o monitoramento dos contratos são atividades fundamentais para assegurar a efetividade do regulamento de compras e licitações e a transparência na gestão dos recursos das entidades do Terceiro Setor. A fiscalização pode ser feita por um agente de fiscalização ou por uma comissão de fiscalização e deve abranger aspectos financeiros e técnicos do contrato.

Além disso, os departamentos financeiro e técnico da entidade do Terceiro Setor também possuem papel importante na fiscalização e no monitoramento dos contratos, devendo estar atentos aos prazos, valores e às especificações técnicas previstas no contrato.

Vale destacar que a fiscalização e o monitoramento devem ser realizados de forma sistemática e regular, a fim de garantir a efetividade do regulamento e a transparência na gestão dos recursos da entidade do Terceiro Setor.

Assim, a elaboração e a implementação de um regulamento eficiente de compras e licitações, aliado a uma fiscalização e ao monitoramento adequados, contribuem para a gestão eficiente e transparente dos recursos das entidades do Terceiro Setor, atestando a qualidade dos bens e serviços adquiridos e a satisfação dos beneficiários.

CONSIDERAÇÕES FINAIS

Após analisarmos todas as informações expostas, podemos concluir que o regulamento de compras e licitações é um instrumento indispensável para as entidades do Terceiro Setor que desejam ter transparência, eficiência e legalidade em seus processos de aquisição de bens e serviços. A adoção de procedimentos claros e objetivos, a especificação dos critérios de seleção dos fornecedores e a fiscalização rigorosa da execução dos contratos são medidas que contribuem para a qualidade dos produtos e serviços adquiridos e fortalecem a confiança dos *stakeholders* em suas atividades.

Entretanto, a elaboração e a implementação do regulamento de compras e licitações exigem uma compreensão profunda das normas e leis específicas, o que pode ser uma tarefa complexa para as entidades do Terceiro Setor. É fundamental, portanto, contar com o auxílio de um advogado especializado em licitações públicas para orientá-las na elaboração e implementação do regulamento, bem como na fiscalização e no monitoramento do seu cumprimento.

Dessa forma, ao buscar a orientação de um advogado especializado, as entidades do Terceiro Setor podem comprovar que seus processos de compras e licitações estejam em conformidade com a legislação aplicável, minimizando riscos e prevenindo possíveis irregularidades. Além disso, a implementação de um regulamento de compras e licitações pode ser um decisivo passo para alcançar os objetivos de transparência e eficiência na gestão de recursos e atividades, contribuindo para o desenvolvimento social e econômico do país.

Por fim, enfatizamos que o comprometimento das entidades do Terceiro Setor com a transparência e a eficiência na gestão de seus recursos e atividades é essencial para o fortalecimento da sua reputação e para o cumprimento de sua missão social. A implementação de um regulamento de compras e licitações é um dos mecanismos que podem ser adotados para conquistar esses objetivos e contribuir para a construção de uma sociedade mais justa e solidária.

REFERÊNCIAS

BRASIL. Lei nº 13.019, de 31 de julho de 2014. *Regula o regime jurídico das parcerias entre a administração pública e as organizações da sociedade civil.* Brasília, DF: Presidência da República, 2014.

_______. Lei nº 14.133, de 1º de abril de 2021. *Regulamenta o novo marco legal das licitações e contratos administrativos.* Brasília, DF: Presidência da República, 2021.

O CURSO DE DIREITO COMO FERRAMENTA DE PROMOÇÃO DA CIDADANIA E A RESPONSABILIDADE SOCIAL NAS COMUNIDADES LOCAIS

Um estudo de caso na comunidade de Santa Maria/DF

FABRICIO JONATHAS ALVES DA SILVA

Mestre em Direito pela Universidade Católica de Brasília (UCB). Atua na área de Educação, Coordenação e Assessoria Acadêmica com ênfase em Educação Universitária e em pesquisa acadêmica na área de Tributação do Terceiro Setor, Planejamento e Contabilidade Tributária. *E-mail*: fjonathas@gmail.com

HUGO GUTEMBERG

Graduado em Gestão Pública pela Universidade para o Desenvolvimento do Estado e da Região do Pantanal (UNIDERP). Especialização (MBA) em Gestão de Projetos e em Cidades Inteligentes (*Smart*

Cities). Graduando em Direito pela Faculdade de Brasília (FBr). *E-mail*: hugogutemberg@gmail.com

WILIAM ALVES BISERRA

Professor do Departamento de Literatura da Universidade de Brasília (UnB). Doutor em Literatura (UnB). Doutor em Psicologia Clínica pela UnB. Orientador de mestrado e doutorado. Psicanalista. Pós-doutor pela Universidade Goethe de Frankfurt. *E-mails*: wiliamalves@unb.br / wiliamalvesbiserra@gmail.com

SUMÁRIO

PALAVRAS-CHAVE

Curricularização; Terceiro Setor; entidades sociais; cidadania; extensão; comunidade.

INTRODUÇÃO

A presente pesquisa tem como objetivo apresentar a responsabilidade social do curso de Direito no uso da extensão universitária como item obrigatório da matriz curricular como uma ferramenta de promoção da cidadania nas comunidades locais.

Para os resultados pretendidos, apresentamos a extensão universitária como elemento indissociável da educação, formando um tripé juntamente com a pesquisa, conforme constitucionalizado pelo art. 207 da Carta Magna.

A partir da Resolução 7/2018, há a obrigatoriedade de curricularizar a extensão universitária em todos os cursos de ensino superior em 10% da carga horária total do curso.

Tal medida possibilitou o engajamento dos projetos em sua função matriz, a integração da comunidade científica acadêmica com a sociedade, proporcionando a efetivação de conhecimentos teóricos e práticos em resultados positivos para a comunidade, as IES e os discentes pela vivência.

Para a execução dos objetivos dos projetos em relação ao curso de Direito e à promoção dos direitos de cidadania, a participação de entidades sociais do Terceiro Setor faz-se indispensável. Assim, apresentamos o projeto *Responsabilidade Socioambiental*, resultado da parceria de três instituições sem fins lucrativos que evidenciam a participação social e a criação de boas práticas relacionadas às relações ambientais sustentáveis.

O projeto contou ainda com a participação da Faculdade Brasília (FBr), por meio do Curso de Direito, na cooperação para a revisão do plano de manejo e da poligonal da implantação do Parque de Santa Maria, a coordenação de educação do desenvolvimento da horta comunitária, como medida de educação ambiental, e a criação e efetivação de diretrizes da apresentação do Objetivo de Desenvolvimento Sustentável (ODS) 23 FBr – Santa Maria.

As boas práticas dos projetos de extensão da faculdade em conjunto com as práticas efetivas das entidades sociais em exercício demonstram que a extensão universitária é uma ferramenta importante para o desenvolvimento social e para a promoção de direitos sociais e de cidadania para a comunidade local, corpo discente e institucional.

1. A EXTENSÃO UNIVERSITÁRIA E A CURRICULARIZAÇÃO NA EDUCAÇÃO SUPERIOR ESTABELECIDA PELA RESOLUÇÃO 7/2018

A Constituição da República Federativa do Brasil é um documento fundamental que estabelece as bases legais para a organização e o funcionamento do Estado brasileiro. No que se refere à educação, a Constituição estabelece diversos princípios e diretrizes que orientam as políticas educacionais no país.

O art. 205 da Constituição define a educação como um direito de todos e um dever do Estado e da família, destacando a importância da educação para o desenvolvimento humano e para a construção de uma sociedade justa e igualitária.

Além disso, o art. 206 estabelece os princípios que norteiam o ensino no país, tais como a liberdade de aprender, ensinar, pesquisar e divulgar o pensamento, a pluralidade de ideias e de concepções pedagógicas e a gestão democrática do ensino público.

Outro tópico essencial da Constituição em relação à educação é a garantia do acesso universal e gratuito à educação básica, como estabelecido no art. 208. Esse direito é assegurado pela oferta de ensino fundamental obrigatório e gratuito, inclusive para aqueles que não tiveram acesso na idade adequada, e pelo oferecimento de educação infantil em creches e pré-escolas.

A Constituição também estabelece a competência dos Estados e Municípios na organização e gestão do ensino, com a participação da União, como estabelecido no art. 211. Além disso, o art. 212 define que a União deve destinar permanentemente uma parte de seus recursos para a manutenção e o desenvolvimento do ensino.

Outros aspectos importantes da Constituição em relação à educação incluem a valorização dos profissionais da educação e a garantia do ensino religioso, de acordo com a opção dos pais e/ou responsáveis, além da promoção da educação inclusiva e o acesso à cultura como direitos fundamentais.

O art. 207 da Constituição Federal de 1988 trata da autonomia universitária, garantindo às universidades públicas e privadas o direito de gerir suas atividades acadêmicas, científicas, administrativas e financeiras de forma independente e democrática, sem interferência externa.

Essa autonomia é considerada um dos pilares da educação superior no Brasil, pois possibilita que as universidades tenham a liberdade necessária para desenvolver suas atividades de ensino, pesquisa e extensão de acordo com seus objetivos e interesses, sem sofrer pressão política ou motivação que possa comprometer sua qualidade e eficácia.

De acordo com o art. 207 da Constituição Federal, as universidades têm a liberdade de criar, organizar e extinguir cursos e programas de ensino, bem como de definir critérios de seleção e admissão de estudantes e professores. Além disso, as universidades podem definir suas políticas de gestão e financiamento, contratar pessoal e estabelecer suas relações com outras instituições e órgãos públicos e privados.

Essa autonomia é vista como fundamental para a construção de uma sociedade mais justa e democrática, uma vez que permite às universidades atuarem de forma mais independente e crítica em relação aos desafios sociais, culturais e psicológicos do país. Além disso, a autonomia universitária é vista como um importante instrumento de garantia da pluralidade de ideias e da liberdade de expressão, valores essenciais para o desenvolvimento da Ciência e da Cultura.

No entanto, a autonomia universitária não é absoluta e está sujeita a algumas limitações e responsabilidades. De acordo com a Constituição Federal, as universidades devem observar as normas gerais da educação nacional, bem como prestar contas de suas atividades aos órgãos competentes e zelar pelo cumprimento de suas funções sociais e acadêmicas.

Em suma, o art. 207 da Constituição Federal é um importante marco legal que garante às universidades brasileiras o direito à autonomia e à liberdade acadêmica, fortalecendo o papel das universidades como centros de produção e difusão do conhecimento e como agentes de transformação social por meio da extensão universitária.

A extensão universitária é uma vertente fundamental da atuação acadêmica, que permite que a universidade se aproxime da sociedade e contribua para o desenvolvimento socioeconômico e cultural do país. Segundo Sguissardi[1], a extensão é uma das três funções da universidade, juntamente com o ensino e a pesquisa.

Seu objetivo primordial é fazer com que a atividade acadêmica pavimente o acesso do conhecimento produzido na universidade para a comunidade externa. Ela é uma forma de aproximar a academia da sociedade e de promover a troca de experiências e conhecimentos, além de contribuir para a formação de cidadãos mais conscientes e engajados.

Segundo Gil[2], a extensão universitária tem o papel de promover a integração entre a universidade e a sociedade, tornando o conhecimento produzido nas instituições de ensino superior acessíveis a um maior número de pessoas. O autor ressalta ainda que a extensão universitária contribui para a formação de profissionais mais críticos e comprometidos com as demandas sociais.

Já Brandão[3] destaca que a extensão universitária pode ser uma ferramenta importante para uma transformação social, desde que sejam considerados alguns aspectos, como a construção de proje-

1 SGUISSARDI, V. *Universidade Brasileira no século XXI*: Desafios do presente. São Paulo: Cortez, 2009. 341p.

2 GIL, Antônio Carlos, 1946. *Como elaborar projetos de pesquisa* – 4 ed. – São Paulo: Atlas, 2007.

3 BRANDÃO, Carlos Rodrigues. *Minha casa, o mundo.* Aparecida, SP: Ideias & Letras, 2008.

tos em parceria com a comunidade e a adoção de práticas pedagógicas que estimulem a reflexão crítica dos estudantes.

Almeida[4] aborda a relevância da extensão universitária para a formação dos estudantes, destacando que a vivência em projetos de extensão pode contribuir para o desenvolvimento de habilidades como o trabalho em equipe, a liderança e a capacidade de adaptação a diferentes realidades.

Rocha *et al.*[5] analisam as práticas de extensão universitária em uma universidade federal brasileira, ressaltando a importância da relação entre a extensão e a pesquisa, bem como a necessidade de se estabelecer diálogo entre a universidade e a comunidade para a construção de projetos mais efetivos.

A Lei de Diretrizes e Bases da Educação Nacional (LDB) de 1996 define a graduação universitária como "processo educativo, cultural e científico que articula o ensino e a pesquisa de forma indissociável e possibilita a relação transformadora entre a universidade e a sociedade"[6]. Ou seja, a extensão universitária tem como objetivo principal promover a troca de conhecimentos entre a academia e a comunidade, com a finalidade de contribuir para a formação integral dos estudantes e para o desenvolvimento sustentável da sociedade.

Diversos autores defendem a importância da extensão universitária para o fortalecimento da universidade como instituição pública e para a promoção da cidadania. Segundo Pires e Sampaio[7], a extensão universitária é fundamental para a democratização do

---

4 ALMEIDA, Luciane Pinho de. *A extensão universitária: processo de aprendizagem do aluno na construção do fazer profissional. In:* SÍVERES, Luiz (Org.). Processos de aprendizagem na extensão universitária. Goiânia: PUC/Goiás, 2010. pp. 53-77.

5 ROCHA, B. N. *et al. A Dimensão de Gênero no Índice de Vulnerabilidade Social (IVS)*: Alguns Apontamentos Teóricos e Analíticos. Boletim regional, urbano e ambiental/ Instituto de Pesquisa Econômica Aplicada, Brasília, nº 16, pp. 83-92, jan-jun, 2017.

6 Brasil. *Lei nº 9.394*, de 20 de dezembro de 1996. Estabelece as diretrizes e bases da educação nacional. *Diário Oficial da União*, Brasília, DF, 23 dez. 1996. p. 13.

7 PIRES, MAF; SAMPAIO, JCM *A extensão universitária e a formação do estudante universitário. Revista Brasileira de Educação*, v. 15, nº 44, pp. 325-341, 2010.

acesso ao conhecimento produzido pela academia e para a formação de profissionais mais conscientes de sua responsabilidade social.

Para garantir a graduação universitária, é importante que ela seja iniciada e executada de forma integrada com o ensino e a pesquisa, como propõe a Política Nacional de Extensão Universitária (PNEU)[8], de 2012. Além disso, é preciso que as atividades de extensão sejam atendidas para as demandas da sociedade e que os resultados recebidos sejam compartilhados com a comunidade, como destaca Souza e Oliveira.

A relevância da extensão universitária tem sido reconhecida por diversos setores da sociedade. O Ministério da Educação (MEC) tem incentivado a prática da extensão nas universidades brasileiras, por meio do Programa de Extensão Universitária (PROEXT), que financia projetos de extensão em diversas áreas do conhecimento. Além disso, a extensão universitária é uma das avaliações feitas pelo Sistema Nacional de Avaliação da Educação Superior (SINAES), que mede a qualidade dos cursos de graduação e pós-graduação no Brasil.

A extensão universitária também tem sido valorizada internacionalmente. Em 2015, a Organização das Nações Unidas para a Educação, a Ciência e a Cultura (Unesco) lançou o documento "Declaração de Gwangju sobre a Extensão Universitária", que reconhece a importância da extensão universitária para o desenvolvimento sustentável das sociedades e para a formação de cidadãos críticos e conscientes.

Entre os benefícios da extensão universitária, podemos destacar o estímulo à produção de conhecimento relevante para a sociedade, a promoção da inclusão social e a formação de profissionais mais conscientes e comprometidos com o bem-estar da população.

8 BRASIL. Ministério da Educação. *Política Nacional de Extensão Universitária*. Brasília: MEC, 2012.

Diversas atividades podem ser desenvolvidas no âmbito da extensão universitária, tais como cursos de capacitação, palestras, eventos culturais e científicos.

De forma interativa, a extensão universitária é uma atividade essencial para a promoção do diálogo entre a universidade e a sociedade, confiante para a democratização do conhecimento e para a formação de profissionais mais comprometidos com as demandas sociais. É importante que as práticas de extensão sejam realizadas em parceria com a comunidade e que estimulem a reflexão crítica dos alunos, visando à transformação social.

Cabe destacar a importância da avaliação da extensão universitária, tanto para a melhoria da qualidade das atividades realizadas quanto para a prestação de contas à sociedade. Nesse sentido, a criação de indicadores e a utilização de instrumentos de avaliação são essenciais, como propõe a Comissão de Avaliação da Extensão Universitária (CAEx)[9].

Como medida de busca pelo pleno desenvolvimento do ensino, pesquisa e extensão, o Conselho Nacional de Educação editou uma medida a fim de padronizar a inserção da extensão no ensino superior.

A Resolução nº 7, de 2018, do Conselho Nacional de Educação (CNE) trata da curricularização da extensão nas instituições de ensino superior brasileiras. A medida estabelece diretrizes para a integração da extensão universitária ao ensino de graduação, visando incentivar a formação acadêmica e a relação entre a universidade e a sociedade.

A curricularização da extensão é uma prática que permite a inclusão de atividades extensionistas no currículo dos cursos de graduação, reconhecendo a importância dessas ações para a formação dos estudantes e para o desenvolvimento social. Com a medida, a

9 SILVA, LA da. *A educação na Constituição Federal de 1988*: breve análise. *Revista Eletrônica de Educação*, v. 7, nº 1, pp. 95-105, jan./jun. 2013.

extensão passa a ser considerada uma das dimensões da formação acadêmica, ao lado do ensino e da pesquisa.

Com sua efetivação, deve ser realizada de forma integrada e articulada com o ensino e a pesquisa, buscando a interdisciplinaridade e a interação com a sociedade. As atividades de extensão devem estar definidas com o projeto pedagógico do curso e ser iniciadas e avaliadas com base em critérios de qualidade e pertinência social.

A medida também estabelece que as atividades de extensão curricularizadas devem ser obrigatórias, complementares ou optativas, de acordo com as características e os objetivos de cada curso. Além disso, a carga horária das atividades de extensão deve ser considerada no cálculo da carga horária total do curso.

A curricularização da extensão representa um avanço na formação acadêmica e na relação entre a universidade e a sociedade. Ao incluir a extensão no currículo dos cursos de admissão, as instituições de ensino superior reconhecem a importância da produção e da socialização do conhecimento para o desenvolvimento sustentável do país. Além disso, a medida contribui para formar profissionais mais comprometidos com as demandas sociais e capazes de atuar de forma transformadora em suas áreas de interesse, reconhecendo a importância da produção e da socialização do conhecimento para o desenvolvimento social.

A medida representa um avanço na formação acadêmica e na relação entre a universidade e a sociedade, confiante para formar profissionais mais comprometidos com as demandas sociais e capazes de agir de forma transformadora em suas áreas por meio das boas práticas extensionistas.

Dentre as boas práticas da extensão universitária, a interdisciplinaridade é uma das mais relevantes. Segundo Belezia e Santos[10], a interdisciplinaridade permite a construção de projetos extensio-

10 BELEZIA, FN; SANTOS, RF dos. *Extensão universitária e interdisciplinar*. 2015.

nistas que contemplam uma pluralidade de perspectivas e saberes, favorecendo a construção de soluções mais complexas e integradas.

Além disso, a interdisciplinaridade pode contribuir para a formação de profissionais mais preparados para atuar em equipes multidisciplinares, que é uma demanda cada vez mais presente no mercado de trabalho.

Outra boa prática é a construção de parcerias entre a universidade e a comunidade, visando a uma atuação mais efetiva e comprometida com as demandas reais da sociedade. De acordo com Gomes e Ramos[11], a construção de parcerias pode envolver a participação ativa da comunidade no planejamento, na execução e na avaliação das atividades extensionistas, permitindo uma maior integração entre a universidade e a sociedade.

A avaliação sistemática das atividades extensionistas também é uma boa prática, uma vez que possibilita a verificação dos resultados alcançados e a identificação de possíveis ajustes a serem realizados. Segundo Ferreira e Teixeira, uma avaliação pode contemplar diferentes dimensões, como a transmissão, a eficiência, a eficácia e o impacto das ações extensionistas[12].

O compromisso com a ética e a responsabilidade social é uma outra boa prática da graduação universitária. De acordo com Masetto, a extensão universitária deve pautar-se pela responsabilidade social e pela promoção da cidadania, garantindo a formação de uma sociedade mais justa e igualitária[13].

A integração da extensão com o ensino e a pesquisa é uma boa prática que pode contribuir para a formação de profissionais mais críticos e reflexivos. Segundo Ferreira e Teixeira, a curricularização

11 GOMES, M. I., & RAMOS, T. R. (2019). *Modelling and (re-)planning periodic home social care services with loyalty and non-loyalty features*. European Journal of Operational Research, 277, pp. 284-299.

12 FERREIRA, M. C. Z.; TEIXEIRA, C. S. (2018). *Os Núcleos de Inovação Tecnológica no Brasil. In:* Habitats de inovação: conceito e prática. Perse.

13 MASETTO, Marcos T. *Mediação pedagógica e tecnologias de informação e comunicação. In:* MORAN, José Manuel; MASETTO, Marcos T; BEHRENS, Marilda Aparecida. (Org.). *Novas tecnologias e mediação pedagógica*. 21 ed. rev. e atual. São Paulo: Papirus, 2013.

da extensão pode favorecer a articulação entre o ensino, a pesquisa e a extensão, permitindo uma formação mais integrada e contextualizada[14].

As boas práticas da extensão universitária envolvem a interdisciplinaridade, a construção de parcerias com a comunidade, a avaliação sistemática das atividades extensionistas, o compromisso com a ética e a responsabilidade social e a integração com o ensino e a pesquisa.

Essas práticas podem contribuir para a formação de profissionais mais preparados e comprometidos com as demandas sociais, bem como para o fortalecimento do vínculo entre a universidade e a sociedade.

As entidades filantrópicas e a sociedade civil têm papel fundamental na promoção da extensão universitária, uma vez que são elas que atuam diretamente nas demandas sociais, identificando as necessidades e os problemas da comunidade e estabelecendo parcerias com as instituições de ensino superior.

As entidades filantrópicas e a sociedade civil, por sua vez, têm um papel fundamental na promoção da extensão universitária, uma vez que são elas que agem diretamente nas demandas sociais e identificam as necessidades e os problemas da comunidade.

As entidades filantrópicas são organizações que têm como finalidade promover o bem-estar social, por meio de ações voltadas para a Assistência Social, a Saúde, a Educação, a Cultura, entre outras áreas. Essas organizações são importantes parceiras das universidades, uma vez que podem fornecer informações relevantes sobre as demandas e necessidades da comunidade, além de estabelecer parcerias para a realização de ações conjuntas[15].

14 FERREIRA, M. C. Z.; TEIXEIRA, C. S. (2018). *Os Núcleos de Inovação Tecnológica no Brasil. In:* Habitats de inovação: conceito e prática. Perse.

15 SABO PAES, José Eduardo. *Fundações, Associações e Entidades de Interesse Social: Aspectos jurídicos, administrativos, contábeis, trabalhistas e tributários.* 11 ed. São Paulo: Forense, 2021.

Já a sociedade civil é composta por Organizações da Sociedade Civil de Interesse Público (OSCIPs), Organizações Não Governamentais (ONGs), associações de moradores, entre outras entidades que têm como objetivo promover a participação e o engajamento social.

Segundo Andrade, a sociedade civil é uma forte aliada das universidades na promoção da extensão universitária, uma vez que pode atuar como interlocutora entre a universidade e a comunidade, além de colaborar na identificação de demandas sociais e na construção de projetos conjuntos[16].

A extensão universitária é uma importante ferramenta de promoção da cidadania e do desenvolvimento social, que conta com a participação ativa das entidades filantrópicas e da sociedade civil.

Essas organizações são fundamentais para a identificação das demandas sociais e para a construção de parcerias que possibilitem a realização de ações conjuntas entre as universidades e a comunidade.

É essencial que as instituições de ensino superior estejam cada vez mais próximas das entidades filantrópicas e da sociedade civil, fortalecendo a parceria e a colaboração mútua em prol do bem-estar coletivo.

2. AS ENTIDADES SOCIAIS (SOCIEDADE CIVIL) COMO AGENTES DE POLÍTICAS PÚBLICAS NA GARANTIA DE DIREITOS SOCIAIS (FUNDAMENTAIS)

A responsabilidade social das Instituições de Ensino Superior (IES) é um tema cada vez mais relevante no contexto atual, em que se espera que as organizações contribuam para o desenvolvimento sustentável da sociedade em que estão inseridas.

16 ANDRADE, CM; SILVA, GB. *Participação social e políticas públicas no Brasil: desafios e perspectivas. Revista de Ciências Sociais*, Fortaleza, v. 51, nº 1, pp.140-157, 2021.

Destaca-se a importância das IES como agentes de transformação social, capazes de promover a inclusão, a diversidade e a equidade em suas atividades e na formação de seus alunos.

A responsabilidade social das IES pode ser definida como a capacidade dessas instituições de contribuir para o desenvolvimento social, econômico e ambiental de sua comunidade, por meio de suas atividades de ensino, pesquisa e extensão. Além disso, as IES também têm o dever de contemplar a ética e a cidadania em suas práticas e de engajar seus alunos, professores e colaboradores em projetos que visem ao bem-estar coletivo.

2.1. RESPONSABILIDADE SOCIAL DAS INSTITUIÇÕES DE ENSINO SUPERIOR

Acredita-se que as universidades devem ter um papel ativo no desenvolvimento social, cultural e econômico das comunidades em que estão inseridas.

Dentre as principais iniciativas que as IES podem adotar para cumprir sua responsabilidade social, destacam-se: a promoção da inclusão e da diversidade, por meio da adoção de políticas de acesso e permanência de estudantes de diferentes perfis socioeconômicos, étnico-raciais, de gênero e de orientação sexual; o estímulo à pesquisa científica e tecnológica voltada para o desenvolvimento sustentável e a solução de problemas sociais; a oferta de programas de extensão universitária que levem o conhecimento produzido na universidade para a comunidade externa; e a adoção de práticas de gestão responsável que consideram os impactos sociais e ambientais de suas atividades.

A responsabilidade social das IES não é apenas uma questão moral ou ética, mas também uma necessidade estratégica, que pode contribuir para o fortalecimento da imagem institucional e para a captação de recursos e parcerias. Além disso, as IES que se destacam pela sua responsabilidade social tendem a atrair alunos e profissionais engajados com essa causa, o que pode aumentar a qualidade e a conversão de suas atividades.

No Brasil, existem iniciativas que incentivam a responsabilidade social das IES, como o Programa Nacional de Extensão Universitária (PROEXT) e o Programa de Educação Tutorial (PET), que visam fomentar a extensão universitária e a formação de estudantes engajados com a sociedade. Além disso, existem certificações e selos de responsabilidade social que reconhecem as IES que se destacam nessa área, como o Selo Instituição Socialmente Responsável, conferido pela Associação Brasileira de Mantenedoras de Ensino Superior (ABMES).

A responsabilidade social das instituições de ensino superior é uma questão estratégica e moral, que pode contribuir para o desenvolvimento sustentável da sociedade e para o fortalecimento da imagem institucional. Dessa forma, é fundamental que as IES adotem práticas e políticas que promovam a inclusão, a diversidade, a pesquisa científica e tecnológica voltada para a solução de problemas sociais, a extensão universitária e a gestão

Diversos autores têm certeza dessa questão, a exemplo de Melo Neto e Froes, que afirmam que a responsabilidade social das universidades envolve a adoção de uma postura ética e o compromisso com o desenvolvimento sustentável. Além disso, segundo esses autores, as instituições de ensino superior devem atuar de forma a contribuir para a construção de uma sociedade mais justa e igualitária[17].

Já Santos e Delgado destacam a importância da responsabilidade social das universidades na formação de profissionais comprometidos com a transformação social. Para esses autores, as Instituições de Ensino Superior devem ser agentes de mudança, promovendo ações que visam à melhoria da qualidade de vida da comunidade[18].

17 MELO NETO, FP; FROES, C. *Responsabilidade social e cidadania empresarial*: a administração do terceiro setor. Rio de Janeiro: Qualitymark, 2001.

18 SANTOS, LA dos; DELGADO, MD. *A responsabilidade social das organizações sociais*. Curitiba:

Outro autor que merece destaque nesse tema é Mello, que enfatiza a necessidade de as universidades se envolverem em projetos sociais e comunitários, confiantes para a promoção do desenvolvimento local e regional. Segundo ele, as instituições de ensino superior devem ser parceiras das comunidades, estabelecendo uma relação de cooperação e solidariedade[19].

Além dos autores mencionados, outros têm compreendido a responsabilidade social das instituições de ensino superior, a exemplo de Sá[20], Oliveira[21] e Fávero e Villas Boas[22].

De forma geral, pode-se afirmar que a responsabilidade social das instituições de ensino superior é uma questão fundamental e que deve ser levada em consideração pelas universidades em suas políticas e práticas. Acredita-se que, ao adotar uma postura ética e comprometida com o desenvolvimento sustentável, as universidades podem contribuir significativamente para a construção de uma sociedade mais justa e igualitária.

Já Fraser destaca a importância da igualdade como um elemento central da justiça social. Para ela, a igualdade não deve ser vista apenas como uma questão de distribuição de recursos, mas, sim, como um princípio que orienta as relações sociais e a luta contra a exclusão[23].

Pode-se afirmar que as entidades sociais têm um papel importante na luta pela justiça social e pela igualdade, pois, ao atuarem em prol da inclusão e da defesa dos direitos das minorias, elas cria-

Revista FAE Business, 2018.

19 MELLO, MAC de. *A universidade e a responsabilidade social: reflexões a partir da experiência da UNESP*. *Revista Brasileira de Educação*, Rio de Janeiro, n. 38, pág. 139-147, 2008.

20 SÁ, MRC; CARVALHO, VG; CARVALHO, GABA. *Relação entre as entidades do terceiro setor e o poder público: desafios e possibilidades*. Revista Eletrônica.

21 OLIVEIRA, CS. *Responsabilidade social universitária: conceitos, características e importância. In:* Anais do 5º Simpósio de Excelência em Gestão e Tecnologia, Resende, RJ, 2014.

22 FÁVERO, OR; VILLAS BOAS, GR. *Responsabilidade social das instituições de ensino superior: uma análise a partir do conceito de pensão*. *Revista de Administração e Inovação*, São Paulo, v. 14, n. 4, pág. 11-30, 2017.

23 FRASER, N. *Da redistribuição ao reconhecimento? Dilemas da justiça em uma era "pós-socialista"*. New Left Review, Londres, n. 1, pág. 68-93, 2003.

ram meios para a construção de uma sociedade mais justa, igualitária e democrática.

2.2. AS ENTIDADES SOCIAIS E A PROMOÇÃO DA CIDADANIA COMO FORMA COMPLEMENTAR DA OFERTA DE POLÍTICAS PÚBLICAS

As entidades sociais e a sociedade civil sem fins lucrativos têm se mostrado cada vez mais relevantes na promoção do bem-estar social e na defesa dos direitos humanos. Desde 2018, diversos estudos e publicações têm ressaltado efetivamente o papel dessas instituições na sociedade, bem como os desafios e oportunidades que elas enfrentam.

José Eduardo Sabo Paes, em seu livro *Fundações e Entidades de Interesse Social*, define entidades sociais como organizações da sociedade civil, sem fins lucrativos, que têm como objetivo a promoção do bem-estar e da justiça sociais[24].

Essas entidades podem atuar em diversas áreas, como Assistência Social, Educação, Saúde, Cultura, Meio Ambiente etc., e são regidas por um conjunto de normas e leis que visam garantir a transparência e a efetividade de suas ações. Paes destaca que as entidades sociais têm um papel fundamental na construção de uma sociedade mais justa e igualitária, complementando as políticas públicas e atuando em parceria com o Estado e outras organizações da sociedade civil. Trata-se do Terceiro Setor.

Ainda segundo o autor, o Terceiro Setor é composto por organizações privadas que operam na sociedade com finalidades públicas, ou seja, não visam ao lucro, mas, sim, ao bem-estar social. Essas organizações podem ser chamadas de entidades filantrópicas, organizações não governamentais (ONGs), associações, fundações ou outras denominações[25].

24 SABO PAES, José Eduardo. *Fundações, Associações e Entidades de Interesse Social: Aspectos jurídicos, administrativos, contábeis, trabalhistas e tributários*. 11 ed. São Paulo: Forense, 2021.

25 SABO PAES, José Eduardo. *Fundações, Associações e Entidades de Interesse Social: Aspectos jurídicos, administrativos, contábeis, trabalhistas e tributários*. 11 ed. São Paulo: Forense, 2021.

Paes salienta que o Terceiro Setor se diferencia dos setores públicos e privados por sua finalidade principal, que é a promoção do interesse público. Enquanto o setor público é composto por instituições estatais que têm o dever de atuar em prol da sociedade e o setor privado tem o lucro como sua motivação principal, o Terceiro Setor preocupa-se em realizar atividades que visam ao bem-estar social, como a promoção da educação, cultura, saúde, assistência humanitária, entre outras[26].

Além disso, destaca que as organizações do Terceiro Setor têm uma grande flexibilidade em relação às suas atividades e estruturas, podendo se adaptar rapidamente às demandas e necessidades da sociedade. Isso se dá, em parte, pela sua autonomia financeira e administrativa, que lhes permite administrar seus recursos de forma independente e com maior eficiência[27].

O conceito de Terceiro Setor proposto por José Eduardo Sabo Paes refere-se a um conjunto de organizações privadas que agem na sociedade com finalidades públicas e que se distinguem dos setores público e privado por sua finalidade principal, que é a promoção do interesse comum[28].

As entidades sociais desempenham um papel fundamental na promoção da cidadania e na melhoria das condições de vida da população. Essas organizações sem fins lucrativos trabalham em diversas áreas, como Educação, Saúde, Assistência Social, Cultura, Meio Ambiente, entre outras, e mobilizam recursos e voluntários para desenvolver projetos e ações que criaram para a transformação social.

26 SABO PAES, José Eduardo; CARVALHO, Gustavo Ferreira; SANTOS, Júlio Edstron S. *A análise do Terceiro Setor enquanto possibilidade de experiências de ensino, pesquisa e extensão transdisciplinar nos cursos de graduação em Direito: um estudo a partir das práticas do NEPATS*. v. 6, nº 1, pp.160-185, jul-dez, 2021.

27 SABO PAES, José Eduardo; VALE, Mauricio Timm Do; SANTOS, Júlio Edstron S. *O posicionamento estratégico do Terceiro Setor na atualidade: custeio estatal, particular e o seu papel na democracia brasileira* atual. *In:* Repats, brasília, v. 4, nº 2, pp.160 185, jul-dez, 2017.

28 SABO PAES, José Eduardo. *Fundações, Associações e Entidades de Interesse Social: Aspectos jurídicos, administrativos, contábeis, trabalhistas e tributários.* 11 ed. São Paulo: Forense, 2021.

A importância das entidades sociais na promoção da cidadania deve-se, em parte, à sua capacidade de engajar a população em atividades que visam ao bem comum. Por meio da participação em projetos e programas incluídos por essas organizações, as pessoas podem exercer sua cidadania ativa, confiantes na solução de problemas sociais e na construção de uma sociedade mais justa e solidária.

Além disso, as entidades sociais têm um papel relevante na defesa dos direitos humanos e na luta contra a exclusão social. Muitas dessas organizações estão em comunidades carentes e periféricas, promovendo ações que visam à inclusão social e ao empoderamento dos indivíduos. Dessa forma, contribuem para a redução das desigualdades sociais e para a construção de uma sociedade mais equitativa.

Outra contribuição das entidades sociais para a promoção da cidadania é a sua capacidade de atuar de forma complementar aos serviços prestados pelo Estado. Em muitos casos, essas organizações desenvolvem projetos e programas em áreas em que o poder público não atua de forma satisfatória, trabalhando, assim, para a melhoria da qualidade de vida da população e para o fortalecimento da sociedade civil.

Um artigo publicado por Brown *et al.* discute a importância das organizações da sociedade civil (OSC) na promoção do desenvolvimento sustentável e da justiça social. Os autores argumentam que as OSC podem exercer um papel fundamental no gerenciamento de recursos e na criação de redes de apoio para a construção de uma sociedade mais justa e igualitária[29].

Em outro estudo, realizado por Galera *et al.*, foi analisado o papel das OSC na promoção do desenvolvimento territorial. Os autores destacam como as OSC podem atuar como agentes de mu-

29 BROWN, L. *et al. Tecnologias digitais e o setor social: uma revisão da paisagem.* Seattle: Grupo de Tecnologia e Mudança Social, Escola de Informação da Universidade de Washington, 2019.

dança e inovação em nível local, fomentando o empreendedorismo social e a participação cidadã.

No Brasil, a legislação que regulamenta as entidades sociais sem fins lucrativos é a Lei nº 13.019/2014, que estabelece as diretrizes para a promoção de parcerias entre o poder público e as organizações da sociedade civil.

Um estudo realizado por Bueno e Guedes[30] analisou os efeitos dessa lei na relação entre o poder público e as OSC. Os autores destacam que a lei tem contribuído para o fortalecimento das OSC, mas que também apresenta desafios em relação à burocracia e à transparência das parcerias.

Nos últimos anos, tem-se discutido cada vez mais a importância das entidades sociais no desenvolvimento e na implementação de políticas públicas. Essas organizações sem fins lucrativos são fundamentais na promoção do bem-estar social e na construção de uma sociedade mais justa e igualitária.

A análise feita por Tavares e Oliveira avaliou a influência das entidades sociais na elaboração de políticas públicas no Brasil. Os autores concluíram que essas organizações executam um papel importante na proposição e implementação de políticas públicas em áreas como Educação, Saúde, Meio Ambiente, Cultura e Assistência Social.

Já Moreira, Pinheiro e Silva analisaram a relação entre as políticas públicas e o Terceiro Setor no contexto brasileiro. Os autores argumentam que as entidades sociais podem atuar como mediadoras entre a população e o Estado na definição e execução de políticas públicas, para uma gestão mais participativa e democrática.

É importante ressaltar que a relação entre as entidades sociais e as políticas públicas nem sempre é harmoniosa. Um estudo de Sá, Carvalho e Carvalho indicou que a falta de transparência e a burocracia no processo de elaboração e implementação de políticas pú-

30 BUENO, CM; GUEDES, TF *A lei 13.019/2014 e seus efeitos nas relações entre poder público e organizações da sociedade civil.* *Revista de Administração Pública*, v. 52.

blicas podem prejudicar a atuação das entidades sociais, limitando sua capacidade de contribuir para a promoção do bem-estar social.

Para superar esses desafios, é necessário que haja uma maior aproximação e diálogo entre as entidades sociais e o poder público na definição e execução de políticas.

Andrade e Silva enfatizam a importância da criação de canais de comunicação e espaços de participação para que as entidades sociais possam contribuir de forma efetiva na construção de políticas públicas mais inclusivas e democráticas[31].

As entidades sociais e a sociedade civil sem fins lucrativos desempenham um papel fundamental na promoção do desenvolvimento sustentável e da justiça social. Os estudos e publicações realizados desde 2018 mostram que essas entidades enfrentam desafios e oportunidades em relação ao poder público, a tecnologia e a participação cidadã. No entanto, elas seguem sendo uma ferramenta indispensável para a construção de uma sociedade mais justa e igualitária.

A fim de demonstrar os objetivos deste estudo, a extensão universitária é uma ferramenta importante para a promoção da cidadania e do desenvolvimento social, econômico e cultural de uma região. Por meio de projetos de extensão, os estudantes, professores e pesquisadores da universidade têm a oportunidade de colocar em prática seus conhecimentos e habilidades, estando de forma efetiva junto à comunidade.

Assim, as entidades civis podem exercer um papel fundamental na articulação entre a universidade e a sociedade. Essas organizações sem fins lucrativos podem contribuir na identificação das demandas e necessidades locais, auxiliando na definição dos temas e objetivos dos projetos de extensão.

Além disso, a atuação das entidades civis pode ser um importante meio de viabilização dos projetos de extensão, seja por meio

31 ANDRADE, CM; SILVA, GB. *Participação social e políticas públicas no Brasil: desafios e perspectivas. Revista de Ciências Sociais*, Fortaleza, v. 51, nº 1, pp. 140-157, 2021.

da captação de recursos financeiros, da mobilização de voluntários ou da utilização de espaços físicos para a execução das atividades.

A articulação entre a extensão universitária, as entidades civis e as políticas públicas pode contribuir para a consolidação de uma gestão pública mais participativa e democrática. Os projetos de extensão podem servir como um canal de diálogo e interlocução entre a universidade e o poder público, confiantes na elaboração e implementação de políticas públicas mais efetivas e inclusivas.

3. AS PRÁTICAS EXTENSIONISTAS DO CURSO DE DIREITO COMO AGENTE DE TRANSFORMAÇÃO NA COMUNIDADE DE SANTA MARIA/DF

O Distrito Federal abriga diversas entidades sociais, incluindo Organizações Não Governamentais (ONGs), instituições de caridade, grupos de voluntários e associações comunitárias. Essas entidades sociais trabalham em áreas como Educação, Saúde, Meio Ambiente, Direitos Humanos, Cultura, Esportes, entre outras.

As entidades sociais no Distrito Federal são registradas, e sua atuação auxiliada por órgãos governamentais, como a Secretaria de Desenvolvimento Social e Transferência de Renda do Distrito Federal.

As parcerias entre ONGs e faculdades podem ser muito gratificantes, tanto para as organizações quanto para as instituições de ensino superior. As faculdades podem fornecer recursos e conhecimentos valiosos para as ONGs, como acesso à tecnologia avançada, equipamentos e pesquisas relevantes. As ONGs, por sua vez, podem fornecer aos alunos uma oportunidade de aplicar seus conhecimentos em um contexto do mundo real e ganhar experiência prática em sua área de estudo.

Além disso, as parcerias entre ONGs e faculdades podem promover a conscientização e o envolvimento da comunidade em relação às questões sociais e ambientais, uma vez que as ONGs podem organizar eventos e campanhas em conjunto com as faculdades, a fim de educar o público sobre as questões que enfrentam e promover ações que auxiliem na resolução desses problemas.

As parcerias também podem ajudar as ONGs a obter financiamento e recursos adicionais, por meio de doações e patrocínios de empresas e indivíduos que desejam apoiar a causa. As faculdades podem fornecer acesso a redes de doadores e recursos de financiamento para ajudar as ONGs a crescer e expandir seus programas e serviços.

3.1. PROJETOS DE PESQUISA DA FACULDADE BRASÍLIA E A CURRICULARIZAÇÃO DA EXTENSÃO

Como forma de aperfeiçoamento contínuo do Curso de Direito da Faculdade Brasília, no cumprimento da missão de interagir continuamente com a sagrada pessoa humana, promovendo juntos a busca do conhecimento, práticas e técnicas acadêmicas que possibilitem, de maneira continuada, a formação de profissionais preparados a contribuir para uma sociedade melhor, têm-se a apresentação de projetos que tornem a presente missão possível.

Situada na Região Administrativa de Santa Maria/DF, a faculdade tem como objetivo a compreensão da comunidade local em parceria na justa coordenação para a responsabilidade social.

Os projetos buscam a emancipação do corpo discente, visando à produção acadêmica, complementando as aulas expositivas regulares. Um engajamento com o viés de capacitar e exigir empenho para gerar resultados práticos objetivando um exercício acadêmico inovador.

O projeto a ser apresentado é estruturado entre capacitação, participação e desenvolvimento dos discentes. É o Projeto de Responsabilidade Socioambiental.

3.1.1. PROJETO DE RESPONSABILIDADE SOCIOAMBIENTAL

O Projeto de Responsabilidade Socioambiental tem como objetivo a capacitação da Responsabilidade entre sociedade e o meio ambiente de forma sustentável perante atores relevantes da Região Administrativa XIII, Santa Maria, e entorno, por meio do encontro "FÓRUM SÓCIO-CIDADÃO".

A iniciativa visa ofertar ao público-alvo, da sociedade civil organizada ou não, capacitação em conhecimentos pertinentes para o pleno exercício da cidadania no tocante às questões ambientais e de sustentabilidade da região.

O debate direcionado a políticas públicas, proteção ambiental e sustentabilidade abre o fórum de pesquisa, embasado na revisão do Plano de Manejo e da poligonal do Parque Ecológico de Santa Maria, bem como a Conexão do Parque e do Ribeirão transicionando as compensações ambientais e a proposta de horta comunitária modelo como capacitação, desenvolvimento e efetivação de diretrizes da apresentação da ODS 23 FBr – Santa Maria.

As atividades prosseguem promovendo a socialização dos diversos saberes e aproximando os cidadãos dos meios de acesso à legislação ambiental e ao Direito Ambiental. Empoderando, assim, a sociedade com conhecimentos jurídicos civis, capacitando os membros da sociedade civil para a compreensão do Plano de Manejo do Parque Ecológico e a dotação do poligonal de abrangência física do Parque, possibilitando ainda o entendimento das necessidades de preservação do Ribeirão Santa Maria e a efetivação da educação ambiental para uma consciência cidadã de sustentabilidade e preservação de recursos naturais.

3.2. ENTIDADES SOCIAIS DE SANTA MARIA

Criada em 1990, por meio do Programa de Assentamento do Governo do Distrito Federal, com o objetivo de atender a demanda habitacional de famílias de baixa renda e realocar ocupações irregulares dispersas na localidade, a Região Administrativa de Santa Maria XII formalizou-se segundo a Lei nº 348/92 e o Decreto nº 14.604/93.

A área também compreende o Polo JK, que foi estrategicamente escolhido por ser uma das principais vias de ligação entre a saída do DF e o centro de Brasília: a BR-040, uma importante via com recorde de fluxo, proporcionando uma boa logística para abrigar indústrias. O que veio a contribuir com o desenvolvimento e melhores condições para a cidade de Santa Maria e região.

Indústrias farmacêuticas e químicas, empresas de transportes, de logística e de armazenamento, estoques e centros de distribuição são alguns exemplos do que se encontra nesse Polo em desenvolvimento no DF, proporcionando a criação de milhares de empregos,e justificando a efetiva participação da Faculdade Brasília, em parceria com as entidades sociais locais, para a capacitação da comunidade.

3.2.1. AS ENTIDADES DE TERCEIRO SETOR COMO FERRAMENTAS DE PROMOÇÃO DE DIGNIDADE E CIDADANIA NA REGIÃO ADMINISTRATIVA DE SANTA MARIA/DF

Até o ano de 2022, a Região Administrativa de Santa Maria contava com mais de 30 instituições sem fins lucrativos de prestação de serviços para idosos, empreendimentos locais, educação, programas de proteção e enfrentamento à violência doméstica e contra a mulher, políticas de desenvolvimento sociocultural, cursos profissionalizantes e formação de voluntariado.

A fim de apresentar os resultados dos projetos de extensão da Faculdade Brasília e os impactos na comunidade local, serão elencadas três entidades em atividade.

3.2.1.1. INSTITUTO SOCIOCULTURAL HUMANIDADE DIVERSIFICADA E UNIDA (HDUN)

O Instituto Sociocultural Humanidade Diversificada e Unida é uma entidade relativamente nova na região administrativa, mas vem obtendo bons resultados junto à comunidade local. Está localizado na CL 205, uma área com grande índice de pessoas em situação de vulnerabilidade social, onde tem promovido diversas ações sociais, profissionalizantes e culturais com expressivo engajamento dos moradores.

Apesar de seus trabalhos bem-sucedidos, o HDUN ainda não recebe investimento estatal por ser uma entidade jovem. Suas ações são realizadas em parceria com outras entidades, graças ao voluntariado e às doações. A diretoria do HDUN possui boa articulação institucional e vem avançando nos protocolos e processos para obter recursos estatais.

Nome da entidade: Instituto Sociocultural Humanidade Diversificada e Unida (HDUN).
Tipo: Associação.
Data de fundação: 21 de janeiro de 2021.
Endereço: CL 205 Lote B 03 Loja 01 – Santa Maria/DF.
Principais atividades desenvolvidas: Sociais e culturais.
Quantidade de pessoas atendidas: 500 famílias por mês.
Possui investimento público ou convênio com o Estado: Não.

3.2.1.2. ASSOCIAÇÃO NOVA CIDADANIA

A Nova Cidadania é uma das entidades mais importantes de Santa Maria. Instalada na QR 207, uma referência no Distrito Federal em trabalhos e ações sociais, possuindo um vasto currículo de serviços prestados e pautadas na diversidade de trabalhos e no apoio às pessoas em estado de vulnerabilidade social, mulheres empreendedoras e famílias em situação de risco.

Apesar de atuar há muito tempo na cidade, a associação não recebe recursos públicos para o desenvolvimento de suas atividades. Seu reconhecimento na sociedade lhe possibilitou parcerias com outras entidades e órgãos públicos. Contudo, nunca recebeu verba própria do Estado ou realizou parceria financeira com este.

Nome da entidade: Associação Nova Cidadania.

Tipo: Associação.

Data de fundação: 26 de maio de 2004.

Endereço: QR 207 Área Especial – Santa Maria/DF.

Principais atividades desenvolvidas: sociais, com cursos profissionalizantes, práticas de incentivo ao voluntariado, defesa do meio ambiente, ações de cidadania, de apoio às mulheres e empreendedorismo.

Quantidade de pessoas atendidas: 600 por mês.

Possui investimento público ou convênio com o Estado: Não.

3.2.1.3. PREFEITURA COMUNITÁRIA DE SANTA MARIA

A Prefeitura Comunitária de Santa Maria foi a primeira entidade da cidade. À época, cumpriu diversos papéis que eram pertinentes ao Estado e sempre se colocou como interlocutora para o tratamento das demandas dos moradores junto aos mais diversos governos, especialmente naquele momento em que a cidade era um assentamento de moradores recém-chegados, com déficit de equipamentos públicos.

Por infortúnio, primeiramente em razão da completa falta de recursos financeiros e, também, por ser objeto de disputas políticas, a associação sofreu uma inação orçamentária e de apoio, perdendo sua representatividade na cidade, em consonância com uma defasagem de ordem administrativa interna.

Nome da entidade: Prefeitura Comunitária de Santa Maria.

Tipo: Associação.

Data de fundação: 10 de março de 1991.

Endereço: QR 201 Conjunto B Lote 04 – Santa Maria/DF.

Principais atividades desenvolvidas: sociais e culturais.

Quantidade de pessoas atendidas: toda a comunidade local.

Possui investimento público ou convênio com o Estado: Não.

As entidades apresentadas são parceiras e efetivos colaboradores para as boas práticas extensionistas da Faculdade, trazendo relevante resultado para a comunidade local.

3.3. AS BOAS PRÁTICAS DOS PROJETOS DE EXTENSÃO DA FACULDADE EM CONJUNTO DAS PRÁTICAS EFETIVAS DAS ENTIDADES SOCIAIS EM EXERCÍCIO

Do projeto à execução, firmado o termo de parceria nos projetos de extensão, o Instituto Sociocultural Humanidade Diversificada e Unida (HDUN), a Associação Nova Cidadania e a Prefeitura Comunitária de Santa Maria participaram do Projeto de Responsabilidade Socioambiental , cujo ponto focal foi o papel da Faculdade Brasília como centro de capacitação socioambiental na formação da comunidade de Santa Maria/DF e entorno.

O objetivo do projeto é socializar os diversos saberes, aproximando os cidadãos dos meios de acesso à legislação ambiental e ao Direito Ambiental, com a participação da sociedade civil representada por três instituições.

O caminho percorrido foi empoderar a sociedade com conhecimentos jurídicos civis, capacitando os membros da sociedade para a compreensão do Plano de Manejo do Parque Ecológico e a dotação do poligonal de abrangência física do Parque; para o entendimento das compensações ambientais; para o exercício da compreensão das necessidades de preservação do Ribeirão Santa Maria; para a efetivação da educação ambiental com a apresentação da horta comunitária modelo; e para criar uma consciência cidadã de sustentabilidade e preservação de recursos naturais.

Os resultados administrados foram parametrizados em três estágios: respostas dos questionários, produção do documentário e a construção conjunta, bem como a apresentação dos Objetivos de Desenvolvimento Sustentável.

Respostas dos questionários – os participantes responderam ao questionário aplicado e gravaram uma entrevista na qual puderam falar sobre suas atuações junto aos objetivos do fórum, bem como apresentar sugestões e opiniões sobre o trabalho realizado. Como resultado, todos os participantes consideraram de extrema importância o tema abordado e explanaram sobre a decisão de a Faculdade Brasília tomar a frente de temas relevantes à sociedade local. Na oportunidade, os participantes deram como sugestão a organização de uma força-tarefa acadêmica, a fim de desenvolver os temas apresentados.

Produção do documentário – com recursos de audiovisuais, o fórum, bem como as entrevistas dos participantes, foi editado em um documentário intitulado "Responsabilidade Socioambiental: o papel da Faculdade Brasília como centro de capacitação socioambiental na formação da comunidade de Santa Maria-DF e entorno", como um material instrumental de educação ambiental para a propagação dos atos e resultados da pesquisa.

Construção conjunta e apresentação dos Objetivos de Desenvolvimento Sustentável – o desenvolvimento nesta etapa foi feito um pacto entre a FBr e a sociedade civil para criar uma agenda 2022/2023 composta por 5 objetivos interconectados, desdobrados em metas, com foco em superar os principais desafios de desenvolvimento enfrentados, promovendo o crescimento e o desenvolvimento sustentável.

ODS23 FBr-SantaMaria – Objetivos de Desenvolvimento Sustentável abarcam diferentes temas, sejam de aspectos ambientais, econômicos e sociais. Assim como as metas de cada ODS, eles serão construídos de maneira interdependentes. Ou seja, quando um ODS for atingido, muito provavelmente terão conseguido avançar em outros. Dentre eles estão:

- **ODS 1 Implementação do Parque Ecológico Santa Maria:** acompanhamento da execução do plano de manejo do Parque Ecológico Santa Maria;
- **ODS 2 Educação Ambiental:** Grupo de Ação em Educação Ambiental para as escolas de ensino fundamental e médio da região;
- **ODS 3 Fiscalização e preservação dos recursos hídricos:** acompanhamento das Políticas Públicas de proteção e preservação do Ribeirão Santa Maria, orientações acerca das fossas ecológicas;
- **ODS 4 Hortas comunitárias:** capacitação para a preparação, a manutenção e a exploração das hortas comunitárias como fonte de sustento, renda, ocupação e execução das técnicas desenvolvidas na educação ambiental, bem como para o descarte de resíduos sólidos, a fiscalização comunitária e o reúso de materiais recicláveis;
- **ODS 5 Economia sustentável:** capacitação com visibilidade econômica da comunidade nos instrumentos de aplicação dos ODS, visando à exploração, à produção de renda e à sustentabilidade real nos projetos advindos de resultados financeiros, financiamento público e privado na execução dos projetos sociais.

A extensão acadêmica pode capacitar e estender temas de grande relevância socioambiental à comunidade de Santa Maria/DF, apresentando um modelo de ações organizadas e estruturadas com um plano de ação de forma satisfatória, com resultados promissores.

Com o objetivo de promover a interação contínua com a pessoa humana e cumprir nossa missão de formar profissionais preparados para contribuir para uma melhor sociedade, o curso de Direito da Faculdade Brasília busca continuamente aprimorar suas práticas e técnicas acadêmicas. Para alcançar esse objetivo, apresentamos projetos que visam à busca contínua pelo conhecimento e possibilitam a formação de profissionais capacitados e comprometidos com a busca da excelência em suas áreas de atuação. Assim como os resultados firmados em compromisso traduzem os ODS 23 FBr-Santa Maria.

CONSIDERAÇÕES FINAIS

A partir de uma pesquisa organizada, a fim de estruturar a extensão universitária dentro da Educação brasileira e os termos constitucionais, desenvolvemos a aplicação do projeto de extensão Terceiro Setor e responsabilidade social na comunidade local de Santa Maria, no Distrito Federal.

Apresentando o resultado final da pesquisa, temos o Projeto Responsabilidade Socioambiental, idealizado no curso de Direito e executado em conjunto com instituições parceiras que realizam trabalhos sociais na comunidade. Tais resultados se mostraram extremamente favoráveis à parceria entre as IES e as instituições vinculadas ao Terceiro Setor com o objetivo de buscar a sustentabilidade no meio ambiente em práticas usuais.

Em um primeiro momento, a instituição de ensino superior, em conjunto com os discentes do curso de Direito e as instituições sociais de Terceiro Setor da comunidade local, participou de um fórum de discussões, no qual foram decididas as formas de revisão do plano de manejo do parque de Santa Maria, bem como a proteção do Ribeirão Santa Maria.

Outro resultado da presente pesquisa foi a efetiva participação dos discentes do curso de Direito e das instituições locais na implantação de uma horta comunitária, com base na educação ambiental, da sustentabilidade e da cooperação mútua da comunidade, das instituições e da Faculdade Brasília.

Por fim, a cooperação entre os discentes do curso de Direito da Faculdade Brasília, as instituições de Terceiro Setor de atividade de cidadania e direitos civis e a comunidade local deu origem a cinco Objetivos de Desenvolvimento Sustentável, a serem aplicados no ano de 2023, visando ao bem-estar da comunidade local.

A extensão universitária mostrou uma ferramenta de extrema utilidade, uma vez que disponibiliza, na matriz curricular dos cursos de ensino superior, carga horária prevista para a execução de projetos nos quais o corpo discente tem a possibilidade de pôr em prática aquilo que é desenvolvido dentro da atividade teórica e de contribuir para o desenvolvimento sustentável da comunidade local.

REFERÊNCIAS

ANDRADE, CM; SILVA, GB. *Participação social e políticas públicas no Brasil: desafios e perspectivas. Revista de Ciências Sociais*, Fortaleza, v. 51, nº 1, pp. 140-157, 2021.

BELEZIA, FN; SANTOS, RF dos. *Extensão universitária e interdisciplinar.* 2015.

BRANDÃO, Carlos Rodrigues. *Minha casa, o mundo.* Aparecida, SP: Ideias & Letras, 2008.

BRASIL. *Constituição da República Federativa do Brasil de 1988.* Brasília, DF: Senado Federal, 1988. Disponível em: http://www.planalto.gov.br/ccivil_03/constituicao/constituicaocompilado.htm. Acesso em: 8 mar. 2023.

___. *Lei nº 9.394*, de 20 de dezembro de 1996. Estabelece as diretrizes e bases da educação nacional. *Diário Oficial da União*, Brasília, DF, 23 dez. 1996.

___. Ministério da Educação. *Política Nacional de Extensão Universitária.* Brasília: MEC, 2012.

___. Ministério da Justiça. Secretaria Nacional de Justiça. *ONGD no Brasil.* Brasília: Secretaria Nacional de Justiça, 2014.

BROWN, L. *et al. O papel da sociedade civil na promoção do desenvolvimento sustentável: O potencial das parcerias na busca dos Objetivos de Desenvolvimento Sustentável.* Desenvolvimento Sustentável, v. 26, nº 5, pp. 373-382, 2018.

BROWN, L. *et al. Tecnologias digitais e o setor social: uma revisão da paisagem.* Seattle: Grupo de Tecnologia e Mudança Social, Escola de Informação da Universidade de Washington, 2019.

BUENO, CM; GUEDES, TF. *A lei 13.019/2014 e seus efeitos nas relações entre poder público e organizações da sociedade civil. Revista de Administração Pública*, v. 52.

CASTRO, RMS *A educação na Constituição Federal de 1988*: avanços e desafios. *Revista Brasileira de Educação*, v. 12, nº 34, pp. 5-17, jan./abr. 2007.

FÁVERO, OR; VILLAS BOAS, GR. *Responsabilidade social das instituições de ensino superior: uma análise a partir do conceito de pensão. Revista de Administração e Inovação*, São Paulo, v. 14, nº 4, pp. 11-30, 2017.

FRASER, N. *Da redistribuição ao reconhecimento? Dilemas da justiça em uma era "pós-socialista"*. New Left Review, Londres, nº 1, pp. 68-93, 2003.

GIL, Antônio Carlos, 1946. *Como elaborar projetos de pesquisa*. 4 ed. São Paulo: Atlas, 2007.

GOMES, M. I., & Ramos, T. R. (2019). *Modelling and (re-)planning periodic home social care services with loyalty and non-loyalty features.* European Journal of Operational Research, 277, pp. 284-299.

MELLO, MAC de. *A universidade e a responsabilidade social: reflexões a partir da experiência da UNESP. Revista Brasileira de Educação*, Rio de Janeiro, nº 38, pp. 139-147, 2008.

MELO NETO, FP; FROES, C. *Responsabilidade social e cidadania empresarial: a administração do terceiro setor*. Rio de Janeiro: Qualitymark, 2001.

MOREIRA, MLP; PINHEIRO, TMS; SILVA, EC. *Políticas públicas e terceiro setor: aproximações e distanciamentos. Revista de Administração Pública*, Rio de Janeiro, v. 53, nº 6, pp. 1029-1047, 2019.

OLIVEIRA, CS. *Responsabilidade social universitária*: *conceitos, características e importância. In:* Anais do 5º Simpósio de Excelência em Gestão e Tecnologia, Resende, RJ, 2014.

PIRES, MAF; SAMPAIO, JCM. *A extensão universitária e a formação do estudante universitário. Revista Brasileira de Educação*, v. 15, nº 44, pp. 325-341, 2010.

RAWLS, J. *Uma teoria da justiça*. Cambridge: Harvard University Press, 2008.

SÁ, MRC; CARVALHO, VG; CARVALHO, GABA. *Relação entre as entidades do terceiro setor e o poder público: desafios e possibilidades. Revista Eletrônica.*

SABO PAES, José Eduardo. *Fundações, Associações e Entidades de Interesse Social: Aspectos jurídicos, administrativos, contábeis, trabalhistas e tributários*. 11 ed. São Paulo: Forense, 2021.

___. Organizações da Sociedade Civil: *Associações e Fundações: Constituição, Funcionamento e Remuneração de Dirigentes*. Educ. São Paulo, 2016.

___; VALE, Mauricio Timm Do; SANTOS, Júlio Edstron S. *O posicionamento estratégico do Terceiro Setor na atualidade: custeio estatal, particular e o seu papel na democracia brasileira atual. In:* Repats, Brasília, v. 4, nº 2, pp.160-185, jul-dez, 2017.

___; CARVALHO, Gustavo Ferreira; SANTOS, Júlio Edstron S. *A análise do Terceiro Setor enquanto possibilidade de experiências de ensino, pesquisa e extensão transdisciplinar nos cursos de graduação em Direito: um estudo a partir das práticas do NEPATS.* v. 6, nº 1, pp.160-185, jul-dez, 2021.

SANTOS, J. E. S. *O Terceiro Setor na Sociedade Civil. Revista Espaço Acadêmico,* nº 97, pp. 9-16, 2009.

SANTOS, LA dos; DELGADO, MD. *A responsabilidade social das organizações sociais,* Curitiba: *Revista FAE Business,* 2018.

SEN, A. *Desenvolvimento como liberdade.* São Paulo: Companhia das Letras, 2001.

SANTOS, B. S. *A Universidade no Séc. XXI: Para uma Reforma Democrática e Emancipatória da Universidade.* 3 ed. São Paulo: Cortez Editora, 2004.

SGUISSARDI, V. *Universidade Brasileira no século XXI: Desafios do presente.* São Paulo: Cortez, 2009.

SILVA, LA da. *A educação na Constituição Federal de 1988: breve análise. Revista Eletrônica de Educação,* v. 7, nº1, pp. 95-105, jan./jun. 2013.

SOUZA, JM. *Cidadania: entre a norma e a prática.* Lua Nova, São Paulo, nº 50, pp. 17-34, 2000.

- PARTE IV -

ANÁLISE DE OBRAS LITERÁRIAS DO DIREITO COMPARADO

RECENSÃO DA OBRA DIREITO FISCAL DO TERCEIRO SETOR, DE FILIPE DE VASCONCELOS FERNANDES

ANA CAROLINA BARROS PINHEIRO CARRENHO

Advogada. Sócia do escritório Pinheiro Carrenho Advocacia, especializado em Terceiro Setor. Doutoranda em Direito da União Europeia pela Universidade de Lisboa. Mestra em Direito, Justiça e Desenvolvimento (IDP). Membro do Núcleo de Estudos e Pesquisas Avançadas no Terceiro Setor (NEPATS). Conselheira da Associação Brasileira de Captadores de Recursos (ABCR), da Rede Filantropia e de outros conselhos de organizações da sociedade civil (OSC). *E-mail*: anacarolina@pinheirocarrenho.com.br

IDENTIFICAÇÃO DA OBRA

Filipe de Vasconcelos Fernandes, *Direito Fiscal do Terceiro Setor*, Lisboa, AAFDL, 2022, 195 páginas, ISBN:978-972-629-783-3

Trata-se de obra que traz uma abordagem sistemática do Direito Fiscal aplicável ao Terceiro Setor e suas vertentes plurais de atuação. Muito embora seja um setor pouco aprofundado no âmbito fiscal acadêmico, possui grande relevância econômica e social. O prof. Filipe de Vasconcelos Fernandes tem desenvolvido estudos de natureza fiscal em várias temáticas, nos domínios constitucional, econômico e financeiro. Leciona disciplinas de economia, finanças públicas, direitos dos mercados financeiros e direito fiscal, contribuindo sobremaneira também no setor energético com obras publicadas. Os seus trabalhos refletem a sua experiência profissional, a qual possibilitou uma visão prática do tema fiscal relacionado às organizações do Terceiro Setor.

O trabalho de Filipe de Vasconcelos Fernandes é um contributo qualificado à doutrina do Terceiro Setor é essencial para estudos sobre este tema tão desafiador, que é o desenvolvimento das organizações em meio à ausência de um regime fiscal específico. Segundo as palavras do autor (p. 28), a lei fiscal adota uma postura neutra, tanto em relação à tipologia de entidades como ao conjunto de atividades que poderá achar-se incluído no espectro do Terceiro Setor. Preservando o desiderato próprio de cada tributo e considerando o crescimento desse setor tão *sui generis*, identifica-se a necessidade de estudos das questões do tratamento fiscal que lhes é atribuído.

Apresentando com o rigor científico inerente a todo trabalho de investigação, este estudo tem por base pesquisa firmada na doutrina, bem como na legislação aplicável, partindo da Constituição da República Portuguesa, Parlamento Europeu, Comitê Social e Econômico Europeu, transversal com interpretações da Autoridade Tributária Portuguesa, jurisprudências do Tribunal de Justiça da União Europeia, dentre outras bases nacionais e estrangeiras.

A obra é dividida em cinco capítulos, organizados segundo critérios metodológicos de diferenciação conceitual perante os regimes fiscais aplicáveis às respectivas naturezas jurídicas, quais sejam as cooperativas, as associações (incluindo-se as mutualistas), as fundações, os regimes fiscais aplicáveis aos seus aspectos estatutários, e conforme leis especiais, tais como Lei-Quadro do Estatuto de Utilidade Pública e Lei-Quadro da Instituição Particular de Solidariedade Social e por suas finalidades. Há também a definição de princípios basilares no Terceiro Setor, quais seja reafetação de resultados e não distribuição de resultados (pp. 32-33), sendo que, neste último, as cooperativas são exceções.

O autor debruçou-se sobre aspectos fiscais relacionados às associações, fundações e cooperativas. Há no sistema português outros regimes com base estatutária, tais como as misericórdias, as instituições religiosas, as Organizações Não Governamentais para o Desenvolvimento (ONGs) e as ONGA, que são descritas de forma mais pragmática. Importante notar que o autor procurou concentrar-se em temas atuais e pouco explorados, tais como empresas sociais (p. 105) e os títulos de impacto social (p. 154). O primeiro não é contemplado pelo ordenamento jurídico fiscal português, o que é criticado pelo autor; e o segundo, inspirado pelo conceito inglês *Social Finance*, equipara-se na prática ao regime fiscal do mecenato.

É realizado o destaque dos tributos aplicáveis, em especial sobre as hipóteses de incidência de Imposto sobre o Rendimento das Pessoas Coletivas para as atividades – fim ou mesmo de geração de rendas das entidades, as quais foram examinadas pelo autor com maestria (p. 62); classificam-se as regras que permitem a dedução ao rendimento global das entidades, dos gastos especificadamente ligados à produção de rendimentos sujeitos e não isentos, bem como dos custos comuns e outras hipóteses de incidência.

Em relação ao acesso a benefícios fiscais em geral, o autor retrata o cenário de uma série de requerimentos, autorizações e atos autorizativos prévios das respectivas autoridades, ao qual as entidades devem ser submetidas previamente, como, por exemplo, para pedidos de restituição do equivalente de Imposto sobre Valor

Acrescentado (IVA) (p. 51), habilitação ao regime comunitário das franquias aduaneiras (p. 55), isenção de Imposto Municipal sobre as Transmissões Onerosas de Imóveis (IMT) (p. 102), dentre outros.

O leitor é brindado com um capítulo especialmente dedicado ao mecenato, levando à relevante reflexão sobre sua importância no segmento do Terceiro Setor português. A elegibilidade das organizações ao regime fiscal do mecenato dá-se pelas suas finalidades sociais e por seus estatutos sociais, que devem atender aos requisitos consagrados no Estatuto dos Benefícios Fiscais. Nas palavras do autor (p. 118), o regime fiscal do mecenato providencia um conjunto de benefícios aplicáveis aos respectivos mecenas, em função dos donativos em dinheiro ou em espécie.

Mantendo sua linha crítica, o autor demonstra divergências normativas encontradas também no regime fiscal do mecenato (p. 127), trazendo o princípio *Tatbestand subvencional* na égide específica de donativos, e descortina oportunidade de aperfeiçoamento regulatório português frente ao tratamento dado pelo Tribunal de Justiça da União Europeia em questões relacionadas a benefícios fiscais. Na esteira do tema "doações", discorre sobre enquadramento, sujeição tributária, subsídios ou subvenções e as respectivas tributações incidentes quando estes não se enquadram ao regime fiscal do mecenato.

Apesar da importância do Terceiro Setor no país, há significativo atraso representado pelo regime fiscal português, inclusive se comparado com outros Estados-Membros da União Europeia (p. 109). O autor, no último capítulo da obra, conclui sua análise discorrendo brevemente sobre outros benefícios fiscais aplicáveis ao Terceiro Setor, sugerindo o aprofundamento do estudo para aqueles que desejam atuar no campo da fiscalidade do Terceiro Setor português.